# GRACIA VENIDERA

## El poder purificador de las promesas de Dios

# JOHN PIPER

# GRACIA VENIDERA

## El poder purificador de las promesas de Dios

EDICIÓN ACTUALIZADA

ORIGEN

Título original:
*Future Grace: The Purifying Power of the Promises of God — Revised Edition*

*This translation published by arrangement with Multnomah,*
*an imprint of Random House, a division of Penguin Random House LLC*

Primera edición: septiembre de 2020

© 1995, 2020 by Desiring God Foundation
© 2020, Penguin Random House Grupo Editorial USA, LLC.
8950 SW 74th Court, Suite 2010
Miami, FL 33156

Esta traducción es publicada bajo acuerdo con Multnomah,
sello editorial de Random House, una division de Penguin Random House LLC

Traducción: María José Hooft
Adaptación del diseño de cubierta de Kristopher Orr:
Penguin Random House Grupo Editorial
Foto de cubierta: Miles Ertman

ISBN: 978-1-644732-33-5

Impreso en Estados Unidos / *Printed in USA*

Penguin
Random House
Grupo Editorial

*Dedicado a*
*Ruth Eulalia Piper*
*1918 — 1974*

# ÍNDICE

Prefacio de la edición de 2012.................................................................. 13

Aclaración.................................................................................................... 15

Dedicatoria.................................................................................................. 19

Agradecimientos.......................................................................................... 21

Introducción 1: Cómo y por qué se escribió este libro............................... 25

Introducción 2: Para teólogos..................................................................... 41

## I. UN ENEMIGO DE LA FE EN LA GRACIA VENIDERA

Capítulo 1.   La ética del deudor: ¿debemos intentar pagarle a Dios?........ 53

Capítulo 2.   Cuando utilizamos mal la gratitud......................................... 63

*Aplicando el poder purificador*
Capítulo 3.   Fe en la gracia venidera vs. ansiedad...................................... 73

## II. GRACIA LIBRE Y VENIDERA

Capítulo 4.   La vida que nos queda es gracia venidera................................ 87

Capítulo 5.   El más libre de todos los actos de Dios................................... 97

*Aplicando el poder purificador*
Capítulo 6.   Fe en la gracia venidera vs. soberbia....................................... 107

## III. EL LUGAR CRUCIAL DE LA GRACIA PASADA

Capítulo 7.   Mirar al pasado por el bien del futuro.................................... 123

Capítulo 8.   La sólida lógica del cielo......................................................... 133

Capítulo 9.  Cuatro pilares de una promesa valiosa............................ 141

*Aplicando el poder purificador*
Capítulo 10.  Fe en la gracia venidera vs. vergüenza indebida..................... 151

## IV. LAS VENTANAS A LAS OBRAS DE FE

Capítulo 11.  Un romance con la ley de Dios............................. 163

Capítulo 12.  «Pondré mi ley en su mente».............................. 179

*Aplicando el poder purificador*
Capítulo 13.  Fe en la gracia venidera vs. impaciencia..................... 191

## V. LA NATURALEZA DE LA FE EN LA GRACIA VENIDERA

Capítulo 14.  Lo que guarda la gracia soberana de la gloria de Dios........... 205

Capítulo 15.  Una muestra de la belleza espiritual....................... 217

Capítulo 16.  Satisfecho con todo lo que Dios es por nosotros en Jesús...... 231

*Aplicando el poder purificador*
Capítulo 17.  Fe en la gracia venidera vs. codicia........................ 241

## VI. LA GRACIA VENIDERA INMERECIDA Y CONDICIONAL

Capítulo 18.  Cómo confiar en las promesas condicionales................. 253

Capítulo 19.  ¿Cuántas condiciones hay?.............................. 261

Capítulo 20.  Lo que solo la gracia puede hacer......................... 273

*Aplicando el poder purificador*
Capítulo 21.  Fe en la gracia venidera vs. resentimiento.................. 283

## VII. EL PODER SANTIFICADOR DE LA FE EN LA GRACIA VENIDERA

Capítulo 22.  Crear amor en una fábrica de deseos....................... 297

Capítulo 23.  Amar al ministerio más que la vida........................ 309

*Aplicando el poder purificador*
Capítulo 24.  Fe en la gracia venidera vs. desánimo...................... 321

## VIII. LA LUCHA CONTRA LA INCREDULIDAD EN LA GRACIA VENIDERA

Capítulo 25. La lucha es tan simple como dejar caer una nuez ..................... 333

Capítulo 26. El pecado es peor que Satanás ........................................... 343

*Aplicando el poder purificador*
Capítulo 27. Fe en la gracia venidera vs. lujuria ................................... 351

## IX. LA FINALIDAD DE LA GRACIA VENIDERA

Capítulo 28. La gracia venidera del sufrimiento .................................... 363

Capítulo 29. La gracia venidera de la muerte ....................................... 375

Capítulo 30. El renacimiento de la creación ........................................ 391

## X. EL ANHELO POR DIOS Y LA VIDA POR FE

Capítulo 31. Mi deuda con Jonathan Edwards ..................................... 407

Desiring God: una nota sobre los recursos .......................................... 423

Índice de personas y temas ........................................................ 425

Estoy muy agradecido de que Libros Multnomah haya deseado publicar una edición revisada de *Gracia venidera*. El mensaje de este libro es crucial en mi esfuerzo por vivir la vida cristiana de forma tal que magnifique el valor de Cristo, es mi manual de guerra en la batalla contra mi propio pecado. Es mi entrenador y mi crítico para convertirme en una persona sacrificada que ame a la gente con un corazón de siervo. Este libro es mi respuesta a la pregunta constante: ¿cómo deben buscar justicia los cristianos, justificados en Cristo, solo por medio de la fe? Es mi gran intento de explicar por qué la fe que justifica también santifica, sin mezclar o confundir esas dos obras gloriosas de Dios.

# ACLARACIÓN

Desde que se publicó la primera edición de *Gracia venidera,* en 1995, me he topado con grandes controversias acerca de la naturaleza, el fundamento y el instrumento de la justificación. Estas controversias han afilado mi propio entendimiento de lo que enseña la Biblia. He escrito un poco acerca de eso en los libros *Counted Righteous in Christ: Should We Abandon the Imputation of Christ's Righteousness?* [Justificados en Cristo: ¿debemos abandonar la acusación de la justicia de Cristo?] (Crossway, 2007), *The Future of Justification: A Response to N. T. Wright* [El futuro de la justificación: una respuesta a N. T. Wright] (Crossway, 2007) y *Finally Alive: What Happens When We Are Born Again?* [Al fin vivos: ¿qué sucede cuando nacemos de nuevo?] (Christian Focus, 2009). Algunas personas han percibido tensiones entre la primera edición de *Gracia venidera* y el mensaje de esos libros. Mi deseo es que esta edición revisada aclare esos conflictos.

La justificación es el acto de gracia de Dios en el que, al unirnos a Cristo por medio de la fe, Dios nos hace perfectamente justos, nos imparte su propia justicia consumada por Cristo y, así, satisface todas las demandas de la ley por nuestro castigo y nos perfecciona por medio del sufrimiento y la obediencia de Cristo por nosotros. La santificación —que no es igual que la justificación y tampoco es parte de ella— es el acto de gracia de Dios mediante el cual nos libera progresivamente del pecado y nos conforma al carácter de Cristo. La fe protestante históricamente ha creído que quien es verdaderamente justificado será santificado de verdad. El motivo de esto es que la misma fe que nos une a Cristo para la justificación es también el canal que utiliza el poder del Espíritu de Dios para la santificación. Ese es uno de los puntos principales de este libro. Otro punto es que la fe está orientada hacia el futuro de forma profunda y penetrante.[1]

Desde la primera edición de *Gracia venidera* también salió mi libro *Dios es el evangelio: para el alma hambrienta y sedienta* (Editorial Portavoz, 2007). Este libro es importante para entender *Gracia venidera*. Lo que digo aquí ahora está remarcado con un libro entero, por así decirlo, en el que cada vez que hablo de la gracia venidera de Dios, lo incluyo a Él mismo, al que conozco y disfruto. La gracia venidera es todo lo que Dios nos da, de su ayuda y de sí mismo, desde este momento hasta la eternidad. Por lo tanto, la fe en la gracia venidera siempre se trata de confiar en las promesas de Dios y abrazar su persona. Es una sensación de seguridad plena en los dones que Dios prometió y de satisfacción en Él.

Para ser más claro y remarcar lo más importante, la gracia venidera no solo incluye a Dios en sí, sino a Cristo, el Hijo de Dios, crucificado, resucitado, quien está presente en su Espíritu y vendrá en cuerpo. Desde el ataque del 11 de septiembre de 2001 al World Trade Center y el crecimiento prominente del islam en el mundo, todo lo que he escrito tiene un sabor que exalta a Cristo más explícitamente. El auge del islamismo hace que la mera conversación sobre Dios parezca inadecuada. La fe bíblica debería sumergirnos completamente en el mar del pluralismo religioso y el Hijo de Dios, Jesucristo, quien fue crucificado por pecadores y resucitado de la muerte, debería ser el tema sobresaliente en todas nuestras conversaciones. Él es nuestro Dios y sin Él no hay salvación (1 Juan 5:12). En el libro *No desperdicies tu vida* escribí:

> Desde el 11 de septiembre de 2001, he visto más claro que nunca lo esencial que es engrandecer la excelencia del Cristo crucificado por los pecadores y resucitado. Cristo debe estar explícito en todo lo que hablamos de Dios. No sirve en estos días de pluralismo hablar de la gloria de Dios de modo vago. Dios sin Cristo no es Dios. Y quien no es Dios no puede salvar ni satisfacer el alma. Si seguimos a un falso Dios, sea cual fuere su nombre o su religión, significa que desperdiciamos nuestra vida. Dios en Cristo, ese es el único Dios, el único camino al gozo.[2]

Por lo tanto, siempre que leas el término «gracia venidera» en este libro, ten en mente que Dios mismo en Cristo es el corazón de la gracia que Él promete. En todos sus dones y acciones, Él se ofrece a sí mismo para que lo disfrutemos y Jesucristo es la revelación más clara de Dios: «Él es el resplandor de la gloria de Dios. Es la imagen misma de lo que Dios es» (Hebreos 1:3).

Si nos adentramos más en la totalidad de la gracia venidera, el Cristo que vemos y disfrutamos ahora y para siempre es el Cristo *crucificado* y resucitado. Es decir, el Hijo de Dios, cuya gloria complacerá nuestros asombrados corazones por toda la eternidad y por siempre lo alabaremos y disfrutaremos como *el Cordero que fue inmolado*. Esto es una parte de su gran valor. Por siempre cantaremos: «Digno eres de tomar el libro y de abrir sus sellos, porque fuiste inmolado. Con tu sangre redimiste para Dios gente de toda raza, lengua, pueblo y nación» (Apocalipsis 5:9). La gracia venidera siempre significa ver y disfrutar no solo de Dios y de Cristo, sino de *la inmolación de Cristo para la redención de todos sus escogidos*. Esta es la piedra angular de la gloria de Dios por la que Jesús oró para que algún día lo veamos cara a cara: «Padre, quiero que donde yo estoy también estén conmigo aquellos que me has dado, para que vean mi gloria» (Juan 17:24). Esta es la cima de la gracia venidera.

Esta aclaración que exalta a Cristo nos lleva a otra más. Cuando hablo de la gracia pasada, o gracia antigua, como fundamento de la fe en la gracia venidera, me refiero a los eventos de la encarnación de Cristo en los evangelios, su vida perfecta, su muerte por sustitución, el aplacamiento de la ira de Dios, el pago por nuestro perdón, la resurrección de Cristo y la derrota de Satanás junto con la muerte. Lo que hace gloriosos a estos sucesos es que realmente ocurrieron en la historia. No son simplemente ideas que atraviesan los tiempos: son hechos. Sin ellos no habría gracia venidera para los pecadores como nosotros.

Por esto, la vida de fe en la gracia venidera tiene un recuerdo vivo, sabe que toda la gracia que necesitamos hoy y la que necesitaremos por siempre depende de lo que sucedió en la historia hace dos mil años. Por este motivo dedico tres capítulos a «El lugar crucial de la gracia pasada». A Romanos 8:32 lo llamo «la lógica gloriosa del cielo», es el ritmo de vivir por la fe en la gracia venidera. «El que no escatimó ni a su propio Hijo, sino que lo entregó por todos nosotros, ¿cómo no nos dará también con él todas las cosas?». Observamos la gracia pasada: «Él no *escatimó* ni a su propio hijo». Y la lógica es: «Si Él realizó la gracia pasada, sin duda realizará la gracia venidera». Por eso es que miramos atrás. Ese momento en que Dios no escatimó a su Hijo sino que lo dio por todos nosotros, es la garantía firme de nuestra fe en la gracia venidera.

Sin embargo, es un error pensar que los recuerdos de la crucifixión son solo parte del pasado, y aquí está la aclaración sobre la gracia pasada. Hemos dicho que el Cristo que conocemos hoy y el que anhelamos ver cara a cara es el que fue crucificado y resucitó. Por lo tanto, cada reflexión de Cristo hoy y cada idea de Él en el futuro es un recordatorio de ese momento pasado en que Dios no escatimó a su Hijo. El Cristo que abrazamos en todo momento y en el que buscaremos ayuda en el futuro (ya sea dentro de diez segundos o diez siglos) es el que fue crucificado y resucitó.

Esto significa que los hechos de la historia del evangelio tienen un impacto constante en el creyente. Romanos 5:8 lo dice mejor con sus tiempos verbales. «Pero Dios *muestra* [presente] su amor por nosotros en que, cuando aún éramos pecadores, Cristo *murió* [pasado] por nosotros». Es decir, que los eventos pasados del evangelio median las vivencias presentes del amor de Dios. Nos sentimos amados *ahora* por Dios gracias a esos eventos *pasados* del evangelio. Este sentido profundo de ser amados por Dios *ahora* es la forma en que la gracia pasada se vuelve el fundamento de nuestra fe en la gracia venidera, cuando Dios cumplirá cada promesa para nuestro bien.

Con estas aclaraciones, espero que desaparezcan los obstáculos y que puedan brillar las enseñanzas de la Biblia acerca de vivir por la fe en la gracia venidera.

### NOTAS

1. Explico esta frase «orientada hacia el futuro de forma profunda y penetrante» en la Introducción.
2. John Piper, *No desperdicies tu vida*, Editorial Portavoz, 2011.

# DEDICATORIA

He decidido dedicar este libro a mi madre, quien murió en un accidente de autobús en Israel en 1974. Yo tenía veintiocho años cuando ella falleció. Durante los últimos diez años de su vida ella me escribió casi una vez por semana, primero en Illinois durante la universidad, luego en California durante el seminario, luego en Alemania durante mi posgrado y después en Minnesota, cuando comenzaba mi ministerio de enseñanza. Su amor fue incansable. Prácticamente todas las cartas tenían una cita de las Escrituras. De niño ella me había saturado y continuaba haciéndolo cuando yo ya era un hombre. De todos los textos que citaba había uno que predominaba, creo que debe de haber sido su favorito o, al menos, era el que creía que yo necesitaba muchas veces: Proverbios 3:5-6 (en su Versión Reina-Valera 1960):

> Fíate de Jehová de todo tu corazón,
> Y no te apoyes en tu propia prudencia.
> Reconócelo en todos tus caminos,
> Y él enderezará tus veredas.

A lo largo de los años he llegado a ver que este pasaje es un llamado a vivir por *la fe en la gracia venidera*. Ese llamado a vivir por *fe* está en las palabras: «Fíate de Jehová de todo tu corazón»; y la referencia a la gracia venidera está en: «él enderezará tus veredas». Mes tras mes mi madre me aconsejaba que viviera por la fe en la gracia venidera. Ella me animaba a confiar en el Señor y me mostraba que el foco de mi confianza es lo que Dios prometió hacer por mí en el futuro: «Hijo, el Señor enderezará tus veredas, confía en Él, confía en Él». Este libro es un tributo al legado de la invitación de mi madre.

Ella me enseñó a vivir entre dos frases del himno *Amazing Grace* [Gracia sublime, en español]. La primera es: «Su *gracia* siempre me libró», y la segunda es: «Y me guiará al hogar». Antes de poder explicarlo, aprendí que creer en esa primera frase fortalece la fe en la segunda, y creer en la segunda, potencia la obediencia radical a Jesús. De eso se trata este libro.

# AGRADECIMIENTOS

Este libro también es una evidencia de la gracia derramada sobre mí a través del personal, los ancianos y la congregación de la Iglesia Bautista Belén en las ciudades gemelas de Minnesota. Ya se acerca mi fin como pastor allí, y sé que me amaron, me cuidaron, me disciplinaron y me inspiraron en esta hermandad durante más de treinta y dos años. No me han negado mis etapas de soledad para pensar, orar y escribir. Los amo y valoro el placer de vivir juntos por la fe en la gracia venidera.

Cuando escribí la primera edición de este libro, Jon Bloom, quien ahora es presidente del ministerio Desiring God, era mi asistente y el administrador de nuestro incipiente ministerio de recursos. Hoy mi asistente es David Mathis, y quiero ser claro en esto: la primera edición de este libro no hubiese sido posible sin Jon, y esta edición revisada no hubiese sido posible sin David. Ambos han llevado innumerables cargas por mí y en estos últimos días la lectura y evaluación rigurosa de David me han guiado adonde más se necesitaban las correcciones. Pero lo mejor de todo es que los tres compartimos una pasión por la verdad a la que servimos juntos: que Dios es más glorificado en nosotros cuando estamos más satisfechos en Él.

A pesar de que Daniel Fuller y yo vemos algunas cosas de distinta forma, estoy muy agradecido con él, ya que casi todos mis puntos de vista han sido forjados en el crisol de nuestros debates, especialmente en esos viejos tiempos. Si bien he tomado algunas direcciones diferentes, mi deuda con él no disminuye. Aunque la fraseología de «vivir por la fe en la gracia venidera» es propia, el concepto lo aprendí en el trabajo exegético que he compartido con el Dr. Fuller. Principalmente, el entendimiento que he obtenido de la Biblia es debido, además de a Dios, a los conocimientos de observación y análisis que he aprendido de su guía apasionante.

Tom Schreiner, profesor del Nuevo Testamento en el Seminario Southern de Louisville, Kentucky, fue mi camarada en el ministerio en Bethlehem cuando escribí la primera edición de este libro. Él no solo me ayudó a publicar el material en aquellos días, sino que también lo leyó completo e hizo sugerencias fundamentales. Si no expresé las cosas de una forma mejor en esa primera edición, fue probablemente porque no presté la suficiente atención a sus opiniones.

Aunque no hemos escrito un proyecto juntos en mucho tiempo, quiero agradecer nuevamente a Steve Halliday porque *Sed de Dios*, *Los deleites de Dios* y *Gracia venidera* son resultado de su apoyo inicial, su ánimo y su visión editorial. Esos diez años de colaboración desde mediados de la década de los ochenta hasta mediados de los noventa fueron trascendentales de muchas maneras.

Por último, por más de cuarenta y tres años, Noël ha estado junto a mí en la difícil bendición del matrimonio. Dios ha sido bueno en hacerla parte de la gracia en la que me he sostenido con esperanza desde que la conocí, en 1966.

*Dios es más glorificado en nosotros cuanto más satisfechos estamos en Él.*

*Démosle mayor gloria a nuestro Señor si queremos obtener más de su gracia. Si tengo más fe, entonces puedo entender a Dios en su Palabra... Debo honrar grandemente a mi Señor y Rey.*

**CHARLES SPURGEON**

# CÓMO Y POR QUÉ SE ESCRIBIÓ ESTE LIBRO

El propósito principal de este libro es que Dios sea *estimado* por sobre todas las cosas. También se podría decir que el propósito es *alabar* la gloria de la gracia de Dios. Ambos son los objetivos principales, ya que *valorar* es la esencia auténtica de *alabar*. No se puede *alabar* lo que no se *valora* o, en otras palabras, Dios se glorifica más en nosotros cuanto más estamos satisfechos en Él.

Por la otra cara de la moneda, el objetivo de este libro es liberar al corazón humano de la esclavitud de los placeres efímeros del pecado. El pecado es eso que hacemos cuando nuestro corazón no está satisfecho en Dios. Nadie peca por deber. Pecamos porque pareciera que el pecado nos promete algo de felicidad, y eso nos esclaviza hasta el momento en que creemos que Dios es más deseable que la vida misma (Salmos 63:3). Esto significa que el poder de las promesas del pecado se rompe con el poder de las promesas de Dios. Todo lo que Dios prometió para nosotros en Jesús se opone a lo que promete el pecado para nosotros sin Él. Esta gran perspectiva de la gloria de Dios es lo que yo llamo la *gracia venidera*, y estar satisfecho con eso es lo que yo llamo *fe*. Por lo tanto, la vida de la que hablo en este libro es la *vida por fe en la gracia venidera*.

## UNA CRISIS EN LA ESPIRITUALIDAD

Alister McGrath, un teólogo de Oxford y observador perspicaz de la iglesia evangélica estadounidense, escribió un artículo en el que habla de una «Crisis de espiritualidad en la iglesia evangélica estadounidense».[1] Él dice que ser evangélico, particularmente en Estados Unidos, es fallarle a la iglesia.

Los evangélicos han hecho el gran trabajo de evangelizar a la gente, llevándolos hacia un conocimiento de Jesucristo como Salvador y Señor, pero fallan en darle a los creyentes el enfoque para que vivan constantemente en crecimiento en su relación espiritual con Él (…). Muchos comienzan la vida de fe con gran entusiasmo y al poco tiempo se ven involucrados en dificultades. Sus grandes anhelos y buenas intenciones parecen desvanecerse. El espíritu puede estar dispuesto, pero la carne es débil (…). La gente necesita un sostén para seguir cuando el entusiasmo desaparece.[2]

Mi objetivo y mi oración es que este libro brinde ese tipo de sostén y provea «a los creyentes el enfoque para que vivan constantemente en crecimiento». Esto es algo que se ha forjado en el crisol del ministerio pastoral, donde la mezcla entre las llamas del sufrimiento y el éxtasis hace que cada alegría sea más profunda y cada carga sea más liviana. Es el fruto de la meditación constante en la Palabra de Dios, relacionado con lo que David Powlinson llama «las realidades existenciales y situacionales de la experiencia humana en las trincheras de la vida».[3]

## EL PENSAMIENTO ERRÓNEO DETRÁS DE LA MALA MANERA DE VIVIR

Este libro ha nacido de la convicción de que detrás de las malas maneras de vivir yace un pensamiento erróneo. Jesús nos llama, por ejemplo, a una pureza radical, pero veo que muchos cristianos no tienen categorías para pensar con claridad acerca de los mandamientos, las advertencias y las promesas de Jesús. Cuando Él dice que debemos arrancarnos los ojos lujuriosos, lo respalda con una advertencia: «Es mejor que se pierda uno de tus miembros, y no que todo tu cuerpo sea echado al infierno» (Mateo 5:29). Las amenazas de ir al infierno a causa del pecado simplemente no son la forma en que los cristianos contemporáneos suelen hablar o pensar. Esto no es porque esas advertencias no estén en la Biblia, sino porque no sabemos cómo hacerlas encajar junto con otros pensamientos acerca de la gracia, la fe y la seguridad eterna. Anulamos la fuerza de las palabras de Jesús porque nuestro marco conceptual está desfigurado. Nuestra vida cristiana está renga por ese pensamiento cristiano secundario acerca de la vida.

En estos casi cuarenta años de predicar, enseñar y lidiar con personas que quieren ser auténticos cristianos, he descubierto que la forma en la que consideran la vida cristiana muchas veces se impregna del aire cultural que respiramos y no de lo que aprendemos en las Escrituras. Además, algunas de esas categorías heredadas de pensamiento «cristiano» están tan alejadas de la Biblia que funcionan en contra de la propia obediencia que tenían el propósito de promover.

## EL LUGAR DE LA GRATITUD EN LA MOTIVACIÓN

Por ejemplo, una de las principales premisas de este libro es que la Biblia rara vez, si es que lo hace, motiva al cristiano a vivir con gratitud. Sin embargo, la gratitud es algo que está presente en la iglesia casi universalmente como «el motor de la vida cristiana auténtica». Estoy de acuerdo con que la gratitud es un afecto hermoso e indispensable para un cristiano, no hay salvo que no la tenga; pero quien busque en la Biblia lo hará en vano, ya que no encontrará ninguna conexión *explícita* entre gratitud y obediencia. Como intentaré mostrar en los capítulos 1 y 2, si la gratitud nunca fue pensada como la principal motivación para la obediencia cristiana radical, esa puede ser una de las razones del fracaso de tantos esfuerzos por conseguir la santidad. ¿Será que se ha forzado a la *gratitud por la gracia pasada* a ser ese motor de la santidad que solo *la fe en la gracia venidera* es capaz de ser? Esa convicción es uno de los principales impulsos de este libro.

## GRACIA INMERECIDA Y CONDICIONAL

También he descubierto que algunas ideas populares de la gracia están tan distorsionadas y difundidas, que ciertas enseñanzas bíblicas son casi imposibles de comunicar. Por ejemplo, el concepto bíblico de gracia inmerecida y *condicional* es casi incomprensible para muchos cristianos contemporáneos que suponen que la *incondicionalidad* es la esencia de toda gracia.

Sin duda, existe la gracia incondicional, y esta es el fundamento glorioso de todo lo demás en la vida cristiana. Sin embargo, también existe la gracia *condicional*. Para casi todos los que hoy respiran el aire popular de la gracia y la compasión, *gracia condicional* parece un oxímoron, como decir que existen plumas pesadas. Por eso, cuando, por ejemplo, alguien oye la promesa de Santiago 4:6 en la que Dios «da gracia *a los humildes*», puede entrar en conflicto al pensar en una gracia que está condicionada por la humildad. O si escucha la valiosa promesa de que «*a los que aman a Dios*, todas las cosas les ayudan a bien, esto es, *a los que conforme a su propósito son llamados*» (Romanos 8:28 RV60), apenas puede permitirse pensar que esta promesa de gracia está condicionada para los que son llamados y aman a Dios.

Sin embargo, las promesas de gracia condicionales se intercalan a lo largo de todo el Nuevo Testamento, enseñando cómo vivir la vida cristiana. «Si ustedes perdonan a los otros sus ofensas, también su Padre celestial los perdonará a ustedes» (Mateo 6:14). «Pero si vivimos en la luz, así como él está en la luz... la sangre de Jesús, su Hijo, nos limpia de todo pecado» (1 Juan 1:7). Me parece que el pensamiento bíblico detrás de estas promesas condicionales no es común en las ideas de los cristianos de hoy. Algunas concepciones populares de la gracia no pueden concebir ningún papel para la condicionalidad más que el legalismo. Pero si Dios quiso que estas enseñanzas nos ayudaran a vivir el amor cristiano de forma radical, ¿existe alguna duda de que muchas veces nuestros esfuerzos son insuficientes? Como cultura y como iglesia no somos muy dados a las reflexiones profundas. La consecuencia es que muchas veces nos vemos envueltos en conceptos populares y no nos empapamos de los bíblicos, al punto de que la iglesia se parece mucho al mundo.

Lo que impulsa a este libro es la convicción de que el pensamiento correcto moldea la vida correctamente. ¿Qué *pensamos* cuando alguien toma los *mandamientos* como contrarios a una vida empoderada por la *gracia* de Dios? ¿Por qué Juan dice: «Pues éste es el amor a Dios: que obedezcamos sus mandamientos. Y sus mandamientos no son difíciles de cumplir» (1 Juan 5:3)? ¿Qué pensamos cuando oímos a Jesús decir, por un lado: «mi yugo es fácil, y mi carga es liviana», y por el otro: «estrecha es la puerta y angosto el camino que lleva a la vida» (Mateo 11:30; 7:14)? ¿Cómo puede la vida cristiana ser fácil y difícil a la vez? ¿Qué pensamos cuando leemos que la justificación es por gracia solo mediante la fe (Romanos 3:28) y, sin embargo, también leemos que el Reino lo heredarán «los que lo aman» (Santiago 2:5)? ¿Cómo se relacionan la fe y el amor como requisitos para la salvación final? Este libro es una respuesta a esas preguntas.

## LA FE ESTÁ PROFUNDA Y ABSOLUTAMENTE ORIENTADA HACIA EL FUTURO

En el corazón de este libro está la convicción de que las promesas de la gracia venidera son las llaves para vivir la vida cristiana como Cristo lo hizo. La mano que gira la llave es la fe y el resultado es *vivir por fe en la gracia venidera*. Con *venidera* no me refiero solo a la gracia del cielo y la era venidera, sino a la gracia que comienza ahora, en este preciso segundo, y sostiene nuestra vida hasta el final de este párrafo. Con *gracia* no me refiero solo a la seguridad de que Jesús murió por nuestros pecados, sino a la convicción de que Dios «nos dará también con él todas las cosas» (Romanos 8:32).

Este libro está basado en la convicción de que la fe *tiene una orientación profunda y absoluta hacia el futuro*. Sin duda, la fe puede mirar atrás y creer una verdad del pasado (como la verdad de que Cristo murió por nuestros pecados), puede mirar y confiar en una persona (como cuando se recibe a Jesucristo personalmente) y puede mirar hacia adelante y estar seguro de una promesa (como «estaré con ustedes hasta el fin del mundo»).

Sin embargo, incluso cuando la fe abraza una realidad pasada, su esencia salvadora incluye la aceptación de lo que implica esa realidad en el presente y en *el futuro*. Vemos esto en Romanos 5:10: «Porque, si cuando éramos enemigos de Dios fuimos reconciliados con él mediante la muerte de su Hijo [pasado], mucho más ahora, que estamos reconciliados [presente], seremos salvados por su vida [futuro]». Por lo tanto, cuando la fe mira hacia atrás y acepta «la muerte de su Hijo», también acepta la reconciliación del presente y la salvación del futuro.

Cuando la fe mira hacia afuera y confía en Cristo en el presente, su esencia salvadora consiste en estar satisfechos en Él ahora *y para siempre*. Por lo tanto, Jesús dice en Juan 6:35: «El que a mí viene [presente], nunca tendrá hambre [futuro]; y el que en mí cree [presente], no tendrá sed jamás [futuro]». Es decir, cuando la fe mira hacia afuera y acepta a Cristo en el presente, también acepta su infinita suficiencia.

Por esto digo que la fe está orientada de forma profunda y absoluta hacia el futuro. No existe un acto salvador de fe —tanto si miramos hacia atrás en la historia como hacia una persona o hacia una promesa— que no contenga una orientación futura.

Aún es preciso hacer más aclaraciones. El tiempo es un misterio, apenas sabemos lo que es. Por eso, las palabras como *pasado*, *presente* y *futuro* («ayer, hoy y mañana») pueden ser ambiguas. Por ejemplo, es muy difícil definir el *presente*. Ya que el pasado y el futuro pueden estar a milisegundos de distancia, ¿qué le queda al presente? Podemos enredarnos un poco, pero de manera práctica podemos saber de qué estamos hablando.

A lo que me refiero con *futuro* es a esa porción de tiempo que aún no experimentamos y que tiene la capacidad de asustarnos o darnos esperanza. En diez *segundos* tal vez tú tengas que subirte a un escenario y hablar delante de miles de personas; eso también es el futuro: es muy poderoso y todavía puede escaparse. En diez *años* tal vez tengas que jubilarte con un ingreso fijo. ¿Será suficiente? En diez *siglos* estarás en el cielo o en el infierno. El *futuro* es cuando todas esas vivencias cercanas o lejanas pueden suceder.

¿Qué hay del presente? ¿Qué es eso? Para nuestro objetivo aquí podemos definirlo así: es el instante —y la secuencia de instancias— en las que experimentamos la fe. Cuando digo que la fe *está orientada hacia el futuro de forma profunda y absoluta*, no me refiero a que *se viva* en el futuro; la fe siempre se vive en el presente. De hecho, así es como *defino* el presente: es el instante en el que se vive. La fe siempre se vive ahora. Cuando digo que está orientada hacia el futuro de forma profunda y absoluta, me refiero a que dentro de esta vivencia presente de fe, el corazón está construyendo un futuro. Cuando la fe está completamente en acción, dibuja un futuro con un Dios que es tan poderoso, amoroso, sabio y satisfactorio que esta imagen futura se siente segura. En este instante.

Lo más cercano que tenemos a una definición de fe en el Nuevo Testamento está en Hebreos 11:1 (RV60): «la fe es la *certeza* [del griego *hypostasis*] de lo que se espera». La palabra *certeza* significa «sustancia» o «naturaleza» como en Hebreos 1:3 (RV60): «[Cristo] siendo el resplandor de su gloria, y la imagen misma de su *sustancia* [*hypostaseos*]». Por lo tanto, para mí, el mensaje de Hebreos 11:1 es este: cuando la fe pinta el futuro que Dios promete, vive, por así decirlo, una «sustanciación» presente del futuro. La *sustancia* del futuro, su *naturaleza*, en cierta forma, está presente en la vivencia de la fe. La fe *descubre* el futuro, que tiene, como quien dice, un *anticipo*, como cuando estamos muy ansiosos por algo y tan expectantes que decimos: «¡Ya puedo sentirlo!»

## ¿QUÉ FUE LO QUE LIBERÓ A MOISÉS?

Este entendimiento de la fe explica por qué la fe actúa mediante el amor (Gálatas 5:6). El poder transformador de la fe en la gracia venidera se debe a la satisfacción liberadora que esta gracia mantiene en el corazón. Analicemos, por ejemplo, ¿por medio de qué poder Moisés se liberó de los «deleites temporales del pecado» en las cortes de Egipto? La respuesta de Hebreos 11:24-26 es que se liberó por el poder de la fe en la gracia venidera. «Por la *fe* [Moisés]… prefirió ser maltratado junto con el pueblo de Dios, antes que gozar de los deleites temporales del pecado, pues consideró que sufrir el oprobio de Cristo era una riqueza mayor que los tesoros de los egipcios. Y es que su mirada estaba fija en la recompensa». La promesa de Dios venció la promesa del pecado y produjo una vida de amor sacrificado.

Este libro es un intento de entender y poner en práctica ese poder, el poder purificador de preferir a Dios por encima del pecado.

## «EL PODER EXPULSIVO DE UN NUEVO AFECTO», DE THOMAS CHALMERS

Thomas Chalmers fue un gran predicador y profesor de la Universidad de Saint Andrews, en Escocia. Después de siete años de un ministerio rural sin éxito, tuvo un encuentro profundo con Cristo que cambió su corazón y encendió su mensaje. Uno de sus sermones más famosos comienza con palabras que expresan completamente el objetivo de este libro:

> Hay dos formas en que un moralista puede intentar desplazar del corazón humano su amor por el mundo: o por la demostración de la vanidad del mundo, para que prevalezca el corazón y quite su aprecio de un objeto que no lo merece; o *estableciendo otro objeto como merecedor de su aprecio, incluso Dios*, para que así el corazón prevalezca y no renuncie a un antiguo afecto que no tendrá éxito sino que cambiará un antiguo afecto por uno nuevo. Mi propósito es mostrar que en la constitución de nuestra naturaleza, el primer método es incompetente e inútil y que el último será suficiente para rescatar y recuperar el corazón de los malos afectos que lo dominan.[4]

Mi objetivo es el mismo que el de Chalmers: desplazar del corazón humano su amor por el mundo «estableciendo otro objeto como merecedor de su aprecio, incluso Dios». De esta manera, mi deseo y mi oración es que se magnifique el valor infinito de Dios (como en un telescopio, no en un microscopio).

Una diferencia con Chalmers es que no baso mi punto principalmente desde «la constitución de nuestra naturaleza», sino especialmente desde las enseñanzas de las Escrituras. Intentaré mostrar desde las Escrituras lo que la fe salvadora significa, en esencia, *estimar el valor superior de todo lo que Dios es para nosotros en Jesús* y el hecho de que *esta* fe no solo es la llave del cielo sino también de la santidad. Por eso es que la Biblia puede enseñar que no hay cielo sin santidad práctica (Hebreos 12:14) y, sin embargo, que el cielo se alcanza «por gracia... mediante la fe» (Efesios 2:8).

Este libro es una meditación extendida sobre el testimonio bíblico que dice que el corazón humano se purificó *por la fe* (Hechos 15:9); que cada acto de obediencia a Cristo es una «obra de fe» (1 Tesalonicenses 1:3;

2 Tesalonicenses 1:11); que el objetivo de todas las instrucciones bíblicas es «el amor que nace de… una fe sincera» (1 Timoteo 1:5); que Abel, Noé, Abraham[5] y Rahab recibieron poder para obedecer *por la fe* (Hebreos 11:4, 7, 8, 31); que la santificación es *por la fe* en Jesús (Hechos 26:18); y que «*la fe… obra por el amor*» (Gálatas 5:6).

## EL ASOMBRO DE J. C. RYLE POR LAS PROMESAS DE DIOS

Esta fe asombrosamente efectiva tiene tanto poder porque mira hacia el futuro y concibe las promesas de Dios como más satisfactorias que las del pecado, es decir, que las promesas de Dios tienen gran importancia en este libro. Comparto el asombro de J. C. Ryle, que tiene en cuenta el panorama de promesas en la Palabra de Dios. Me maravillo con él por la forma en que Dios nos las ha dado, tan sabia y amorosamente, para «incitarnos» a escuchar y obedecer.

Dios continuamente apela al hombre a que lo escuche, lo obedezca y lo sirva… Él ha… demostrado su conocimiento perfecto de la naturaleza humana al incluir, a través de todas sus páginas, una riqueza inconmensurable de promesas precisas para cada experiencia y cada circunstancia de la vida… Son miles. El tema es casi inagotable. No hay ni una etapa en la vida humana, desde la niñez hasta la vejez, ninguna posición en que se pueda encontrar una persona para la cual la Biblia no brinde aliento a todo el que quiera hacer lo correcto a los ojos de Dios. Hay demandas y promesas en el tesoro de Dios para cada situación. Hay promesas acerca de su misericordia y su compasión infinitas; de su disposición a recibir a todo el que se arrepiente y cree; y acerca de su buena voluntad para perdonar y absolver al peor de los pecadores. Sus promesas hablan de su poder para cambiar los corazones y transformar nuestra naturaleza corrupta; nos incentivan a orar, escuchar el evangelio y acercarnos al trono de gracia; y nos dan la fortaleza para cumplir nuestro deber, nos dan consuelo en la aflicción, dirección en la perplejidad, ayuda en la enfermedad, consolación en la muerte, fortaleza cuando hemos perdido a un ser querido, felicidad más allá de la tumba y recompensa en la gloria. Para todo esto, en la Palabra existe una gran cantidad de promesas. Nadie puede darse una idea de su abundancia, a menos que analice atentamente las Escrituras con una constante atención en el tema. Si alguien lo duda, solo puedo decir: «Vengan y vean».[6]

Eso es lo que me gustaría que el lector hiciera con este libro, que venga y vea. Para ayudar a recorrer el camino, ahora daré una síntesis que explica cómo se organiza el libro.

## ¿POR QUÉ EL LIBRO TIENE TREINTA Y UN CAPÍTULOS?

Esto no es algo al azar, sino que es intencional desde el principio y fue inspirado por los libros *Permaneced en Cristo,* de Andrew Murray, y *Cartas del diablo a su sobrino,* de C. S. Lewis. Ambos tienen treinta y un capítulos, uno para cada día del mes. Murray explicó la estructura de su libro de la siguiente manera:

> Solo al concentrar su mente por un tiempo constante en algunas lecciones de fe, es que el cristiano puede tomarlas gradualmente y asimilarlas por completo. Tengo la esperanza de que para algunos… será una ayuda para que durante un mes, día tras día, comprendan estas preciosas palabras: «permaneced en mí».[7]

Mi deseo es que, incluso las personas que no tengan mucho tiempo disponible para leer, puedan dedicar un momento cada día durante un mes para leer un capítulo de *Gracia venidera.* Con ese fin, hice los capítulos relativamente cortos. La ventaja de esa lectura diaria no solo es, como dice Murray, la asimilación profunda, sino también la reflexión sin prisa. ¡Qué riquezas se obtienen de la comprensión de una nueva idea (o una expresión nueva de una antigua idea)! Me gustaría que este libro se leyera de la misma forma en que el apóstol Pablo quería que Timoteo leyera sus cartas: «*Considera* lo que digo, y el Señor te dé entendimiento en todo» (2 Timoteo 2:7). Cada libro digno de leer requiere esto: «*Considera* lo que digo». No creo que lo que escribí sea difícil de entender si una persona está dispuesta a reflexionar sobre lo leído. Cuando mis hijos se quejan de que un buen libro es difícil de leer, les digo: «Rastrillar es fácil, pero todo lo que obtienes son hojas; cavar es difícil, pero quizá encuentres diamantes».

Intenté escribir como suelo predicar: con la idea de instruir la mente y movilizar el corazón. No me tomo a la ligera los desafíos de la lectura. Por ejemplo, no haría lo que hizo John Owen, el pastor y teólogo puritano del siglo XVII, quien comienza uno de sus libros con una advertencia al lector casi despectiva: «LECTOR… si usted es, como muchos en esta era ficticia, solo un contemplador de letreros o títulos que ingresa a los libros como Catón al teatro, para marcharse inmediatamente, entonces ya ha tenido su diversión; ¡adiós!».[8] Casi todos los que conozco que han leído a John Owen se quejan de que escribe de una forma engorrosa y poco práctica, y que sus ideas son difíciles de comprender. Sin embargo, él tiene una defensa formidable: veinticuatro volúmenes de sus libros se siguen imprimiendo trescientos años después de su muerte. La gente sigue luchando con su discurso complejo en busca de tesoros. ¿Cuál es la lección? Que el fundamento bíblico alimenta a la Iglesia, no la sencillez. No soy quien debe juzgar si hay un contenido nutritivo para la Iglesia en estas páginas. Pero ese es mi designio.

## UNA SINOPSIS DEL LIBRO

Si el pensamiento recto nutre la vida recta, entonces parecería que la verdad debe preceder a la utilidad al escribir un libro. Sin embargo, la vida es mucho más compleja. Casi todos necesitamos algo que evidencie que lo que leemos no solo es verdad, sino que además es útil. Hay muchas cosas verdaderas que no son relevantes. Solo tenemos una vida y quizá unas pocas horas en la semana (¡o menos!) para leer, por lo tanto, lo que leemos debe ser algo tan *útil* como verdadero.

Por esta razón, no espero hasta el final del libro para exponer algunos de los efectos prácticos de vivir por la fe en la gracia venidera. La aplicación está mezclada con los fundamentos. En este libro hay ocho capítulos intercalados bajo el título «Aplicando el poder purificador». En estos capítulos tomo ocho áreas del conflicto humano con la maldad e intento mostrar que vivir por la fe en la gracia venidera es la forma de prevalecer ante las promesas engañosas del pecado. En cierto sentido este sistema no es el ideal, porque cierta aplicación viene *antes* del fundamento pertinente, pero en otro sentido, la vida es así. Aprendemos, vivimos, nos perfeccionamos y seguimos aprendiendo. Creo que son más los beneficios de la práctica temprana y continua que sus daños.

Al principio de esta introducción dije que el objetivo de este libro es liberar al corazón humano de la esclavitud de los placeres efímeros del pecado. Ese objetivo alcanza su enfoque más nítido en estos capítulos llamados «Aplicando el poder purificador». ¿Cómo triunfa la fe en la gracia venidera sobre la ansiedad, la soberbia, la vergüenza, la impaciencia, la codicia, la amargura, el desánimo y la lujuria? Esa es la pregunta que estos capítulos intentan responder.

El libro comienza con dos capítulos que distinguen el vivir por la fe en la gracia venidera del vivir por la gratitud en la gracia pasada. Mi razonamiento es que Dios no creó el remordimiento de la gratitud como el principal motor de la obediencia, sino que el motor principal es la obra de su Espíritu que está siempre en nuestras vidas. La forma de apropiarnos de esta promesa de poder es por la fe en el cumplimiento de sus promesas. Es decir, por la fe en la gracia venidera. Por eso Pedro dice: «Cuando alguno sirva, hágalo *según el poder que Dios le haya dado*, para que Dios sea glorificado en todo por medio de Jesucristo» (1 Pedro 4:11). Y Pablo pregunta: «*Aquel que les suministra el Espíritu y hace maravillas entre ustedes*, ¿lo hace por las obras de la ley, o por el oír con fe?» (Gálatas 3:5). Nuestro principal motor para el servicio es la obra milagrosa de Dios, el Espíritu que genera el servicio, que llega a nuestras vidas acorde a su promesa. Y la obra del alma por la que llega es la *fe* en que Dios cumplirá su promesa: «Yo soy quien te da fuerzas, y siempre te ayudaré; siempre te sostendré con mi justiciera mano derecha» (Isaías 41:10). Fe en la gracia venidera.

Los capítulos 1 y 2 explican la diferencia entre hacer de la gratitud el motor movilizador a la obediencia y la alternativa de vivir por fe en la gracia venidera. Los dos siguientes capítulos (4 y 5) explican cuál es el significado de las palabras «gracia» y «venidera», contestando las siguientes preguntas: ¿realmente la Biblia remarca esto de la gracia venidera? ¿Es un concepto bíblico importante?

A esta altura, puedo sentir cómo crece la tensión en aquellos que, al igual que yo, valoran la magnificencia de la gracia pasada. Del capítulo 7 al 9 intento aliviar esta tensión. El objetivo aquí es demostrar que las grandes obras redentoras de la gracia pasada —como la muerte y resurrección de Jesús— son fundamentos indispensables para nuestra fe en la gracia venidera. Pero allí es precisamente donde radica el poder de estos fundamentos, en que adquieren y certifican la gracia venidera en la que esperamos. La vida y muerte de Jesús fueron el Sí de Dios a todas sus promesas (2 Corintios 1:20). Cristo vino a este mundo «para confirmar las promesas hechas a nuestros antepasados» (Romanos 15:8). Por la muerte de Cristo, Dios «nos dará también con él todas las cosas» (Romanos 8:32). A los que Dios *justificó*, también los *glorificará* (Romanos 8:30). La gracia pasada es el fundamento de la fe transformadora en la gracia venidera.

Para ser lo más claro y preciso posible, la gracia pasada de los sucesos del evangelio es exclusivamente fundacional, comparada con todas las otras gracias pasadas. Hay mil cosas que Dios ha hecho por nosotros en el pasado, desde darnos vida hasta ayudarnos a prepararnos para la muerte. Sin embargo, esta gracia pasada no es la misma que la gracia de los sucesos del evangelio. La crucifixión y resurrección de Cristo son algo único. Gracias a esto ha venido sobre nosotros toda la gracia, la pasada y la venidera.

Cuando hablo de «sucesos del evangelio», me refiero al *plan* de Dios para salvarnos, la *encarnación* de Cristo como humano, su *muerte* y *resurrección* para darnos salvación; soportar la condenación de los escogidos de Dios, satisfacer la ira del Padre, pagar el perdón del pecado, cumplir la ley de Dios, derrotar a Satanás y conquistar a la muerte. Basándonos en estos sucesos del evangelio —esta especial gracia pasada—, todas las bendiciones de salvación fluyen hacia aquellos que creen en Cristo. Algunas de estas bendiciones son pasadas, como nuestra regeneración, justificación y la morada del Espíritu. Sin embargo, ellas fueron el fruto de los sucesos del evangelio. Por eso podemos decir que el evangelio, totalmente contrario a nosotros en el pasado, es el fundamento para toda gracia que viene sobre nosotros, pasada y futura.

Otra forma de remarcar la particularidad de la gracia *pasada* de los sucesos del evangelio es tener en cuenta que poseen un papel único para mostrarnos el amor de Dios en nuestro *presente*. Toda gracia pasada nos recuerda el amor de Dios (Salmos 107:8, 15, 21, 31). Sin embargo, no hay nada como la muerte de Cristo para mostrarnos el amor de Dios por nuestra alma. Vemos en Romanos 5:8, «Dios muestra [presente] su amor por nosotros en que, cuando aún éramos pecadores, Cristo murió [pasado] por nosotros». Dios continúa mostrándonos su amor *ahora* en este preciso instante al traernos a la mente el hecho del pasado en el que «Cristo murió por nosotros». De esta forma, su voluntad amorosa de cumplir sus promesas se hace presente y poderosa, para que nuestra fe en la gracia venidera se fundamente siempre en la obra excepcional de la gracia pasada en los sucesos del evangelio.

Los capítulos 11 y 12 estudian el Antiguo y Nuevo Testamento para responder la pregunta: ¿por qué la obediencia a veces decae y a veces prospera? Mi conclusión es que la obediencia aumenta o disminuye en proporción a la fe en la gracia venidera. Tanto los mandamientos de Dios en el Antiguo Testamento (Hebreos 11:8, 17, 24; Números 14:11; 20:12; Deuteronomio 9:23) como las enseñanzas de Jesús y los apóstoles en el Nuevo (2 Tesalonicenses 1:11; Gálatas 5:6; Hebreos 11) fueron hechos para cumplirlos por medio de la fe en la gracia venidera. A veces esa fe era fuerte, pero muchas veces no lo era.

Esto nos fuerza a insistir con la pregunta: ¿por qué la fe produce obediencia? ¿Por qué Dios lo diseñó así? ¿Qué sucede con la fe que necesariamente produce el fruto de la justicia y el amor? Los capítulos 14 al 16 abordan estas preguntas bajo el título «La naturaleza de la fe en la gracia venidera». Aquí vemos que la fe es el medio que Dios eligió para la justificación y santificación porque destaca, mejor que cualquier otro hecho, la libertad de la gracia y aumenta su gloria. Esto sucede porque la fe en la gracia venidera, en su esencia, significa estar satisfechos con todo lo que Dios promete para nosotros en Jesús. Esta clase de fe engrandece a Dios, que es más glorificado en nosotros cuanto más nos satisfacemos en Él.

Luego de diecisiete capítulos de ver las dinámicas bíblicas de vivir por la fe en las promesas de Dios, nos vemos obligados a abordar directamente la condicionalidad de muchas de esas promesas. ¿Cómo puede uno confiar en una promesa condicional (capítulo 18)? ¿Quiénes se benefician con las promesas (capítulo 19)? ¿Cuál es la condición final de las promesas de gracia venidera (capítulo 20)? Mi conclusión de estos tres capítulos es que la fe y el amor son las condiciones que cumple un cristiano para seguir disfrutando de los beneficios de la gracia venidera, pero la fe y el amor no son condicionales de igual manera. La fe percibe la gloria de Dios en las promesas de la gracia venidera y adopta todo lo que Dios nos promete en Jesús. Esta aprehensión espiritual y deleite en Dios es la evidencia auténtica propia de que Él nos ha llamado a ser beneficiarios de su gracia. Esta evidencia nos libera para confiar en la promesa como propia, y esta confianza nos empodera para amar a otros, lo que a su vez confirma que nuestra fe es real. Por lo tanto, la fe es la condición final que nos une al poder de la gracia venidera y el amor es una condición que solo confirma la realidad de esta fe.

Al entender la forma en que la fe aprehende el poder de la gracia venidera, estamos preparados para hablar de cómo *la fe obra por amor*, como dice Pablo en Gálatas 5:6 (capítulo 22), y cómo eso nos empodera para todo tipo de ministerio práctico (capítulo 23). A medida que describimos los vínculos entre la fe y el amor, se hace evidente que vivir por fe en la gracia venidera no es algo fácil y liviano; es vivir una batalla contra la incredulidad o, como le llama Pablo en 1 Timoteo 6:12, es «la buena batalla de la fe» (capítulo 25). Esto significa que debemos prestar atención al gran enemigo de la fe —Satanás— y exponer sus estrategias para deshacer nuestra confianza en la gracia venidera (capítulo 26).

A medida que el libro concluye, considero el hecho de que, mientras dure esta era, todos nosotros tendremos que sufrir y morir. «Para entrar en el reino de Dios es necesario pasar por muchas tribulaciones» (Hechos

14:22). Esto plantea una gran amenaza para la fe en la gracia venidera. Pero aquí, también, abundan las promesas. Dios nos deja en claro que el sufrimiento y la muerte en sí son canales para una gracia mayor y, al final, traerán un gozo eterno y cada vez mayor (capítulos 28 y 29). Dios nos dará nuevos cuerpos en una tierra nueva y pasará la eternidad agotando en nosotros los tesoros de su gracia inmensurable (capítulo 30).

El capítulo final es para esa gente que le gusta ver las raíces y las relaciones entre las cosas. Aquí intento mostrar cómo mis pensamientos sobre la fe en la gracia venidera coinciden con el pensamiento de Jonathan Edwards, el teólogo y pastor del siglo XVIII, y trato de mostrar que las ideas de este libro están en sintonía con la visión de Dios y la vida que desarrollé en mis libros anteriores: *Sed de Dios* y *Los deleites de Dios*.

## LO QUE IMPORTA ES DÓNDE TERMINE USTED

Con esta noción de cómo encajan los capítulos, por supuesto, eres libre de comenzar a leer por donde desees. Mi mayor preocupación no es dónde comiences sino dónde termines. ¿Será con una fe más profunda en la gracia venidera? Mi oración es que así sea, que escuches y sigas el llamado a descubrir el gozo en todo lo que Dios te ha prometido en Jesús, que el poder expulsivo de este nuevo afecto te libere de los placeres efímeros del pecado y te empodere para tener una vida de amor sacrificial. De esta manera, si comprobamos que Dios es más valioso que todas las cosas, entonces vivir por fe en la gracia venidera será para la alabanza de su gloria. Porque Dios es más glorificado en nosotros cuanto más nos saciamos de Él.

## NOTAS

1. Alister McGrath, *Spirituality in an Age of Change: Rediscovering the Spirit of the Refomers* [Espiritualidad en una era de cambios: redescubriendo el espíritu de los reformadores], Grand Rapids: Zondervan Publishing House, 1994, p. 9.
2. *Ibid.*, pp. 9, 12.
3. *Ibid.*, p. 12.
4. Thomas Chalmers, ed. por Andrew Watterson Blackwood, «El poder expulsivo de un nuevo afecto» en *The Protestant Pulpit* [El púlpito protestante], Gran Rapids: Baker Book House, 1947, p. 50 (énfasis añadido).
5. En este libro se usa en ciertas ocasiones la grafía *Abrahán* en vez de Abraham, en dependencia de la fuente de referencia, pero siempre se refiere al mismo patriarca bíblico. (N. del E.)
6. J. C. Ryle, *Santidad: su naturaleza, sus obstáculos, dificultades y raíces*, Chapel Library, 2015, p. 289.

7. Andrew Murray, *Permaneced en Cristo*, Nueva York: Grosset and Dunlap, n.d., pp. vi-vii.

8. William Goold, ed., *Las obras de John Owen*, vol. 10, Edimburgo: The Banner of Truth Trust, 1965, orig. 1850-53, p. 149.

*¿Es mediante el instrumento de la fe que recibimos a Cristo como nuestra justificación, sin el mérito de nuestras obras? Así es, pero esta misma fe, si es tan vital como para aceptar a Cristo, también lo es para «obrar por amor» y «para purificar nuestros corazones». Por lo tanto, esta es la virtud del evangelio libre, como un ministerio de santificación, que la misma fe que acepta el don se vuelve un principio de obediencia poderoso, inevitable y divino.*

**ROBERT L. DABNEY**

# PARA TEÓLOGOS

No es necesario que todos lean esta sección, pero para algunos puede ser útil que yo oriente el libro en la historia y en las categorías de una teología más formal. Desde este ángulo, diría que el objetivo de este libro es explorar cómo la fe que justifica también santifica. Para ser más preciso, ya que aquí le estoy hablando a teólogos, el objetivo es examinar cómo la fe, que es el único medio por el cual la *gracia del perdón* justifica, también es la fe por la que[1] la *gracia poderosa* santifica. En su forma popular, la expresión clásica de los protestantes reformados de la relación entre la fe y la santificación es esta: «únicamente la fe justifica, pero la fe que justifica no es la única». Es decir, que la fe justificadora siempre está acompañada de buenas obras. Sin embargo, la confesión reformada va más allá y dice que la fe justificadora no solo está acompañada de buenas obras, sino que, de alguna forma, también es la causa fundamental de esas obras.

## LA CONFESIÓN DE AUGSBURGO

La histórica Confesión de Augsburgo fue escrita por Philipp Melanchthon (1497-1560), sancionada por Martín Lutero y presentada por los protestantes alemanes a Carlos V en 1530. Allí se describía la relación entre la fe justificadora y la vida subsecuente de obediencia en los siguientes términos:

> (IV) [Las iglesias de común acuerdo entre nosotros] Enseñamos también que no podemos obtener el perdón de los pecados y la justicia delante de Dios por nuestro propio mérito, por nuestras obras o por nuestra propia fuerza, sino que obtenemos el perdón de los pecados y la justificación por pura gracia por medio de Jesucristo y la fe.

(VI) Enseñamos también que esta fe debe producir frutos y las buenas obras mandados por Dios por amor de Él, pero que no debemos apoyarnos en estas obras para merecer la justificación.

Por lo tanto, la Confesión de Augsburgo dice simplemente que la fe justificadora «*debe* producir buenos frutos», pero en el artículo XX profundiza más y explica esta conexión:

Y porque por medio de la fe recibimos al Espíritu Santo, los corazones se renuevan y llenan con nuevos sentimientos, de manera que dan lugar a que surjan buenas obras. Ambrosio dice en este sentido: «La fe es la madre de la buena voluntad y las obras justas»… Por lo tanto puede verse que esta doctrina [de justificación solo por la fe] no prohíbe las buenas obras, más bien las recomienda, porque muestra cómo se nos mueve a realizarlas. Ya que sin la fe la naturaleza humana no puede realizar las obras del primer o segundo mandamiento. Sin la fe el hombre no puede dirigirse a Dios ni esperar nada de Él, ni llevar la cruz, sino que busca y se apoya en la ayuda del hombre. De esta manera cuando no hay fe ni confianza en Dios, todo tipo de concupiscencias y consejos meramente humanos rigen el corazón.[2]

La doctrina de justificación por la fe «muestra cómo se nos mueve a realizar las buenas obras». Tomo esto para mostrar que la Confesión de Augsburgo no solo dice que las buenas obras simplemente existen junto con la fe justificadora, sino que también surgen de esa fe. «La fe es la madre de… las obras justas». El poder de «todo tipo de concupiscencias y consejos meramente humanos» se rompe cuando está presente esta fe. Este libro intenta entender por qué la fe tiene ese poder santificador y cómo lo obtiene.

## UNA CONFESIÓN SUIZA

La Primera Confesión Helvética fue compuesta por teólogos suizos (Heinrich Bullinger, Simon Grynaeus, Oswald Myconius, entre otros) en Basilea, Suiza, en 1536. Representaba la fe de todos los cantones suizos en ese período de la Reforma. El artículo XIII se titula: «Cómo se nos imparten la gracia de Cristo y su mérito y qué frutos traen». Dice: «Alcanzamos las grandes obras de la gracia divina y la verdadera santificación del Espíritu Santo no por medio de nuestros méritos o fuerzas, sino por medio de la fe, que es el don puro y el favor de Dios». Luego, el artículo XIV explica la conexión entre esta fe y las obras:

> Esta misma fe es un sí certero, indudable, un terreno firme y una comprensión de todas las cosas que uno espera de Dios. El amor crece de ella como un fruto y, por ese amor, viene toda clase de virtudes y buenas obras. Y, a pesar de la práctica piadosa y creyente de esos frutos de fe, no atribuimos su piedad o su salvación a dichas obras, sino a la gracia de Dios. Esta fe se reconforta con la misericordia de Dios y no con sus obras, incluso aunque realice incontables buenas obras. Esta fe es el verdadero servicio que le agrada a Dios.[3]

Por consiguiente, la Confesión Helvética afirma que el amor nace de la fe y produce todas las virtudes. La fe no solo coexiste con el fruto de la obediencia, sino que ella misma realiza «incontables buenas obras».

## LOS TREINTA Y NUEVE ARTÍCULOS DE LA IGLESIA DE INGLATERRA

Los *Treinta y nueve artículos de religión* de la Iglesia de Inglaterra se publicaron como una expresión de la fe anglicana reformada en 1571. Su enseñanza sobre la justificación y las buenas obras es muy directa y clara:

> Somos reputados justos delante de Dios solamente por el mérito de nuestro Señor y Salvador Jesucristo, por la Fe, y no por nuestras obras o méritos. Por lo cual, que nosotros somos justificados por la fe solamente, es Doctrina muy saludable y llena de consuelo… Aunque las Buenas Obras, que son fruto de la Fe y siguen a la Justificación, no puedan expiar nuestros pecados ni soportar la severidad del juicio divino, son, no obstante, agradables y aceptables para Dios en Cristo y nacen necesariamente de una verdadera viva Fe; de manera que por ellas puede conocerse la Fe viva tan evidentemente, como se juzga del árbol por su fruto.[4]

Una vida de obediencia «nace necesariamente» de una fe viva y verdadera. Las buenas obras «son fruto de la Fe». La fe justificadora no solo coexiste con las buenas obras, sino que también es el agente que emplea la gracia de Dios para realizarlas. Por eso, las buenas obras son la evidencia de la fe auténtica.

## LA CONFESIÓN DE FE DE WESTMINSTER

Quizá la confesión de la fe reformada más conocida es la Confesión de Fe de Westminster, publicada en Inglaterra en 1647. El capítulo XI de la confesión dice:

> (1) A los que Dios llama de una manera eficaz, también justifica gratuitamente, no infundiendo justicia en ellos sino perdonando sus pecados, y contando y aceptando sus personas como justas; no por algo obrado en ellos o hecho por ellos, sino solamente por causa de Cristo… (2) La fe, que así recibe a Cristo y descansa en Él y en su justicia, es el único instrumento de justificación; *aunque no está sola en la persona justificada, sino que siempre va acompañada por todas las otras gracias salvadoras, y no es fe muerta, sino que obra por amor.*[5]

De esta forma, la confesión declara con valentía que la fe es el «instrumento de justificación» y que «obra por amor». Por lo tanto, afirma que la fe justificadora también es santificadora. «Obra por amor». Esta confesión afirma explícitamente (en sus notas al pie) que la frase *obra por amor* es una referencia a Gálatas 5:6: «Porque en Cristo Jesús nada valen la circuncisión ni la incircuncisión, sino *la fe que obra por el amor*». Este texto será central para el argumento de este libro.

## UN CLÁSICO SOBRE LA JUSTIFICACIÓN

Se pueden mencionar muchos otros testimonios para demostrar que el punto de vista histórico de las confesiones reformadas es que la fe que justifica también santifica.[6] La fe que justifica produce vidas de obediencia, no perfectas, pero cada vez más santas. Por eso, en una clásica reformulación de la doctrina de justificación, James Buchanan nos invita a:

> …pensar cómo las buenas obras se relacionan con la fe y con la justificación, respectivamente. Son los efectos de la fe y, como tales, son las evidencias de ambas. Queda claro que son los efectos de la fe; porque «todo lo que no proviene de fe, es pecado» [Romanos 14:23, RV60]; y «el propósito de este mandamiento es el amor que nace de un corazón limpio, de una buena conciencia y de una fe sincera» [1 Timoteo 1:5]. Es igualmente claro que, al ser los efectos, también son las evidencias de una fe viva y verdadera; porque «alguien podría decir: "Tú tienes fe, y yo tengo obras. Muéstrame tu fe sin obras, y yo te mostraré mi fe por

mis obras"» [Santiago 2:18]; y todas las buenas obras, atribuidas a los creyentes bajo el Antiguo Testamento, se remontan al funcionamiento de la fe [Hebreos 11:4, 7, 8, 23, 32].[7]

## UNA PEQUEÑA REFLEXIÓN DE LA FORMA EN QUE LA FE SANTIFICA

Una de las cosas notables de esta corriente unificada de pensamiento es que se les da relativamente poca atención a las dinámicas espirituales de *cómo* santifica la fe. Puedo estar equivocado en esto, ya que no soy un experto en la historia doctrinal, pero mi percepción es que tanto histórica como actualmente la afirmación de que la fe justificadora «*no está sola en la persona justificada, sino que siempre está acompañada de todas las gracias salvadoras*» suele quedar en el aire sin ninguna reflexión ampliada *de por qué* es así y *cómo* funciona en las dinámicas espirituales de la vida cristiana verdadera. Este libro está pensado para ser esa reflexión ampliada.

Mi objetivo es entender y explicar cómo funciona la fe justificadora mediante el amor (Gálatas 5:6). Mi argumento es que la fe justificadora nunca está sola porque su naturaleza es santificar. Hay algo en su esencia que la hace un agente transformador de moral. O, más precisamente, hay algo acerca de la fe mediante la cual la gracia del perdón justifica, que la hace un medio adecuado y eficiente por el que la gracia que da poder siempre santifica.

Si preguntamos *cómo se relaciona la regeneración, o el nuevo nacimiento, con el poder purificador de la fe en la gracia venidera*, respondería esto:[8] la regeneración es la obra del Espíritu de Dios mediante la palabra del evangelio (Juan 3:8; 1 Pedro 1:23) que da vida a nuestra nueva naturaleza. Simultáneamente, nace la fe salvadora (1 Juan 5:1), se establece la unión vital con Cristo (Gálatas 3:26; Romanos 6:5) y somos justificados por designación de la justicia de Dios en Cristo (Romanos 5:1; 2 Corintios 5:21; Filipenses 3:9). Todo eso es la obra milagrosa de la gracia soberana en un mismo instante. No hemos hecho nada para lograrlo. «El viento sopla de donde quiere, y lo puedes oír; pero no sabes de dónde viene, ni a dónde va. Así es todo aquel que nace del Espíritu» (Juan 3:8).

La fe que Dios crea en la regeneración (Efesios 2:8) nos justifica uniéndonos a Cristo instantáneamente. Cuando está presente, nos une a Cristo. No hay forma de que haya fe salvadora sin unirnos con Cristo, y dado que esta unión es el motivo por el que Él nos da su justicia, la forma en que la fe nos justifica no es mediante ningún ente moral o cualidad, sino por la virtud que nos une a Cristo.

Esto es crucial. Algunas personas siempre han argumentado que la fe es moralmente buena y, por lo tanto, la justificación por fe implica que somos justificados porque hay algo bueno en nosotros, es decir, la fe. Los reformadores sabían que esto desvirtuaba el significado bíblico de la justificación por fe (Romanos 5:1). Andrew Fuller, un digno heredero de esos reformadores, abordó este tema señalando que la fe es única entre todos los dones que crecen en el corazón renovado, es «un don recibido peculiarmente».

> Así es que la justificación se le atribuye a la fe, ya que es por fe que *recibimos a Cristo, solo por la fe* y no por ninguna otra gracia. La fe es peculiarmente una gracia recibida como ninguna otra. Si dijéramos que somos justificados por el arrepentimiento, el amor o cualquier otra gracia, transmitiríamos la idea de que algo es considerado bueno en nosotros y por eso se nos otorgó la bendición; sin embargo, la justificación por la fe no transmite esa idea. Por el contrario, conduce el pensamiento directamente hacia Cristo, del mismo modo en el que hablar de una persona que vive *mendigando* nos da la idea de que vive *por lo que recibe gratuitamente*.[9]

Sin duda, la fe es un deber, un acto del alma, es un efecto positivo de la regeneración. Andrew Fuller dice: «No obstante, ¿acaso no es así, al unirnos a Cristo y derivar su justicia, que se justifica?».[10] Desde este punto de justificación, y sobre esta base, comienza el proceso de santificación.

## JUSTIFICACIÓN Y SANTIFICACIÓN NO SON LO MISMO

Aquí se puede ver que no tengo ninguna intención de que se confundan los conceptos de justificación y santificación. No son lo mismo. La justificación no es un comportamiento humano del alma o del cuerpo, pero la santificación sí lo es (efectuado de forma divina). Ambos son provocados por Dios, pero no de la misma forma. La justificación es un acto de juicio de Dios y la santificación es un acto de la transformación de Dios.

Por lo tanto, la función de la fe con respecto a cada una es distinta. En lo que respecta a la justificación, la fe no es el canal por el que fluyen el poder o la transformación al alma del creyente, sino que es el momento del perdón de Dios, la absolución y el reconocimiento como justo en virtud de la fe que nos une a Cristo. Estos hechos justificadores de Dios por sí mismos no tocan el alma del hombre. Son *extra nos*, externos a nosotros. Pablo habla de la justificación del «impío» (Romanos 4:5). Es decir, que no permanecemos en ese estado, sino que comenzamos a ser «impíos justificados».[11] Sin embargo, con respecto a la santificación, la fe sin duda es el canal por el que el poder divino y la transformación fluyen al alma; y la obra de Dios por medio de la fe toca el alma y la transforma.

## TRES PREMISAS

Mi punto en este libro es que la fe, que es la ocasión de justificación, es la misma por la que el poder santificador llega al pecador justificado. Aquí hay tres premisas.

La primera es que la fe justificadora[12] es perseverante. Como explica Jonathan Edwards de forma atenta y detallada: «La perseverancia en la fe es, en un sentido, la condición de la justificación; es decir, la promesa de aceptación se hace solo a un tipo de fe perseverante, y la evidencia adecuada de que corresponde a ese tipo es su verdadera perseverancia».[13] Por lo tanto, es correcto hablar de la efectividad moral de la fe justificadora, no solo porque nos lleva a caminar derechos con Dios desde el primer momento en que la practicamos, sino también porque es un tipo de fe perseverante, cuya efectividad está en la aceptación diaria de todo lo que Dios es por nosotros en Jesús.

La segunda premisa es que la fe justificadora no solo es la confianza en la gracia pasada de Dios. También es la confianza en su gracia venidera, garantizada por la gracia pasada de la muerte y resurrección de Cristo. La fe justificadora recibe la obra finalizada de la redención de Cristo, de modo que se apoya en todo lo que esa expiación significa para nuestro pasado, presente y *futuro*. Como afirma la Primera Confesión Helvética: «La fe es… una comprensión de todas las cosas que uno espera de Dios». O, como dice Juan Calvino en su sermón de Efesios 3:14-19: «Si venimos a Cristo creyendo en Él, es decir, si recibimos la promesa del evangelio, les aseguro que Él morará en nuestros corazones, incluso por medio de la fe».[14] La fe justificadora, sostenida sobre la gracia pasada de la muerte y resurrección de Cristo, es nuestra confianza futura en las promesas de Dios.

La tercera premisa es que la esencia (aunque no la suma total) de la fe justificadora es *estar satisfecho con todo lo que Dios es (y promete ser) para nosotros en Jesús*. Como han dicho otros teólogos, es la aceptación de Jesús en cada oficio donde está presente en la Palabra de Dios. La fe justificadora no es selectiva, no acepta a Cristo como Dios en un rol y lo rechaza en otro. «La fe verdadera acepta a Cristo en todas las formas en que las Escrituras lo presentan a los pobres pecadores».[15] La fe justificadora acepta todo lo que Dios promete ser para nosotros en Jesús, y esta aceptación no es la sola conformidad intelectual con una enseñanza, sino que es una satisfacción sincera y vital de Dios.

Estas tres premisas sobre la naturaleza de la fe justificadora (que intentaré desarrollar y justificar bíblicamente) explican por qué y cómo es que ésta santifica inevitablemente. Este libro es una reflexión ampliada de los fundamentos bíblicos y las dinámicas espirituales prácticas del poder santificador de la fe justificadora. Poner en práctica estas dinámicas es a lo que llamo *vivir por fe en la gracia venidera*.

## NOTAS

1. En esta mitad de la oración no digo «único» porque no es tan así si lo utilizo con el mismo significado que al decir que la justificación es únicamente por fe. La justificación es únicamente por la fe en el sentido de que ningún otro acto del alma o del cuerpo funciona como el canal dado por Dios (ver el capítulo 14, nota 2) o como agente de perdón. Cualquier preparación que haya hecho el Espíritu Santo antes de la fe para llevar al corazón a creer y cualquier acto conjunto de lectura bíblica, oración, escucha de sermones o llanto que pueden haber venido al momento de creer, o a partir de ahí, no son actos que unan el alma con la gracia justificadora de Dios. Es más, la justificación es un hecho que sucede en un determinado momento, no es un acto continuo de Dios como la santificación. No solo eso, la justificación no es un acto que viene en distintos grados, sino que es una sola vez y un juicio final de justicia para nosotros por la causa de Cristo. No es algo que se nos da en distintas medidas como la santificación. Sin embargo, cuando se trata de santificación, si bien la fe siempre es el elemento básico para obtener el poder de la gracia transformadora, existen otros hechos del alma que la Palabra de Dios establece como medio para vivir el continuo poder de la gracia santificadora, aunque yo diría que todas estas «formas de gracia» son ejercitadas «desde la fe». Por lo tanto, la fe es la intervención humana decisiva que nos conecta con la gracia santificadora de Dios.

2. Citado en Philip Schaff, *The Creeds of Christendom* [Los credos del cristianismo], vol. 3, Grand Rapids: Baker Book House, 1977, orig. 1877, pp. 10-11, 24-25.

3. *Ibid.*, p. 218, traducción propia del original en alemán.

4. *Ibid.*, p. 494.

5. *Ibid.*, p. 626 (énfasis añadido).

6. Véase una lista más larga de testimonios en Robert L. Dabney, «The Moral Effects of a Free Justification» [Los efectos morales de la justificación gratuita], en *Discussions: Evangelical and Theological*, vol. 1, Londres: The Banner of Truth Trust, 1967, orig. 1890, pp. 73-106.

7. James Buchanan, *The Doctrine of Justification* [La doctrina de la justificación], Edimburgo: The Banner of Truth Trust, 1961, orig. 1867, p. 357.

8. Para mis reflexiones completas acerca de la regeneración y su relación con nuestra salvación multifacética, véase John Piper, *¡Más vivo que nunca!: qué sucede cuando nacemos de nuevo*, Editorial Portavoz, 2015.

9. Joseph Belcher, *The Complete Works of the Rev. Andrew Fuller* [Las obras completas del Rev. Andrew Fuller], vol. 1, Harrisonburg, VA: Sprinkle Publications, 1988, p. 281. «Por fe recibimos el beneficio, pero este no surge de la fe, sino de Cristo. De ahí, lo mismo que se le atribuye a veces a la fe, se le atribuye en otras a la obediencia, muerte y resurrección de Cristo», p. 282.

10. *The Complete Works of the Rev. Andrew Fuller* [Las obras completas del Rev. Andrew Fuller], vol. 2, p. 572. En este punto se refiere a Jonathan Edwards y le da el crédito por esta idea.

11. Andrew Fuller lo expresa así: «La base en la que [los apóstoles] se apoyan es "Maldito sea todo aquel que no se mantenga firme en todas las cosas escritas en el libro de la ley, y las haga" [Gálatas 3:10]. Por lo tanto, ellos infieren la imposibilidad del pecador de ser justificado de cualquier otra forma que no sea por el bien de aquel que "por nosotros se hizo maldición"; y así se deduce claramente que la santidad que pueda tener cualquier pecador antes, durante o después de creer, no tiene importancia al momento de aceptación ante Dios». *The Complete Works of the Rev. Andrew Fuller* [Las obras completas del Rev. Andrew Fuller], vol. 2, pp. 392-93.

12. Ten en cuenta que, en este libro, la frase «fe justificadora» siempre es una forma de abreviar «fe mediante la cual solo la gracia justifica».

13. Jonathan Edwards, «Concerning the Perseverance of the Saints» [La perseverancia de los santos], en *The Works of Jonathan Edwards* [Las obras de Jonathan Edwards], vol. 2, Edimburgo: The Banner of Truth Trust, 1976, orig. 1834, p. 596.

14. Juan Calvino, *Sermones sobre Efesios*, Peregrino, 2013, (énfasis añadido).

15. Ernest Reisinger, *Lord and Christ* [Señor y Cristo], Phillipsburg, NJ: P&R Publishing Co., 1994, p. 45.

# PARTE I

# UN ENEMIGO DE LA FE EN LA GRACIA VENIDERA

~♾~

*¿Hasta cuándo no van a creerme, a pesar de todas las señales
que he hecho en medio de ellos?*

**NÚMEROS 14:11**

~♾~

*La gratitud se alegra en los beneficios pasados de Dios y le dice
a la fe: «Abraza más de estos beneficios para el futuro, para que así
pueda continuar mi buena obra de volver hacia la redención de Dios».*

# CAPÍTULO 1

# LA ÉTICA DEL DEUDOR: ¿DEBEMOS INTENTAR PAGARLE A DIOS?

## ¿QUÉ ES LA GRATITUD?

Al igual que las cosas más valiosas, la gratitud es vulnerable. Olvidamos fácilmente que la gratitud existe porque a veces las cosas vienen a nosotros «gratis», sin pagar ningún precio. Cuando eso sucede, deberíamos tener una sensación agradable por el valor de lo que hemos recibido y la buena voluntad detrás de ello. Esta *sensación agradable* es lo que llamamos gratitud. Desde ese sentimiento nace espontáneamente la expresión de deleite. Nos vemos obligados a reconocer con alegría el obsequio y la buena voluntad detrás de él, y a expresar lo bien que nos sentimos por ese regalo y el corazón de quien lo da.

La gratitud se corresponde con la gracia («gratis»). Esto sucede incluso cuando nos sentimos agradecidos por algo que hemos pagado. También podemos tener la sensación de que lo comprado es decepcionante, a pesar de tener dinero para comprarlo. Podría no estar en buenas condiciones o no ser exactamente lo que queríamos; alguien podría haberlo comprado antes que nosotros; la transacción podría haber sido difícil; el momento podría haber sido equivocado para utilizarlo según lo previsto o el precio podría haber aumentado justo después de comprarlo. En otras palabras, la gratitud no es el sentimiento de que hemos sido inteligentes por la forma en que obtuvimos algo. Es la emoción que nace con alegría en respuesta a algo «gratis», incluso en nuestras compras.

## EL LUGAR DONDE NACE LA ÉTICA DEL DEUDOR

Justo en este punto se oculta un peligro. El corazón caído del ser humano —el de todos nosotros— tiene el impulso de olvidar que la gratitud es una respuesta espontánea de gozo al recibir algo más de lo que hemos pagado.

Cuando olvidamos esto, comenzamos a utilizar mal la gratitud y la distorsionamos al querer pagar por cada cosa que se nos da «gratis». Este momento terrible es el nacimiento de la «ética del deudor».

Esta dice que: «Como tú has hecho algo bueno por mí, me siento en deuda de hacer algo bueno por ti». Este impulso *no es* lo que se supone que deba generar la gratitud. Dios quiso que la gratitud fuera una expresión espontánea de placer en el obsequio y la buena voluntad del otro, no quiso que fuera un impulso por devolver favores. Si la gratitud se cambia por un sentimiento de deuda, ahí nace la ética del deudor y, en efecto, anula la gracia.

No me malinterpretes. La gratitud en sí no anula la gracia, sino que se regocija en ella; Dios la creó para hacer eco de la gracia. El hecho de pensar que la gratitud se puede distorsionar para servir al mal sorprende a algunas personas y las asusta. No te equivoques. Yo exalto la gratitud como una respuesta bíblica del corazón a la gracia de Dios. La Biblia nos ordena ser agradecidos a Dios como uno de nuestros mayores deberes. «Entremos por sus puertas y por sus atrios con alabanzas y con *acción de gracias*; ¡*Alabémosle*, bendigamos su nombre!» (Salmos 100:4). Dios dice que la gratitud lo glorifica: «El que me ofrece su gratitud, me *honra*» (Salmos 50:23 DHH). A pesar de ser vulnerable al mal uso de la ética del deudor, la gratitud no es igual que la culpa.

Todos sabemos que la ética del deudor existe, incluso aunque nunca le hayamos llamado así. Supongamos que tú me invitas a cenar. Está bien que yo me sienta agradecido, pero ¡qué fácil convertimos esta respuesta espontánea de alegría en un impulso por devolver el favor! Tú me invitaste así que ahora yo *te debo* algo. Cuando nuestra virtud, hacia otros o hacia Dios, nace de este sentimiento de «devolver», caemos en las garras de la ética del deudor.

¿Qué ha salido mal? No es incorrecto sentir gratitud cuando alguien nos hace un regalo. El problema comienza cuando tenemos el impulso a creer que ahora *debemos* un «regalo». Este sentimiento convierte los obsequios en moneda de curso legal. Sutilmente, el regalo ya no es regalo sino una transacción comercial y lo que se ofreció como gracia gratuita se anula con gratitud desvirtuada.

## ¿DEBEMOS DEVOLVERLE ALGO A DIOS?

Es extraordinario lo extendida y duradera que es la ética del deudor entre los cristianos. Recientemente oí el mensaje poderoso de un líder evangélico muy reconocido sobre la necesidad de que los estadounidenses recuperaran el llamado del deber y la devoción a Cristo. Él utilizó una ilustración fascinante hablando del sacrificio propio, pero su explicación de las dinámicas espirituales del sacrificio se enfocaba completamente en la gratitud por lo que Cristo había hecho. Me senté allí esperando oír una palabra firme sobre el papel fundamental de la esperanza como el poder que nos sustenta al rendir nuestras vidas, pero nunca llegó.

Esta forma de motivar al deber y la devoción parece inofensiva, hasta loable. Es muy atractiva y habla en palabras que están casi por encima de la crítica. Por ejemplo, suelen decir: «Dios ha hecho tanto por ti, ¿qué harás tu por Él?»; o: «Él te dio su propia vida, ¿cuánto le darás tú?». La frase del antiguo himno de Frances Havergal «I Gave My Life For Thee» [Di mi vida por vosotros], tiene un lenguaje peligroso. En la letra Cristo dice: «Di, Di mi vida por vosotros, ¿qué habéis dado por mí?», y: «Traigo, traigo grandes dones para vosotros, ¿qué me habéis traído?». No quiero decir que oraciones como esas expresan *necesariamente* la ética del deudor. Solo digo que es fácil confundirlo y muchas veces lo hacemos.

En la ética del deudor la vida cristiana es representada como un esfuerzo por pagar la deuda que tenemos con Dios. Generalmente, hacemos la conclusión de que nunca vamos a poder pagarla por completo, pero la «gratitud» exige que nos esforcemos. Las buenas obras y los hechos religiosos son las cuotas que pagamos de la deuda interminable que tenemos con Dios. Esta ética del deudor muchas veces se encuentra, quizá sin intención, detrás estas palabras: «Debemos obedecer a Cristo *en agradecimiento*».

Este llamado a la gratitud como forma de motivar a los cristianos es tan común que puede sorprender el hecho de que yo cuestione su sustento bíblico. Pero pensemos un momento, ¿en cuántos lugares de la Biblia la gratitud o el agradecimiento es el motivo *explícito* para la conducta moral? Es decir, conductas como tratar a las personas con amor, hacer todo con integridad o arriesgarse en obediencia a las misiones. ¿La Biblia dice que estas cosas se hacen «por gratitud», «en el poder del agradecimiento» o «por todo lo que le debemos a Cristo»?

Esto no es quisquilloso o fortuito; es algo increíble. Si les preguntan a los cristianos de hoy: «¿Cuál es la motivación bíblica para la obediencia de los cristianos?», muchos dirán: «La gratitud a Dios», y, sin embargo, esta forma de pensar parece estar totalmente ausente en la Biblia. Pocas veces, si es que las hay, la Biblia dice explícitamente que la gratitud es la motivación para la conducta moral o que la ingratitud es la explicación para la inmoralidad.

Es sorprendente cuando lo asimilamos. Esta forma común de pensar acerca de la motivación de la obediencia cristiana casi no se menciona en la Biblia. Este hecho nos cae como una bofetada, sorprendente. ¿Esto es así realmente? Deberás investigarlo tú mismo para tener total seguridad.

## ¿EL PROBLEMA ERA LA INGRATITUD?

En el Antiguo Testamento el pueblo de Dios muchas veces pecaba contra Él a pesar de todo lo bueno que había hecho por ellos. Pero la razón de este pecado no era su ingratitud sino, por ejemplo, su falta de fe: «¿Hasta cuándo no van a creerme, a pesar de todas las señales que he hecho en medio de ellos?» (Números 14:11). El problema ético que inquieta a Moisés no es la ingratitud, sino que la gracia pasada de Dios no movía al pueblo a *confiar* en su gracia venidera. No es la gratitud, sino la fe en la gracia venidera el poder ético que faltaba para vencer la rebelión y motivar la obediencia.

Cuando los cristianos de hoy dicen que, probablemente, la falta de gratitud sea el problema, los autores bíblicos una y otra vez dicen que el tema es la falta de *fe* en la gracia venidera de Dios. Moisés reprende al pueblo así: «Ustedes son testigos de que… el Señor su Dios los ha traído como un padre que lleva a su hijo de la mano… Aun así, ustedes no *creyeron* en el Señor su Dios» (Deuteronomio 1:31-32).

El salmista da la misma explicación por la que el pueblo de Dios pecó a pesar de todas sus bendiciones: «En el desierto hendió las peñas, y les dio a beber agua de los grandes abismos. Pero ellos volvieron a pecar contra Dios… porque no tuvieron *fe* en Dios, ni *confiaron* en que él podía salvarlos» (Salmos 78:15, 17, 22).

Es cierto que la gente desobediente puede tener falta de gratitud, pero esa no es la explicación que da la Biblia para su rebelión y desobediencia. En cambio, en varias ocasiones dice que es por falta de fe en la gracia venidera de Dios. El canal de poder motivador faltante entre la gracia pasada y la obediencia del presente no es la gratitud sino la fe. Será en vano el esfuerzo por encontrar en el Antiguo Testamento textos que hablen explícitamente de la gratitud como el motivo o el motor de la obediencia.

## EL TEMOR DEL SEÑOR Y LA FE EN LA GRACIA VENIDERA

En el Antiguo Testamento también existen otros motivos para la obediencia, como el amor y el temor al Señor. En los próximos capítulos hablaremos de la relación entre la fe en la gracia venidera y el amor a Dios,[1] pero este es un buen lugar para hablar sobre el temor del Señor y su relación con la obediencia y la fe en la gracia venidera.

Moisés le enseñó a Israel que el temor del Señor aumenta la obediencia: «Teman al Señor su Dios y cumplan todos los estatutos y mandamientos» (Deuteronomio 6:2). Salomón resumió sus propias enseñanzas en Eclesiastés: «Todo este discurso termina en lo siguiente: *Teme* a Dios, y cumple sus mandamientos» (Eclesiastés 12:13). Nehemías les dijo a los nobles y gobernantes de Jerusalén que «*demuestren temor* por nuestro Dios» (Nehemías 5:9). Y Proverbios 23:17 dice: «*Mantente* siempre en el *temor* del Señor». Caminar y vivir correctamente fluyen del temor a Dios, pero por lo que sé, no existen expresiones correspondientes a estas que vinculen la gratitud y la obediencia de la misma forma.

Incluso estas expresiones sobre el temor del Señor probablemente son otra cara de la confianza en la gracia venidera del Señor.[2] En otras palabras, el «temor del Señor» significa «temer el terrible insulto que sería para Dios si no confiaran en sus promesas bondadosas de poder y sabiduría en favor de ustedes». Seguramente por eso, en Salmos 115:11 dice: «Ustedes, *temerosos* del Señor, *confíen* en él; él es quien los ayuda y los protege». En otras palabras, si el temor no se junta con la confianza, no será agradable al Señor. «Sin fe es imposible agradar a Dios» (Hebreos 11:6). La obediencia que viene por temer a Dios *sin fe en su gracia venidera* no será libre, sino servil.

La interconexión entre el temor y la fe quizá sea el motivo por el cual la gente miró la gracia dada a David en la angustia y sintió crecer el temor y la confianza en sus corazones. «Puso en mis labios un nuevo canto, un canto de alabanza a nuestro Dios. Muchos vieron esto y *temieron*, y pusieron su *esperanza* en el Señor» (Salmos 40:3). Lo mismo había sucedido en el mar Rojo. «Y al ver el pueblo de Israel aquel gran hecho que el Señor llevó a cabo en contra de los egipcios, tuvo *temor* del Señor, y todos *creyeron* en el Señor» (Éxodo 14:31). El temor y la fe suceden juntos en respuesta al gran poder de Dios y su promesa de gracia venidera.

Temer al Señor es temblar frente a la conciencia de que no tener fe en la gracia venidera es un gran insulto a un Dios santo, después de todas las señales y prodigios que ha hecho para ganar nuestra confianza obediente. Esta fe en la gracia venidera es la que canaliza el poder de Dios en obediencia. En vano buscaremos en el Antiguo Testamento la enseñanza explícita de que la gratitud es un canal de este poder.

## CUMPLIR LOS VOTOS CON EL ALTÍSIMO

Una posible excepción a esta observación en el Antiguo Testamento es la enseñanza de que debemos «cumplir nuestros votos» con Dios. Pensar en esta «excepción» me ha llevado a profundizar en la relación entre la gratitud y la fe en la gracia venidera.

Uno de los votos más importantes que yo le hice al Señor fue en medio del pánico escénico. Estaba en la universidad, casi paralizado por la expectativa de hablar en público.[3] El capellán Evan Welch en Wheaton College me pidió que hiciera una breve oración en una capilla durante la escuela de verano. Tenía que hablar por treinta segundos a varios cientos de personas. Para la mayoría puede parecer algo insignificante, pero para mí fue un momento decisivo en mi vida. Contra todos mis instintos naturales, dije que sí y luego comencé a luchar con Dios con la esperanza de que me ayudara a que no se me hiciera un nudo en la garganta y me paralizara del miedo al punto de no poder hablar, como me había sucedido durante toda la preparatoria siempre que me tocaba hacer una presentación.

Así que hice mi voto. Dije: «Señor, si me ayudas en esta oración frente a todos estos estudiantes y docentes, nunca más rechazaré la oportunidad de hablar en público por miedo». Dios me ayudó y, hasta donde sé, he cumplido mi voto hasta el día de hoy. Pero ¿estuvo bien lo que hice? ¿Hacer y cumplir votos no es parte de la ética del deudor?

Los votos son promesas que una persona le hace a Dios, generalmente en momentos de angustia. Por ejemplo, Absalón le dijo a David: «Cuando este siervo de Su Majestad aún vivía en Gesur, en Siria, le hizo esta promesa al Señor: "Si tú, Señor, me permites volver a Jerusalén, yo te serviré"» (2 Samuel 15:8). El Señor no está en contra de que se hagan votos.[4] De hecho, parece que Ezequías fue criticado por no hacerlos: «Por esos días Ezequías cayó gravemente enfermo, y casi murió. Pero oró al Señor, y el Señor le respondió y le dio una señal. Pero Ezequías no correspondió al bien que le había sido hecho, sino que se envaneció su corazón, y por eso la ira de Dios vino contra él y contra Judá y Jerusalén» (2 Crónicas 32:24-25). Parece que Ezequías debería haber hecho un voto de servicio al Señor y cumplirlo. Además, Dios también da instrucciones para cumplir los votos: «Cuando hagas un voto al Señor tu Dios, no tardes en cumplirlo, porque ciertamente el Señor tu Dios te exigirá que lo cumplas, y cometerás un pecado si no lo cumples» (Deuteronomio 23:21).

A veces, el cumplimiento de los votos está conectado a la gratitud. Por ejemplo, en Salmos 50:14 dice: «Sacrifica a Dios *alabanza*, y *paga tus votos* al Altísimo» (RV60). Probablemente, en este contexto los votos son para ofrecer sacrificios de acción de gracias. Ese parece ser el caso en Salmos 66:13-14: «Entraré en tu templo con holocaustos, y allí te cumpliré mis promesas, las promesas que, en mi angustia, pronuncié con mis propios labios». Cuando estaba en angustia prometió que ofrecería holocaustos al Señor. Por eso, el «sacrificio de acción de gracias» es un cumplimiento de ese voto.

Bien puede ser que se prometan otras cosas de vez en cuando, además de actos de adoración como holocaustos. Parece justo decir que algunos compromisos morales son impulsados por el deseo de devolver a Dios algún bien por la ayuda que Él nos ha dado en momentos difíciles. El Antiguo Testamento no dice explícitamente que esta conducta sea «desde la gratitud» o que sea una expresión de gratitud. Sin embargo, la conexión obviamente es muy estrecha. ¿Cómo entendemos esta conexión y su relación con la fe en la gracia venidera? ¿Por qué el hecho de pagarle a Dios con el cumplimiento de nuestros votos no es un ejemplo de la ética del deudor?

## ¿CUMPLIR LOS VOTOS ES UN EJEMPLO DE LA ÉTICA DEL DEUDOR?

Lo que aleja al cumplimiento de los votos de los peligros de la ética del deudor es que ese «pago», en realidad, no es un pago ordinario, sino que representa otro acto de recibir que aumenta la gracia constante de Dios. Pero no magnifica nuestros recursos. Podemos ver esto en Salmos 116:12-14, donde el salmista dice: «¿Con qué voy a pagarle al Señor tantas bendiciones que de él he recibido? ¡Sólo ofreciendo libaciones por su salvación, e invocando el nombre del Señor! ¡Sólo cumpliendo al Señor mis promesas en presencia de todo su pueblo!». La respuesta del salmista a su propia pregunta «¿Con qué voy a pagarle al Señor tantas bendiciones que de él he recibido?» es, básicamente, que continuará recibiendo del Señor para que su bondad inagotable sea magnificada. Primero, «ofreciendo libaciones por su salvación», es decir tomando en la mano la salvación satisfactoria de Dios, bebiéndola y deseando más. Por este motivo digo que, en este contexto, «devolverle» a Dios no es un pago común, es un acto de recibir.

Segundo, este también es el significado de la frase «invocando el nombre del Señor». ¿Qué rendiré a Dios para responder gentilmente a mi llamado? Respuesta: lo invocaré otra vez y rendiré alabanzas y honor a Dios. Él nunca me necesita, pero siempre tiene abundancia de beneficios cuando yo lo necesito (que es siempre). Luego el salmista dice, en tercer lugar:

«cumpliendo al Señor mis promesas». Pero ¿cómo se pueden cumplir? Alzando la copa de la salvación en el nombre del Señor. Así, las promesas serán cumplidas por la fe en la gracia venidera.

## LA FE EN LA GRACIA VENIDERA PROTEGE A LA GRATITUD DE LA ÉTICA DEL DEUDOR

La fe en la gracia venidera es el secreto que evita que los impulsos de gratitud se conviertan en la ética del deudor. La gratitud verdadera se regocija en la riqueza de la gracia de Dios recordando los beneficios que ha recibido. Así, al valorar la gracia pasada, el corazón se inclina a confiar en la gracia venidera.

Esto se expresa en las palabras del Salmo 116:12-13: «¿Con qué voy a pagarle al Señor tantas bendiciones que de él he recibido? ¡Sólo ofreciendo libaciones por su salvación, e invocando el nombre del Señor!». Es decir, lo que rendiré al Señor por su gracia pasada es la invocación de más gracia venidera. La gratitud se alegra en los beneficios pasados de Dios y le dice a la fe: «Adopta más de estos beneficios para el futuro, para que pueda continuar y aumentar mi buena obra de recordar la liberación de Dios».

Los mismos pensamientos se encuentran en el Salmo 50. Dios advierte contra este pago incorrecto cuando dice en los versículos 12-13: «Si yo tuviera hambre, no te lo diría, pues el mundo y su plenitud me pertenecen. ¿Acaso me alimento con carne de toros, o bebo sangre de machos cabríos?». En otras palabras, Dios dice: «No veas tus "pagos" como algo más para satisfacer mis necesidades o darme algo a mí. Yo ya soy el dueño de tus "pagos"».

¿Y entonces? Los versículos 14-15 responden: «Yo soy el Dios Altísimo; en vez de sacrificios, ofréceme *alabanzas* y *cúmpleme todos los votos* que me hagas. Invócame en el día de la angustia; yo te libraré, y tú me honrarás». Aquí, nuevamente la forma de cumplir los votos es la invocación al Señor en el día de la angustia y, así, Él nos librará y obtendrá el honor. Esto deja claro que «cumplir» los votos en el Antiguo Testamento no es parte de la ética del deudor, sino un acto de fe en la gracia venidera. Cumplan sus votos, es decir, invoquen al Señor en el día de la angustia y Él los liberará por medio de la gracia venidera y ustedes le rendirán honor.

En resumen, podemos decir que la gratitud verdadera no genera ética del deudor, sino que da lugar a la fe en la gracia venidera. Con gratitud verdadera podemos deleitarnos en el valor de la gracia pasada de Dios, que nos impulsa a experimentar cada vez más gracia en el futuro. Pero esto no se produce mediante los «pagos» de una deuda bajo ningún concepto. Más bien, sucede cuando la gratitud por la gracia pasada vivifica y activa la fe en la gracia venidera. La mirada agradecida a todas las bendiciones pasadas de Dios da confianza y valentía para contemplar con fe las promesas de Dios.

Si el Antiguo Testamento apunta en esta dirección, ¿qué sucede con el Nuevo Testamento? ¿En qué dirección nos lleva a pensar con respecto a la ética del deudor? Para responder esto, nos dirigimos al capítulo 2.

## NOTAS

1. Véase los capítulos 12, 16 y 20.
2. Véase los capítulos 14 y 15 para un análisis más extenso de cómo la fe en la gracia venidera se relaciona con el «temor a Dios», el «confiar en Dios», el «refugiarse en Dios», el «esperar en Dios» y el «guardar sus mandamientos».
3. Cuento toda la historia más adelante en el capítulo 3.
4. Esto no contradice las advertencias de Santiago (5:12) y Jesús (Mateo 5:33-37), donde dice que no se deben hacer juramentos. En estos versículos, los juramentos son intentos de afianzar la verdad de las palabras propias invocando alguna realidad más allá del control de uno para dar testimonio de una verdad. Un voto simplemente es la promesa de cumplir una palabra.

*Los esfuerzos por retribuir a Dios, de la misma forma en que le
pagamos a nuestros acreedores, anularían la gracia y la convertirían
en una transacción comercial. Si vemos los actos de obediencia
como pagos en cuotas, convertimos la gracia en una hipoteca…
No digamos que la gracia genera deudas, sino que la gracia las paga.*

*La gracia pasada es glorificada por la gratitud profunda y alegre.
La gracia venidera es glorificada por la confianza profunda y alegre.
Esta fe es la que nos da poder para la obediencia audaz
en la causa de Cristo.*

# CAPÍTULO 2

# CUANDO UTILIZAMOS
# MAL LA GRATITUD

## UNA VISIÓN FILIPINA

Mientras escribía este libro, en nuestra iglesia enseñé una lección sobre la ética del deudor. En la audiencia había un misionero a Filipinas de visita que se me acercó al finalizar y me preguntó: «¿Sabía que lo que acaba de mencionar es algo muy importante para la cultura filipina?». Me explicó que en su mentalidad existe algo que llaman *utang na loob* y luego me mostró un ensayo que explicaba lo que quería decir.

Evelyn Miranda-Feliciano ha escrito un libro en el que define *utang na loob* como «deuda voluntaria». «Es una ley interior que dicta que quien recibe un acto de bien se comporta generosamente con su benefactor de por vida».[1]

Ella continúa diciendo que «para un filipino, demostrar falta de gratitud es inaceptable; ser agradecido es casi su segunda naturaleza. Su sentido de *utang na loob* define su integridad como persona en el contexto de las relaciones sociales».[2] Sin embargo, hay algunos aspectos negativos en esta mentalidad.

Generalmente, el aspecto del endeudamiento de por vida del *utang na loob* surge del hecho de que es difícil medir la deuda de gratitud de uno. Es una deuda más difícil de pagar que el dinero adeudado. No se dice nada acerca de esto, ni se lleva la cuenta de nada. Todo sucede de oído y el pobre receptor nunca tiene la seguridad de haber hecho lo suficiente para saldar su deuda. Por lo tanto, está obligado a someterse a las órdenes de su benefactor, a menos que este le diga directamente que se detenga, o lo libere de la carga de esa obligación autoimpuesta.

Evidentemente, una forma incuestionable de *utang na loob* tiende a crear una relación opresiva entre el patrón y el cliente. Esto crea una especie de dependencia perjudicial para la formación de un individuo verdaderamente libre y respetuoso, o de una nación en este caso.[3]

## ES UN ASUNTO HUMANO, NO FILIPINO

Conocer la realidad del *utang na loob* en la cultura filipina y el problema que crea para las misiones cristianas ha aumentado mi preocupación más que nunca. No creo que los peligros espirituales del *utang na loob* sean exclusivos de los filipinos, ya que están presentes en cada corazón humano. Pareciera que estamos impulsados a pensar en nuestra relación con Dios enfocándonos en lo que ha hecho por nosotros en el pasado y lo que debemos hacer por Él en el futuro como forma de devolución.

En el capítulo anterior vimos que vivir por fe en la gracia venidera es el antídoto bíblico para la ética del deudor, el aspecto negativo del *utang na loob*. Dios ha prometido su gracia para el mañana. Cualquier devolución que le hagamos por sus bondades pasadas hacia nosotros, debemos hacerla confiando en su gracia venidera. La única deuda que genera la gracia es la «deuda» de confiar en una gracia mayor para todo lo que Dios nos llama a ser y hacer. Eso es lo que vimos en el capítulo anterior al reflexionar sobre el Antiguo Testamento, y también es lo que veremos ahora al meditar sobre el Nuevo Testamento.

## TODA OBEDIENCIA DEBE SER POR FE

La incidencia de la fe en la gracia venidera como motivación para la obediencia cristiana en el Nuevo Testamento es más clara y explícita que en el Antiguo.

Por ejemplo, en Hebreos 11 vemos a los santos del Antiguo Testamento elogiados una y otra vez por su obediencia motivada *por la fe*. «Por la fe, Abraham obedeció» (11:8); «por la fe… Noé construyó el arca» (11:7); «por la fe [Moisés] salió de Egipto» (11:27); «por la fe [otros] impartieron justicia» (11:33). Sin embargo, no encontramos una expresión en la Biblia que sea «por gratitud obedecieron» o «por agradecimiento impartieron justicia».

Consecuentemente encontramos que a la obediencia cristiana la llaman «acto de fe» nunca «acto de gratitud» (1 Tesalonicenses 1:3; 2 Tesalonicenses 1:11). También vemos expresiones como «vivir por fe» (Gálatas 2:20) y «andar por fe» (2 Corintios 5:7, RV60), pero nunca vemos expresiones como «vivir por gratitud» o «andar por gratitud». Encontramos las expresiones «la fe que obra por el amor» (Gálatas 5:6), pero no «la gratitud que obra por el amor». Leemos «el propósito de este mandamiento es el amor que nace de un corazón limpio, de una buena conciencia y de una fe sincera» (1 Timoteo 1:5), pero no dice «de una gratitud sincera». También vemos que «la fe está muerta si no tiene obras» (Santiago 2:26), pero no que «la gratitud sin obras está muerta». Y cuando Jesús habla de sus discípulos que dudaban de buscar primero el Reino porque se preocupaban por los alimentos y la vestimenta, Él no dijo «hombres de poca gratitud», sino que dijo «hombres de poca fe» (Mateo 6:30). La fuente de la obediencia radical, arriesgada y que busca el Reino es la fe en la gracia venidera, no la gratitud.

Como dije antes, no es algo quisquilloso o accidental; es algo asombroso. La gratitud no figura en la Biblia como una motivación prominente de la vida cristiana, aunque es algo hermoso y la cristiandad no existe sin ella. La gratitud está en el centro de la adoración y debería llenar el corazón de cada creyente, pero cuando se trata de detallar la dinámica espiritual de cómo sucede la obediencia cristiana práctica, la Biblia no dice que viene de la gratitud, sino que viene de una mirada de fe profunda y penetrante hacia el futuro.

## UNA POSIBLE EXCEPCIÓN

Una posible excepción en el Nuevo Testamento puede ser Hebreos 12:28-29 (RV60): «Así que, recibiendo nosotros un reino inconmovible, tengamos gratitud, y mediante ella *sirvamos a Dios agradándole* con temor y reverencia; porque nuestro Dios es fuego consumidor». Nótese que dice: «tengamos gratitud, y... sirvamos a Dios agradándole». Esto parece hablar de la gratitud como el impulso de nuestra adoración, bien puede ser la idea. Si es así, entonces la forma en que la gratitud impulsa la adoración es probablemente alimentando la fe con la expectativa alegre de la gracia venidera con base en la experiencia pasada. Digo esto porque el libro de Hebreos, más que cualquier otro libro del Nuevo Testamento, insiste explícitamente en que la obediencia viene «por la fe» (Hebreos 11).

Pero, de hecho, Hebreos 12:28 puede significar algo diferente. La versión Reina Valera Actualizada lo traduce de este modo: «Así que, habiendo recibido un reino que no puede ser sacudido, *retengamos la gracia* y, mediante ella sirvamos a Dios». La frase «retengamos la gracia» es una traducción literal que se utiliza generalmente para significar «tengamos gratitud», pero si la traducción literal es exacta, lo que dice este versículo precisamente es: «Sigamos confiando en la gracia venidera que nos dará el poder para servir a Dios». En ese caso no sería una palabra sobre la gratitud, sino sobre la fe en la gracia venidera. De todos modos, este versículo no anula nuestro punto: ni el Antiguo ni el Nuevo Testamento hablan de gratitud como un impulso prominente para la obediencia, sino que hablan de la fe en la gracia venidera. Lo que veremos al final de este capítulo es que la interacción entre la gratitud y la fe hace que el agradecimiento sirva a la fe en la gracia venidera.

### ¿LA GRATITUD ANULA LA GRACIA?

La gratitud es tan susceptible de ser desvirtuada bajo la ética del deudor, que pareciera que Dios no la menciona como una motivación importante en la vida cristiana. Esto es algo digno de atención. Cuando vemos lo que está en juego podemos ver más claramente por qué Dios nos conduce por este camino. Si lo que impulsa la gratitud roza la ética del deudor, la gracia dejaría de ser gracia. Los esfuerzos por retribuirle a Dios de la misma forma en que pagamos a nuestros acreedores, anularían la gracia y la convertirían en una transacción comercial. Si vemos los actos de obediencia como si fueran pagos por cuotas, convertimos la gracia en una hipoteca.

Imagina que la salvación es como una casa en la que vives. La casa te brinda protección; está provista de alimentos y bebidas imperecederos; nunca se arruina ni se desmorona, y por sus ventanas la vista es gloriosa. Dios y su Hijo pagaron un gran precio para construirla y te la dieron. El contrato de «compraventa» se llama «nuevo pacto». Los términos dicen: «Esta casa será tuya y permanecerá así si la recibes como un obsequio y te deleitas en el Padre y el Hijo para que habiten en ella contigo. No profanarás la casa de Dios exaltando a otros dioses ni volverás tu corazón a otros tesoros». ¿No sería absurdo aceptar este acuerdo y luego contratar un abogado para que establezca un plan de pagos mensuales que compense las cuentas de alguna manera? De este modo, ya no tomarías la casa como un obsequio, sino como una compra. Dios no sería el benefactor libre y tú serías esclavo de una nueva lista de demandas que Él nunca deseó imponerte. Si la gracia es gratuita —que es el propio significado de gracia—, no podemos verla como una deuda que debe ser saldada.

### ¿"OH, QUÉ GRAN DEUDOR DE LA GRACIA"?

¿Cuál es el significado de esos himnos respetados y amados como el de Robert Robinson? En el texto original en inglés, la última estrofa del himno «Come Thou Font» [Fuente de la vida eterna] dice:

¡Oh, qué gran deudor de la gracia
Cada día soy forzado a ser!
Que tu gracia, Señor, como una cadena,
Ate a ti mi corazón errante.
Sé que soy propenso a vagar, Señor,
Propenso a abandonar al Dios que amo;
Aquí está mi corazón. Tómalo y séllalo;
Séllalo para tu corte celestial.

No niego que seamos deudores de Dios, ya que el mismo Jesús nos enseñó a orar diciendo: «Perdónanos nuestras deudas» (Mateo 6:12), y llamó a la gente «deudores» por sus pecados (Lucas 13:4). En otras palabras, cuando la Biblia dice que estamos en deuda con Dios, hace referencia a nuestros pecados que necesitan ser perdonados, pero no a la obediencia que necesita ser pagada.

Parecería más apropiado decir que somos deudores de la justicia de Dios, no de su gracia. Es decir, si tratamos con Él los pagos de la deuda, Él tratará con nosotros en términos de justicia: valor por valor (ver Romanos 4:4). No llegaremos muy lejos en esta transacción. Por eso es que le suplicamos que perdone nuestras deudas en lugar de proponerle un plan de pagos. Para ser más bíblicos, no digamos que la gracia genera deudas, sino que la gracia las paga. Como dice una canción más reciente:

Oh, alégrate, alégrate
Toda deuda que tenías
Ha sido saldada por completo por la gracia del Señor
Alégrate, alégrate, alégrate.[4]

Creo que Robinson utiliza la frase «deudor de la gracia» muy a la ligera para decir que todo lo que tiene le «pertenece» a la gracia, todo viene de ella. Por lo tanto, él depende absolutamente de ella para todo ahora y para siempre. Su «deuda» no implica una modalidad de pago, sino una eternidad de dependencia como si fuese un niño.

Quizá Robinson podría decir, espero, que la única deuda que se le puede pagar a la gracia sin anularla es la dependencia de la gracia venidera. Lo que honra a esta gracia eterna e inagotable son los «pagos» de confianza a cada momento. Espero que esa haya sido la oración de Robinson cuando escribió: «Ata mi corazón errante a ti… séllalo para tu corte celestial». Es decir, mantenme cerca y confiando en ti en lugar de vagar en busca de algo que sea más confiable y satisfactorio.

## NO TODA LA GLORIA DE DIOS ESTÁ EN EL PASADO

Existe otro problema con la ética del deudor, y es que corre el riesgo de minimizar la gloria de la gracia con su mirada limitada al pasado. La gratitud por lo general mira hacia atrás y no es algo que esté mal en sí mismo. La Biblia nos dice que debemos recordar la gracia pasada de Dios: «¡Recuerden sus grandes maravillas, sus hechos prodigiosos y sus sabias sentencias!» (Salmos 105:5). La enorme gracia y gloria de Dios perdería su valor si olvidáramos el pasado. La función de la gratitud es evocar esta gloria en adoración.

## CUANDO UTILIZAMOS MAL LA GRATITUD

Sin embargo, no vivimos en el pasado. Ninguna obediencia en potencia sucede en el pasado, sino que toda nuestra vida se vivirá en el futuro. Por lo tanto, cuando intentamos que la gratitud sea la que aumente esta obediencia futura, siempre hay algo que sale mal. La gratitud principalmente es una respuesta a la gracia pasada de Dios; funciona mal cuando la forzamos a ser una motivación para el futuro (a menos que la transformemos en fe en la gracia venidera).

Hay un poder divino para la obediencia futura, pero la gratitud no está diseñada para llevar esta corriente de alto voltaje que es la gracia venidera. Para eso está la fe. Cuando la gratitud se introduce en este papel, suele propiciar una ética del deudor que mueve a la obediencia futura con el poder de la gracia pasada. Eso no funcionará, ya que es parte del pasado. Así que la pobre gratitud hace lo que está a su alcance, aunque no cuente con los elementos necesarios: apela a la voluntad de regresar a Dios por la gracia pasada que conoce tan bien. Así, inspirada por la gracia pasada (pero sin el impulso de la gracia venidera), la voluntad intenta hacer cosas buenas para Dios motivada por la gratitud, es decir, motivada por el recuerdo de la gracia pasada. Si la fe en la gracia venidera no viene a rescatar a la gratitud en esta instancia, entra la ética del deudor y se generan formas sutiles de autosuficiencia religiosa a las que llamamos legalismo.

El principal problema aquí es que la mirada hacia el pasado, propia de la ética del deudor, tiende a evitar que veamos el fluir infinito, interminable, inagotable e ininterrumpido de la gracia venidera de aquí a la eternidad. Esta gracia está allí en el futuro para que confiemos y vivamos por ella, para motivar e impulsar nuestra obediencia. Cuando no la tomamos por medio de la fe en la gracia venidera deshonramos el fluir infinito de su gracia. La gratitud no fue diseñada para esto. Para eso está la fe. La gracia pasada se glorifica con la gratitud intensa y alegre. En cambio, la gracia futura se glorifica con la confianza intensa y alegre. Esta fe es lo que nos libera e impulsa a aventurarnos en la obediencia de la causa de Cristo.

## LA ÉTICA DEL DEUDOR NO ES ALGO NUEVO

Mientras escribía este capítulo, saqué del cajón un pequeño libro de Andrew Murray titulado *Permaneced en Cristo*. Murray era un pastor y escritor de la iglesia reformada holandesa que sirvió en Sudáfrica hasta su muerte en 1917. Una investigación de ese momento reveló que en sus días compartió su preocupación acerca de la forma en que la ética de gratitud limita nuestra comprensión de la gracia de Dios.

> La idea que [muchos cristianos] tienen de la gracia es esta: que su conversión y perdón son obra de Dios, pero que ahora, *en gratitud a Él*, su trabajo es vivir como cristianos y seguir a Jesús… No, peregrino errante, fue Jesús quien te atrajo cuando dijo: «ven», y es Jesús quien te sostiene cuando dice: «permaneced». La gracia [pasada] para venir y la gracia [venidera] para permanecer provienen solo de Él.[5]

El acto del alma diseñado para recibir el poder de su gracia y transmitirlo como una nueva forma de vida no es la gratitud, sino la fe en la gracia venidera. Por eso Murray dice: «Por fe se volvieron participantes de la gracia inicial; por esa misma fe pueden disfrutar la gracia constante de permanecer en Él».[6] De esta manera maximizamos la gloria de la gracia. Nos regocijamos en la gracia pasada a través de la gratitud y depositamos nuestro futuro, por fe, en el fluir inagotable de la gracia venidera.

## UN TRIBUTO A LA GRATITUD

La gratitud es algo tan grande y maravilloso en las Escrituras que me siento obligado a terminar este capítulo con un homenaje. La gratitud nos ayuda a obedecer a Cristo de distintas formas. Una de ellas es que su espíritu es simplemente incompatible con algunas actitudes pecaminosas. Creo que, por eso, Pablo escribió: «Tampoco digan obscenidades, ni tonterías ni palabras groseras. Eso no es conveniente. En vez de eso, *den gracias* a Dios» (Efesios 5:4). La gratitud es una respuesta humilde y feliz a la buena voluntad

de alguien que hizo o intentó hacernos un favor. Esta humildad y felicidad
no pueden coexistir en el corazón con las actitudes groseras, desagradables
y malignas. Por lo tanto, cultivar un corazón agradecido no deja espacio
para esos pecados.

En un sentido, la gratitud y la fe son placeres entretejidos que se fortalecen entre sí. Así como la gratitud se revela alegremente en los beneficios
de la gracia pasada, del mismo modo la fe confía en los beneficios de la gracia venidera. Por lo tanto, cuando la gratitud por la gracia pasada de Dios
es fuerte, el mensaje es que Él es digno de confianza en el futuro. De esta
manera la fe se fortalece con una gratitud viva por la confiabilidad de Dios
en el pasado.

Asimismo, cuando la fe en la gracia venidera de Dios es fuerte, el mensaje es que Él no comete errores. Por eso, todo lo que ha hecho en el pasado
es parte de un plan perfecto y se puede recordar con gratitud. De esta manera, la gratitud se fortalece con una fe viva en la gracia venidera de Dios.
Sin duda, solo el corazón de la fe en la gracia venidera puede obedecer al
apóstol Pablo cuando dice: «Den siempre gracias por todo al Dios y Padre,
en el nombre de nuestro Señor Jesucristo» (Efesios 5:20). Solo podremos
mirar hacia atrás agradecidos por *todo* si confiamos en que Dios convertirá
nuestras calamidades del pasado en consuelo para el futuro.

Me parece que esta interconexión entre la naturaleza profunda de la
fe hacia el futuro y la naturaleza ordinaria de la gratitud hacia el pasado es
la que evita que la gratitud se termine convirtiendo en ética del deudor. La
gratitud por la gracia pasada le dice constantemente a la fe: «Sé fuerte y no
dudes de que Dios será tan misericordioso en el futuro como sé que lo ha
hecho en el pasado». Y la fe en la gracia venidera le dice constantemente a
la gratitud: «Hay más gracia por venir y debemos obedecer todo el tiempo
confiando en esa gracia. Relájate y disfruta tu banquete, yo me haré respon-
sable de la obediencia de mañana».

O, como diría Jesús: «Hombres de poca fe… no se preocupen» (Mateo
6:30-31). Reflexionemos juntos por unos momentos en este próximo capítulo sobre cómo la fe en la gracia venidera nos quita la ansiedad.

## NOTAS

1. Evelyn Miranda-Feliciano, *Filipino Values and Our Christian Faith* [Valores filipinos y nuestra fe cristiana], Manila: OMF Lit. 1990, p. 70.

2. *Idem.*, p. 70.

3. *Op. cit.*, p. 72.

4. Blanchard, Michael Kelly, «Alégrense» [Original en inglés: «Be Ye Glad»], Copyright 1980 Paragon Music Corporation (ASCAP) ARR. Utilizado con el permiso de Benson Music Group, Inc. (365 Great Circle Road, Nashville, TN). Diadem Sky/ Gotz Music (Administrado por Diadem Music, Inc. Nashville, TN).

5. Andrew Murray, *Abide in Christ* [Permaneced en Cristo, Nueva York: Grosset and Dunlap, n.d.,) 17-18 (énfasis añadido).

6. *Ibid.* p. 34.

*Pero yo, cuando tengo miedo, confío en ti.*

**SALMOS 56:3**

*Descarguen en él todas sus angustias, porque él tiene
cuidado de ustedes.*

**1 PEDRO 5:7**

*Por lo tanto, no se preocupen ni se pregunten «¿Qué comeremos,
o qué beberemos, o qué vestiremos?». Porque la gente anda tras
todo esto, pero su Padre celestial sabe que ustedes tienen
necesidad de todas estas cosas.*

**MATEO 6:31-32**

# CAPÍTULO 3

*Aplicando el poder purificador*[1]

# FE EN LA GRACIA VENIDERA
# VS. ANSIEDAD

## UN TRIUNFO PERSONAL MEDIANTE LA GRACIA VENIDERA

Durante mis últimos años en la escuela preparatoria no podía hablar frente a un grupo. Me ponía tan nervioso que me quedaba sin habla. No era el cosquilleo común que sufre la mayoría, sino una incapacidad horrible y humillante que generaba una inmensa ansiedad en mi vida. No podía dar un reporte oral sobre un libro en la escuela, no podía aspirar a ningún cargo escolar porque hubiera tenido que pronunciar discursos de campaña. Solo podía dar respuestas muy cortas, de unas cuantas palabras, a las preguntas que los profesores me hacían en clase. En la clase de álgebra me avergonzaba por el temblor de mis manos cuando resolvía un problema en la pizarra. No podía dirigir los domingos cuando nuestra iglesia daba el servicio a los jóvenes.

Fue un tiempo de muchas lágrimas. Mi madre me acompañó en este problema; me apoyaba y me alentaba. La gracia de Dios nos sostenía incluso aunque la «espina» en mi carne no se me quitaba. Logré entrar a la universidad sin ningún discurso público importante, pero luchaba mucho con la ansiedad. Sabía que mi vida estaría muy limitada si no lograba avanzar, y sospechaba que no podría terminar la universidad si no podía hablar en público. De hecho, la Universidad Wheaton exigía una clase de oratoria en esos días, y era como si una horrible pared de cemento se alzara frente a mí.

En todos esos años, la gracia de Dios me ha llevado a una relación más profunda con Él en la desesperación, en lugar de alejarme con enojo. Le agradezco a Dios por eso, con todo mi corazón. De esa relación madura surgió la sensación de que solo podía haber un gran avance.

Durante mi primer año tuve una oportunidad única en la clase de español. Todos teníamos que dar un discurso corto en ese idioma frente al resto de la clase. No había forma de evitarlo, de modo que sentí que era el momento de hacerlo. Incluso ahora, mientras lo recuerdo, no puedo ni esbozar una sonrisa. Memoricé fríamente el discurso, pensando que así no tendría que mirar las notas, que no me perdería y no haría una de esas pausas horribles y paralizantes. También me organicé para hablar desde atrás de un gran atril de madera del que pudiera agarrarme para controlar mejor mi temblor. Pero lo que más hice fue suplicarle a Dios y aferrarme a sus promesas de la gracia venidera. Todavía se me llenan los ojos de lágrimas recordando cómo caminaba de un lado a otro en el frente del campus de Wheaton, pidiéndole a Dios un progreso en mi vida.

No tengo un recuerdo muy claro de ese momento en la clase de español. Solo recuerdo que lo hice. Todos sabían que estaba nervioso. Se sentía ese terrible silencio que cae cuando la gente se siente mal por ti y no sabe cómo responder, pero no se rieron de mí como lo habían hecho tantos muchachos en años anteriores. El profesor fue amable con sus comentarios, pero lo más impresionante fue que lo superé. Más tarde le agradecí a Dios bajo el sol de otoño. Aún me siento muy agradecido por la gracia que Dios me dio ese día.

Quizá el momento más decisivo de este avance ocurrió un año después. Estaba en la universidad cursando las clases de verano y el capellán Evan Welch me invitó a orar en la capilla. Varios cientos de estudiantes y algunos docentes estarían allí. Mi primera reacción fue rechazar esa idea de inmediato, pero antes de poder hacerlo, algo me detuvo y pregunté: «¿Qué tan larga tiene que ser la oración?». Él dijo que no importaba, que solo debería ser lo que me saliera del corazón.

Nunca había intentado esto de hablar con *Dios* frente a cientos de personas. Me sorprendí a mí mismo diciendo que lo haría. Esta oración, creo, acabó por ser un punto crucial en mi vida. Por primera vez le hice una promesa a Dios: «Señor, si me ayudas a hacerlo sin que se me quiebre la voz, nunca más rechazaré la oportunidad de hablar de ti por mi ansiedad». Eso fue en el año 1966. El Señor respondió con su gracia nuevamente y, hasta donde yo sé, cumplí mi promesa.

Hay muchos momentos más en los que una gracia venidera redundó sobre otra. No creo entender por completo los propósitos de Dios y sus tiempos. No me gustaría revivir mis días de preparatoria, ya que la ansiedad, la humillación y la vergüenza eran tan comunes que oscurecieron el recuerdo de todos esos años. Elevé cientos de oraciones y no recibía lo que deseaba en ese momento (la gracia para soportarlo). Hoy, casi cincuenta años después, interpreto que Dios me estaba alejando del exceso de vanidad y mundanalidad. Él me estaba haciendo reflexionar sobre cosas profundas en soledad, mientras que muchos otros tenían patrones de vida superficiales que transitaban despreocupadamente.

La Biblia que me dieron mis padres cuando tenía quince años está junto a mí ahora en la mesa, y tiene muchas marcas. La garantía de Mateo 6:32 está subrayada en rojo: «Vuestro Padre celestial sabe que tenéis necesidad de todas estas cosas» (RV60). En esos días de adolescencia aún me costaba vivir por la fe en la gracia venidera. Las victorias eran pequeñas, al parecer, pero ¡oh, cuán fiel y bueno ha sido Dios!

## LOS SOCIOS DE LA ANSIEDAD

En las décadas que siguieron, he aprendido mucho más sobre la lucha contra la ansiedad. Aprendí, por ejemplo, que la ansiedad es una condición del corazón que da lugar a otros estados pecaminosos de la mente. Pensemos por un momento cuántas acciones y actitudes inmorales diversas vienen por medio de este estado. La ansiedad sobre las finanzas puede producir codicia, avaricia, acumulación o robo; en el éxito, la ansiedad puede volvernos irritables, abruptos o malhumorados; en las relaciones puede volvernos retraídos, indiferentes e insensibles para con los demás; la ansiedad por la posible reacción de los demás puede hacer que ocultemos la verdad o que mintamos. Por eso, al vencer la ansiedad, se da un golpe mortal a muchos otros pecados.

## LA RAÍZ DE LA ANSIEDAD

También he aprendido algo acerca de la raíz de la ansiedad y el hacha que puede cortarla. Uno de los versículos más importantes para mí ha sido el que subrayé cuando tenía quince años (todo el texto de Mateo 6:25-34 RV60). En este pasaje, Jesús les dice cuatro veces a sus discípulos que no estén ansiosos ni se afanen por nada. Versículo 25: «No os afanéis por vuestra vida». Versículo 27: «¿Y quién de vosotros podrá, por mucho que se afane, añadir a su estatura un codo?». Versículo 31: «No os afanéis, pues, diciendo: ¿Qué comeremos…?». Versículo 34: «No os afanéis por el día de mañana».

Claramente, el tema central de estos versículos es la ansiedad. En el versículo 30 especifica cuál es su *raíz*: «Y si la hierba del campo que hoy es, y mañana se echa en el horno, Dios la viste así, ¿no hará mucho más a vosotros, hombres de poca *fe*?». En otras palabras, Jesús dice que la raíz de la ansiedad es la falta de fe en la gracia venidera de nuestro Padre. Cuando aumenta la incredulidad en nuestros corazones, uno de los efectos es la ansiedad. La raíz que causa la ansiedad es la falta de confianza en todo lo que Dios nos ha prometido en Jesús.

Se me ocurren dos tipos de respuestas perturbadoras para esta verdad. Primero, voy a decir cuáles son y luego voy a dar la respuesta bíblica para cada una, antes de observar más de cerca esta lucha contra la incredulidad de la ansiedad.

## ¿SON BUENAS NOTICIAS?

Una respuesta sería: «¡Esta no es una buena noticia! De hecho, es muy desalentador saber que lo que consideramos una simple lucha contra una conducta ansiosa, en realidad es una lucha más profunda con nuestra confianza en Dios». Mi respuesta a esto es estar primero de acuerdo, pero luego disentir. Supongamos que has estado con dolor de estómago y has lidiado con medicamentos y dietas de todo tipo sin obtener resultados. Luego supongamos que el doctor te dice, después de una visita de rutina, que tienes cáncer en el intestino delgado. ¿Esas serían buenas noticias? Dirías que no rotundamente, y yo estaría de acuerdo.

Pero déjame preguntártelo de otra manera: ¿te alegra que tu doctor haya descubierto el cáncer ahora que todavía se puede tratar y que el tratamiento puede resultar exitoso? Ahora dirías que sí y que te alegra que el doctor encontrara el problema real, y yo nuevamente estaría de acuerdo. Por lo tanto, el hecho de que tengas cáncer no es una buena noticia pero, por otro lado, sí es una buena noticia saber qué anda mal en verdad, especialmente cuando el problema puede tratarse con éxito.

Así se siente el hecho de saber que el problema real detrás de la ansiedad es la incredulidad en las promesas de la gracia venidera de Dios. Por un lado, no es una buena noticia, ya que la falta de fe es como un cáncer grave, pero por otro, saber realmente qué anda mal sí lo es, en especial porque nuestro Gran Médico puede realizar un tratamiento exitoso. Él está dispuesto a obrar en formas milagrosamente sanadoras cuando clamamos: «¡Creo! ¡Ayúdame en mi incredulidad!» (Marcos 9:24).

De este modo, quiero destacar que descubrir la conexión entre la ansiedad y la falta de fe, de hecho, es una muy buena noticia, ya que es la única manera de centrar nuestra lucha en la verdadera causa de nuestro pecado y obtener la victoria que Dios puede darnos por medio de la terapia de su Palabra y su Espíritu. Cuando Pablo dice: «Pelea la buena batalla de la fe»

(1 Timoteo 6:12 RV60), la llama *buena* porque ataca el verdadero cáncer: la falta de fe.

## ¿CÓMO PUEDO TENER SEGURIDAD?

Hay otra posible respuesta al hecho de que la ansiedad radica en nuestra incapacidad para vivir por fe en la gracia venidera. Es esta: «Tengo que lidiar con sentimientos de ansiedad casi todos los días, y siento que mi fe en la gracia de Dios debe ser totalmente insuficiente. Por eso me pregunto si puedo tener alguna seguridad de que soy completamente salvo».

Mi respuesta a esta preocupación es un poco diferente. Supongamos que estás en una carrera de autos y tu enemigo, que no quiere que termines la carrera, te arroja lodo sobre el parabrisas. El hecho de que pierdas de vista la meta por un momento y comiences a desviarte no significa que vayas a abandonar la carrera y tampoco que estés en el circuito equivocado. De ser así, el enemigo no te molestaría para nada. Eso solo significa que debes usar el limpiaparabrisas.

Cuando la ansiedad golpea y nubla nuestra visión de la gloria de Dios y la grandeza del futuro que planea para nosotros, no quiere decir que seamos incrédulos o que no iremos al cielo, solo significa que nuestra fe está siendo atacada. Al primer golpe, nuestra fe en las promesas de Dios puede resbalar y desviarse, pero que nos mantengamos en la pista y lleguemos a la meta depende de que pongamos en marcha, por gracia, un proceso de resistencia, que luchemos contra la falta de fe que nos genera la ansiedad. ¿Activaremos los limpiaparabrisas y utilizaremos el líquido para limpiar el parabrisas?

En Salmos 56:3 dice: «Cuando tengo miedo, confío en ti». No dice: «Nunca tengo miedo». El miedo golpea y comienza la batalla. Por eso, la Biblia no supone que los verdaderos creyentes no tienen ansiedades. En lugar de eso, nos dice cómo luchar cuando estas golpean. Por ejemplo, 1 Pedro 5:7 dice: «Echando toda vuestra ansiedad sobre él, porque él tiene cuidado de vosotros» (RV60). Aquí no dice que no tendremos ansiedades, dice que cuando las tengamos, las echemos sobre Él. Cuando te salpique el lodo y te haga perder por un momento la vista del camino y desviarte con ansiedad, activa tu limpiaparabrisas.

Mi respuesta a la persona que tiene sentimientos de ansiedad todos los días es que es algo relativamente normal. Al menos lo es para mí desde mis años de adolescencia. El problema es cómo los combatimos.

## LOS DOS GRANDES EDIFICADORES DE LA FE

La respuesta a esa pregunta es que combatimos las ansiedades luchando *contra* la incredulidad y *por* fe en la gracia venidera. La forma de librar esta «buena batalla» es meditando en la garantía divina de la gracia venidera y pidiendo la ayuda de su Espíritu. Los limpiaparabrisas son las promesas de Dios que limpian el lodo; el agua que echan es la ayuda del Espíritu Santo. La lucha para liberarnos del pecado, como hemos visto, es «por el Espíritu» (Romanos 15:16; 2 Tesalonicenses 2:13; 1 Pedro 1:2) y «por la verdad» (Juan 17:17, 19). La obra del Espíritu y la palabra de verdad son especialmente el fundamento y la verdad central del evangelio que garantizan todas las promesas de Dios. Estos son los grandes edificadores de la fe.

Sin la obra atenuadora del Espíritu Santo, los limpiaparabrisas de la Palabra estarían en problemas con las corrientes cegadoras de incredulidad. Ambos son necesarios, tanto el Espíritu como la Palabra. Debemos leer las promesas de Dios y pedir la ayuda de su Espíritu. A medida que el parabrisas se aclara para que podamos ver la protección que Dios planea para nosotros (Jeremías 29:11), se fortalece nuestra fe y se allanan los caminos de la ansiedad.

## SIETE PROMESAS DE LA GRACIA VENIDERA CONTRA LA ANSIEDAD

¿Cómo funciona esto en la práctica? Aquí en Mateo 6 tenemos el ejemplo de la ansiedad por la comida y la vestimenta. Incluso en Estados Unidos, con su gran sistema de asistencia social, la ansiedad por las finanzas y la vivienda puede ser intensa. Sin embargo, Jesús dice en el versículo 30 que esto ocurre por la falta de fe en la promesa de la gracia venidera de nuestro Padre: «Hombres de *poca fe*». Por eso, este párrafo tiene, al menos, siete promesas diseñadas por Jesús para ayudarnos a pelear la buena batalla contra la incredulidad y para ser libres de la ansiedad.

Promesa n°1:

> Por lo tanto les digo: No se preocupen por su vida, ni por qué comerán o qué beberán; ni con qué cubrirán su cuerpo. ¿Acaso no vale más la vida que el alimento, y el cuerpo más que el vestido? (Mateo 6:25).

Este es un argumento que abarca desde lo más grande hasta lo más pequeño. Si Dios hace cosas grandes, entonces es mucho más probable que haga cosas pequeñas. En este versículo, lo grande es habernos dado la vida y el cuerpo. Estas son cosas mucho más complejas y difíciles de mantener que la simple provisión de vestido. Sin embargo, Dios lo ha hecho. Por lo tanto, ¿no es mucho más fácil que Dios nos provea alimento y vestido? Además, sin importar lo que suceda, Dios un día elevará nuestro cuerpo y conservará nuestra vida en eterna comunión.

PROMESA N°2:

> Miren las aves del cielo, que no siembran, ni cosechan, ni recogen en graneros, y el Padre celestial las alimenta. ¿Acaso no valen ustedes mucho más que ellas? (Mateo 6:26).

Si Dios está dispuesto a alimentar a criaturas tan insignificantes como las aves que no pueden hacer nada para generar su comida como puedes hacerlo tú con el cultivo, sin duda proveerá lo que necesites, pues tú vales mucho más que las aves.

PROMESA N°3:

> ¿Y quién de ustedes, por mucho que lo intente, puede añadir medio metro a su estatura? ¿Y por qué se preocupan por el vestido? (Mateo 6:27-28).

Esta es una especie de promesa, la simple promesa de la realidad: la ansiedad no te hará ningún bien. No es el principal argumento, pero a veces necesitamos ponernos duros con nosotros mismos y decir: «Alma mía, esta preocupación es inútil. No solo estás arruinando tu propio día, sino también el de otras personas. Déjaselo a Dios y continúa con tu trabajo». La ansiedad no logra nada que valga la pena.

PROMESA N°4:

> Observen cómo crecen los lirios del campo: no trabajan ni hilan, y aun así ni el mismo Salomón, con toda su gloria, se vistió como uno de ellos. Pues si Dios viste así a la hierba, que hoy está en el campo y mañana se echa en el horno, ¿no hará mucho más por ustedes, hombres de poca fe? (Mateo 6:28-30)

En comparación con las flores del campo, tú tienes mucha más prioridad para Dios, porque tu vida es eterna y, por lo tanto, puedes alabarlo por siempre. No obstante, Dios tiene tal exceso de energía creativa y cuidados que lo derrocha en flores que duran solo unos días. Por eso, sin duda alguna, utilizará la misma energía y creatividad para cuidar de sus hijos, que vivirán para siempre.

PROMESA N°5:

> Por lo tanto, no se preocupen ni se pregunten «¿Qué comeremos, o qué beberemos, o qué vestiremos?». Porque la gente anda tras todo esto, pero su Padre celestial sabe que ustedes tienen necesidad de todas estas cosas (Mateo 6:31-32).

No pienses que Dios ignora tus necesidades, Él las conoce todas y es tu «Padre celestial». No te observa desde lejos indiferente, si no que se preocupa y actúa para suplir tu necesidad en el momento ideal.

PROMESA N°6:

> Por lo tanto, busquen primeramente el reino de Dios y su justicia, y todas estas cosas les serán añadidas (Mateo 6:33).

Si te entregas a la causa de Dios en el mundo, en lugar de preocuparte por tus propias necesidades materiales, Él se asegurará de que tengas todo lo que necesitas para hacer su voluntad y glorificarlo. Esta es similar a la promesa de Romanos 8:32: «¿Cómo no nos dará [Dios] también con [Jesús] todas las cosas?» (Para la explicación de la frase «todas las cosas», ver el capítulo 8).

PROMESA N°7:

> Así que, no se preocupen por el día de mañana, porque el día de mañana traerá sus propias preocupaciones. ¡Ya bastante tiene cada día con su propio mal! (Mateo 6:34).

Dios se encargará de que la prueba nunca sea mayor de lo que puedas soportar (1 Corintios 10:13). Él obrará por ti, «Y como tus días serán tus fuerzas» (Deuteronomio 33:25, RV60). Los días no tendrán más problemas de los que puedas soportar y tendrás misericordias suficientes para las cargas de cada día (Lamentaciones 3:22-23).

## «MI DIOS SUPLIRÁ TODO LO QUE LES FALTE»

Pablo aprendió estas lecciones de Jesús y las aplicó en las batallas contra la ansiedad de la iglesia de Filipo. En Filipenses 4:6 dijo: «No se preocupen por nada. Que sus peticiones sean conocidas delante de Dios en toda oración y ruego, con acción de gracias». Luego, en el versículo 19 da la promesa liberadora de la gracia venidera, como lo hizo Jesús: «Mi Dios suplirá todo lo que les falte, conforme a sus riquezas en gloria en Cristo Jesús». Si vivimos por fe en esta promesa, será muy difícil que la ansiedad perdure. Las «riquezas en gloria» de Dios son inagotables. Él realmente desea que no nos preocupemos por nuestro futuro.

## CUANDO ESTOY ANSIOSO

Debemos seguir el ejemplo de Jesús y de Pablo y vencer la falta de fe que genera la ansiedad con las promesas de la gracia venidera. Cuando estoy ansioso por alguna nueva aventura arriesgada o alguna reunión, enfrento la incredulidad con una de mis promesas más utilizadas: Isaías 41:10. El día que me fui a Alemania por tres años, mi padre me hizo una llamada de larga distancia y me dio esta promesa por teléfono. Debo habérmela repetido quinientas veces durante esos tres años para ayudarme a salir de esas épocas de estrés. «No tengas miedo, que yo estoy contigo; no te desanimes, que yo soy tu Dios. Yo soy quien te da fuerzas, y siempre te ayudaré; siempre te sostendré con mi justiciera mano derecha» (Isaías 41:10). Cuando el motor de mi cerebro está en punto muerto, el zumbido de los engranajes es el sonido de Isaías 41:10.

Cuando siento ansiedad pensando que mi ministerio es inútil y vacío, combato la falta de fe con la promesa de Isaías 55:11: «Así también mi palabra, cuando sale de mi boca, no vuelve a mí vacía, sino que hace todo lo que yo quiero, y tiene éxito en todo aquello para lo cual la envié».

Cuando siento ansiedad pensando que soy muy débil para hacer mi trabajo, combato la falta de fe con la promesa de Cristo: «Con mi gracia tienes más que suficiente, porque mi poder se perfecciona en la debilidad» (2 Corintios 12:9).

Cuando siento ansiedad por las decisiones que debo tomar sobre el futuro, combato la falta de fe con la promesa: «Voy a enseñarte el camino que debes seguir, y no voy a quitarte los ojos de encima» (Salmos 32:8).

Cuando siento ansiedad por enfrentar a mis oponentes, combato la falta de fe con la promesa: «si Dios está a nuestro favor, nadie podrá estar en contra de nosotros» (Romanos 8:31).

Cuando siento ansiedad por el bienestar de quienes amo, combato la falta de fe con la promesa de que si yo, siendo pecador, sé darles cosas buenas a mis hijos, cuánto más el «Padre que está en los cielos dará buenas cosas a los que le pidan» (Mateo 7:11). Y lucho por mantener mi equilibrio espiritual recordando que no hay quien haya dejado su casa, sus hermanos, sus padres, sus hijos o sus tierras por causa de Cristo, «que ahora en este tiempo no reciba, aunque con persecuciones, cien veces más casas, hermanos, hermanas, madres, hijos, y tierras, y en el tiempo venidero la vida eterna» (Marcos 10:29-30).

Cuando siento ansiedad por una enfermedad, combato la falta de fe con la promesa: «El justo pasa por muchas aflicciones, pero el Señor lo libra de todas ellas». Y tomo la promesa con temor, porque «sabemos que los sufrimientos producen resistencia, la resistencia produce un carácter aprobado, y el carácter aprobado produce esperanza. Y esta esperanza no nos defrauda, porque Dios ha derramado su amor en nuestro corazón por el Espíritu Santo que nos ha dado» (Romanos 5:3-5).

Cuando siento ansiedad por el envejecimiento, combato la falta de fe con la promesa: «Yo mismo los seguiré llevando, hasta que estén viejos y canosos. Yo los hice, yo los llevaré. Yo los apoyaré y los protegeré» (Isaías 46:4).

Cuando siento ansiedad por la muerte, combato la falta de fe con la promesa de que «nadie vive para sí, ni nadie muere para sí, pues si vivimos, para el Señor vivimos, y si morimos, para el Señor morimos. Así que, ya sea que vivamos, o que muramos, somos del Señor. Porque para esto mismo Cristo murió y resucitó: para ser Señor de los vivos y de los muertos» (Romanos 14:7-9).

Cuando siento ansiedad por llegar a naufragar en la fe y alejarme de Dios, combato la falta de fe con las siguientes promesas: «El que comenzó en ustedes la buena obra, la perfeccionará hasta el día de Jesucristo» (Filipenses 1:6) y «[Él] también puede salvar para siempre a los que por medio de él se acercan a Dios, ya que vive siempre para interceder por ellos» (Hebreos 7:25).

Esta es la forma de vida que aún estoy aprendiendo al acercarme a mis setenta años. He escrito este libro con la esperanza, y la oración, de que te unas a mí. Hagamos una guerra, no contra otras personas, sino contra nuestra propia incredulidad. Esta es la raíz de la ansiedad que, con el tiempo, será la raíz de muchos otros pecados. Así que usemos nuestros limpiaparabrisas y mantengamos nuestra mirada fija en las grandes y valiosas promesas de Dios. Toma la Biblia, pide ayuda al Espíritu Santo, guarda las promesas en su corazón y pelea la buena batalla de la fe: *vivir por la fe en la gracia venidera.*

## NOTAS

1. Nota al título: con mucho gusto le doy el reconocimiento a Daniel Fuller por el concepto de estos capítulos llamados: «Aplicando el poder purificador». En su libro *Unity of the Bible* [La unidad de la Biblia], Grand Rapids: Zondervan Publishing House, 1992, tiene una sección titulada: «Derrotando diez actitudes específicas de la incredulidad». La concepción de la vida cristiana detrás de esa sección fue la inspiración que dio origen a mi propio trato de cómo luchar con el pecado provocado por la falta de fe en la gracia venidera.

# PARTE II

# GRACIA LIBRE Y VENIDERA

*Lo que ahora vivo en la carne, lo vivo en la fe del Hijo de Dios.*

**GÁLATAS 2:20**

*Mi esperanza para las bondades futuras y la gloria futura
es la gracia venidera.*

*Que la gracia sea con todos ustedes.*

**TODAS LAS CARTAS DE PABLO**

# CAPÍTULO 4

# LA VIDA QUE NOS QUEDA ES GRACIA VENIDERA

La única vida que me queda por vivir es la futura. El pasado no está en mis manos para ofrecerlo o alterarlo, ya se ha ido. Ni siquiera Dios cambia el pasado. Todas las expectativas de Dios son futuras; todas las posibilidades de la fe y el amor son futuras; y todo el poder que me ayuda a vivir en amor es futuro. Por más valiosas que sean las bendiciones pasadas de Dios, si Él me dejara solo con el recuerdo de ellas y sin la promesa de más, yo estaría incompleto. Mi esperanza en las futuras bondades y glorias es la gracia venidera.

Pero, ¿el Nuevo Testamento habla así de la gracia venidera? ¿Es cierto que la vida que nos queda, de ahora a la eternidad, la viviremos por la gracia venidera, o si no la perderemos?

## CARTAS QUE HABLAN DE LA GRACIA VENIDERA

Comencemos con una observación simple e importante. El apóstol Pablo siempre comienza y termina cada una de sus trece cartas del Nuevo Testamento bendiciendo a sus lectores cristianos con gracia venidera.[1] Generalmente, lo que dice al inicio de sus cartas es: «*Gracia* y paz reciban ustedes de Dios nuestro Padre y del Señor Jesucristo»; y al final dice algo como: «Que la *gracia* del Señor Jesucristo sea con todos ustedes».

No hay nada más en las cartas de Pablo que se acerque a este tipo de enfoque constante en la gracia venidera al principio y al final de cada carta. Lo que más se acerca es la bendición paulina de la «paz», que está junto con la gracia al comienzo de las cartas, pero no está presente en las bendiciones finales de todas ellas.[2] Solo la gracia venidera está presente al comienzo *y* al final.

¿Qué hace Pablo al escribir esas palabras en todas las cartas? Está bendiciendo a sus lectores, ¡como nosotros! Cuando decimos algo como: «Que

Dios los bendiga con gracia», estamos haciendo una bendición bíblica. Eso es lo que hace Pablo en sus cartas, aunque no diga explícitamente la palabra *bendición*.

Las bendiciones son algo singular, se centran en la persona a la que se le está hablando («Que la gracia sea con *ustedes*»), pero también apelan a que Dios haga algo («*Gracia* reciban ustedes de Dios nuestro Padre»). La persona que bendice adopta una posición entre Dios y los demás y convierte sus palabras en un canal de bendición entre ambos. Las bendiciones no son lo mismo que las oraciones, porque no están dirigidas a Dios, sino a las personas. Miras a alguien a los ojos, por así decirlo, y dices: «Que la gracia sea contigo». Sin embargo, hay algo similar a la oración, ya que en la bendición está implícita la apelación: «¡Oh, Dios!, haz que mis palabras sean intermediarias de tu gracia».

Hay otra cosa importante sobre estas bendiciones de gracia venidera. En los originales, todas las bendiciones *al comienzo* de las cartas de Pablo dicen: «Gracia [sea] *a* ustedes», mientras que las bendiciones finales dicen: «Gracia [sea] *con* ustedes».[3] Esto se repite tanto en todas las trece cartas, que debe tener un significado.

El significado que le doy es este: al comienzo de las cartas, Pablo tiene en mente que esa carta es un transmisor de la *gracia* de Dios *a* sus lectores. La gracia está a punto de fluir «de Dios» a los cristianos a través de los escritos. Por eso dice: «Gracia *a* ustedes». Es decir, que la gracia ahora está activa y a punto de fluir de Dios *a* ustedes a medida que leen mis escritos inspirados, «gracia [sea] *a* ustedes».

Pero a medida que se acerca el final de la carta, Pablo da a entender que la lectura está por terminar y surge la pregunta: «¿Qué sucede con la gracia que ha estado fluyendo a los lectores a lo largo de la carta inspiradora?». Él contesta con una bendición: «Gracia [sea] *con* ustedes». Sea *con* ustedes cuando dejen la carta de lado y salgan de la iglesia; cuando vayan a casa para atender a un hijo enfermo y lidiar con un cónyuge poco cariñoso; cuando vayan a trabajar y enfrenten la tentación de la ira, la deshonestidad y la lujuria; cuando se armen de valor para hablar de Cristo durante el almuerzo.

Entonces, ¿qué entendemos de la decisión inquebrantable de Pablo de comenzar y terminar sus cartas de esta manera? Con esto entendemos que la gracia es una prioridad indudable en la vida cristiana; que viene de Dios Padre y del Señor Jesucristo, pero que puede venir por medio de las personas; que está lista para fluir *a* nosotros cada vez que tomemos las Escrituras y las leamos; y que permanecerá *con* nosotros cuando cerremos la Biblia y sigamos con nuestra vida diaria.

En otras palabras, entendemos que la gracia no es solamente una realidad pasada, sino *futura*. Cada vez que yo abra la Biblia, la gracia de Dios será una realidad que fluirá *hacia* mí y cada vez que la cierre y regrese a mis asuntos, la gracia de Dios *irá* conmigo. A esto me refiero con gracia *venidera*.

## CADA PASO ES POR GRACIA VENIDERA

El motivo por el que esta gracia es tan importante es que todo en la vida cristiana depende de ella. No puedes ser un cristiano sin fe en la gracia venidera. Jesús dijo: «Pero estrecha es la puerta y angosto el camino que lleva a la vida, y pocos son los que la encuentran» (Mateo 7:14). Cada curva en ese camino angosto y difícil está planeada y potenciada por la gracia venidera. En todo momento del camino, los verdaderos santos cantan: «Su gracia siempre me libró y me guiará al hogar». Cada mirada hacia el pasado destella gratitud por la gracia pasada; cada vista hacia el futuro acerca el alma hacia la fe en la gracia venidera.

Cuando Pablo concluye cada carta diciendo: «La gracia sea con ustedes», él está bendiciendo a los creyentes con lo que necesitarán para ser cristianos desde ese momento: la gracia venidera. Nadie se convierte en cristiano sin gracia pasada y nadie puede convertirse de un momento a otro sin gracia venidera. Nuestra posición como cristianos es tan segura como la gracia venidera que Dios nos provee. Piensa en algunas de las cosas que dependen de esta provisión.

## LA GRACIA VENIDERA PARA LOS SANTOS CANSADOS

Una y otra vez el corazón cristiano se debilita y comienza a flaquear. ¿Dónde encontraremos fortaleza para el corazón? No me refiero a fortaleza física. Dios no nos pide eso ni que tengamos salud o incluso vida, pero sí nos llama a ser fortalecidos «interiormente con poder» (Efesios 3:16). ¿Cómo podemos hacerlo? Una respuesta muy simple es: «Es mejor *afirmar* el corazón *con la gracia*, y no con alimentos» (Hebreos 13:9). El corazón se fortalece *con la gracia*. «*Esfuérzate en la gracia* que tenemos en Cristo Jesús» (2 Timoteo 2:1). La gracia diaria para el corazón es como el pan para el cuerpo, lo fortalece. Sin ella, no podemos vivir ni funcionar.

Algunos pueden preguntarse: «pero ¿no dice Efesios 3:16 que la fuerza del "interior" viene con poder *por su Espíritu*?». Sí, así es. Y tan solo en un

momento veremos que esas palabras son una definición casi perfecta de la
gracia venidera. El Espíritu Santo también es «el Espíritu de la gracia» (Hebreos 10:29) y su poder, como veremos, es el poder de la gracia.

## LA GRACIA VENIDERA PARA LOS SANTOS QUE SUFREN

La necesidad de esta fortaleza interior no solo surge del agotamiento por el
estrés diario, sino del sufrimiento y las aflicciones que tenemos de vez en
cuando. No podemos evitarlo. «Para entrar en el reino de Dios nos es necesario pasar por muchas tribulaciones» (Hechos 14:22; ver también 1 Tesalonicenses 3:4; 2 Timoteo 3:12). El sufrimiento es inevitable para el corazón
abatido en el camino al cielo. Cuando viene, el corazón flaquea y el camino
que lleva a la vida parece imposible. Se vuelve muy difícil tener un camino angosto y altas colinas que ponen a prueba la fortaleza de nuestro ca-
charro hasta su punto límite. Pero ¿qué debemos hacer cuando el auto se
descompone?

Pablo clamó tres veces con esta pregunta por algunas aflicciones de su
vida, pero la gracia venidera no venía de la forma en que él la pedía, sino de
otra manera. Cristo respondió: «Con mi *gracia* tienes más que suficiente,
porque mi poder se perfecciona en la debilidad». Aquí vemos que Cristo
otorga la gracia en forma de poder sustentador en una situación sin consuelo, una gracia dada dentro de otra denegada. Y Pablo respondió con fe
en la suficiencia de esta gracia venidera: «Por eso, con mucho gusto habré
de jactarme en mis debilidades, para que el poder de Cristo repose en mí»
(2 Corintios 12:9).

Muchas veces, Dios nos bendice con una «gracia dada» dentro de una
«gracia denegada». Por ejemplo, en un día muy caluroso de julio, la bomba
de agua de nuestro auto dejó de funcionar y quedamos varados en la carre-
tera interestatal de Tennessee a veinte millas del pueblo más cercano. Esa
mañana había orado para que el auto funcionara bien y llegáramos a salvo
a nuestro destino. Nos paramos junto al auto, pero nadie se detuvo. Luego,
mi hijo Abraham (que tenía unos once años) dijo: «Papi, deberíamos orar».
Así que nos inclinamos detrás del auto y le pedimos a Dios un poco de gracia venidera, es decir, su ayuda en tiempos de necesidad. Cuando levantamos
la cabeza, un camión se había detenido. El conductor era un mecánico que
trabajaba a unas veinte millas de allí. Dijo que estaba dispuesto a buscar
los repuestos y regresar para reparar el auto. Viajé con él hasta el pueblo y
pude compartir el evangelio. Unas cinco horas después, pudimos retomar
nuestro camino.

Ahora, lo más increíble de esa respuesta a nuestra oración es que vino dentro de una oración denegada. Pedimos por un viaje tranquilo y Dios nos dio problemas, pero en medio de esa gracia denegada, obtuvimos otra. Estoy aprendiendo a confiar en la sabiduría de Dios para extender la gracia que es mejor para mí, para los mecánicos incrédulos y para la fe de los niños de once años. No debería sorprendernos que Dios nos dé bendiciones maravillosas en medio del sufrimiento que le hemos pedido que nos quite. Él sabe bien cómo repartir su gracia por nuestro bien y para su gloria.

## EL PODER DEL ESPÍRITU Y LA OBRA DE LA GRACIA

Antes dije que el poder fortalecedor del corazón que viene del Espíritu Santo (Efesios 3:16) es casi lo mismo a lo que me refiero con gracia venidera. Lo que acabamos de ver en 2 Corintios 12 es la evidencia de esto. Cristo dijo: «Con mi *gracia* tienes más que suficiente», y luego añadió, a modo de explicación, que su «*poder* se perfecciona en la debilidad». Así que el *poder* de Cristo, que sustenta y fortalece a los creyentes, también es su gracia. Y, como «el Señor es el Espíritu» (2 Corintios 3:17), no está mal decir que el poder del Espíritu también es la obra de la gracia del Señor.

No podemos sobrevivir como cristianos si no hallamos fortaleza para soportar la aflicción. La respuesta de Dios a esta necesidad en el camino angosto es la gracia venidera, que es el poder de Cristo perfeccionado en nuestra debilidad. Asegúrate de no perder de vista esto. La gracia para soportar, incluso jactándose en la debilidad, no es mirar primeramente hacia la gracia pasada, sino estar expectante a que en el próximo momento o mes venga el poder de Cristo para que haga lo que nosotros estamos desesperados de hacer por nosotros mismos. Esta es la gracia futura.

## LA GRACIA VENIDERA Y EL LLAMADO A RESISTIR

A veces, en medio de estas aflicciones y el estrés de todos los días, podemos exclamar: «¿Hasta cuándo, Señor? No puedo ver más allá del dolor que siento hoy. ¿Qué traerá el día de mañana? ¿Estarás allí también para esa aflicción?». Esta pregunta es absolutamente urgente, porque Jesús dijo: «El que resista hasta el fin, se salvará» (Marcos 13:13). Nos estremecemos cuando pensamos que estamos «entre los que se vuelven atrás y se pierden» (Hebreos 10:39). Esto no es un juego, el sufrimiento es una gran amenaza para la fe en la gracia venidera.

Por lo tanto, es maravilloso oír la promesa de Pedro a los cristianos afligidos y cansados: «Pero *el Dios de toda gracia*, que en Cristo nos llamó a su gloria eterna, los perfeccionará, afirmará, fortalecerá y establecerá después de un breve sufrimiento» (1 Pedro 5:10). La seguridad de que Él no tardará más de lo que podamos soportar, y que eliminará nuestros defectos y establecerá para siempre lo que se tambaleó por tanto tiempo, sin duda se desprende de la expresión de «toda gracia». Él no es el Dios de *alguna* gracia, como la gracia del pasado. Él es el Dios de *toda* gracia, incluida la infinita e inagotable gracia *venidera*. La fe en esa gracia es la clave para resistir en el camino angosto y difícil que lleva a la vida.

## LA GRACIA VENIDERA Y LA VIDA DE AMOR

A pesar de todo, *resistencia* no es la mejor palabra para describir la vida cristiana, solo es una parte de ella. El camino que conduce a la vida es un camino de amor, no solo de resistencia, sino de amor hacia los demás. Esto también es un asunto muy urgente, ya que Jesús dijo: «En esto conocerán todos que ustedes son mis discípulos, si se aman unos a otros» (Juan 13:35). Y Juan dijo: «En esto sabemos que hemos pasado de la muerte a la vida: en que amamos a los hermanos» (1 Juan 3:14). Puede que no logremos la perfección en esta vida, pero *debemos* cambiar la dirección. El camino que lleva a la vida es el del amor.

¿Cómo podemos vivir una vida de amor por aquellos que no conocemos e incluso por nuestros enemigos? Hay una imagen de la vida real que responde esta pregunta. Pablo había viajado por Macedonia plantando iglesias en Filipo, Tesalónica y Berea. En el proceso también enseñaba a las nuevas iglesias a cuidar a los pobres y a amarlos. Parte de su plan era hacer que las iglesias dieran donaciones para los cristianos pobres de la iglesia madre en Jerusalén. Lo que sucedió mientras hacía esto fue tan sorprendente que lo utilizó como ejemplo cuando escribió a la iglesia de Corinto, a fin de inspirarlos a dar como las iglesias de Macedonia lo habían hecho. Esto es lo que les escribió. Velen por el poder de la gracia venidera.

> Hermanos, también queremos contarles acerca de la gracia que Dios ha derramado sobre las iglesias de Macedonia, cuya generosidad se desbordó en gozo y en ricas ofrendas, a pesar de su profunda pobreza y de las grandes aflicciones por las que han estado pasando. Yo soy testigo de que ellos han ofrendado con espontaneidad, y de que lo han hecho en la medida de sus posibilidades, e incluso más allá de éstas. Insistentemente nos rogaron que les concediéramos el privilegio de participar en este servicio para los santos (2 Corintios 8:1-4).

Esta respuesta de los macedonios sorprendió mucho a Pablo. Lo que la hizo más increíble es que su pobreza no desapareció cuando se convirtieron en cristianos, sino que su extrema pobreza desbordó de generosidad (vs. 2). De hecho, parecía que convertirse en cristianos no había hecho su vida más fácil, sino más difícil; su generosidad fluyó desde una gran aflicción (vs. 2). Sin embargo, fueron muy generosos (vs. 2). Ellos dieron «más allá» de sus posibilidades (vs. 3), «con espontaneidad» (vs. 3) e incluso rogaron por «el *privilegio* de participar en este servicio para los santos» (vs. 4). La palabra *privilegio* en esta oración significa «gracia». Tengamos eso en cuenta por un momento.

¿Cómo es que surge esta conducta tan contracultural y antinatural? ¿Cómo se liberaron los cristianos del amor innato al dinero y la comodidad? Parte de la respuesta en el versículo 2 es que los desbordó la abundancia de gozo. El gozo por algo más había arrancado la raíz del gozo por el dinero. Habían sido libres por el gozo de dar a los pobres, pero ¿de dónde viene este gozo poderoso y sobrenatural?

La respuesta es que viene de *la gracia de Dios*. La explicación de Pablo para este amor increíble fue: «*La gracia que Dios* ha derramado sobre las iglesias de Macedonia» (vs. 1). Con esta historia, Pablo pretende que los corintios aprendan que la misma gracia que fue dada en Macedonia está disponible ahora en Corinto. En efecto, dice que la clave para esta generosidad gozosa y sacrificial es la fe en la gracia venidera. Cuando confiamos en ella como hicieron los macedonios, nuestra vida se transforma en gracia. Pablo llama a su ofrenda un «privilegio de participar en este servicio para los santos» (vs. 4).

Sabemos que la fe en la gracia venidera es la llave vivencial porque más adelante en esta sección de la segunda carta a los corintios Pablo sostiene esta maravillosa promesa: «Dios es poderoso como para que abunde en ustedes *toda gracia*, para que siempre y en toda circunstancia tengan todo lo necesario, y abunde en ustedes toda buena obra» (2 Corintios 9:8). En otras palabras, si quieren ser libres de la necesidad de acumular el dinero, si quieren desbordar de abundancia (¡de gracia!) para toda buena obra (como los pobres en Jerusalén), pongan su fe en la gracia venidera. Confíen en la promesa de que «Dios es poderoso como para que abunde en ustedes toda gracia» en los momentos futuros para este mismo propósito.

Acabo de decir que la fe en la gracia venidera es la «llave vivencial» para la generosidad, y no neguemos que también hay una llave histórica. Existe una llave vivencial y una histórica. Cuando habla de la gracia que recibieron, Pablo les recuerda a los corintios: «Ustedes ya conocen la gracia de nuestro Señor Jesucristo que, por amor a ustedes, siendo rico se hizo pobre, para que con su pobreza ustedes fueran enriquecidos» (2 Corintios 8:9). Sin esta obra histórica de gracia, la puerta de la generosidad que exalta a Cristo aún permanecería cerrada. La gracia pasada es una llave hacia el amor. Pero veamos cómo funciona la gracia pasada en este versículo. Eso creó los fundamentos (Cristo se convirtió en pobre) de la gracia venidera (que podemos llegar a ser ricos). Por lo tanto, la llave *histórica* a nuestra generosidad funciona colocando en nuestra mano la llave *vivencial* de la fe en la gracia venidera.

Entonces, la llave vivencial al amor y la generosidad es esta: afirmen su fe en la gracia venidera, que «Dios es poderoso (en el futuro) como para que abunde en ustedes toda gracia (venidera)», para que se cubran sus necesidades y puedan, como los increíbles macedonios, desbordar con el amor de la libertad. La fe en la gracia venidera nos libera de la avaricia.

## CADA BENDICIÓN FUTURA VIENE POR MEDIO DE LA GRACIA VENIDERA

Hemos visto que el Nuevo Testamento habla mucho de la gracia venidera. La vida que nos queda de ahora a la eternidad hemos de vivirla por gracia venidera o la perderemos. No estamos olvidados a la deriva, ni estamos para vivir por el recuerdo de los momentos preciosos de la gracia pasada. No estamos olvidados. Hoy, mañana y por el resto de la eternidad, «la gracia que él nos da es mayor» (Santiago 4:6). Esto no es un decorado de la estructura eterna de la vida cristiana: esto es lo que la hace eterna. Vivimos cada momento por la fortaleza de la gracia venidera. Si no estuviera allí, pereceríamos. Pero efectivamente está allí y cada cosa futura que disfrutemos en esta vida y la próxima será por medio de ella.

## NOTAS

1. Romanos 1:7; 16:20; 1 Corintios 1:3; 16:23; 2 Corintios 1:2; 13:14; Gálatas 1:3; 6:18; Efesios 1:2; 6:24; Filipenses 1:2; 4:23; Colosenses 1:2; 4:18; 1 Tesalonicenses 1:1; 5:28; 2 Tesalonicenses 1:2; 3:18; 1 Timoteo 1:2; 6:21; 2 Timoteo 1:2; 4:22; Tito 1:4; 3:15; Filemón 3, 25.

2. Aparte de la bendición de la gracia, Pablo expresa el deseo de que el «Dios de paz» sea con sus lectores (Romanos 15:33; 2 Corintios 13:11; Filipenses 4:9; 2 Tesalonicenses 3:16). Efesios 6:23 es una bendición de paz separada de la bendición de gracia, pero sigue siendo notable que todas las bendiciones de gracia al final de las cartas no hablan de paz como sí lo hacen al principio.

3. Todas mis observaciones se basan en los originales griegos de las cartas de Pablo, pero se puede comprobar que es una buena traducción literal como lo es la versión en inglés llamada «New American Standard Bible» [Biblia Nueva Estándar Americana]. Puse el verbo [ser] entre corchetes porque en el original no hay ningún verbo, simplemente dice: «Gracia a ustedes» y «Gracia con ustedes».

*Soy misericordioso con quien quiero ser misericordioso,*
*y soy clemente con quien quiero ser clemente.*

**ÉXODO 33:19**

*Y si es por gracia, ya no es por obras; de otra manera*
*la gracia ya no sería gracia.*

**ROMANOS 11:6**

*La gracia no sería gracia si fuese una respuesta a nuestros recursos.*
*Es gracia porque resalta los recursos infinitos de la bondad de Dios;*
*es eterna porque Dios nunca podrá agotar sus bondades en nosotros;*
*es libre porque Dios no sería infinito y autosuficiente si estuviera*
*limitado por algo externo a Él.*

# CAPÍTULO 5

# EL MÁS LIBRE DE TODOS LOS ACTOS DE DIOS

Si Dios no fuese una fuente de gracia venidera autosuficiente y eterna, no habría esperanza para los pecadores. Si Dios hubiese sido misericordioso solo en el pasado, pero no en el futuro, los cristianos serían personas dignas de lástima. Nuestras vidas se sostienen por la gracia venidera. Mi deseo es que con este libro podamos entenderla y vivir en su libertad y su poder.

Por eso, debemos volver a preguntarnos: *¿qué es la gracia venidera?* Hemos visto que es la gracia que nos sostiene a partir de este momento; está a un milisegundo de distancia y a su vez a millones de años. Toda la bondad y el poder que Dios despliega hacia mí antes de que termine esta oración y todo lo que me sostendrá después de la muerte, eso es gracia venidera. Pero ahora preguntamos, más precisamente, ¿qué es lo que hace a la gracia ser gracia? Dejando de lado que estará con nosotros en el futuro y que es la fortaleza por la que vivimos (1 Corintios 15:10), ¿qué es?

## DEFINICIÓN DE GRACIA Y MISERICORDIA

Las definiciones más comunes de la gracia y la misericordia de Dios suelen decir algo así: la *gracia* es la bondad que Dios muestra a la gente que no la merece; la *misericordia* es la bondad que Dios muestra a la gente que está en una situación miserable.[1] Estas definiciones nos ayudan a ver que si bien la gracia y la misericordia son distintas, también tienen significados parecidos.

## LA GRACIA ANTES DE LA CAÍDA

Antes de que el pecado entrara en el mundo, Adán y Eva no experimentaron la bondad de Dios como una respuesta a sus desméritos (ya que no tenían ninguno), pero igualmente no la merecían. Nadie puede merecer haber sido creado. Nadie puede merecer, si no está vivo, ir a un jardín espléndido donde todas sus necesidades están cubiertas por un Padre amoroso. Así que, incluso antes de pecar, Adán y Eva vivían un favor inmerecido. Por lo tanto, cuando me refiero a gracia venidera antes de la caída, no me refiero al mismo tipo de gracia que recibimos después de ella, que no solo es inmerecida sino que también es desmerecida. La voluntad de Dios para ellos era que vivieran por fe en esta gracia, en el cuidado paternal y en la provisión diaria de Dios. Esto es importante porque algunos teólogos dan la impresión equivocada de que Dios quería que Adán y Eva se relacionaran con Él mediante obras que no estaban motivadas por esa fe como la de un niño.

En Génesis 2:16-17 leemos: «Dios el Señor dio al hombre la siguiente orden: "Puedes comer de todo árbol del huerto, pero no debes comer del árbol del conocimiento del bien y del mal, porque el día que comas de él ciertamente morirás"». Creo que John Sailhamer tiene razón cuando dice que el punto de estos versículos es:

> Que solo Dios conoce lo que es bueno para los seres humanos y solo Él sabe lo que no. Para disfrutar el «bien» debemos confiar en Él y obedecerlo. Si lo desobedecemos, tendremos que decidir por nosotros mismos lo que es bueno y lo que no lo es. Si bien para los hombres y mujeres modernos tal idea puede parecer atractiva, para el autor de Génesis es el peor destino que puede haber caído sobre la humanidad.[2]

En otras palabras, Dios quiso que el hecho de no comer del árbol del conocimiento del bien y del mal fuera un acto de confianza en su gran sabiduría y su voluntad de guiar a Adán y Eva hacia lo que es bueno y suplir todas sus necesidades.

«La serpiente solo habla dos veces, pero es suficiente para atentar contra el equilibrio de la confianza y la obediencia entre el hombre, la mujer y su Creador».[3] Su desobediencia fue una violación a la confianza en el amor de su Padre y una renuncia a la fe en la gracia venidera.

## CADA ACTO DE GRACIA ES UN ACTO DE MISERICORDIA

Desde que el pecado entró en el mundo la experiencia de la gracia ha sido diferente para todos nosotros. Adán y Eva no merecían la gracia, pero su falta de mérito aún no estaba acompañada de miseria. Sin embargo, una vez que el pecado ha entrado al mundo, todo aquel que no merece la bondad de Dios también está en una situación miserable. «La paga del pecado es *muerte*» (Romanos 6:23).

EL MÁS LIBRE DE TODOS LOS ACTOS DE DIOS    99

Como el pecado siempre trae desdicha, y los pecadores siempre sufren desdichas, todos los actos de gracia de Dios son actos de misericordia y, a su vez, estos son actos de gracia. Todo acto de *gracia* hacia una persona, como es pecadora, también es un acto de *misericordia*, porque su pecado trae desdicha. Y todo acto de *misericordia* hacia una persona por su situación desdichada también es un acto de *gracia*, porque no lo merece. No tiene sentido decir que algunas veces Dios nos muestra su misericordia y otras su gracia; siempre que muestra una, está mostrando la otra. La diferencia es si vemos ese acto de bondad en relación con nuestro pecado o con nuestra desdicha.

En un tribunal, se puede mirar a un mismo hecho de absolución desde dos ángulos. Desde atrás del juez puedes ver su túnica negra, su gran estrado y todos los papeles con evidencias convincentes esparcidos delante de él. Esto hará que la absolución parezca un acto de *gracia* asombroso. El pecado y la justicia requieren convicción, no absolución. Sin embargo, del otro lado del estrado se pueden ver las lágrimas del juez y la penuria y desdicha del criminal, lo cual hará que la absolución parezca un acto de *misericordia*. El acto de bondad es uno solo, no son dos. Lo que cambia es el ángulo desde el que se le mira.

El hecho de que todos los actos de misericordia de Dios sean actos de gracia ha resultado, probablemente, en una fusión parcial de sus significados en la Biblia. La distinción común que he descrito antes no es algo que aparezca explícito en el Libro Sagrado. Por ejemplo, contrario a nuestras definiciones, las personas a veces claman a Dios por gracia cuando están sufriendo (por ejemplo, Salmos 6:2) y a veces reciben misericordia siendo pecadores culpables (por ejemplo, Timoteo 1:13; Romanos 11:32). Pero, en general, en la Biblia la distinción es evidente y nos ayuda a comprender la grandeza del corazón de Dios.[4]

## LA GRACIA PARECE MÁS LIBRE QUE LA MISERICORDIA

La diferencia entre gracia (hacia el pecador) y misericordia (hacia el que sufre) implica otra distinción útil. La misericordia, por su propia naturaleza, no parece tan libre como la gracia. Cuando mostramos misericordia, parece que estamos respondiendo al dolor y estamos limitados por una situación dolorosa externa a nosotros. Es una hermosa limitación, pero no parece ser tan libre como la gracia. Sin embargo, la gracia contempla la fealdad del pecado y, en contra de todo lo que se espera, actúa beneficiosamente. Esto parece más libre. El dolor parece limitar la misericordia, pero la culpa no parece limitar a la gracia. La gracia parece más libre.

No quiero decir que la misericordia de Dios sea, de hecho, menos libre que la gracia, algo que nadie merece. Dios no está obligado a ser misericordioso con ninguna de sus criaturas. Lo que quiero decir es que la «libertad» está más cerca del corazón del significado de la gracia. Por definición, esta es libre y sin restricciones. Incluso carece de la *aparente* limitación de la naturaleza entre el sufrimiento y la misericordia. Si la gracia de Dios es «natural» en responder al pecado, se debe completamente a algo asombroso en Dios, no al poder limitador del pecado. El sufrimiento restringe la lástima, pero el pecado enciende la ira. Por lo tanto, la gracia hacia los pecadores es el más libre de todos los actos de Dios.

## GRACIA LIBRE, INMERECIDA Y CONDICIONAL

*Libre* no siempre significa incondicional. Muchos de los actos de gracia de Dios son condicionales. Por ejemplo, cuando Pablo dice: «Que la gracia sea con todos los que, con amor inalterable, aman a nuestro Señor Jesucristo» (Efesios 6:24), habla de una gracia que viene sobre aquellos que aman a Jesús, pero no viene sobre aquellos que no lo aman. Esta gracia es condicional. Y cuando Santiago dice: «La gracia que él nos da es mayor… Dios se opone a los soberbios, y da gracia a los humildes» (Santiago 4:6), se refiere a que hay una gracia que es dada a quienes son humildes, pero no a los soberbios.

Sin embargo, la gracia condicional no es gracia ganada o procurada, es inmerecida. Hablar de «gracia ganada» es una contradicción, ya que esta no se puede ganar. El propio significado de gracia dice que quien la recibe no la merece, no se la ha ganado. Si un filántropo te paga ochenta mil dólares por tu educación universitaria con la condición de que te gradúes de la preparatoria, no te has ganado el regalo, solo has cumplido con una condición. Es posible cumplir con una condición para recibir la gracia, pero aun así no puede ser ganada. Gracia condicional no significa gracia ganada. ¿Cómo puede ser esto?[5]

La parte de la respuesta que necesitamos aquí es que cuando se promete la gracia de Dios con base en una condición, esa condición también es obra de su gracia. Esto nos garantiza la absoluta gratuidad de la gracia. Siguiendo el ejemplo anterior, el filántropo hasta podría convertirse en el tutor personal de un estudiante de preparatoria que reprobó, para asegurarse de que obtenga su diploma y cumpla con la condición para el subsidio de ochenta mil dólares. Un ejemplo bíblico sería que el arrepentimiento es la condición que debemos cumplir para recibir la gracia del perdón. «Por lo tanto, arrepiéntanse y vuélvanse a Dios, para que sus pecados les sean perdonados» (Hechos 3:19). Pero el arrepentimiento en sí es un regalo de la gracia de Dios. «Así que Dios también les ha *concedido* a los no judíos la oportunidad de arrepentirse para que tengan vida» (Hechos 11:18; véase también 5:31). «Por si acaso Dios les *concede* arrepentirse para que conozcan la verdad» (2 Timoteo 2:25). Juan Calvino citó a San Agustín respecto a esto: «La buena voluntad del hombre precede a muchos obsequios de Dios, pero no a todos. La propia voluntad que precede está en esos obsequios».[6] La libertad de Dios no se reduce cuando Él hace que algunas de sus bendiciones dependan de condiciones que Él mismo nos pone. La gracia que responde a la gracia sigue siendo gracia.

La libertad está en el corazón del significado de la gracia bíblica. Esta libertad se destaca, al menos, de cuatro formas.

## SER DIOS ES SER LIBRE

Primero, cuando Dios se revela a Moisés, prácticamente se define como un dador de gracia absolutamente libre. En el libro del Éxodo 33:18, Moisés le dice a Dios: «Te ruego que me muestres tu gloria». La primera respuesta de Dios a esta oración es darle a Moisés una revelación verbal en lugar de una visual. En efecto, dice aquí está mi gloria: «*Soy misericordioso con quien quiero ser misericordioso, y soy clemente con quien quiero ser clemente*» (Éxodo 33:19).[7]

Cuando Dios dice: «*Soy misericordioso con quien quiero ser misericordioso*», quiere decir: soy libre de mostrar mi gracia. Si le preguntan: «¿Quiénes son aquellos a los que muestras tu gracia?», la respuesta será: «Aquellos a los que muestro mi gracia». En otras palabras, Dios no busca fuera de su voluntad un impulso para mover su gracia. Por último, la gracia no se limita a nada más que a Dios mismo.

Poco después de graduarme en 1974, dediqué cerca de siete años a estudiar la libertad de la gracia de Dios, preparándome para escribir un libro acerca del capítulo 9 de la carta a los Romanos, donde se cita este texto del Antiguo Testamento en el versículo 15: «Porque Dios dijo a Moisés: "Tendré misericordia del que yo quiera, y me compadeceré del que yo quiera"». Intenté ser justo con los distintos puntos de vista y poner toda la evidencia necesaria para mis conclusiones. Una de las conclusiones más importantes era esta: «[Éxodo 33:19] es una declaración solemne de *la naturaleza de Dios*, o (lo que es igual) una proclamación de *su nombre y su gloria...* La gloria de Dios y su naturaleza es dar misericordia a quien quiera aparte de cualquier restricción por fuera de su propia voluntad. Esta es la esencia de lo que significa ser Dios, este es su nombre».[8]

Justo en el centro de la revelación propia de Dios está la declaración de que es libre de dar su gracia de la forma que prefiera y esa libertad pertenece a su propia esencia. Dios es misericordioso con quien quiere serlo. No está limitado por la maldad de nadie, nunca es atrapado por su propia ira y su gracia puede aparecer donde Él quiera. Esto es de gran estímulo para que el peor de los pecadores abandone su ilusión inútil y ponga su confianza en la gracia venidera.

## LA GRACIA QUE DA VIDA ES LIBRE

Segundo, la libertad de la gracia de Dios se destaca por la forma en que Pablo describe su función en la salvación. En Efesios 2:4-6 dice:

> (4) Pero Dios, cuya misericordia es abundante, por el gran amor con que nos amó, (5) nos dio vida junto con Cristo, aun cuando estábamos muertos en nuestros pecados (la gracia de Dios los ha salvado), (6) y también junto con él nos resucitó, y asimismo nos sentó al lado de Cristo Jesús en los lugares celestiales.

El acto decisivo de Dios en la conversión es que Él «nos dio vida junto con Cristo, aun cuando estábamos muertos en nuestros pecados». En otras palabras, estábamos muertos para Dios. Estábamos inconscientes; no teníamos interés espiritual real; no disfrutábamos las bellezas de Cristo; simplemente estábamos muertos a todo lo importante. Luego Dios actuó, incondicionalmente, antes de que pudiéramos hacer algo para ser recipientes de gracia. Él nos revivió y, en su soberanía, nos despertó para que veamos la gloria de Cristo (2 Corintios 4:4). Los sentidos espirituales que estaban muertos revivieron milagrosamente.

El versículo 4 dice que esto fue un acto de «misericordia». Es decir, Dios vio nuestro estado de muerte y tuvo piedad. Él vio el terrible precio del pecado que nos llevaba a la muerte y miseria eternas. Por eso, las riquezas de su misericordia llenaron nuestra necesidad. Pero lo más extraordinario de este texto es que Pablo rompe la fluidez de su propia oración para agregar: «La gracia de Dios los ha salvado». «Dios… nos dio vida junto con Cristo… (*la gracia de Dios los ha salvado*), y también junto con él nos resucitó».

Pablo repite esto nuevamente en el versículo 8. ¿Por qué cortaría la fluidez para agregarlo allí? Es más, el foco está en la respuesta de la misericordia de Dios a nuestro estado miserable de muerte. ¿Por qué Pablo se interrumpiría para decir que también es por la *gracia* que somos salvos?

Creo que la respuesta es que Pablo reconoce una oportunidad perfecta para destacar la libertad de la gracia. Cuando él describe nuestra condición de muerte antes de la conversión, entiende que los muertos no pueden cumplir condiciones. Si pueden vivir, debe ser por un acto de Dios total y absolutamente libre para salvarlos. Esta libertad es el propio corazón de la gracia. Pablo quiere destacar esto y por eso interrumpe la oración casi gritando: «Vean, ¡fue por gracia! ¡Por pura gracia! Estaban muertos, no podían hacer nada. Fue por misericordia, de hecho, porque su estado era lamentable. Pero la libertad de esto es el corazón de lo que significa la gracia. ¡No hay acto más libre e innegociable que una persona levantando a otra de la muerte!». Este es el sentido de la gracia.

## LA GRACIA DE LA ELECCIÓN ES LIBRE GRACIA

Tercero, la libertad de la gracia de Dios se destaca por su relación con la elección de Dios y las obras humanas. En Romanos 11:5 Pablo dice: «Así también aun en este tiempo ha quedado un remanente *escogido por gracia*» (RV60). En otras palabras, la existencia de un remanente de creyentes y aquellos destinados a convertirse en creyentes se debe a la elección de Dios, Él es quien los escoge. Esta es una «elección *por gracia*». Dios era libre de hacerlo. Él da gracia a quien quiere. Él los elige por medio de su gracia libre e incondicional, no por nada que haya en ellos. A esto se refiere la frase «escogido por gracia».

El versículo siguiente vuelve a enfatizar esto. Pablo agrega: «Y si es por gracia, ya no es por obras; de otra manera la gracia ya no sería gracia» (Romanos 11:6). En otras palabras, si la existencia de un remanente salvo se debiera a sus obras, entonces ya no serían «elegidos por gracia». La gracia es libre, pero las obras implican ganar o merecer, como dice Pablo en Romanos 4:4: «Al que *obra*, no se le cuenta el salario como *gracia*, sino como deuda» (RV60).[9] Por eso, Pablo resalta la libertad de la gracia contrastándola con las obras. Si las obras humanas ganaran la salvación y crearan un remanente, la elección ya no sería por gracia. Lo que comenzó como una elección libre e incondicional por gracia, dejaría de serlo.

## EL DIOS INAGOTABLE Y LA LIBERTAD DE LA GRACIA

Finalmente, la libertad de la gracia se destaca por su fuente inagotable y su flujo eterno. La gracia es libre porque Dios es celoso de que lo veamos como fuente inagotable de vida, de poder y de gozo. «Voy a *tener misericordia* de todo el pueblo de Israel, y a mostrarme *celoso* de mi santo nombre» (Ezequiel 39:25). Él es celoso de que el mundo vea que no tiene carencias que los humanos podamos suplir con nuestras obras o peculiaridades. Siempre Él es el benefactor y nosotros los beneficiados. Nunca se arrepiente de lo que ha hecho. Sigue siendo libre. Eso significa ser Dios. Él está celoso de preservar y mostrar esto para el placer infinito de todos los que confían en Él.

Pablo habla de las «riquezas de la gracia». Su punto es que el libre derrame de la plenitud inagotable de Dios es inmensamente grande. La gracia no tiene fin porque el pozo del que fluye no tiene fondo. Esto es de lo que habla Pablo en Efesios 2:6-7, «[Dios] junto con él nos resucitó, y asimismo nos sentó al lado de Cristo Jesús en los lugares celestiales, *para mostrar en los tiempos venideros las abundantes riquezas de su gracia* y su bondad para con nosotros en Cristo Jesús».

Aquí hay dos cosas sorprendentes. Una es que el propósito de nuestra salvación es que Dios derrame las riquezas de su gracia en nosotros. La otra, es que hacerlo le tomará toda la eternidad. Este es un pensamiento poderoso. Dios nos dio vida y seguridad en Cristo para poder hacernos beneficiarios de la bondad de las riquezas infinitas de la gracia. No porque seamos merecedores, sino todo lo contrario, para mostrarnos la medida infinita de *su* mérito. La gracia no sería gracia si fuese una respuesta a nuestros recursos. Es gracia porque resalta los recursos infinitos de la bondad de Dios; es eterna porque Dios nunca podrá agotar sus bondades en nosotros; es libre porque Dios no sería infinito y autosuficiente si estuviera limitado por algo externo a Él.

## ALABAMOS LA GLORIA DONDE APRECIAMOS LA GRACIA

Por esto, debería ser obvio el motivo por el que la gracia venidera es tan importante en el gran plan de Dios para glorificarse y satisfacer a su pueblo. Casi todo nuestro conocimiento de la gracia activa de Dios reposa en el futuro. La gracia de Dios que he disfrutado, desde un punto de vista cuantitativo, es mínima comparada con la gracia venidera que disfrutaré desde hoy hasta la eternidad. Esto significa que alabamos la gran abundancia de gloria que Dios quiere mostrar para el deleite de su pueblo donde apreciamos (en toda su libertad) la gracia venidera.

Al exaltar la libertad de Dios, la fe en la gracia venidera prácticamente anula el poder de la soberbia. En el próximo capítulo haremos una pausa para reflexionar sobre su accionar. ¿Cómo es que el hecho de apreciar la libertad de la gracia de Dios nos purifica de la corrupción de la soberbia?

# NOTAS

1. Estas son distinciones comunes, pero las tomé directamente de J. L. Dagg, *Manual of Theology and Church Order, Part One* [Manual de teología y orden eclesial, parte uno], Harrisonburg, VA: Gano Books, Sprinkle Publications, 1982, orig. 1857, p. 76.

2. John Sailhamer, *The Pentateuch as Narrative* [El Pentateuco como narrativa], Grand Rapids: Zondervan Publishing House, 1992, p. 101.

3. *Ibid.*, p. 103.

4. Algunos ejemplos de misericordia orientada hacia la desdicha son: Mateo 9:27, 15:22; Marcos 5:19; Lucas 10:37, 16:24. Algunos ejemplos de gracia orientada hacia el pecado y la necesidad de perdón son: Romanos 5:20, 6:1, 11:6; Efesios 2:8; Tito 3:7.

5. Para un tratamiento más completo sobre el asunto de la gracia condicional e inmerecida, véase los capítulos del 18 al 20.

6. Juan Calvino, *Institutes of the Christian Religion* [Institutos de la religión cristiana], vol. 1, Filadelfia: The Westminster Press, 1960, p. 306.

7. Para un argumento detallado de esta interpretación, véase John Piper, *The Justification of God: An Exegetical and Theological Study of Romans 9:1-23* [La justificación de Dios: un estudio exegético y teológico de Romanos 9:1-23], segunda edición, Grand Rapids: Baker Book House, 1993, pp. 75-89.

8. *Ibid.*, pp. 88-89.

9. Esta es mi traducción literal. La New American Standard Bible [Biblia Nueva Estándar Americana] lo traduce: «Ahora bien, al que trabaja, su salario no le es acreditado como un favor, sino algo que es debido» [traducido literalmente de la Biblia].

*Así ha dicho el Señor: «No debe el sabio vanagloriarse por ser sabio, ni jactarse el valiente por ser valiente, ni presumir el rico por ser rico. Quien se quiera vanagloriar, que se vanaglorie de entenderme y conocerme. Porque yo soy el Señor, que hago misericordia, imparto justicia y hago valer el derecho en la tierra, porque estas cosas me complacen».*

**JEREMÍAS 9:23-24**

*El placer de la soberbia es como el placer de rascarse. Si hay picazón uno quiere rascarse; pero es mucho mejor no tener picazón ni tener que rascarse. Mientras tengamos la picazón del amor propio; desearemos el placer de la aprobación propia; pero los momentos más felices son aquellos en los que olvidamos apreciarnos a nosotros mismos y no tenemos nada, pero a la vez tenemos todo (Dios, nuestro prójimo, los animales, el jardín y el cielo).*

**C. S. LEWIS**

*Por lo tanto, muestren humildad bajo la poderosa mano de Dios, para que él los exalte a su debido tiempo.*

**1 PEDRO 5:6**

CAPÍTULO 6

*Aplicando el poder purificador*

# FE EN LA GRACIA VENIDERA VS. SOBERBIA

## LA SOMBRA DE DIOS

La humildad no es una característica humana popular en el mundo moderno. No se promociona en la televisión ni se celebra en los discursos de graduación; no se comenta en seminarios de diversidad ni está en la lista de valores corporativos. Si vas a la sección de autoayuda de una gran librería de un centro comercial, de seguro no Encontrarás muchos títulos que celebren la humildad.

La razón básica de esto es fácil de ver: la humildad solo puede sobrevivir en la presencia de Dios. Cuando Dios se va, la humildad también. De hecho, se podría decir que la humildad sigue a Dios como una sombra. Podemos esperar que se celebre la humildad en nuestra sociedad casi tan a menudo como se celebra a Dios.

En mi periódico local, un editorial capturó la atmósfera que asfixia la humildad en nuestro tiempo:

> Hay gente que ingenuamente se aferra al recuerdo nostálgico de Dios. El asistente a una iglesia promedio se toma unas pocas horas a la semana para vivir lo sagrado… Pero el resto del tiempo está inmerso en una sociedad que ya no reconoce a Dios como una fuerza omnisciente y omnipotente a la que amar y alabar… Hoy somos demasiado sofisticados para Dios. Podemos valernos por nosotros mismos; estamos preparados y listos para elegir y definir nuestra propia existencia.[1]

En este ambiente, la humildad no puede sobrevivir, sino que desaparece junto con Dios. Cuando se niega a Dios, el dios sustituto, es decir, el hombre, toma su lugar. Por definición, esto es lo opuesto a la humildad, es decir, es el espíritu arrogante llamado soberbia. Así es que la atmósfera que respiramos es hostil para la humildad.

## EL DESEO POR DIOS EN EL CORAZÓN

Este capítulo busca expresar que un espíritu arrogante es una forma de incredulidad y que el modo en que derrotamos esta soberbia es por medio de la fe en la gracia venidera. Es imposible confiar en Dios y ser arrogante, ya que ambas actitudes son opuestas: «El que es *altanero* suscita contiendas, pero el que *confía* en el Señor prospera» (Proverbios 28:25). Este es el motivo por el que Stephen Charnock dijo: «Una fe soberbia es algo tan contradictorio como un diablo humilde».[2] Para comprender por qué la fe y la soberbia son opuestas debemos recordar lo que es la fe.

En el capítulo 16 veremos que el corazón de la fe bíblica en Jesús se acerca a Él para satisfacerse de todo lo que Dios es por nosotros en Él. Jesús dijo en Juan 6:35: «Yo soy el pan de vida. El que a mí *viene*, nunca tendrá hambre; y el que en mí *cree*, no tendrá sed jamás». De aquí podemos extraer la verdad de que *creer* en Jesús significa venir a Él para satisfacernos en todo lo que Dios es por nosotros en Él. Y la *incredulidad* es alejarse de Jesús para buscar satisfacción en otras cosas.

La *creencia* no solo es un *acuerdo* con hechos en la mente, también es un deseo por Dios en el corazón, que se acerca a Jesús para satisfacerse. «El que a mí viene, nunca tendrá hambre; y el que en mí cree, no tendrá sed jamás». Por lo tanto, la vida eterna no es para la gente que solo *piensa* que Jesús es el hijo de Dios, sino para aquellos que *beben* de Jesús como el Hijo de Dios. «El agua que yo le daré será en él una fuente de agua que fluya para vida eterna» (Juan 4:14). Él también es el pan de vida y quienes se *alimenten* de Él para nutrirse y satisfacerse viven por Él. «Yo soy el pan vivo que descendió del cielo. Si alguno *come* de este pan, vivirá para siempre» (Juan 6:51). Se utilizan estas figuras de *bebida* y *alimento* para dejar en claro la esencia de la fe. No es tan solo creer que existe algo como el agua o el alimento, ni creer que Jesús es el agua y el pan de vida. La fe es venir a Jesús para *beber* el agua y *comer* el pan con el fin de encontrar en Él satisfacción para nuestros corazones.

## DE LA SATISFACCIÓN EN DIOS A LA SATISFACCIÓN EN UNO MISMO

En este contexto veremos más claramente que la soberbia es una especie de incredulidad. *Incredulidad* es alejarse de Dios y su Hijo para buscar satisfacción en otras cosas. *Soberbia* es alejarse de Dios específicamente para satisfacerse en *uno mismo*. Por tanto, la soberbia es una forma específica de incredulidad y su antídoto es despertar y fortalecer la fe en la gracia venidera.

En el capítulo 17 de este libro veremos que *codicia* es alejarse de Dios, generalmente para encontrar satisfacción en las cosas; en el capítulo 27, que *lujuria* es alejarse para satisfacerse en el sexo; *amargura* es alejarse para satisfacerse en la venganza (capítulo 21); *impaciencia* es alejarse para satisfacerse en el plan de acción propio (capítulo 13); *ansiedad, vergüenza inapropiada* y *desánimo* son distintas condiciones del corazón cuando estos intentos de incredulidad fracasan (capítulos 3, 10 y 24).

Pero detrás de todas estas formas de incredulidad está la soberbia, porque la autodeterminación y la exaltación propia son el motivo de todas estas otras actitudes pecaminosas. Cada vez que nos alejamos de Dios —por lo que sea— lo hacemos por una especie de autonomía o independencia que son la esencia de la soberbia. Alejarse de Dios supone la idea de que uno se cree más sabio que Dios. Por lo tanto, la soberbia reside en la raíz que nos aleja de Dios. Es la raíz de cada acto de desconfianza hacia Dios. Más precisamente, la soberbia es tanto la *raíz* como la *esencia* de la incredulidad y su remedio es la fe en la gracia venidera. Así, la batalla contra la soberbia en realidad es contra la incredulidad; y la lucha por la humildad es, en realidad, por la fe en la gracia venidera.

Las referencias bíblicas a la soberbia pueden categorizarse en distintas formas de desconfianza a Dios. Cada texto revela qué rehusamos confiarle a Dios o, más específicamente, cada uno muestra qué es lo que preferimos encontrar en nosotros mismos.

## LOS GRANDES COMPETIDORES DE DIOS

En Jeremías 9:23 Dios dice: «No debe el sabio vanagloriarse por ser *sabio*, ni jactarse el valiente por ser *valiente*, ni presumir el rico por ser *rico*». En esas tres frases Dios menciona a sus grandes competidores por la vanagloria del corazón humano. Cada uno (sabiduría, poder y riquezas) nos tienta a satisfacernos en nosotros mismos: en nuestra inteligencia, nuestra fuerza y nuestros recursos materiales. Cada uno nos aleja de la confianza en Dios como la mayor satisfacción de todas. Es humillante confesar que la fuente de nuestro gozo está fuera de nosotros mismos.

## CUANDO EL CONOCIMIENTO ENVANECE

Tomemos sabiduría e inteligencia, por ejemplo. El apóstol Pablo advierte que «el conocimiento envanece, pero el amor edifica» (1 Corintios 8:1). Esto no significa que favorece la ignorancia y la irracionalidad: «No sean como niños en su modo de *razonar*. Sean como niños en cuanto a la malicia, pero en su modo de *razonar* actúen como gente madura» (1 Corintios 14:20). G. K. Chesterton, el periodista y autor británico católico que falleció en 1936, advirtió que nosotros, los modernos, no somos claros acerca de la relación entre la soberbia y la convicción intelectual.

> De lo que sufrimos… es de humildad en el lugar incorrecto. La modestia se ha movido del órgano de la ambición y se ha establecido en el de la convicción, donde nunca debió estar. Se suponía que un hombre debía dudar de sí mismo, pero no de la verdad; esto se ha invertido por completo. Hoy en día, el lugar donde un hombre se afirma es exactamente donde no debe hacerlo: en sí mismo. Y pone su duda exactamente en el lugar en el que no debe hacerlo: en la razón divina.[3]

Pablo no pone en duda la necesidad de la convicción firme y el conocimiento de la verdad. Sin embargo, es muy consciente de que lo que sabemos —o creemos saber— puede alejarnos de la sabiduría de Cristo y llevarnos a jactarnos de nosotros mismos.

Se nos dio el conocimiento de Dios y cómo se relaciona con el mundo. Una de las primeras cosas que aprendemos, cuando la conocemos como es debido, es la Palabra de Jesús: «No te lo reveló ningún mortal, sino mi Padre que está en los cielos» (Mateo 16:17). Todo conocimiento de la verdad depende de Dios. «Porque ¿quién ha entendido la mente del Señor? ¿O quién ha sido su consejero?» (Romanos 11:34). Dios no solo nos dio mentes para tener conocimiento, sino para saber cómo debemos hacerlo. Sabemos la forma en que debemos pensar cuando nos jactamos en la fuente de todo el conocimiento, no en nuestra mente pequeña y frágil, con su circuito diminuto diseñado por Dios. Dios no escogió a muchos sabios, dice el apóstol, para que «nadie pueda jactarse en su presencia» y que «el que se gloría, que se gloríe en el Señor» (1 Corintios 1:26, 29, 31).

Cuando nos jactamos en nuestra sabiduría, mostramos habernos alejado de Dios para confiar en nosotros mismos. En este caso, demostramos que nuestra satisfacción no está primeramente en la sabiduría infinita y primaria de Dios, sino en nuestras capacidades derivadas y secundarias. Esto es por falta de fe en la gracia venidera, que es la promesa de Dios de utilizar su infinita sabiduría para continuar manejando el universo por el bien de todos los que esperan en Él.

## INFLANDO LA BURBUJA DE NUESTROS RECURSOS

De forma similar, también somos propensos a jactarnos de nuestro poder. Cuando Dios nos bendice con abundancia, intentamos tomar crédito por esas bendiciones, como si hubiese más satisfacción en soplar la burbuja de nuestras habilidades que en beneficiarnos de las de Dios. De esto fuimos advertidos debidamente en Deuteronomio 8:1-17:

> ¡Cuidado!… No vaya a ser que luego de que comas y te sacies, y edifiques buenas casas y las habites, y tus vacas y tus ovejas aumenten en número, y la plata y el oro se te multipliquen, y todo lo que tengas aumente, tu corazón se enorgullezca y te olvides del Señor tu Dios, que te sacó de la tierra de Egipto, donde eras esclavo, y te hizo caminar por un desierto grande y espantoso, lleno de serpientes venenosas, y de escorpiones, donde no había agua, y él sacó para ti agua de la roca del pedernal, y apagó tu sed; tu Dios que en el desierto te sustentó con maná, comida que tus padres no habían conocido, y *te afligió* y te puso a prueba, para finalmente hacerte bien. No vayas a decir en tu corazón: "*Mi poder y la fuerza de mi brazo* me han hecho ganar estas riquezas".

Si la gente construyó sus hogares, aumentó su ganado y reunió su oro por la fe en la gracia venidera, no deberían siquiera pensar en decir: «Mi poder y la fuerza de mi brazo me han hecho ganar estas riquezas». Cuando viven por la fe en la gracia venidera, saben que todo lo que obtienen en su vida es producto de la gracia.

## DIOS NO DARÁ SU GLORIA A LOS SOBERBIOS

El rey de Asiria ilustra la soberbia que nace en el corazón cuando la sabiduría *y* el poder conspiran para alejar el corazón de Dios y llevarlo hacia ellos mismos. Dios hizo al rey la vara de su ira contra el pueblo e Israel (Isaías 10:5). Sin embargo, el rey no se deleitó en el favor del poder y la guía de Dios, sino que se adjudicó el crédito a sí mismo y dijo: «Esto lo he hecho con el poder de mi mano, y con mi sabiduría, porque soy muy *inteligente*. A los pueblos les quité sus territorios, y saqueé sus tesoros; y como un *valiente* derroqué a los que reinaban» (Isaías 10:13). Esta decisión no es para nada inteligente. Dios no dará su gloria a los soberbios. De hecho, Él promete que «habrá de castigar el soberbio fruto del corazón del rey de Asiria, y el brillo de sus altivos ojos» (Isaías 10:12). El antídoto para la soberbia del rey es ser consciente de su riesgo y alegrarnos en el poder y la sabiduría de Dios, no en los nuestros.

## CUANDO LOS SOBERBIOS COMEN HIERBA COMO BUEYES

Poco después en la historia de Israel, el rey de Babilonia, Nabucodonosor, fue abatido por su orgullo y su soberbia: «¿Acaso no es ésta la gran Babilonia, que con la fuerza de mi poder y para gloria de mi majestad he constituido como sede del reino?» (Daniel 4:30). Por esa soberbia, Dios lo humilló y lo hizo comer hierba como un buey a la intemperie (Daniel 4:33), hasta que aprendió a regocijarse en el poder soberano de Dios más que en sí mismo:

> Todos los habitantes de la tierra son considerados como nada; el Altísimo hace lo que él quiere con el ejército del cielo y con los habitantes de la tierra, y no hay quien pueda impedírselo, ni cuestionar lo que hace.
> Por eso yo, Nabucodonosor, alabo y engrandezco y glorifico al Rey del cielo, porque todas sus obras son verdaderas, y sus caminos justos, y él puede humillar a los que se muestran soberbios (Daniel 4:35, 37).

El antídoto para la soberbia de Nabucodonosor no fue solo ese nuevo conocimiento en su mente, sino el nuevo regocijo en su corazón. Su alabanza y gozo revelaron ese despertar a la fe y a la alegría de que Dios gobernaba el futuro con su gracia omnipotente para establecer su plan y humillar a los soberbios. Él estaba satisfecho con la potestad de Dios de hacer lo que desee por la libertad soberana de su gracia y su justicia.

## ¿POR QUÉ JACTARSE COMO SI NO FUERA UN REGALO?

Junto con la sabiduría y el poder, quizá la tentación más grande para la soberbia es el dinero. Con él podemos comprar los recursos de inteligencia y poder que tal vez no poseamos por nuestros medios. Por eso la riqueza es el mayor símbolo de autosuficiencia. Si tenemos conocimientos de la bolsa de valores o suerte en la lotería, eso compensa cualquier otra falta de habilidad o de poder, porque así podemos controlar los recursos para satisfacer nuestros deseos, o, al menos, eso creemos. Dios describe el resultado de esto en Oseas 13:6: «Yo los cuidé, y ustedes comieron hasta saciarse, pero luego su corazón se llenó de soberbia y se olvidaron de mí». El problema de la soberbia es dónde se encuentra la *satisfacción*. «Comieron hasta *saciarse*». En otras palabras, la soberbia crea el problema de determinar en qué confías tu futuro. Por lo tanto, Dios utiliza el lenguaje de la confianza para inculpar la soberbia de Israel en Jeremías 49:4: «*Confías en tus tesoros y crees que nadie podrá atacarte, ¿por qué te vanaglorias de los valles, si tu valle ha sido desolado?*».

Israel confió en los tesoros para proteger su futuro de la invasión de otros ejércitos. Su fe ya no estaba en la gracia venidera de Dios y ese era el problema. Había sido atraída por la ilusión de los falsos deleites o tesoros, que en realidad son regalos de la gracia de Dios. Por lo tanto, perforarán su mano si se apoyan en ella en lugar de apoyarse en Dios. El apóstol Pablo les preguntaría lo mismo que a los corintios: «¿O qué tienes que no hayas recibido? Y si lo recibiste, ¿por qué te jactas como si no te lo hubieran dado?» (1 Corintios 4:7). Todo lo que tenemos, lo hemos recibido de Dios. Todo está en su mano, podemos tomarlo o dejarlo, podemos utilizarlo a nuestro favor o en contra nuestra.

Por esto, la Biblia nunca se cansa de decirnos: «El rey no se salva por tener un gran ejército, ni se escapa el valiente por tener mucha fuerza. Ningún caballo es garantía de salvación; y aunque tiene mucha fuerza, no salva a nadie» (Salmos 33:16-17). Con riquezas se pueden comprar ejércitos, guerreros o caballos, pero si el Señor no decide dar libertad y victoria, serán inútiles en el día de la batalla. La esperanza irrevocable de reyes y guerreros, y de todos, es la gracia venidera, no la fuerza militar. Por eso, el siguiente versículo del Salmo 33 señala un tesoro alternativo para nuestra confianza: «El Señor mira atentamente a quienes le temen, a quienes confían en su misericordia… Él es nuestra ayuda y nuestro escudo. Por él se alegra nuestro corazón; confiamos en su santo nombre» (Salmos 33:18, 20-21). Esta confianza que no mira nuestros propios recursos y descansa en Dios es la fe en la gracia venidera. Este es el remedio para la soberbia.

## LA MAYOR SOBERBIA: EL ATEÍSMO

Si unimos las tres categorías de las tentaciones de la autosuficiencia (sabiduría, poder y riquezas), ellas forman un poderoso incentivo para la mayor forma de soberbia: el ateísmo. La forma más segura de mantener bien alta nuestra propia estima es negar cualquier cosa que esté sobre nosotros. Por esto, la soberbia se preocupa por sí misma rebajando a los demás. «Un hombre soberbio siempre menosprecia a las cosas y a las personas y, por supuesto, cuando uno mira hacia abajo, no puede ver lo que está por encima de uno».[4] Pero para conservar la soberbia es más simple declarar que no hay nadie sobre nosotros a quien mirar. «Tan soberbio es el impío que no busca a Dios, ni le da lugar en sus pensamientos» (Salmos 10:4). Finalmente, la soberbia debe persuadirse de que no existe un Dios.

Una razón para esto es que la realidad de Dios es muy invasiva en todos los detalles de la vida. La soberbia no puede tolerar que Dios se involucre íntimamente en dirigir hasta los asuntos más ordinarios de la vida. Por ejemplo, Santiago, el hermano de Jesús, diagnostica la soberbia detrás de la simple pretensión de planear ir de una ciudad a otra:

> Ahora escuchen con cuidado, ustedes los que dicen: «Hoy o mañana iremos a tal o cual ciudad, y estaremos allá un año, y haremos negocios, y ganaremos dinero». ¡Si ni siquiera saben cómo será el día de mañana! ¿Y qué es la vida de ustedes? Es como la neblina, que en un momento aparece, y luego se evapora. Lo que deben decir es: «Si el Señor quiere, viviremos y haremos esto o aquello». Pero ustedes *se jactan con arrogancia, y toda jactancia de este tipo es mala* (Santiago 4:13-16).

A la soberbia no le gusta la soberanía de Dios. Por lo tanto, no le gusta su existencia, pues Él es soberano. Puede expresarlo diciendo: «No existe ningún Dios» o «Voy a ir a Atlanta en Navidad». Santiago dice: «No estés tan seguro», por el contrario: «Si el Señor quiere, viviremos…». Esto es extremadamente ofensivo para la autosuficiencia de la soberbia, no tener el control ni siquiera de poder terminar esta página sin tener un derrame cerebral.

Santiago dice que es arrogancia no creer en el derecho soberano de Dios de manejar los detalles del futuro. La forma de combatirla es ceder a su soberanía en todos los detalles de la vida y descansar en sus promesas infalibles para demostrar su poder en nuestro favor (2 Crónicas 16:9), para alcanzarnos con su bondad y misericordia todos los días (Salmos 23:6), para obrar por aquellos que esperan en Él (Isaías 64:4) y para equiparnos con todo lo que necesitamos para vivir por su gloria (Hebreos 13:21). En otras palabras, el remedio para la soberbia es una fe firme en la gracia venidera.

## LA PICAZÓN DE LA AUTOESTIMA Y EL RASGUÑO DE LA APROBACIÓN

Una de las manifestaciones de la soberbia que muestra su rechazo a la fe en la gracia venidera es la ansiedad que produce el deseo de aprobación humana. C. S. Lewis explica cómo funciona esta ansiedad:

El placer de la soberbia es como el placer de rascarse. Si le pica, uno quiere rascarse; pero es mucho mejor no tener picazón ni tener que rascarse. Mientras tengamos la picazón de la autoestima, desearemos el placer de la aprobación propia; pero los momentos más felices son aquellos en los que olvidamos apreciarnos a nosotros mismos y no tenemos nada, pero a la vez tenemos todo (Dios, nuestro prójimo, los animales, el jardín y el cielo).[5]

La picazón de la autoestima desea que la aprobación la rasque. Es decir, si obtenemos nuestro placer en el hecho de sentirnos autosuficientes, no estaremos satisfechos sin que otros nos vean y aplaudan nuestra autosuficiencia. Por esto, Jesús describe así a los escribas y fariseos: «Al contrario, todo lo que hacen es para que la gente los vea… y les encanta ocupar los mejores asientos en las cenas y sentarse en las primeras sillas de las sinagogas, y que la gente los salude en las plazas y los llame: "¡Rabí, Rabí!"» (Mateo 23:5-7).

## EL VACÍO INTERIOR DE LA AUTOSUFICIENCIA

Esto es algo irónico. La autosuficiencia debería liberar a la persona soberbia de la necesidad de ser reconocida por los demás. Ese es el significado de *suficiente*. Pero evidentemente, en la llamada autosuficiencia existe un vacío. El yo nunca fue diseñado para satisfacerse a sí mismo o depender de sí. Por ende, nunca puede ser suficiente. Solo a imagen de Dios es que estamos completos. Somos sombras y ecos. Por lo tanto siempre habrá un vacío en el alma que luche por satisfacerse con sus propios recursos.

Este vacío que desea el reconocimiento de los demás señala el fracaso del orgullo y la ausencia de la fe en la gracia venidera. Jesús vio el efecto terrible de este deseo de gloria humana y lo menciona en Juan 5:44: «¿Y cómo pueden ustedes creer, si se honran los unos a los otros, pero no buscan la honra que viene del Dios único?». La respuesta es: no pueden hacerlo. Desear la gloria atribuida por los demás imposibilita la fe. ¿Por qué? Porque la fe es estar satisfecho con todo lo que Dios es por ustedes en Jesús y si se empeñan en calmar su ansiedad con el reconocimiento de los demás, se alejarán de Jesús. Ahora bien, si se alejaran de ustedes mismos como fuentes de satisfacción (léase, arrepentimiento) y vinieran a Jesús para disfrutar de todo lo que Dios es por nosotros en Él (léase, fe), entonces en lugar de ansiedad habría un manantial del que brota agua de vida eterna (Juan 4:14).

## LA IRONÍA DE LA SOBERBIA DÉBIL

La ironía de este deseo insaciable del alma autosuficiente se hace más evidente cuando la soberbia no puede obtener lo que quiere y comienza a tambalearse con debilidad. Esto requiere discernimiento. La soberbia débil no es fácil de reconocer. Suena como una contradicción, como cuadrados redondos. Sin embargo, no lo es. Tengamos en cuenta la relación entre jactancia y autocompasión.

> Ambas son manifestaciones de la soberbia. La jactancia es la respuesta de la soberbia al éxito y la autocompasión es su respuesta al sufrimiento. La jactancia dice: «Merezco admiración porque he logrado mucho»; mientras que la autocompasión dice: «Merezco admiración porque he sacrificado mucho». La jactancia es la voz de la soberbia en el corazón de los fuertes; la autocompasión es la voz en el corazón de los débiles. La jactancia suena autosuficiente; la autocompasión suena sacrificada.
>
> La razón por la que la autocompasión no parece soberbia es porque aparenta estar necesitada, pero esta necesidad surge de su ego herido y su deseo en realidad no es que los demás los vean indefensos, sino que los vean como héroes. La necesidad que siente la autocompasión no viene de una sensación de desmerecimiento, sino de un merecimiento no reconocido. Es la respuesta de una soberbia no elogiada.[6]

Cuando la soberbia no es fuerte, comienza a preocuparse por el futuro. En el corazón de los soberbios, la ansiedad es al futuro lo que la autocompasión es al pasado. Lo que no salió bien en el pasado nos da una sensación de que merecemos algo mejor, pero si no pudimos hacer las cosas a nuestro modo en el pasado, seguramente tampoco podamos hacerlo en el futuro. En lugar de hacer humilde al soberbio, esta posibilidad lo vuelve ansioso.

## LA SOBERBIA CAMUFLADA DE ANSIEDAD

Aquí hay otra ironía. La ansiedad no parece soberbia, sino debilidad. Pareciera una confesión de la falta de control en el futuro. Sí, la soberbia en un sentido admite eso. Pero admitirlo no mata la soberbia hasta que el corazón no esté dispuesto a mirar al único que controla el futuro y descansar en Él.

Hasta entonces, los soberbios se aferran a su derecho de autosuficiencia, aun cuando se desmorona en el horizonte del futuro.

Hay dos evidencias bíblicas importantes para esto. La primera es Isaías 51:12-13 donde Dios acusa a Israel mostrando la soberbia detrás de su miedo: «Yo mismo soy su consolador. *¿Quién eres tú para tener miedo de hombres mortales*, que son como la paja? Ya te has olvidado del Señor, tu Hacedor, que extendió los cielos y estableció la tierra. Todo el día lo pasas temiendo…». En otras palabras: «¿Quién se creen para tener miedo de simples hombres? ¡Deben creer que son alguien a quien se le debe temer así!». Ahora, es una represión extraña, pero el significado es simple: su miedo a los hombres es una forma de soberbia.

¿Por qué la ansiedad en el futuro es una forma de soberbia? Dios nos da la respuesta: «Yo, el Señor, tu hacedor, soy su consolador, quien promete cuidar de ustedes, y quienes los amenazan son simples hombres mortales. Por eso, su miedo debe significar que no confían en mí. Deben pensar que su protección depende de ustedes. Y, aunque no estén seguros de que sus propios recursos puedan cuidarlos, igualmente optan por la confianza frágil en ustedes mismos en lugar de tener fe en la gracia venidera. Entonces, todo su temor, por más débil que sea, revela soberbia». ¿El remedio? Quitar la confianza en nosotros mismos y ponerla en Dios, y tener fe en el poder suficiente de la gracia venidera.

El segundo lugar donde vemos a la ansiedad como forma de soberbia es en La Primera Carta de Pedro 5:6-7. «Humillaos, pues, bajo la poderosa mano de Dios, para que él os exalte cuando fuere tiempo; echando toda vuestra ansiedad sobre él, porque él tiene cuidado de vosotros» (RV60). Observemos la conexión gramatical entre los versículos 6 y 7. «(6) Humillaos… bajo la poderosa mano de Dios… (7) *echando* toda vuestra ansiedad sobre él». El versículo 7 no es una nueva oración. «Humillaos… *echando* toda vuestra ansiedad sobre él». Esto significa que echar sus ansiedades sobre Dios es una forma de humillarse a uno mismo bajo la mano poderosa de Dios. Es como decir: «Coman correctamente… *masticando* con la boca cerrada», «manejen con cuidado… *manteniendo* los ojos abiertos», «sean generosos… *invitando* a alguien para la cena de Acción de Gracias».

Así también: «Humíllense… *echando* todas sus ansiedades sobre Dios». Una forma de ser humilde es echar todas nuestras ansiedades sobre Dios, lo que significa que un *impedimento* para hacerlo es la soberbia. Esto quiere decir que la preocupación excesiva es una forma de soberbia. Ahora, ¿por qué echar nuestras ansiedades sobre el Señor es lo contrario a la soberbia?

Porque a la soberbia no le gusta admitir que tiene ansiedades y si lo tuviera que admitir, aun así no quisiera decir que el remedio sea confiar en alguien más sabio y fuerte. En otras palabras, la soberbia es una forma de falta de fe y, por ende, no quiere confiar en la gracia venidera. La fe admite la necesidad de ayuda, pero la soberbia no. La fe se refugia en Dios por ayuda, la soberbia no. La fe echa las ansiedades a Dios, la soberbia no. Por lo tanto, la forma de combatir la soberbia es admitiendo libremente que tenemos ansiedades y valorando la promesa de la gracia venidera en las palabras: «Él tiene cuidado de vosotros».

Finalizamos este capítulo con un vistazo al consejo de Dios a través de Jeremías. Al comienzo del capítulo lo oímos decir: «No debe el sabio vanagloriarse por ser sabio, ni jactarse el valiente por ser valiente, ni presumir el rico por ser rico». Cerramos oyéndolo terminar con esa oración: «Quien se quiera vanagloriar, que se vanaglorie de entenderme y conocerme. Porque yo soy el Señor, que hago misericordia, imparto justicia y hago valer el derecho en la tierra, porque estas cosas me complacen» (Jeremías 9:23-24). Con todo esto dicho y hecho, esta es la respuesta bíblica de fondo a la pregunta para combatir la soberbia. Estemos asombrados y satisfechos de que conocemos a Dios, y de que Él nos conoce.

En mi diario, el 6 de diciembre de 1988, escribí lo siguiente. Es mi propia confesión de necesidad y mi respuesta a la exhortación de Jeremías:

> ¿Acaso la forma más efectiva de frenar mi deleite en mí mismo es centrar mi deleite en Dios? Negarse a uno mismo y crucificar la carne es vital, pero, ¡qué fácil es gloriarse en uno incluso por el hecho de negarse! ¡Cómo se romperá este placer traicionero de vanagloriarse sino rindiendo todas mis facultades para deleitarme en el placer de glorificar a Dios!
>
> El hedonismo cristiano[7] es la solución final. Es mayor que la muerte de uno mismo. Hay que cavar profundo en la tumba de la carne para encontrar la corriente de agua milagrosa y salvadora que nos deleita con el sabor de la gloria de Dios. Solo en esa admiración que nos satisface y nos deja sin palabras está el fin del ser.

Esta «admiración que todo lo satisface» de lo que Dios es por nosotros en Jesús es a lo que me refiero cuando hablo de la fe en la gracia venidera.

# NOTAS

1. Ralph Georgy, «If God Is Dead, Then the Late 20th Century Buried Him» [Si Dios está muerto, el fin del siglo XX lo enterró], artículo del diario *Star Tribune* de Minneapolis, 12 de septiembre de 1994.

2. Frase de Stephen Charnock, en *A Puritan Golden Treasury* [Un tesoro puritano dorado], Edimburgo: The Banner of Truth Trust, 1977, p. 223.

3. G. K. Chesterton, *Orthodoxy* [Ortodoxia], Garden City, NY: Image Books, Doubleday and Company, 1959, orig. 1924, p. 31.

4. Frase de *Mero cristianismo* citada en *A Mind Awake: An Anthology of C. S. Lewis* [Una mente despierta: una antología de C. S. Lewis], Clyde Kilby, ed., Nueva York: Harcourt, Brace and World, Inc., 1968, p. 115.

5. C. S. Lewis, *Letters of C. S. Lewis* [Cartas de C. S. Lewis], ed. W. H. Lewis, Nueva York: Harcourt, Brace and World, Inc., 1966, p. 256.

6. John Piper, *Sed de Dios: meditaciones de un hedonista cristiano*, Publicaciones Andamio, 2011.

7. Para el significado de hedonismo cristiano, véase el capítulo 31.

# PARTE III

# EL LUGAR CRUCIAL
# DE LA GRACIA PASADA

＊

*Recuerden los primeros sucesos de antaño, porque yo soy Dios,
y no hay otro. ¡Nada hay semejante a mí!*

**ISAÍAS 46:9**

＊

*Porque todas las promesas de Dios en él son «Sí». Por eso, por medio
de él también nosotros decimos «Amén», para la gloria de Dios.*

**2 CORINTIOS 1:20**

＊

*«Amén» significa «Sí, Señor, Tú puedes hacerlo». Significa «Sí, Señor,
eres poderoso. Sí, Señor, eres sabio. Sí, Señor, eres misericordioso.
Sí, Señor, toda gracia venidera proviene de ti y ha sido confirmada en
Cristo». «Amén» es una exclamación de esperanza luego de
una oración pidiendo socorro.*

CAPÍTULO 7

# MIRAR AL PASADO POR
# EL BIEN DEL FUTURO

En los treinta años que serví como pastor principal entrevistamos a muchas personas para puestos ministeriales vocacionales y laicos (diáconos, ancianos, maestros, administrativos, recepcionistas, asistentes de ministerio, asociados pastorales, entre otros). En cada caso, lo que está en juego es el futuro. ¿Qué tan bien lo harán? ¿Serán puros, fieles y comprometidos? ¿Serán buenos trabajando en equipo? ¿Tendrán pasión por la supremacía de Dios? Todo eso tiene que ver con el futuro, con la forma en que desarrollarán su ministerio.

Pero en cada una de las entrevistas también hablamos del pasado. Conversamos sobre sus empleos anteriores, sobre los antecedentes de su desempeño laboral y en su hogar; hablamos sobre su trayectoria espiritual y la familia en la que se criaron. ¿Por qué hablar del pasado si *el tema* ahora es el futuro? La respuesta es obvia: la confianza en la fiabilidad de una persona está anclada a la historia de su fidelidad pasada. Lo mismo sucede con Dios.

La gracia pasada es el fundamento de la fe en la gracia venidera. Obedecemos las enseñanzas de Jesús por fe en la gracia venidera; y nos aferramos a la gracia venidera en las promesas de la Palabra de Dios. Pero damos fe de la certeza de esas promesas con la evidencia de la gracia antigua. Esta gracia es el «pago a cuenta» o el anticipo de Dios de la gracia venidera definitiva.

## EL SENTIDO RETROSPECTIVO DE LA INFINITA GRACIA VENIDERA

En verdad esa imagen de un pago a cuenta no es del todo acertada. La gracia pasada se acumula continuamente día a día. El embalse infinito de la gracia venidera, al igual que una corriente de agua, fluye desde el pasado hacia el presente hasta acumularse y formar un estanque de la gracia pasada. Ese embalse inagotable es invisible excepto por las promesas, pero el estanque en aumento de la gracia pasada sí es visible; y Dios quiere que la certeza, la belleza y la profundidad de este fortalezcan nuestra fe en la gracia venidera.

## LA GRACIA PASADA ES EL ANTICIPO DE LA GRACIA VENIDERA

Ahora bien, nuevamente, la imagen del pago a cuenta de la gracia antigua no solo es práctica sino también bíblica. Por ejemplo, el Espíritu Santo es descrito como una garantía o seña de la gracia venidera de nuestra herencia completa (Efesios 1:14; 2 Corintios 1:22; 5:5). Nos ha sido dado, y la gracia de este don es inmensa. Pero todavía hay mucha más gracia por venir, y Él es la garantía de eso.

Otro ejemplo es Cristo mismo. Fue resucitado de entre los muertos, y se le llama las «primicias de los que murieron» (1 Corintios 15:20). Las «primicias» es una porción de la cosecha completa que garantiza que se cosechará todo el resto. De modo que la resurrección de Jesús es una gran obra de la gracia pasada que Dios desea que recordemos, es el fundamento de nuestra fe en la gracia venidera de nuestra resurrección.

## UN PATRÓN RETROSPECTIVO DEL ANTIGUO TESTAMENTO EN POS DEL FUTURO

Este patrón de mirar al pasado con el fin de creer en la gracia venidera es tan antiguo como la gracia misma. El Antiguo Testamento nos cuenta de momentos en los que el pueblo de Dios miró al pasado para fortalecer su fe en la gracia venidera y de momentos en que no lo hizo.

Por ejemplo, se nos dice que enseguida que murió Gedeón «los israelitas volvieron a corromperse, y adoraron a Baal Berit» (Jueces 8:33). ¿Por qué lo hicieron? ¿Por qué razón escogerían una deidad de segunda en vez de confiar en la gracia venidera del verdadero Dios para que los ayudara y los liberara? El versículo siguiente nos da la respuesta: «*Se olvidaron del Señor, su Dios, que los había librado de todos los enemigos que los rodeaban*» (Jueces 8:34). Se olvidaron de su fe en la gracia venidera de Dios porque dejaron de recordar su gracia pasada.

Nehemías nos señala otro ejemplo: el tiempo en que el pueblo rechazó al Señor en el desierto y deseó regresar a Egipto. «Pero ellos y nuestros padres se llenaron de soberbia, y en su obstinación no prestaron atención a tus mandamientos. Se negaron a escucharte y *se olvidaron de los hechos maravillosos que habías hecho por ellos*; al contrario, se volvieron duros y rebeldes, y buscaron líderes que los guiaran para volver a caer en servidumbre» (Nehemías 9:16). Olvidarse de la gracia pasada de las «maravillas» de

Dios hizo que su esclavitud en Egipto luciera más atractiva que la gracia venidera.

No todas las personas en el Antiguo Testamento dejaron de celebrar la gracia pasada con miras a la esperanza gozosa. Por ejemplo, David escribió: «En mi lecho me acuerdo de ti; pienso en ti toda la noche. A la sombra de tus alas cantaré, porque tú eres mi ayuda» (Salmos 63:6-7 NVI). Dios había sido su ayudador una y otra vez, y el salmista recordaba su gracia pasada y el efecto de eso era que podía cantar de alegría al deleitarse en la protección actual de la gracia venidera bajo las alas de Dios.

Dios mismo ordena seguir esta pauta de acordarse de la gracia antigua por fe en la gracia venidera. En Isaías 46:9 dice: *Recuerden los primeros sucesos de antaño*, porque yo soy Dios, y no hay otro. ¡Nada hay semejante a mí!». La razón por la cual Dios quiere que miren hacia atrás a los «sucesos de antaño» es la de aumentar su confianza en las cosas futuras que Él está planeando. «Mi propósito se cumplirá, y haré todo lo que deseo» (Isaías 46:10 NVI). Recordar las cosas pasadas que Dios ha hecho nos provee una buena base para creer en su Palabra cuando Él dice «mi propósito se cumplirá».

## AHORA LA GRACIA DE DIOS HA VENIDO EN LA PERSONA DE JESÚS

Si mirar a la gracia pasada era la forma en que los santos del Antiguo Testamento peleaban la batalla de la fe en la gracia venidera, es aún más necesario para nosotros pelear de ese modo hoy, porque para nosotros la mayor gracia en la historia mundial ahora está en el pasado. Jesucristo, el Hijo de Dios, ha venido al mundo y, en cierto sentido, podemos decir que la gracia pasada de Dios ha venido en persona y ha realizado una obra de gracia tan decisiva que todas las otras experiencias de gracia dependen de ella. Pablo lo expresó de manera sencilla: «Porque la gracia de Dios se ha manifestado para la salvación de todos los hombres» (Tito 2:11).

De hecho, el Nuevo Testamento es explícito en sostener que toda gracia venidera depende de la venida pasada de Jesús. Por ejemplo, Pablo afirma que Cristo vino «para mostrar la verdad de Dios, para *confirmar las promesas hechas a nuestros antepasados*» (Romanos 15:8). En otras palabras, Cristo vino para garantizar que todas las promesas del Antiguo Testamento ciertamente se harían realidad. Vino por causa de la gracia venidera. Desde el tiempo de Cristo en adelante, la fe abraza a Cristo crucificado y resucitado como el único fundamento, que se realizó una vez y para siempre, de la gracia venidera. Cuando miramos en retrospectiva a la muerte y resurrección de Cristo, Dios nos muestra en el presente la inmensidad de su amor por nosotros, y por ende nos garantiza toda la confianza en la gracia futura. «Pero Dios *muestra* [presente] su amor por nosotros en que, cuando aún éramos pecadores, Cristo *murió* [pasado] por nosotros» (Romanos 5:8). Sin la muerte de Cristo no habría gracia venidera.

## TODAS LAS PROMESAS DE LA GRACIA VENIDERA SON SÍ EN CRISTO

Una de las declaraciones más asombrosas y maravillosas de esta verdad es la siguiente: «Porque todas las promesas de Dios en él son "Sí"» (2 Corintios 1:20). Saboreemos esta extraordinaria verdad por un momento.

La pregunta que Dios nos hace en este texto es la siguiente: «¿Estás viviendo en la plenitud gozosa del Sí de todas mis promesas?» O, dicho de otro modo: «¿Le has dicho que sí a toda la gracia venidera del Sí de Dios para ti en Cristo Jesús? ¿Hay algo en el Sí de Dios a lo cual le estás diciendo "no" o "tal vez" o "no por ahora"? Este texto implora una respuesta inmediata y radical. Nos llama a orar a Dios: «Me consagro y olvido los "no" y los "tal vez" y los "no por ahora" de mi incredulidad, y digo "sí" a cada gracia venidera de cada promesa en lo que es tu Sí para mí».

Retrocedamos por un instante para asegurarnos de que estamos viendo toda la fuerza de acción que contiene este versículo. Según 2 Corintios 1:15-16, Pablo planea visitar Corinto dos veces. Va a cruzar el mar Egeo para visitar a la iglesia de camino a Macedonia, y planea pasar de nuevo por Corinto a su regreso para hacerles una nueva visita. Este es su plan, y se los hace saber.

Pero luego ocurre algo que lo hace cambiar de idea. Evidentemente comienza a circular el rumor de que el corazón de Pablo está dividido. Sí, es verdad que los ama y quiere verlos y bendecirlos, pero no, tal vez no los ama tanto como a su propia conveniencia o a las otras iglesias. ¿El corazón de Pablo contiene a la vez un sí y un no hacia los corintios?

Él responde apasionadamente en los versículos 17 y 18: «Cuando quise hacer esto, ¿fue acaso algo decidido a la ligera? ¿Acaso lo que pienso hacer, lo pienso como toda la gente, que está lista para decir "Sí" y "No" al mismo tiempo? Dios es testigo fiel de que nosotros no les decimos a ustedes "Sí" y "No" al mismo tiempo».

En otras palabras: «Mis planes y mi predicación no son inconstantes, no son dubitativos. Ambas cosas están unificadas; son Sí para ustedes. Yo vivo para su bien; estoy *a favor* de ustedes y no en su contra. ¡Mi vida y ministerio son un fuerte Sí a su alegría! ¡Sí a su santidad! ¡Sí a su fe, esperanza, amor, paz y poder!»

Y luego en los versículos 19 y 20, Pablo les muestra de qué manera en su propia vida todo es un sí a los corintios: concretamente, porque Dios ha pronunciado su Sí definitivo y decisivo a ellos en Cristo. «Porque Jesucristo, el Hijo de Dios, que Silvano, Timoteo y yo les hemos predicado, no ha sido "Sí" y "No"; sino que siempre ha sido "Sí" en él. [Dicho de manera literal: "El Sí (decisivo) ha tenido lugar en Él". El corazón de Dios no está dividido en Cristo. Cristo es un Sí para todos los que lo poseen]. Porque todas las promesas de Dios en él son "Sí". Por eso, por medio de él también nosotros decimos "Amén", para la gloria de Dios».

De manera que Pablo está diciendo: mi corazón no está dividido en cuanto a ustedes, porque el corazón de Dios tampoco lo está. Si pertenecen a Cristo por la fe, entonces todo lo que Dios les puede llegar a dar para su bien se lo ha transferido a su cuenta en Cristo. Sí. ¿Este regalo está en mi cuenta? Sí. ¿La bendición está en mi cuenta? Sí. Sí. Sí. Todas las promesas de Dios son Sí en Cristo. Cristo es el Sí de Dios para toda gracia venidera.

## TODA GRACIA VENIDERA ES NUESTRA EN CRISTO

En Gálatas 3:29 Pablo escribe: «Y si ustedes son de Cristo, ciertamente son linaje de Abrahán y, *según la promesa, herederos*» (ver también Efesios 3:6; Gálatas 3:14, 22; Hebreos 9:15). Todas las promesas de Dios para el bien de su pueblo están en Cristo; Él las confirma, las asegura y las compra para todos los que «están en Cristo», para todos los que viven en Él y le pertenecen a Él (Gálatas 3:22). Cada pecador que viene a Dios a través de Cristo, con todas sus necesidades, encuentra que Dios también va a Él en Cristo, con todas sus promesas. Cuando un pecador encuentra al Dios santo *en Cristo*, lo que oye es un Sí. Dios, ¿me amas? Sí. ¿Me perdonarás? Sí. ¿Me aceptarás? Sí. ¿Me ayudarás a cambiar? Sí. ¿Me darás poder para servirte? Sí. ¿Me cuidarás? Sí. ¿Me mostrarás tu gloria? Sí.

Todas las promesas de Dios —toda la bendición de Dios en los lugares celestiales (Efesios 1:3)— son Sí en Cristo Jesús. Jesús es el Sí concluyente de Dios para todo aquel que cree porque Él es el fundamento de la gracia venidera. Cuando miramos hacia atrás para fortalecer nuestra fe en la gracia venidera, miramos primeramente a Jesús.

## EL MAGNÍFICO SENTIDO DE UN «AMÉN»

El lugar donde el pasado y el futuro se conectan vez tras vez en nuestra vida es la oración. Lo menciono aquí porque Pablo liga la oración con el Sí de Dios en este versículo de una manera estremecedora.

En 2 Corintios 1:20 dice (en un griego entrecortado, lo cual sale como un castellano entrecortado): «Porque todas las promesas de Dios en él son "Sí". Por eso, por medio de él también nosotros decimos "Amén", para la gloria de Dios». Intentemos descifrar esto. Lo que dice es: «Por lo tanto, por causa de Cristo, decimos AMÉN a Dios en nuestras plegarias para mostrar que Dios se lleva la gloria de la gracia venidera en la que confiamos».

Si nunca te preguntaste por qué los cristianos decimos Amén al final de nuestras oraciones y de dónde proviene esa costumbre, aquí tienes la respuesta. «Amén» es una palabra tomada directamente del griego, que viene del hebreo sin ninguna traducción, así como la decimos en castellano y en la mayoría de los idiomas sin traducirla. En hebreo es una fuerte afirmación (ver también Números 5:22; Nehemías 5:13; 8:6), un formal, solemne y sentido «estoy de acuerdo» o «afirmo lo que dijiste» o «es cierto». Dicho de manera sencilla, «Amén» significa un enfático *sí* en el contexto de dirigirse a Dios.

Ahora fíjate en la conexión que hay entre las dos partes del versículo 20. La primera mitad dice: «Porque todas las promesas de Dios en él son "Sí"». Y la segunda mitad afirma: «Por eso, por medio de él también nosotros decimos "Amén", para la gloria de Dios». Cuando uno se da cuenta de que Amén y *sí* son la misma cosa, esto es lo que el versículo dice: en Jesucristo, Dios nos dice Sí a sus promesas; y en Cristo nosotros le decimos que sí a Dios mediante la oración.

Esto implica cuatro cosas de crucial importancia para nuestra fe en la gracia venidera que expresamos a través de la oración.

## TODA ORACIÓN BUSCA EL SÍ DE DIOS A TRAVÉS DE JESÚS

Primero, nuestra oración va dirigida a Dios *a través* de Jesús. Pablo dice: «por medio de él también nosotros decimos "Amén"». El Sí de Dios llega a nosotros *en* Cristo. Por ende, la oración llega a Dios *a través* de Cristo. La oración va hacia donde está el Sí: Cristo. Todos queremos escuchar un Sí cuando oramos, y eso es lo que oímos en Cristo, y en ningún otro lugar. Eso es lo que significa cuando decimos «en el nombre de Jesús» al final de nuestras oraciones. Él es el Sí de Dios a toda la gracia venidera que buscamos mediante la oración.

## EL DADOR DE LA GRACIA SE LLEVA LA GLORIA

En segundo lugar, vemos que la oración es para la gloria de Dios. Pablo dice que cuando oramos a través de Cristo, nuestro Amén [es] *para la gloria de Dios*. Amén es la gran afirmación de que Dios es el generoso Dador y que yo soy el necesitado receptor. Amén afirma que la inagotable gracia futura de Dios para responder a nuestra necesidad de la mejor manera, es para su gloria y para nuestro bien. La oración tiene esa maravillosa capacidad de poner de manifiesto nuestra carencia y la abundancia de Dios al mismo tiempo. Está fantásticamente diseñada para expresar nuestra ineptitud y la suficiencia de Dios a la vez. Cuando la oración deja de concentrarse en nuestros defectos y deficiencias y, en cambio, mira a Dios en busca de su gracia venidera, Él recibe la gloria que merece y nosotros obtenemos el bien que necesitamos.

## LA ORACIÓN VA AL BANCO LLAMADO «GRACIA VENIDERA»

Tercero, vemos que la oración es una respuesta a las promesas; es decir, a la seguridad de la gracia venidera. La oración se dirige al banco donde Dios ha depositado todas sus promesas de gracia futura. La oración no es esperar en las penumbras a que haya un Dios con buenas intenciones allí afuera, sino que va al banco cada día y extrae las promesas de la gracia venidera que necesitamos para ese momento.

No perdamos de vista la conexión entre las dos partes de este grandioso versículo. Prestemos atención al «por eso»: todas las promesas de Dios son Sí en Cristo. *Por eso* es que oramos Amén a través de Él, para la gloria de Dios. Para asegurarnos de que no vamos a olvidarnos, volvamos a las dos mitades otra vez: cuando oramos, decimos Amén a través de Cristo, *porque* Dios ha dicho Amén a todas sus promesas en Cristo. La oración es la súplica confiada para que Dios cumpla sus promesas de gracia venidera por causa de Cristo. La oración conecta nuestra fe en la gracia futura con el fundamento, que es Jesucristo.

## AMÉN ES NUESTRO SÍ A LA GRACIA VENIDERA

Todo esto nos lleva al punto final: Amén es una palabra preciosa y completa en tiempos de oración. No significa principalmente: «Sí, ya terminé de hacer toda esta oración», sino: «Sí, Dios es quien ha hecho todas estas promesas». Amén quiere decir: «Sí, Señor, Tú puedes hacerlo». Significa también: «Sí, Señor, eres poderoso. Sí, Señor, eres sabio. Sí, Señor, eres misericordioso. Sí, Señor, toda gracia venidera proviene de ti y ha sido confirmada en Cristo». Amén es una exclamación de esperanza después de una oración pidiendo ayuda.

## EN EL NOMBRE DE JESÚS, AMÉN

Cuando llegamos al final de una oración y recitamos las simples palabras «En el nombre de Jesús, Amén», en realidad estamos diciendo dos amenes. Cuando decimos: «En el nombre de Jesús», ese es el Amén de Dios para nosotros. Todas sus promesas son Amén en Jesús: Jesucristo es el Sí y el Amén de Dios al final de nuestras oraciones. Luego cuando decimos «Amén», ese es nuestro Sí y Amén que le devolvemos a Dios en respuesta a ello. Lo cual significa que nuestro Amén —y la oración que él respalda— es nuestro Sí al Sí de Dios para nosotros. Es un compromiso de nuestro corazón de que viviremos por la fe en el Sí de la gracia venidera garantizada por Dios.

## RENUNCIA AL "NO", AL "TAL VEZ" Y AL "NO POR AHORA" POR EL "SÍ"

Esto nos remonta a nuestra pregunta anterior: «¿Estás viviendo en la plenitud gozosa del Sí de Dios para ti en Cristo Jesús?» O dicho de otro modo: ¿le has dicho que sí a todos los Sí de Dios para tu vida? ¿Estás respondiendo a los Sí de Dios con un "no", un "tal vez" o un "no por ahora"?

El fundamento de la gracia futura es Cristo Jesús, pero claro, Él es más que eso. Diez mil veces más. Es el Agua de Vida que nos satisface hoy; es el Tesoro que resume y eclipsa a la gracia venidera. Pero aquí y ahora, lo que quiero enfatizar es que Jesucristo es el fundamento de toda gracia venidera (toda ella, incluyendo la comunión fraternal con Jesús). La obra del evangelio asegura todo lo bueno que Dios ha planeado para nosotros, las cosas «que ningún ojo vio, ni ningún oído escuchó, ni han penetrado en el corazón del hombre» (1 Corintios 2:9).

Él es la confirmación y el Sí a todas las promesas de Dios. Es digno de su plena confianza y seguridad. La oración de consagración que surge en mi corazón —y espero que también en el suyo— es así: «¡Oh, Dios!, te prometo que por tu gracia mi futuro será un futuro de Sí inquebrantable hacia ti. Me consagro a ti para rechazar el "no", el "tal vez" y el "no por ahora", que nacen de mi incredulidad. Y digo "sí" a todo en tu Sí hacia mí. Me comprometo a tener una insatisfacción santa hasta que mis pensamientos, palabras y obras expresen la santidad radical que viene de la maravillosa y gozosa libertad de vivir por fe en la gracia venidera que está garantizada. Amén. Y lo digo con conocimiento: Amén».

*El que no escatimó ni a su propio Hijo, sino que lo entregó por todos nosotros, ¿cómo no nos dará también con él todas las cosas?*

**ROMANOS 8:32**

*Ciertamente si no hubiese entregado a su propio Hijo al golpe, a la lágrima, al suspiro, al gemido, a una situación desdichada; nunca podríamos imaginarnos lo que haría después, lo que le negaría a su pueblo (por el cual sufrió tanto), cómo negaría toda misericordia, todo consuelo, todo privilegio, espiritual o temporal, todo lo cual es bien para su pueblo*

**JOHN FLAVEL**

# CAPÍTULO 8

# LA SÓLIDA LÓGICA DEL CIELO

Para mí, Romanos 8 es el capítulo más hermoso de la Biblia. Hace unos años lo memoricé durante el tiempo de adviento y se lo recité a nuestra congregación en Nochebuena como una especie de regalo navideño del corazón. Es abundante en promesas sobre la gracia venidera, pero igualmente importante es que me muestra la lógica incuestionable del cielo, que hace que la promesa más inalcanzable de la gracia futura sea tan firme como el amor de Dios hacia su Hijo, Jesús.

## LA PROMESA MÁS INALCANZABLE DE LA GRACIA VENIDERA

La promesa más inalcanzable de la gracia venidera se encuentra en el versículo 32. «El que no escatimó ni a su propio Hijo, sino que lo entregó por todos nosotros, ¿cómo no nos dará también con él todas las cosas?». Para mí es el versículo más precioso de la Biblia y en parte es porque la promesa en sí misma es tan amplia que está dispuesta a ayudarme prácticamente en cada paso de mi vida y ministerio. Nunca ha habido y nunca habrá una circunstancia en mi vida donde esta promesa resulte irrelevante.

De por sí, esta promesa tan amplia probablemente no parezca ser el versículo más precioso de la Biblia. Hay otras promesas de gran alcance como el Salmo 84:11, «Tú, Dios y Señor, eres sol y escudo; tú, Señor, otorgas bondad y gloria a los que siguen el camino recto, y no les niegas ningún bien». Y 1 Corintios 3:21-23, «Así que nadie debe vanagloriarse de los hombres, porque todo es de ustedes: sea Pablo, Apolos, Cefas, el mundo, la vida, la muerte, lo presente o lo por venir, todo es de ustedes, y ustedes son de Cristo, y Cristo es de Dios». Es difícil exagerar el alcance y la extensión de todas estas promesas.

Pero lo que coloca a Romanos 8:32 en una categoría especial es la lógica que da origen a la promesa, y que la hace tan consistente e inconmovible como el amor de Dios por su infinitamente admirable Hijo Jesús. Este texto contiene un fundamento y una garantía que es tan fuerte, sólida y segura que no hay posibilidad en absoluto de que pueda ser rota jamás. Eso es lo que la convierte en una fuerza constante en tiempos de gran tribulación. Aunque todo se desplome, aunque vengan las desilusiones, aunque todo lo demás falle, esta promesa extensiva de la gracia venidera nunca fallará.

El versículo tiene dos partes: el fundamento y la promesa. La primera, el fundamento, dice algo así: «El que no escatimó ni a su propio Hijo, sino que lo entregó por todos nosotros…». Si esto es verdad, dice la lógica del cielo, entonces Dios con seguridad les dará todas las cosas a aquellos por los cuales entregó a su Hijo, lo cual significa que toda gracia venidera está fundada en la primera parte de Romanos 8:32. Revisa conmigo este fundamento por unos instantes.

Uno de mis amigos, que era pastor en Illinois, estaba predicándole a un grupo de presos en una penitenciaría estatal durante la semana de Pascua hace algunos años. En un punto de su mensaje, hizo una pausa y les preguntó a los hombres si sabían quién le había quitado la vida a Jesús. Algunos dijeron que habían sido los soldados, otros dijeron que fueron los judíos y algunos más acusaron a Pilato. Después de un largo silencio, mi amigo dijo simplemente: «Su Padre le quitó la vida».

Eso es lo que dice la primera parte de Romanos 8:32: que su Padre no escatimó la vida de su Hijo sino que lo entregó a la muerte. «Este fue entregado según el determinado propósito y el previo conocimiento de Dios» (Hechos 2:23 NVI). Isaías 53 lo expresa más directamente: «Ciertamente él cargó con nuestras enfermedades y soportó nuestros dolores, pero nosotros lo consideramos herido, *golpeado* por Dios… Pero el Señor *quiso* quebrantarlo y hacerlo sufrir, y, como él [su Padre] ofreció su vida en expiación…» (vs. 4, 10 NVI). O como dice Romanos 3:25 NVI: «*Dios* lo ofreció como un sacrificio de expiación que se recibe por la fe en su sangre». Al igual que Abraham, cuando levantó su cuchillo sobre el pecho de su hijo Isaac, pero luego le preservó la vida porque había un carnero trabado en el zarzal, Dios también levantó el cuchillo sobre el pecho de su propio Hijo, Jesús, pero no lo preservó porque él *era* el carnero; Él *era* el sustituto.

Mi amigo pastor me contó que más tarde esos presos endurecidos se sentaron en silencio por un momento y luego dijeron: «Pero ¿por qué haría eso? ¿Por qué Dios le quitaría la vida a su propio Hijo? ¿Por qué no lo "escatimaría"?»

## ¿POR QUÉ DIOS NO ESCATIMÓ A SU HIJO?

La respuesta se presenta de inmediato en el mismo versículo: Dios «no escatimó ni a su propio Hijo, sino que lo entregó *por todos nosotros*». En otro lugar Pablo dice: «Al que no cometió ningún pecado, *por nosotros* Dios lo hizo pecado, para que en él nosotros fuéramos hechos justicia de Dios» (2 Corintios 5:21 NVI). O, como lo vio Isaías miles de años antes de que sucediera:

> Mas él herido fue *por nuestras rebeliones*,
>    molido por nuestros pecados;
>    el castigo de *nuestra paz* fue sobre él,
>    y por su llaga fuimos nosotros *curados*.
> Todos nosotros nos descarriamos como ovejas,
>    cada cual se apartó por su camino;
>    mas Jehová cargó en él *el pecado de todos nosotros*.
>
> Isaías 53:5-6 RV60

Dios no salvó a su propio Hijo porque esa era la única manera en la que podía salvarnos a nosotros. La culpa por nuestras trasgresiones, el castigo por nuestras iniquidades, la maldición de nuestros pecados, nos hubieran llevado inevitablemente a la destrucción del infierno. Pero Dios no escatimó su Hijo, sino que lo entregó para que fuera traspasado por causa de nuestras trasgresiones, molido por nuestras iniquidades y crucificado por nuestros pecados.

Este versículo es para mí el más valioso de toda la Biblia porque el fundamento de la promesa tan amplia y extensiva de la gracia venidera es que el Hijo de Dios cargó en su cuerpo todo mi castigo y mi culpa, toda mi condenación y mi error, toda mi falta y mi corrupción, para que yo pudiera pararme delante de un Dios grandioso y santo, en mi condición de perdonado, reconciliado, justificado y aceptado, como beneficiario de promesas indescriptibles de delicias eternas a su diestra.

## LA GLORIOSA LÓGICA DEL CIELO

Pero eso no es todo; la lógica del versículo continúa. Pablo hace este razonamiento: *ya que* Dios no escatimó a su propio Hijo, *entonces* seguramente él *debe* y lo *hará*, darnos libremente todas las cosas con Él. ¿Qué quiere decir? ¿Cómo es que funciona esta lógica de suprema importancia? Hay un nombre técnico para esta clase de razonamiento. Se llama *a maiori ad minus*. Eso significa razonar «de lo mayor a lo menor». Supongamos que hay dos tareas que son motivadas por el mismo deseo, pero una es improbable de realizar porque el costo es muy elevado y la otra es más factible porque el costo es menor. Si yo tengo el deseo de realizar ambas, y de algún modo me las arreglo para alcanzar la más difícil, entonces está casi asegurado que realizaré también la menos costosa. Superar los mayores obstáculos nos asegura que venceremos asimismo los menores.

Esta es la lógica que Jesús usó cuando dijo: «Pues si Dios viste así a la hierba, que hoy está en el campo y mañana se echa en el horno, ¿no hará mucho más por ustedes, hombres de poca fe?» (Mateo 6:30). Pero, cuidado aquí: no nos apresuremos a llegar a la conclusión de que Jesús está razonando «de menor a mayor». Es cierto, la hierba es menos importante que las personas. Pero vestir a la hierba es *menos* factible que vestir a los discípulos. Jesús en realidad está razonando de mayor a menor. Dios desea vestir tanto a las flores como a sus discípulos; ellos dudan de que Él realmente lo hará. Entonces, ¿cómo fortalece Jesús la fe de ellos en la gracia venidera de su promesa de vestirlos?

Él afirma, en efecto, que es *altamente improbable* que el Dios todopoderoso desperdicie su tiempo vistiendo a las flores del campo que solo duran un día. Esta alta improbabilidad es «lo mayor» en su argumento de lo mayor a lo menor. Por otra parte, hay una *pequeña improbabilidad* de que Dios rechace a los discípulos de su Hijo y no los vista. Esta mínima improbabilidad es «lo menor» en su argumento. Así que, cuando Dios supera la alta improbabilidad y viste a las flores del campo, demuestra que también puede —y lo hará— superar la pequeña improbabilidad y vestir a los discípulos.

De modo que Pablo está razonando en Romanos 8:32 desde lo más difícil a lo más sencillo, o de lo mayor a lo menor. Si Dios no escatimó a su propio Hijo sino que lo entregó por nosotros, esa es la parte difícil, lo más grande. La razón por la cual esto es lo grande y difícil es que Dios amaba infinitamente a su Hijo; Él no merecía ser entregado a la muerte, su Hijo era digno de ser adorado por toda criatura, no de ser insultado, escupido y torturado. Entregar a su Hijo amado (Colosenses 1:13) es tan grande que no tiene comparación. La razón de ello es la inmensidad del amor de Dios por su Hijo, eso era lo que hacía tan improbable que Dios lo entregara. Pero lo hizo. Y al hacerlo nos mostró que ciertamente también haría todas las otras cosas —las cuales son más sencillas en comparación— para dárselas a las personas a las cuales les entregó a su Hijo.

Por eso dije que la promesa de Romanos 8:32 es tan cierta como el amor de Dios por su Hijo. Dios deseaba dos cosas: no ver a su Hijo siendo objeto de burla por parte de los pecadores y no ver a su pueblo privado de la gracia venidera. Ciertamente es más probable que Él salve a su Hijo que a nosotros. Pero no fue así. Él no lo escatimó o salvó sino que lo entregó, y por ende es imposible que nos niegue la promesa por la cual su Hijo murió: nos dará libremente con Él todas las demás cosas.

¡Qué gran verdad! ¡Darnos todas las cosas es la parte sencilla! Piensa en cada vez que temes no recibir algo que sería bueno para ti. Puedes ver todos los obstáculos y parece imposible. En ese momento de desilusión piensa en esta lógica del cielo. Darte lo que necesitas es la parte fácil del asunto; la parte difícil ya ha sido hecha. Crear el mundo y conducirlo para el bien de su pueblo es relativamente sencillo para Dios si lo comparamos con haber entregado a su Hijo a la humillación y a la tortura. Pero lo hizo y, por eso, toda la gracia venidera no solo es segura sino también sencilla.

## ¿DE VERDAD DIOS NOS DARÁ TODAS LAS COSAS?

¿Pero qué significa esta promesa de que nos dará todas las cosas con Cristo? Una gracia futura como esta parece estar fuera de sintonía con lo que experimentamos. Hay muchas cosas que no recibimos y creemos que sería sabio y misericordioso que Dios nos las concediera: salud, seguridad, más éxito, un cónyuge, hijos creyentes, larga vida. ¿A qué se refiere Pablo con que Dios nos dará *todas las cosas*?

Una clave se encuentra en el versículo inmediatamente anterior, Romanos 8:31. Allí Pablo dice: «¿Qué, pues, diremos a esto? Si Dios es por nosotros, ¿quién contra nosotros?» (RV60). Nuestra primera reacción a esta pregunta es ¡que hay un montón de personas en contra nuestra! De hecho, Jesús dijo: «Ustedes serán entregados incluso por sus padres, hermanos, parientes y amigos, y a algunos de ustedes los matarán. Por causa de mi nombre, todo el mundo los odiará…» (Lucas 21:16-17). Eso es mucha oposición y Pablo lo sabía. Tan solo unos versículos posteriores, en el mismo capítulo, dijo: «Como está escrito: "Por causa de ti siempre nos llevan a la muerte, somos contados como ovejas de matadero"» (Romanos 8:36).

Pablo estaba hablando en serio cuando dijo: «Si Dios es por nosotros, ¿quién contra nosotros?». Creo que lo que quiso decir es «¿Quién podrá *tener éxito* en su lucha contra nosotros?». ¿Qué oposición podría llegar a haber en contra nuestra que el Dios todopoderoso no pudiera transformar en nuestro beneficio? Y la respuesta es: ninguna. Eso es lo que Pablo quiere transmitir más adelante cuando dice que en tribulación, angustia, persecución, hambre, desnudez, peligro, espada, «en todo esto somos más que vencedores por medio de aquel que nos amó» (Romanos 8:37). Somos *más que vencedores*, no escapando de esas cosas terribles sino mirando cómo Dios transforma a esos enemigos de nuestro gozo en servidores para nuestro bien.

La gran promesa de la gracia venidera es que Dios nos dará todas las cosas con Cristo, incluyendo la *muerte*. Eso es lo que dice 1 Corintios 3:21-22: «Así que nadie debe vanagloriarse de los hombres, porque todo es de ustedes: sea... la vida, la *muerte*... todo es de ustedes». La muerte es nuestra —nos será dada— no como un regalo que podamos rechazar sino como una puerta triunfante hacia la gloria.

La gran promesa de la gracia venidera, garantizada en la lógica de Romanos 8:32, es que no hay nada que experimentemos como hijos de Dios que, por su gracia soberana, no sea transformado en algo beneficioso para nosotros. Eso es lo que significa que Dios sea Dios, que Dios esté a favor nuestro, y que nos haya dado todas las cosas con Cristo.

## ÉL LE ARRANCA AL DOLOR SU PODER DESTRUCTIVO

Debes creerlo o no saldrás adelante, o quizá no sobrevivas como cristiano, con las presiones y tentaciones de la vida moderna. Hay tanto dolor, tantos reveses y desilusiones, tantas controversias y presiones. Yo no sé dónde iría a parar en mi ministerio si no creyera que el Dios todopoderoso está tomando cada uno de esos contratiempos y desánimos, cada controversia, presión y dolor y les está arrancando poder destructivo; y realizando esto provoca que yo actúe para aumentar mi gozo en Dios.

El mundo es nuestro, la vida es nuestra, la muerte es nuestra. Dios reina con tanta supremacía a favor de sus elegidos que todo lo que enfrentan en una vida de obediencia y ministerio será sometido por la mano poderosa de Dios y puesto al servicio de nuestra santidad y gozo perpetuo en Dios. Si Dios es por nosotros, y si Dios es Dios, entonces es verdad que nada prosperará en contra nuestra. El que no escatimó a su propio Hijo sino que lo entregó por todos nosotros, infaliblemente y sin reservas nos dará con Él todas las cosas: el mundo, la vida, la muerte... y Dios mismo.

Romanos 8:32 es un precioso amigo. La promesa de la gracia venidera es abrumadora. Pero tan importante como ella es su fundamento. Aquí hay un lugar donde resistir todos los obstáculos. ¡Dios no escatimó a su propio Hijo! ¿Cuánto más, entonces, no escatimará esfuerzos para darnos todo lo que Cristo compró con su muerte, todo lo bueno? Es tan cierto como la certeza de que Él amó a su Hijo.

## EL TRIBUTO DE JOHN FLAVEL A LA GRAN LÓGICA DEL CIELO

No soy el único que se deleita en la grandiosa y sólida lógica del cielo de Romanos 8:32. Recientemente leí este delicioso tributo de John Flavel, un pastor puritano de hace más de trescientos años. Expresa exactamente lo que hay en mi corazón (y mi interpretación):

> «El que no escatimó ni a su propio Hijo, sino que lo entregó por todos nosotros, ¿cómo no nos concederá también con Él todas las cosas?» (Romanos 8:32). ¿Cómo pensar que Dios pudiera retener, después de esto, alguna bendición espiritual o temporal a su pueblo? ¿Cómo no llamarles ejerciendo todo su poder, justificarles gratuitamente, santificarles totalmente y glorificarles eternamente? ¿Cómo no vestirles, alimentarles, protegerles y redimirles? Ciertamente si no hubiese entregado a su propio Hijo al golpe, a la lágrima, al suspiro, al gemido, a una situación desdichada; nunca podríamos imaginarnos lo que haría después, lo que le negaría a su pueblo (por el cual sufrió tanto), cómo negaría toda misericordia, todo consuelo, todo privilegio, espiritual o temporal, todo lo cual es bien para su pueblo.[1]

Esta cita me conmovió tanto que la copié en mi diario y le agregué esta oración:

> ¡Oh, Dios!, creo, ayuda mi incredulidad. ¡Qué gloriosa vida! Libre de murmurar y quejarme y llena de riesgo, de gozo y amor. ¡Si pudiera creer esto! Dios, quiero vivir en esta realidad. Ayúdame. No escatimes nada que me haga crecer en esta gloriosa confianza.

Si hay una forma de vivir por fe en esta invencible gracia venidera, yo quiero conocer esa vida. Quiero saber cómo el hecho de confiar en esta promesa, arraigada en la inconmovible lógica del cielo, puede liberarme y darme el poder para amar, arriesgarme, sufrir, morir y levantarme para la gloria de Dios, y para el bien de mi pueblo, el bien de las naciones y de mi propia alma. Esa es una de las razones principales por la que escribo este libro: que si de alguna manera puedo llegar a experimentar el vivir por fe en la gracia venidera, lleve tanta gente conmigo como me sea posible.

## NOTAS

1. John Flavel, *The Works of John Flavel* [Las obras de John Flavel], Edimburgo: The Banner of Truth Trust, reimpresión, 1988, p. 418 del original.

*Ahora bien, sabemos que Dios dispone todas las cosas para el bien de los que lo aman, es decir, de los que él ha llamado de acuerdo a su propósito. Porque a los que antes conoció, también los predestinó para que sean hechos conforme a la imagen de su Hijo, para que él sea el primogénito entre muchos hermanos. Y a los que predestinó, también los llamó; y a los que llamó, también los justificó; y a los que justificó, también los glorificó.*

**ROMANOS 8:28-30**

*La gracia se remonta a la eternidad. Y cada paso del camino que conduce a este preciso momento ha sido un momento de gracia. La elección es por gracia; la predestinación es por gracia; el llamado efectivo es por gracia; la justificación es por gracia; y, por causa de toda esta gloriosa gracia de antaño podemos ahora, con tremenda confianza, estar en la antesala de Romanos 8:28 y vivir en la libertad, el amor, la justicia y la rectitud que vienen por la fe en la gracia venidera: que Dios hará que todas las cosas ayuden a nuestro bien.*

# CAPÍTULO 9

# CUATRO PILARES DE UNA PROMESA VALIOSA

Aunque le concedí a Romanos 8:23 un lugar privilegiado entre todas las promesas de Dios que guardo en mi corazón, miles de cristianos harían lo mismo con Romanos 8:28. «Ahora bien, sabemos que Dios dispone todas las cosas para el bien de los que lo aman, es decir, de los que él ha llamado de acuerdo a su propósito». No voy a pelear con quien atesora esta promesa de la gracia venidera por encima de las demás. El alcance de ambas es muy amplio, cada una a su manera. La frase en común entre ellas es «todas las cosas». Romanos 8:32 dice que Dios nos dará «todas las cosas», y Romanos 8:28, que Dios dispone de «todas las cosas» para nuestro bien.

No solo que cada una de ellas es amplia y extensiva, sino que ambas están sólidamente arraigadas en la obra irrevocable de la gracia pasada. Lo vimos en Romanos 8:32 y lo veremos ahora en los versículos que siguen y apoyan a Romanos 8:28.

## GRANDES RAÍCES Y PROFUNDOS MUROS DE CONTENCIÓN

Escribí la primera edición de este libro en Georgia. Afuera de mi estudio de vacaciones había un enorme roble. El árbol aún está allí, aunque el estudio ya no. Las dos ramas inferiores, que salen como dos grandes brazos con codos nudosos, probablemente tienen una circunferencia de cinco o seis pies. La base del tronco tiene tal vez unos doce pies. La altura y extensión de sus ramas es enorme, y proyecta su sombra sobre toda la zona. Lo que no se ve son las raíces (siempre sucede eso con las raíces). Ellas lo sostienen todo pero no reciben mucha atención. Cuanto más sólido es el árbol, más grande es el sistema de raíces. Está allí, y si pudiéramos verlo, quedaríamos perplejos y entenderíamos por qué un árbol puede estar de pie tras décadas de viento, rayos, granizo y sol abrasador. Nuestra fe en la durabilidad del árbol y su sombra se fortalecería.

Lo mismo sucede con los edificios. En los últimos treinta años he observado desde la ventana de mi departamento cómo el horizonte de Minneapolis se ha cubierto de un rascacielos tras otro. Es asombroso contemplar el proceso de construcción, especialmente lo que sucede antes de erigirlos desde el suelo. Recuerdo haber visto una gigantesca pala mecánica situada en medio de un lote vacío, cavando un hoyo más profundo que la altura de muchos otros edificios. El muro de contención que estaba en el borde del hoyo debe haber tenido unos seis o siete pisos por debajo de la tierra. El principio es sencillo: cuanto más alto se va a levantar el edificio por encima de la tierra, para servir a la gente, más profundos y fuertes tienen que ser los cimientos debajo de la tierra, para servir al edificio.

Cuando se trata de la arquitectura de la gracia venidera y los edificios a los que llamamos las promesas de Dios, Romanos 8:32 tiene el mérito de ser uno de los dos o tres mayores. La estructura es sorprendente en tamaño. El infinitamente sabio, infinitamente poderoso Dios promete que en este edificio la gracia venidera hará que todas las cosas obren para el beneficio de su pueblo. No solo las cosas lindas, sino también las horribles, como la tribulación, el sufrimiento, el peligro, el hambre y la espada (Romanos 8:35-37). ¿Qué ladrillo podríamos poner en la parte superior del edificio de esta promesa para hacerlo más alto? «Dios dispone *todas las cosas* para el bien»; eso significa *todas las cosas*.

## ¿CÓMO SERÍA VIVIR EN ROMANOS 8:28?

Si vives dentro de una enorme promesa, tu vida es más sólida y estable que el monte Everest. Nada puede derribarte cuando habitas dentro de las murallas de Romanos 8:28. Fuera de Romanos 8:28 todo es confusión y ansiedad, temor e incertidumbre. Fuera de la promesa amplia de la gracia venidera hay casas de paja de drogas y pornografía, cientos de diversiones pasajeras. Hay paredes delgadas y techos de chapa de estrategias de inversión frágiles, coberturas de seguro fugaces y planes de jubilación triviales. Hay fortificaciones, cerrojos y sistemas de alarmas de cartón y Misiles antibalísticos. Afuera hay miles de sustitutos de Romanos 8:28.

Una vez que atraviesas la puerta del amor para adentrarte en la sólida e inconmovible estructura de Romanos 8:28, todo cambia. Llegan a tu vida la estabilidad, la profundidad y la libertad. Simplemente ya no podrás ser derribado nunca más. La confianza de que un Dios soberano transforma para tu bien todo el dolor y todo el placer por experimentar es un incomparable refugio, seguridad, esperanza y poder para tu vida. Cuando los hijos de Dios de veras viven por la gracia venidera de Romanos 8:28 —desde un simple sarampión a algo mortal— ellos son las personas más libres, fuertes y generosas del mundo. Su luz brilla y la gente le da gloria a su Padre en los cielos (Mateo 5:16).

## LOS CUATRO PILARES DEBAJO DE ROMANOS 8:28

El cimiento de esta inmensa estructura de gracia es igualmente inmenso. Se encuentra en Romanos 8:29-30. De hecho, el fundamento es tan sólido que todo lo que puedo hacer en este capítulo es señalar algunas de sus principales estructuras de soporte, y orar para que pases el resto de tu vida yendo más y más lejos en la fuerza y la profundidad de Romanos 8:28. No sería un esfuerzo en vano, ya que este pasaje contiene en sí mismo prácticamente todas las otras promesas que Dios nos ha dado. Por lo tanto, el cimiento de Romanos 8:28 es el cimiento de todas las promesas. Es bueno vivir por encima de la superficie, en el gran rascacielos de Romanos 8:28; pero también es necesario conocer el otro camino, el de las habitaciones y pasillos que están bajo tierra, donde enormes muros de contención van más profundo de lo que podemos llegar a imaginar. Esto nos transformará en personas seguras y firmes.

Yo digo que Romanos 8:29-30 son el cimiento del versículo 28, ya que comienzan con «porque», lo cual significa que Pablo está brindando la *razón* o la *base* por la cual puede estar confiado en esta promesa. La promesa dice: «Ahora bien, sabemos que Dios dispone todas las cosas para el bien de los que lo aman, es decir, de los que él ha llamado de acuerdo a su propósito». Luego viene la base de la promesa, en cuatro partes:

29) PORQUE a los que antes conoció, también los predestinó para que sean hechos conforme a la imagen de su Hijo, para que él sea el primogénito entre muchos hermanos.

30a) Y a los que predestinó, también los llamó.

30b) Y a los que llamó, también los justificó.

30c) Y a los que justificó, también los glorificó.

Esas cuatro declaraciones son cuatro pilares sólidos en el cimiento de la gracia venidera prometida en Romanos 8:28.

¿Cuál es el sentido de una cadena de afirmaciones como esta? El sentido es brindar certeza, confianza, seguridad y firmeza. El sentido es que Dios es el único que salva a las personas, realmente las salva. No solo les ofrece la salvación, sino que las salva. Desde el comienzo hasta el fin Él es el Único que actúa decisiva e infaliblemente para que ninguno se pierda. El sentido es que la cadena no puede ser quebrada; todos los que son conocidos son predestinados; todos los predestinados son llamados; todos los llamados son justificados y todos los justificados son glorificados. El sentido es garantizar que cada uno en la cadena alcance la meta de gloria.

## ¿QUÉ SIGNIFICA SER GLORIFICADO?

Otra vez, el sentido de esta cadena es que el justificado sea «glorificado». Eso se refiere a la «gracia [venidera] que recibirán cuando Jesucristo sea manifestado» (1 Pedro 1:13), cuando venga para darnos «la corona incorruptible de gloria» (1 Pedro 5:4). «En el reino de su Padre los justos resplandecerán como el sol» (Mateo 13:43), porque serán completamente «hechos conforme a la imagen de su Hijo» (Romanos 8:29). «Dios enjugará las lágrimas de los ojos de ellos, y ya no habrá muerte, ni más llanto, ni lamento ni dolor» (Apocalipsis 21:4). Dios mismo estará con nosotros, «plenitud de gozo; delicias a tu diestra para siempre» (Salmos 16:11 RV60), y a nosotros se nos dirá: «Entra en el gozo de tu señor» (Mateo 25:21).

Este es el cumplimiento definitivo de Romanos 8:28. Ser «glorificados» significa llegar a la experiencia final y eterna de ver a Dios obrando todas las cosas para nuestro bien. El estado «glorificado» del versículo 30 es el «bien» final por el cual Dios dispone todas las cosas juntamente, en el verso 28. Es nuestra semejanza con Cristo lo que le da gloria *a Él* (el primogénito entre muchos hermanos) y gozo indecible.

## TODOS LOS JUSTIFICADOS SERÁN GLORIFICADOS

Pero ¿quién puede estar seguro de este cumplimiento final de Romanos 8:28? Pablo responde: «Y a los que [Dios] justificó, también los glorificó». Todos los que son justificados serán glorificados, ninguno se queda afuera. Esta es una columna inamovible que penetra en lo profundo del cimiento de la promesa de Dios. La justificación por fe asegura la glorificación final. Dios lo ha ordenado y Dios lo cumple. La gracia futura de la glorificación está garantizada por la gracia pasada de la justificación, «...son justificados gratuitamente *por su gracia*, mediante la redención que proveyó Cristo Jesús» (Romanos 3:24). Si hemos sido justificados por gracia, seremos glorificados. Dios ha forjado una cadena que no será quebrada.

## TODOS LOS LLAMADOS SERÁN JUSTIFICADOS

Ahora bien, ¿quiénes serán justificados? Pablo contesta: «…y a los que llamó, también los justificó». Todos los llamados son justificados. Este es el segundo pilar inamovible en el cimiento de Romanos 8:28 y una declaración poderosa.

¿Cómo puede decir Pablo que todos los llamados son justificados? Él enseña por todos lados, en términos inequívocos, que la justificación es solo por la fe. «Así, pues, *justificados por la fe* tenemos paz con Dios» (Romanos 5:1). «Por lo tanto, llegamos a la conclusión de que el hombre es *justificado por la fe*, sin las obras de la ley» (Romanos 3:28). Solo las personas de fe son justificadas. Y *todos* los llamados son justificados. Esto debe de significar que el «llamado» que Pablo tiene en mente no es el llamado general del evangelio, que se emite para todos los que escuchan el evangelio cada vez que este es predicado (porque sabemos que no todos los que son llamados en ese sentido ejercitan la fe, ni son todos justificados). Muchos cierran su corazón al evangelio. Pablo nunca podría decir de ellos que «los que son llamados, son todos justificados». Son «llamados» externamente, pero eso no tiene un efecto transformador en sus corazones.

## EL LLAMADO CREA LA FE QUE JUSTIFICA

El llamado que Pablo tiene en mente debe ser eficaz, un llamado interno de Dios al corazón que en realidad genera lo que ordena, en este caso, la fe. En otras palabras, el llamado de Romanos 8:30 no es: «¡Hey, aquí, chucho!» El perro puede venir o no. En cambio, el llamado de Dios es más bien: «Lázaro, ven fuera» de la tumba (Juan 11:43). O, «mandó que de las tinieblas surgiera la luz» (2 Corintios 4:6). El llamado crea lo que ordena.

Como el llamado es infalible y eficaz debido al poder soberano de Dios, Pablo es capaz de decir: «A los que llamó, los justificó». Todos los que son llamados, son justificados, porque los que son llamados tienen fe, porque el llamado crea esa fe.[1]

## ¿A QUIÉN SE LE HACE LA PROMESA DE ROMANOS 8:28?

Aquí llegamos al centro del cimiento de Romanos 8:28. Nótese que este pasaje no es para todos. El versículo dice: «…dispone todas las cosas para el bien de los que lo aman, es decir, los que *él ha llamado* de acuerdo a su propósito». Los beneficiarios de esta promesa son personas que no dependen de sus propios recursos para obtener la promesa. Son personas a las que Dios llama, y ya vimos que ese llamado no es una mera invitación que puede fallar, sino una obra infalible y efectiva de la creación engendrada por la fe.

Este es el corazón del fundamento de Romanos 8:28: los que son llamados por Dios pueden estar seguros de que Dios acomodará todas las cosas para su bien, porque su llamado garantiza su justificación; y su justificación, a su vez, garantiza la glorificación; y la glorificación es el cumplimiento final de Romanos 8:28 (innumerables siglos de ver a Dios hacer todo en el universo nutren nuestro santo gozo en Él).

### ¿QUIÉN RECIBE ESE LLAMADO QUE CREA LA FE?

Pablo no está feliz de detenerse en esas dos columnas del cimiento de Romanos 8:28. Él intenta desafiarnos para que nos preguntemos: «¿En qué se basa este llamado de Dios?» o «¿Quiénes son los que reciben este llamado soberano de Dios?». Y luego responde: «Y a los que [Dios] *predestinó*, también los llamó». Esa es la columna fundacional número tres. El acto del llamado de Dios está basado en su acto de predestinación.

Esta es otra forma de decir lo que Romanos 8:28 dice en las palabras: «llamado de acuerdo a su propósito». Dios «dispone todas las cosas para el bien de los que lo aman, es decir, de los que él ha llamado de acuerdo a su propósito». «De acuerdo a su propósito» significa «de acuerdo con el objetivo de la predestinación de Dios». En otras palabras, Dios no nos llamó sin una meta o propósito específico en mente. Él tenía un «destino» en mente para nosotros, y nos llamó «de acuerdo a su propósito». A los que predestinó, los llamó.

Y el «propósito» o «destino» se explica con detalle en Romanos 8:29. «Porque a los que antes conoció, también los predestinó para que sean hechos conforme a la imagen de su Hijo, para que él sea el primogénito entre muchos hermanos». De manera que el fundamento de nuestro llamado es el propósito de Dios de tener un pueblo moral y espiritualmente semejante a Jesús, y lo exaltará hasta lo supremo. Nuestro llamado es ciertamente el propósito final de Dios de glorificar a su Hijo.

Cuando agregamos la columna número tres al cimiento que está debajo de la promesa de Romanos 8:28, podemos verlo así: «Como nuestra glorificación final es el cumplimiento definitivo de Romanos 8:28, podemos estar absolutamente seguros de que sucederá, porque nuestra glorificación está garantizada por nuestra justificación, y nuestra justificación está garantizada por nuestro llamado, y el llamado es tan sólido y seguro como lo es la predestinación de Dios —es decir, el propósito eterno de Dios de hacernos a imagen de su Hijo y exaltarlo como Supremo— para alabanza de su gloria. «Nos predestinó para que por medio de Jesucristo fuéramos adoptados como hijos suyos… *para alabanza de la gloria de su gracia*» (Efesios 1:5-6). Pilar tras pilar de la gracia pasada nos proveen una base inamovible a la gracia venidera de Romanos 8:28.

## HACIENDO RESURGIR LA ETERNIDAD EN EL CORAZÓN DE DIOS

Hay algo más. Pablo no se detiene en el hecho de llevarnos a pensar en la predestinación. Es como si estuviera diciendo: «Para la más elevada de todas las promesas de la gracia futura, yo profundizaré más aun en la gracia pasada. Cavaré hasta hacer resurgir la eternidad en el corazón de Dios». ¿Qué hay debajo de la predestinación para mantenerla erguida y hacerla aún más certera? La respuesta de Pablo es: «…a los que [Dios] antes conoció, también los predestinó». Así de profundo llega Pablo: la presciencia de Dios. De allí surge la certeza de la predestinación, el llamado, la justificación y la glorificación, y por ende, el infalible cumplimiento de la gracia venidera en Romanos 8:28.

A veces las personas toman la «presciencia» para referirse a que Dios simplemente ve de antemano la fe que producimos por nuestra autodeterminación. Entonces, sobre la base de lo que hacemos, nos predestina a ser sus hijos. Eso hace que la gloriosa cadena de salvación dependa en última instancia de nuestros actos, no de Dios.

Pero esta interpretación no funciona. Ella asume que la fe es algo que nosotros producimos o generamos por el poder de la autodeterminación en vez de ser una obra del llamado soberano de Dios en nuestra vida. Eso no encaja con lo que vimos en Romanos 8:30: «y a los que llamó, también los justificó». Lo que dijimos era que si a todos los que llamó los justificó, como dice Pablo, entonces el llamado de Dios no es una mera *invitación* a individuos que tienen el poder de la autodeterminación. Más bien es un acto de creación en personas que están espiritualmente muertas.[2] Lo que el llamado crea es la fe. Por lo cual Dios miró al pasado, a la historia, desde su perspectiva de eternidad, y no vio gente libre usando los poderes de la autodeterminación para poder creer: vio gente esclavizada al pecado y espiritualmente muerta, cuya única esperanza era el llamado soberano de Dios que podía crear la fe que Él establece.

El significado de «antes conoció» de Romanos 8:29 no es nada más que el conocimiento previo de Dios, en cotraposición de lo que nosotros produciríamos por nuestra cuenta. Es la clase de conocimiento que en la Biblia con frecuencia significa «tener un entendimiento especial de algo con miras a apartarlo para una relación». Es casi lo mismo que preferir o escoger. Por ejemplo, en Amós 3:2 Dios le dice a Israel: «A vosotros solamente he conocido de todas las familias de la tierra» (RV60). Es decir, Dios había puesto su amor especial y su atención en Israel para apartarlo de entre todas las naciones. Hay numerosos ejemplos de este significado de «conocer» en la Biblia.[3]

Lo que significa, entonces, es que el último pilar del cimiento de Romanos 8:28 es la libre y misericordiosa elección de Dios. Eso le brinda certeza y seguridad externa a toda la cadena. Nuestra glorificación está garantizada por el hecho de ser justificados por la gracia de Dios; nuestra justificación está garantizada por el hecho de ser llamados por la gracia de Dios; nuestro llamado está garantizado por el hecho de haber sido predestinados por la gracia de Dios; y nuestra predestinación está garantizada por el hecho de haber sido libre y misericordiosamente reconocidos y separados por Dios como beneficiarios por la asombrosa gracia venidera de que Dios dispone que todas las cosas obren para nuestro bien.

## EL ENORME LUGAR DE LA GRACIA PASADA

Al celebrar la gracia futura no se diga que no dejamos espacio para la gracia pasada. La gracia se extiende a la eternidad pasada. Y cada paso del camino que nos condujo hasta este preciso momento ha sido un regalo de la gracia. La elección es por gracia (Romanos 11:5); la predestinación es por gracia (Efesios 1:5-6); el llamado efectivo es por gracia (2 Timoteo 1:9); la justificación es por gracia (Romanos 3:24); y, por causa de esta gracia de antaño, nosotros podemos ahora, con tremenda confianza, estar de pie en los grandiosos salones de Romanos 8:28 y vivir en libertad, amor y justicia que vienen por la fe en la gracia venidera: que Dios hará que todas las cosas obren para nuestro bien. La más libre vida de amor es la que está saturada de la confianza en que nada nos llega sino solamente lo que es bueno para nosotros.

Una de las experiencias más preciosas de esta libertad es la liberación de la vergüenza indebida. Reflexiona conmigo en el próximo capítulo sobre el poder purificador de valorar la gracia pasada de Dios y cómo esta vence los efectos paralizadores de la vergüenza.

## NOTAS

1. Para un debate más extenso sobre esta verdad, véase John Piper, *Los deleites de Dios*, Grand Rapids: Zondervan, 2013, capítulo 5, especialmente las páginas 123-129 (del original en inglés).

2. Para más evidencia de esto véase el capítulo 5, donde Pablo explica la libertad de la gracia mostrando que ella levanta a los que están muertos espiritualmente (Efesios 2:5).

3. Ver Romanos 11:1-2; Génesis 18:17-19; Oseas 13:4-5; Salmos 1:6; Mateo 7:23; 1 Corintios 8:3; Gálatas 4:8-9; 2 Timoteo 2:16-19. Ver Piper, *Los deleites de Dios*, pp. 123-129 (del original en inglés).

*Por eso mismo padezco esto. Pero no me avergüenzo, porque yo sé a quién he creído, y estoy seguro de que él es poderoso para guardar mi depósito para aquel día.*

**2 TIMOTEO 1:12**

*Pues la Escritura dice: Todo aquel que en él creyere, no será avergonzado.*

**ROMANOS 10:11 RV60**

# CAPÍTULO 10

*Aplicando el poder purificador*

# FE EN LA GRACIA VENIDERA
# VS. VERGÜENZA INDEBIDA

Aunque la vergüenza se consideraba un diagnóstico predominante de disfunción emocional, sus raíces se extienden a la condición humana, y el dolor que puede causar es real. Si hemos de vivir la vida libre, radical, amorosa y santa a la que Cristo nos llama, debemos entender el lugar que ocupa la vergüenza y cómo luchar contra sus efectos devastadores. Comencemos con una definición: la vergüenza es una emoción penosa causada por una conciencia de culpa, deficiencia o desubicación.[1] El dolor no es ocasionado meramente por nuestras fallas, sino por la conciencia de que otros las pueden ver. A continuación ilustraré cada una de estas causas.

## TRES CAUSAS DE LA VERGÜENZA

Primero, consideremos la *culpa* como una causa. Supón que actúas contra tu conciencia y retienes información sobre tu devolución de impuestos. Por un par de años no sientes nada porque lo has quitado de tu mente y, además, no te descubrieron. Luego, el Servicio de Impuestos Internos te llama y se vuelve de público conocimiento que has mentido y robado. Tu iglesia se entera de tu falta, al igual que tu empleador y tus amigos. Ahora, a la luz de la censura pública, sientes la tristeza de la vergüenza.

O tomemos la *deficiencia* como causa. Imagina que provienes de un país donde eres bastante bueno en la carrera de tres mil metros comparado con tus compatriotas. Pero en las Olimpiadas compites delante de miles de personas y la competición es tan difícil que para el momento de la última vuelta estás a una vuelta entera detrás de los demás, y debes seguir corriendo mientras todos te están mirando. Aquí no hay culpa. Tú no has hecho nada incorrecto. Pero, dependiendo de tu mentalidad, la humillación y la vergüenza pueden tornarse intensas.

O consideremos la *desubicación* como causa de la vergüenza. Has sido invitado a una fiesta y descubres que te vestiste de manera inadecuada. Otra vez, no hay maldad ni culpa. Solo una metida de pata en lo social, una desubicación que te hace sentir estúpido y avergonzado. Esto también es un tipo de vergüenza.

Una de las cosas que sobresale en esta definición de vergüenza es que hay una clase de vergüenza que está justificada y otra que no. Hay algunas situaciones donde la vergüenza es exactamente lo que tenemos que sentir, y hay otras en las que no. La mayoría de la gente diría que el mentiroso *debe* sentirse avergonzado y que el corredor que dio todo de sí *no debería* sentirse de ese modo. La desilusión sería una emoción saludable, pero la vergüenza no.

## DOS CLASES DE VERGÜENZA

Permíteme ilustrar desde las Escrituras estas dos clases de vergüenza. La Biblia deja bien claro que hay una vergüenza que debemos sentir y otra que no. Voy a llamarle a una «vergüenza indebida» y a la otra «vergüenza debida». El tema crucial es cómo encaja Dios en la experiencia de la vergüenza.

## VERGÜENZA INDEBIDA

La *vergüenza indebida* (la clase que *no debemos* sentir) es la que experimentas cuando no hay una buena razón para ella. Bíblicamente, eso significa que lo que te hace sentir avergonzado no es algo que deshonre a Dios; o que tal cosa sí está deshonrando a Dios pero tú no tienes nada que ver con eso. En otras palabras, la vergüenza indebida es una vergüenza por algo que es bueno (o algo que no deshonra a Dios). O es una vergüenza por algo que está mal, pero en lo que tú no tuviste participación. Esa es la clase de vergüenza que no deberíamos sentir.

## VERGÜENZA DEBIDA

La *vergüenza debida* (la clase que *sí debemos* sentir) es la que experimentamos cuando hay una buena razón para percibirla. Bíblicamente eso significa que nos sentimos avergonzados porque nuestra participación en ello deshonró a Dios. Debemos sentir vergüenza cuando tuvimos parte en injuriar a Dios con nuestras actitudes o acciones.

Quiero asegurarme de que captas la importancia que Dios tiene en esta distinción entre la vergüenza debida y la indebida. Sea que hayamos tenido parte o no, el deshonrar a Dios marca toda la diferencia. Si queremos luchar de raíz contra la vergüenza, tenemos que saber cómo se relaciona con Dios. Y de veras necesitamos quitarla de raíz, a la vergüenza de todo tipo; tanto la debida como la indebida pueden paralizarnos si no sabemos cómo lidiar con ellas desde su raíz.

Nos ayudará en nuestra batalla si miramos algunos textos bíblicos que ilustran la vergüenza debida, y otros, la indebida. Es necesario que veamos, de hecho, que estas son categorías bíblicas. En este tiempo en que la psicología tiene una tremenda influencia sobre la forma en que utilizamos las palabras, tenemos que asegurarnos de poder evaluar todo el lenguaje de las emociones con una manera bíblica de pensar y hablar. Si has aprendido el uso de la palabra *vergüenza* de la psicología contemporánea, ten en cuenta que yo no la utilizo del mismo modo (véase la nota 1 de este capítulo). Encontrarás que la Biblia hace uso del concepto de vergüenza de una manera distinta a como se usa popularmente. Una vez que veas los términos bíblicos con claridad, estarás en posición de examinar la forma en que la gente moderna habla acerca de la vergüenza.

## EJEMPLOS BÍBLICOS DE VERGÜENZA INDEBIDA

Pablo le dice a Timoteo que siente vergüenza por testificar del evangelio, tiene una vergüenza de tipo indebido. «Por tanto, no te avergüences de dar testimonio de nuestro Señor, ni tampoco de mí, preso suyo. Al contrario, participa de las aflicciones por el evangelio según el poder de Dios» (2 Timoteo 1:8). No debemos sentir vergüenza del evangelio, ya que Cristo es honrado cuando hablamos bien de Él. Y, por el contrario, es deshonrado cuando callamos o tenemos miedo. De manera que no es algo vergonzoso testificar, sino que lo vergonzoso es no hacerlo.

El mismo versículo dice que si sentimos vergüenza de que un amigo nuestro esté en prisión por causa de Cristo, entonces eso también es una vergüenza indebida. El mundo puede ver la prisión por Cristo como una señal de debilidad y derrota, pero los cristianos saben bien que Dios es honrado por el coraje de sus servidores que van a la cárcel por su nombre, si han actuado con amor y justicia. No debemos sentir vergüenza de que nos relacionen con algo que honra a Dios de este modo, sin importar cuánto se burlen.

En un dicho muy conocido de Jesús, aprendemos que nuestra vergüenza es indebida cuando nos avergonzamos por lo que Jesús es o lo que Él dice: «Si en esta generación adúltera y pecadora alguien se avergüenza de mí y de mis palabras, también el Hijo del Hombre se avergonzará de él, cuando venga en la gloria de su Padre con los santos ángeles» (Marcos 8:38). Por ejemplo, si Jesús dice «ama a tus enemigos» y otros se ríen o nos tildan de irrealistas, nosotros no deberíamos avergonzarnos. Si Jesús dice «no forniquen», y los promiscuos etiquetan de pasada de moda esta orden, nosotros no deberíamos sentir vergüenza por estar del lado de Jesús. Esa sería una vergüenza indebida, ya que las palabras de Jesús son verdaderas y honran a Dios sin importar lo tontos que el mundo nos quiera hacer sentir.

En el cristiano el sufrimiento o el recibir reproches y burlas no debería ser una ocasión para la vergüenza, pero sí una ocasión para glorificar a Dios. «Pero tampoco tenga ninguno vergüenza si sufre por ser cristiano. Al contrario, glorifique a Dios por llevar ese nombre» (1 Pedro 4:16). En otras palabras, en la Biblia el criterio para la vergüenza debida no es lo tontos que parezcamos delante de los hombres, sino si efectivamente hemos dado gloria a Dios.

## ¿EL HONOR DE QUIÉN ES EL QUE ESTÁ EN JUEGO EN NUESTRA VERGÜENZA?

Es de suma importancia que captemos este concepto, porque gran parte de lo que nos avergüenza no es que hayamos deshonrado a Dios con nuestras acciones, sino que hemos fallado en dar la apariencia de lo que las otras personas admiran. Gran parte de nuestra vergüenza no está centrada en Dios sino en nosotros mismos. Hasta que no tengamos un manejo adecuado de este tema, no seremos capaces de batallar contra la vergüenza desde su raíz.

Mucha de la vergüenza que tenemos como cristianos viene de lo que el hombre piensa en vez de lo que Dios piensa. Pero si llegáramos a comprender en lo profundo que el criterio de Dios es infinitamente más importante que el de nadie más, no nos avergonzaríamos de cosas que son tan asombrosas, que incluso son el propio poder de Dios: «No me avergüenzo del evangelio, porque es poder de Dios para la salvación de todo aquel que cree: en primer lugar, para los judíos, y también para los que no lo son» (Romanos 1:16). Este versículo nos muestra otra razón por la que la vergüenza del evangelio sería una vergüenza indebida. El evangelio es el mismísimo poder de Dios para la salvación, ya que el evangelio magnifica a Dios y minimiza al hombre. Para el mundo, el evangelio no se ve como poderoso en absoluto sino como un símbolo de debilidad (les pide a las personas que sean como niños y les dice que dependan de Jesús, en vez de confiar en sí mismos). Pero para aquellos que creemos, es el poder de Dios para darles a los pecadores una gloria eterna.

Una de las razones por las que somos tentados a sentir vergüenza, incluso del poder de Jesús, es que Él muestra su poder de maneras que el mundo no reconoce como tales. Jesús dijo en 2 Corintios 12:9: «Con mi gracia tienes más que suficiente, porque mi poder se perfecciona en la debilidad». Pablo responde a esta extraña demostración de poder: «Por eso, con mucho gusto habré de jactarme en mis debilidades, para que el poder de Cristo repose en mí. Por eso, por amor a Cristo me gozo en las debilidades, en las afrentas, en las necesidades, en las persecuciones y en las angustias; porque mi debilidad es mi fuerza» (2 Corintios 12:9-10). Comúnmente la debilidad y los insultos son ocasiones para avergonzarse, pero para el apóstol son instancias para regocijarse. Pablo piensa que avergonzarse por causa de sus debilidades y persecuciones sería una vergüenza indebida. ¿Por qué? Porque el poder de Cristo se perfecciona en sus debilidades.

Concluyo de esto —y de todos esos textos— que el criterio bíblico para la vergüenza indebida está radicalmente centrado en Dios y dice: «No sientas vergüenza por algo que honra a Dios, independientemente de lo tonto que te haga ver a los ojos de los demás».

## EJEMPLOS BÍBLICOS DE VERGÜENZA DEBIDA

La misma centralidad de Dios se percibe cuando miramos pasajes que ilustran la vergüenza debida. Pablo les dice a los corintios que estaban dudando sobre la resurrección: «Así que vuelvan en sí y vivan con rectitud, y no pequen, porque algunos de ustedes no conocen a Dios. Y esto lo digo para que sientan vergüenza» (1 Corintios 15:34). Aquí Pablo afirma que esas personas *deberían* sentir vergüenza. «Y esto lo digo para que sientan vergüenza». Su vergüenza sería correcta en vistas a la deplorable ignorancia de Dios que tenían y cómo ella los estaba llevando a una falsa doctrina (que no hubo resurrección) y pecado en la iglesia. En otras palabras, la vergüenza debida es la que se siente por aquello que deshonra a Dios, como la ignorancia de Dios, el pecar contra Él y sostener creencias falsas sobre Dios.

En la misma iglesia algunos de los creyentes iban a cortes seculares para arreglar disputas entre ellos mismos. Pablo los reprende: «Les digo esto para avergonzarlos. ¿Acaso no hay entre ustedes siquiera uno que sea sabio y que pueda servir de juez entre sus hermanos?» (1 Corintios 6:5). Otra vez dice que deberían sentir vergüenza. «Les digo esto para avergonzarlos». Esta vergüenza es correcta, adecuada, porque su conducta desprestigia a Dios, toda vez que ellos están disputando unos con otros delante de jueces impíos. Una vergüenza debida es la que uno siente cuando está participando de algo que deshonra a Dios.

Estas personas estaban tratando de parecer fuertes y rectas. Querían ser vindicadas por los hombres. Querían ser ganadoras en la corte. No querían que nadie les pasara por encima como si no tuvieran derechos (eso se vería débil y vergonzoso). De manera que, en el propio acto de querer evitar la vergüenza, tal como el mundo la ve, caían en el mismo comportamiento que Dios considera vergonzoso. El punto es que cuando estamos deshonrando a Dios, *tenemos* que sentirnos avergonzados, sin importar lo fuertes, sabios o correctos que nos veamos a los ojos del mundo.

Cuando los ojos del cristiano se abren para ver la maldad de un comportamiento que ha deshonrado a Dios, con toda razón se siente avergonzado. Pablo le dice a la iglesia romana: «Cuando ustedes eran esclavos del pecado, eran libres en cuanto a la justicia. ¿Pero qué provecho sacaron de eso? Ahora ustedes se avergüenzan de aquellas cosas, pues conducen a la muerte» (Romanos 6:20-21). Hay un sitio correcto para mirar atrás y sentir la punzada de dolor de que una vez vivimos de un modo que despreciaba a Dios. Enseguida veremos que no debemos quedar paralizados habitando en ese lugar. Pero un corazón cristiano sensible no puede recordar las necedades de la juventud y no sentir las repercusiones de la vergüenza, aun cuando hayamos arreglado todo con el Señor.

La vergüenza debida puede ser muy saludable y redentora. Pablo les dijo a los tesalonicenses: «Si alguien no obedece a lo que en esta carta decimos, señálenlo y no se junten con él, para que se *avergüence*» (2 Tesalonicenses 3:14). Eso significa que la vergüenza es un paso correcto y redentor en la conversión y el arrepentimiento del creyente de una etapa de frialdad espiritual y pecado, y no es algo que deba evitarse a toda costa. Hay un lugar para ella en el trato de Dios con su pueblo.

Podemos concluir que, hasta aquí, hemos visto que el criterio bíblico para la vergüenza indebida y la vergüenza debida está radicalmente centrado en Dios. El criterio bíblico para la *culpa indebida* dice: no sientan vergüenza por aquello que honra a Dios, independientemente de lo débiles o tontos o errados que parezcan a los ojos de los demás. Y no se atribuyan a ustedes mismos una situación realmente vergonzosa a menos que de alguna forma ustedes estén involucrados en lo malo. El criterio bíblico de la vergüenza debida señala: «Siéntanse avergonzados por tener participación en algo que deshonra a Dios, sin importar lo fuerte, sabios o correctos que los haga lucir a los ojos de otros».

## BATALLANDO CONTRA LA INCREDULIDAD DE LA VERGÜENZA INDEBIDA

Ahora viene la pregunta crucial que se relaciona con vivir por fe en la gracia venidera. ¿Cómo batallamos contra este sentimiento angustiante llamado vergüenza? La respuesta es: lo enfrentamos desde la raíz, batallando contra la incredulidad que nutre su vida. Peleamos por la fe en las promesas de Dios que vencen la vergüenza y nos liberan de su sufrimiento. Intentaré ilustrar esta batalla con tres ejemplos.

## LA GRACIA FUTURA PARA UNA PROSTITUTA PERDONADA

En primer lugar está el caso de una vergüenza debida —el dolor que debe *estar* allí— pero que no debería *quedarse* allí. De hacerlo, sería por la falta de fe en las promesas de Dios. Por ejemplo: una mujer vino a Jesús en la casa de un fariseo, llorando y lavando sus pies. Sin duda ella se sentía avergonzada, ya que los ojos de Simón le comunicaban a todo el mundo que esta mujer era una pecadora y que Jesús no tenía por qué dejar que ella lo tocara. Ciertamente era una pecadora; había un lugar para la vergüenza real (pero no por demasiado tiempo). Jesús le dijo: «Tus pecados te son perdonados» (Lucas 7:48). Y cuando todos los invitados estaban murmurando acerca de esto, agregó: «Tu fe te ha salvado. Ve en paz» (Lucas 7:50).

¿Cómo le ayudó Jesús a batallar contra los efectos paralizantes de la vergüenza? Le dio una promesa: «Tus pecados te son perdonados. Tu fe te ha salvado. Tendrás un futuro de paz». Le declaró que el perdón pasado abría paso a la paz futura. Así que el tema para ella era la fe en la gracia venidera, que estaba centrada en la autoridad de Jesús y en su obra redentora y libertadora del mundo. ¿Creería ella en la condenación fulminante de los invitados? ¿O creería en las palabras reafirmadoras de Jesús, de que su culpa era limpiada, y que ella era perdonada en el presente y el futuro, y que podía irse en paz, en plenitud y libertad de espíritu? ¿En cuál de las dos confiaría? ¿Con cuál promesa satisfaría la sed de su alma?

Esta es la forma en la que cada uno de nosotros debe pelear con los efectos devastadores de una culpa debida que amenaza con persistir y mutilarnos. Debemos batallar contra la incredulidad aferrándonos a las promesas de la gracia venidera y la paz que vienen del perdón de nuestros actos vergonzosos. «Pero en ti hallamos perdón, para que seas reverenciado» (Salmos 130:4). «Busquen al Señor mientras pueda ser hallado; llámenlo mientras se encuentre cerca. ¡Que dejen los impíos su camino, y los malvados sus malos pensamientos! ¡Que se vuelvan al Señor, nuestro Dios, y él tendrá misericordia de ellos, pues él sabe perdonar con generosidad» (Isaías 55:6-7). «Si confesamos nuestros pecados, él es fiel y justo para perdonar nuestros pecados y limpiarnos de toda maldad» (1 Juan 1:9). «Acerca de él dicen los profetas que todos los que crean en su nombre recibirán el perdón de sus pecados» (Hechos 10:43).

No interesa si el acto del perdón de Dios es completamente pasado, o si hay un nuevo perdón en el futuro[2] —en ambos casos el tema es el poder liberador del perdón de Dios para nuestro *futuro*—, es la liberación de la vergüenza. El perdón está impregnado de gracia venidera. Cuando vivimos por fe en la gracia venidera, somos liberados de los efectos persistentes y paralizantes de la vergüenza debida.

## LIBRE DE LA VERGÜENZA, PORQUE SÉ EN QUIÉN HE CREÍDO

El segundo ejemplo de la batalla contra la vergüenza es cuando nos sentimos avergonzados por algo que ni siquiera es malo, como Jesús o el evangelio. La segunda carta a Timoteo 1:12 muestra cómo Pablo batallaba contra esta vergüenza indebida. Él afirma: «Por eso mismo padezco esto. Pero no me avergüenzo, porque yo sé a quién he creído, y estoy seguro de que él es poderoso para guardar mi depósito para aquel día».

Pablo aclara que la batalla contra la vergüenza indebida es una batalla contra la *incredulidad*. «...no me avergüenzo, porque yo sé a quién he creído...» y tengo confianza en su poder para librarme. Luchamos contra sentimientos de vergüenza por Cristo, el evangelio y el estilo de vida cristiano, por la fe en la gracia futura de Dios. ¿Realmente creemos que el evangelio es el poder de Dios para la salvación? ¿Creemos que el poder de Cristo se perfecciona en nuestra debilidad? ¿De veras creemos que nos aguarda la gloria eterna en vez del ridículo? ¿Creemos que Él nos preservará para aquel gran día? La batalla contra la vergüenza indebida es la batalla de vivir por la fe en la grandeza y gloria de la gracia venidera.

## LIBRES DE LA VERGÜENZA QUE NO ES NUESTRA

Por último, batallamos contra la vergüenza cuando otros tratan de ponernos una carga de vergüenza por situaciones de maldad, cuando en realidad no hemos tenido parte en deshonrar a Dios. Esto es muy común. Supongo que el diagnóstico psicológico más común en los desórdenes emocionales es que crecieron en «familias basadas en la vergüenza». Hay algunas connotaciones precisas y sofisticadas en el significado de esta frase que yo no podría afirmar. Pero la comprensión de la vergüenza indebida que estoy desarrollando en este capítulo, y a la que me refiero con la frase «familias basadas en la vergüenza», algunas veces se superponen. Hay algo como la vergüenza que viene sobre las personas de forma repetitiva, pero que no les pertenece a ellos. Vivir por fe en la gracia venidera también se trata de liberar a las personas que han sido heridas en lo profundo, cargando con esta vergüenza indebida.

Ha sido de gran aliento para mí ver que esta clase de «vergüenza» también le sucedió a Jesús en repetidas ocasiones. Por ejemplo, lo llamaron bebedor y glotón (Lucas 7:34); lo llamaron destructor del templo (Marcos 14:58); lo llamaron hipócrita porque salvaba a otros pero no se podía salvar a sí mismo (Lucas 23:35). En todo esto, el objetivo era cargar a Jesús con una culpa que no era suya. Esperaban desanimarlo y paralizarlo echándole encima esas acusaciones tan vergonzosas.

Lo mismo le sucedió a Pablo. Le dijeron que estaba loco cuando se defendió en la corte (Hechos 26:24); lo llamaron enemigo de las costumbres judías y trasgresor de la ley mosaica (Hechos 21:21); le dijeron que enseñaba que uno debía pecar para que la gracia abundara (Romanos 3:8). Todo esto lo decían para cargarlo con una culpa que no le pertenecía.

Y sin duda, lo mismo debe haberte ocurrido a ti, quizá por parte de progenitores inmaduros y probablemente por parte de otros. Y sucederá otra vez. ¿Cómo batallamos con esta vergüenza indebida? Creyendo en las promesas de Dios de que al final todos los esfuerzos que se hicieron para avergonzarnos, fracasarán. Quizá luchemos porque no sabemos bien cuál culpa debemos cargar y cuál no, pero Dios tiene para nosotros una promesa que nos cubre en cualquier caso. Isaías promete que los que confían en Dios «serán salvados por el Señor con salvación eterna; por todos los siglos jamás serán avergonzados ni humillados» (Isaías 45:17). Y Pablo aplica la promesa del Antiguo Testamento a los cristianos: «Todo aquel que en él creyere, no será avergonzado» (Romanos 10;11 RV60).

En otras palabras, por toda la maldad, el ridículo y la crítica de parte de otros para avergonzarnos, por toda la turbación y el dolor emocional que eso ocasionó, no obstante la promesa de Dios está firme: no tendrán éxito al final. Todos los hijos de Dios serán vindicados, y nadie que base su esperanza en las promesas de Dios será avergonzado. Vivir por fe en la gracia venidera es una vida de libertad de la vergüenza paralizante.

# NOTAS

1. Soy consciente de que en la jerga psicológica normal, esta no ha sido la definición. La definición común en la psicoterapia es la siguiente: «Mientras que la culpa es un sentimiento doloroso de remordimiento y la responsabilidad de las propias acciones, la vergüenza lo es acerca de uno mismo como persona». Citado de «Facing Shame» [Enfrentando la vergüenza], de M. Fossum y M. Mason, en John Bradshaw, *Healing the Shame That Binds You* [Sanando la vergüenza que te ata], Deerfiled Beach, FL.: Health Communications, Inc., 1988, p. 17. Yo no coincido con esta definición, primero, porque no es la que se emplea en las Escrituras. De manera que utilizarla dificultaría la comprensión y aplicación de estas. En segundo lugar, no la uso porque en general va de la mano con una valoración de la situación de la humanidad que minimiza la doctrina bíblica del pecado original (Bradshaw, p. 65), relativiza los absolutos morales (Bradshaw, p. 199), rechaza la condición bíblica del amor (Bradshaw, p. 120) y convierte a Dios en la personificación espiritual de la aprobación absolutamente incondicional, que nunca dice «debería», «tendría» o «debe».

2. A veces nos referimos a nuestros pecados pasados, presentes y futuros como ya perdonados en el pasado, dado que ellos fueron «condenados» en la muerte de Jesús (Romanos 8:3) y cubiertos por la sangre de Cristo (Hebreos 9:14; 10:12) y perdonados mediante esa sangre (Efesios 1:7). Otras veces hablamos de Dios perdonándonos en tiempo presente cuando confesamos nuestros pecados (1 Juan 1:9) y le pedimos perdón (Mateo 6:12) de acuerdo con la expiación una vez y para siempre que Él realizó para nosotros en Cristo.

# PARTE IV

# LAS VENTANAS
# A LAS OBRAS DE FE

*Ustedes se rebelaron contra la orden del Señor su Dios;*
*no confiaron en él ni le obedecieron.*

**DEUTERONOMIO 9:23 NVI**

*Por la fe, Abel ofreció a Dios un sacrificio más aceptable que*
*el de Caín... Por la fe, con mucho temor Noé construyó el arca*
*para salvar a su familia... Por la fe, cuando Abrahán fue puesto*
*a prueba, ofreció a Isaac... Por la fe, cuando Moisés ya era*
*adulto, rehusó llamarse hijo de la hija del faraón.*

**HEBREOS 11:4, 7, 17, 24**

# CAPÍTULO 11

# UN ROMANCE CON LA LEY DE DIOS

## LA LEY TIENE MÚLTIPLES FINES

La Biblia caracteriza a la ley de Dios como algo que causa muerte y que da vida. Podemos apreciar esta tensión en un versículo: «Entonces me di cuenta de que el mismo mandamiento que debía darme vida, me llevó a la *muerte*» (Romanos 7:10). Con lo cual, debemos ser cuidadosos de hacer declaraciones generales positivas o negativas sobre la ley sin percatarnos de sus diversos objetivos. En cambio, tenemos que distinguir las diferentes funciones de la ley. Mi manera de describir esta diferencia es que el fin *estrecho* y a *corto plazo* lleva a la muerte, y el fin *mayor* y de *largo alcance* conduce a Cristo, a la fe en Él y a la vida.

## EL FIN ESTRECHO Y DE CORTO PLAZO DE LA LEY

La ley entregada en el monte Sinaí —y los diez mandamientos en particular—, dice Pablo, era un «ministerio de *muerte* grabado con letras en piedras» (2 Corintios 3:7). Algo en ella era mortal. «Porque, si la ley dada pudiera dar *vida*, la justicia sería verdaderamente por la ley» (Gálatas 3:21). Pero la ley, en su fin estrecho y a corto plazo, no podía dar vida. Creo que esta es otra forma de decir: «Guardar la ley y los mandamientos no puede proveer vida eterna».

Más bien, en este fin estrecho y a corto plazo, «la ley sirve para reconocer el pecado» (Romanos 3:20). Y no solo el conocimiento, sino el aumento de ella. «La ley se introdujo para que abundara el pecado» (Romanos 5:20; véase también Gálatas 3:19). Había algo acerca de la ley en su función estrecha y a corto plazo que atraía el corazón pecador hacia el pecado, ya sea oponiéndose a ella o haciéndola un medio de salvación. «Porque mientras vivíamos en la carne, las pasiones pecaminosas *estimuladas por la ley* actuaban en nuestros miembros y producían frutos que llevan a la muerte» (Romanos 7:5). «Mas el pecado, *tomando ocasión por el mandamiento*, produjo en mí toda codicia» (Romanos 7:8 RV60). Por lo tanto, «la Escritura lo encerró todo bajo pecado» (Gálatas 5:22). En su función estrecha y a corto plazo, hacía salir la pecaminosidad del ser humano a través de la rebelión libertina o a través de un legalismo moralista, pero demostró no ser una forma de salvación. Y así, en este propósito estrecho y a corto plazo, «la ley produce ira» (Romanos 4:15 RV60).

Un rasgo crucial de la ley en esta función estrecha es que demanda perfecta obediencia a todos sus mandamientos. Si este no fuera el caso, la estructura completa de la redención en el Antiguo y Nuevo Testamento no tendría sentido. Tanto el Antiguo Testamento en su propósito mayor y de largo alcance como el Nuevo, con su obra redentora de Cristo, proveen un sacrificio de misericordia para expiar las trasgresiones y ser tenidos por perfectos. Sin embargo, la ley en su sentido estrecho no suple esa provisión de expiación, sino que crea la necesidad de ella.

La demanda de perfección de la ley está implícita en la santidad de Dios, quien «por la pureza de tus ojos no soportas ver el mal ni los agravios» (Habacuc 1:13), y queda expuesta a lo largo de toda la Biblia. Por ejemplo, Santiago 2:10 dice: «Porque cualquiera que cumpla toda la ley, pero que falle en un solo mandato, ya es culpable de haber fallado *en todos*». Hebreos 2:2, «Porque si el mensaje anunciado por medio de los ángeles fue firme, y *toda* transgresión y desobediencia recibió su justo castigo…». Levítico 26:14-16 NVI, «Si ustedes no me obedecen ni ponen por obra *todos* estos mandamientos… entonces yo mismo los castigaré con un terror repentino». Gálatas 5:3, «Y otra vez testifico a todo hombre que se circuncida, que está obligado a cumplir toda la ley». En otras palabras, si elige el camino del cumplimiento de la ley, en su sentido estrecho, se está comprometiendo a vivir una vida perfecta para ser salvo. Del mismo modo, Pablo afirma en Gálatas 3:10,[1] «Porque todos los que dependen de las obras de la ley [esto es, todos los que eligen el cumplimiento de la ley como medio de justificación] están bajo maldición, pues está escrito: "Maldito sea todo aquel que no se mantenga firme en *todas* las cosas escritas en el libro de la ley, y las haga"».

Claro está, como dijimos anteriormente, que tanto el Antiguo como el Nuevo Testamento ofrecen perdón y justificación a los que no alcanzan a ser perfectos (o sea, todos los seres humanos) por medio de la fe en un Redentor, pero la misma naturaleza de la provisión realizada (el sustituto de un sacrificio) demuestra que fallamos a las demandas de perfección de la ley. Ahora bien, si hemos de ser salvados de la ira de Dios, necesitamos un Salvador que pueda llevar nuestro castigo y proveernos perfección.

## EL FIN MAYOR Y DE LARGO ALCANCE DE LA LEY

Eso nos lleva a un fin más grande y duradero de la ley. La enunciación más clara y sucinta sobre este fin de la ley se encuentra en Romanos 10:4, «...porque el fin de la ley es Cristo, para justicia a todo aquel que cree». El término *fin* es usado en el sentido de «meta» u «objetivo», por lo que mi traducción sería algo así: «El objetivo de la ley es Cristo, para justicia de todo aquel que cree». Dicho de otro modo, el fin mayor y de largo alcance de la ley es llevar a las personas a Cristo, quien, solo por la fe, puede convertirse en nuestra justicia.

El lugar en donde está explicado más plenamente esto es Gálatas 3:21-16:

¿Contradice la ley a las promesas de Dios? ¡De ninguna manera! Porque, si la ley dada pudiera dar vida, la justicia sería verdaderamente por la ley. Pero la Escritura lo encerró todo bajo pecado, para que la promesa que es por la fe en Jesucristo fuera dada a los creyentes. Pero antes de que viniera la fe, estábamos confinados bajo la ley, encerrados para aquella fe que iba a ser revelada. De manera que la ley ha sido nuestro tutor, para llevarnos a Cristo, a fin de que fuéramos justificados por la fe. Pero al venir la fe, no estamos ya al cuidado de un tutor, pues todos ustedes son hijos de Dios por la fe en Cristo Jesús.

Lo que dice es que el fin estrecho y a corto plazo de la ley en realidad servía para un propósito mayor y de largo alcance. A corto plazo, la función de la ley era cautividad: «estábamos confinados bajo la ley», pero el propósito mayor de esa cautividad era llevarnos a la fe en Cristo: «encerrados para aquella fe que iba a ser revelada» (vs. 23). Eso no significa que no había *fe* revelada en el Antiguo Testamento. La «revelación» de la fe significa la revelación de la fe en Jesucristo. Ahora, después de la encarnación y la obra redentora de Cristo en la cruz, Él se ha convertido, por primera vez, en el foco consciente de toda la justificación por fe.

## EL PROPÓSITO DE DIOS EN AMBOS FINES DE LA LEY

El propósito de Dios en estos dos fines de la ley era, a fin de cuentas, glorificar a Cristo. Es decir, su propósito de hacer visible y explícita toda su obra salvadora estaba conectado a Cristo en la historia. La remoción de la ira de Dios, el acto de la justificación solo por fe, el perdón de los pecados, el regalo de la vida eterna y el derramamiento del Espíritu Santo deben ser apreciados como algo que fluye desde la muerte y resurrección histórica de Jesús. «El objetivo de la ley es Cristo, para justicia de todo aquel que cree».

## SANTOS DEL ANTIGUO TESTAMENTO, AMANTES DE LA LEY JUSTIFICADOS

Con esa comprensión del doble objetivo de la ley estamos preparados para reflexionar sobre la forma en que los santos del Antiguo Testamento se relacionaban con la ley, y la manera en la que perseguían la verdadera santidad por fe en la gracia venidera. Pablo dice sencillamente que ya en el Antiguo Testamento los que en verdad eran hijos de Dios eran justificados de antemano por la obra de Cristo. Esa es la enseñanza de Romanos 3:21-26. Él pone a Abrahán y a David como ejemplo. «Abrahán le creyó a Dios, y esto se le tomó en cuenta como justicia» (Romanos 4:3). David también se refiere a la felicidad del hombre a quien Dios atribuye justicia sin obras (Romanos 4:6).

Por lo tanto, a los verdaderos santos del Antiguo Testamento (que fueron todos pecadores justificados) se les concedió el ver que el cumplimiento de la ley no era la base de su rectitud para con Dios. En cambio, pudieron contemplar los mandamientos de Dios como un regalo de la guía de Dios para su bien (Deuteronomio 10:13), y pudieron seguir la obediencia por la fe, una fe que solo era su conexión con el pacto amoroso y justificador de Dios.

Pudieron apreciar cómo, entrelazados en la ley de los mandamientos, allí estaban la provisión de perdón y de gracia justificadora. Y ellos supieron que necesitaban su gracia a causa de sus pecados. Pero además pudieron ver que la provisión de la ley de los sacrificios no era la respuesta final a sus necesidades. «Pero con estos sacrificios, cada año se hace memoria de los pecados, porque la sangre de los toros y de los machos cabríos no puede quitar los pecados» (Hebreos 10:3-4). «Aun si yo te ofreciera sacrificios, no es eso lo que quieres; ¡no te agradan los holocaustos!» (Salmos 51:16, ver también 40:6). Ellos sabían que «nadie puede salvar a nadie, ni pagarle a Dios rescate por la vida. Tal rescate es muy costoso; ningún pago es suficiente» (Salmos 49:7-8 NVI). Vislumbraron desde lejos que Dios un día proveería un Redentor, que sería «…herido por nuestros pecados; ¡molido por nuestras rebeliones!» En ese día ellos dirían: «el Señor descargará sobre él todo el peso de nuestros pecados» (Isaías 53:5-6).

Por lo tanto, esos santos del Antiguo Testamento pudieron ver el propósito mayor que Dios tuvo al dar la ley. Conocieron y amaron la forma en que Dios, dándoles esperanza y fe, se había identificado a sí mismo en el monte Sinaí: «¡EL SEÑOR! ¡EL SEÑOR! ¡Dios misericordioso y clemente! ¡Lento para la ira, y grande en misericordia y verdad! ¡Es misericordioso por mil generaciones! ¡Perdona la maldad, la rebelión y el pecado...!» (Éxodo 34:6-7). Aquí estaba la promesa más central de Dios de la gracia venidera en el Antiguo Testamento. Se repetiría, de una u otra forma, en docenas de otras promesas a lo largo de todo el Antiguo Testamento, para aquellos que confiaran en Él.

Sería el cimiento de algunos de los salmos más magníficos de la promesa, como el Salmo 103:

El Señor es misericordioso y clemente;
    es lento para la ira, y grande en misericordia.
No nos reprende todo el tiempo,
    ni tampoco para siempre nos guarda rencor.
No nos ha tratado como merece nuestra maldad,
    ni nos ha castigado como merecen nuestros pecados.
Tan alta como los cielos sobre la tierra,
    es su misericordia con los que le honran.
Tan lejos como está el oriente del occidente,
    alejó de nosotros nuestras rebeliones.
El Señor se compadece de los que le honran
    con la misma compasión del padre por sus hijos,
    pues él sabe de qué estamos hechos;
    ¡él bien sabe que estamos hecho de polvo!

Salmos 103:8-14

David aprendió estas gloriosas verdades acerca de Dios, en parte por las palabras del monte Sinaí citadas en las dos primeras líneas. Así que él y los demás israelitas creyentes que estaban con él vieron en la ley de los mandamientos la misericordia redentora de Dios y el fundamento de la gracia venidera.

## EL PODER PARA LA OBEDIENCIA YA ESTABA AHÍ (PERO TODAVÍA NO ESTABA)

Moisés y los santos del Antiguo Testamento también discernieron que en la ley Dios tenía algunas lecciones ampliadas para enseñarle a Israel, al dejar al pueblo por un tiempo a la merced de los escasos recursos de su corazón pecaminoso, y más adelante cambiando esos corazones a través del nuevo pacto y derramando al Espíritu Santo más plenamente. Por ejemplo, en Deuteronomio 5, Moisés repasa los diez mandamientos, cuarenta años después de haberlos dado por primera vez. Les cuenta cómo el pueblo los había recibido originalmente con alegría y había expresado su voluntad de obedecerlos. Pero entonces Moisés cita las palabras premonitorias de Dios: «¡Cómo quisiera yo que tuvieran tal corazón, que me temieran y cumplieran siempre todos mis mandamientos, para que a ellos y a sus hijos les fuera siempre bien!» (Deuteronomio 5:29). En otras palabras, Dios sabía que hasta que la gracia futura del empoderamiento fuera derramada más plenamente, la mayoría de las personas no podrían guardar los mandamientos. Esto era parte de lo que vimos anteriormente como el fin estrecho y de corto plazo.

El derramamiento del Espíritu Santo (una inmensa gracia futura) estaba reservado para el tiempo de Cristo. Él sería el mediador de un nuevo pacto. Entonces Moisés le dice seriamente al pueblo, cuarenta años después de haber dado la ley: «Pero hasta este día el Señor no les ha dado la capacidad de entender, ni de ver ni de oír» (Deuteronomio 29:4). Dicho de otro modo, habían sido dejados a la merced de los recursos de sus corazones, ojos y oídos pecadores. Para muchos de ellos el poder eficaz de la gracia transformadora no les había sido dado.

Sin embargo, un capítulo más adelante Moisés sostiene la promesa de que ciertamente recibirían gracia futura: «El Señor tu Dios circuncidará tu corazón, y el corazón de tu descendencia, para que lo ames con todo tu corazón y con toda tu alma, y tengas vida» (Deuteronomio 30:6). Esta promesa es prácticamente la misma que la del nuevo pacto dada por Jeremías (31:31-33) y Ezequiel (11:19-20; ver también 36:26-28). Era una promesa de que, un día, en una escala mucho mayor que antes, la gracia venidera les daría corazones nuevos y les conferiría el poder para obedecer sus mandamientos.

Ahora bien, sería un grave error pensar que los santos del Antiguo Testamento no pudieron experimentar ninguna de las bendiciones del «nuevo pacto». Ellos fueron justificados por fe sobre la base de la muerte (futura) de Jesús y el Espíritu Santo estaba ayudándoles de manera activa. Vivían por fe. Por ejemplo, dejaban de mirarse a sí mismos a fin de mirar la gracia pasada de Dios y obtener la capacitación espiritual que necesitaban para obedecer los mandamientos. Oraban: «Ábreme los ojos para contemplar las grandes maravillas de tus enseñanzas». O: «Inclina mi corazón hacia tus testimonios, y no hacia la avaricia» (Salmos 119:18, 36). Sabían que sin la gracia venidera de Dios, dada como respuesta a su oración, no serían capaces de ver las maravillas de Dios en las Escrituras. Y sabían que sin la gracia de Dios que cambiara sus corazones, se apartarían de Él por su amor al dinero.

Oraban por la gracia futura del gozo, de un corazón limpio y un espíritu firme, y que Dios mismo los ayudara a desear cumplir sus mandamientos: «¡Lléname de gozo y alegría, y revivirán estos huesos que has abatido! Dios mío, ¡crea en mí un corazón limpio! ¡Renueva en mí un espíritu de rectitud! ¡Devuélveme el gozo de tu salvación!»

«¡Dame un espíritu dispuesto a obedecerte!» (Salmos 51:8, 10; 12). Al igual que con nosotros, de este lado de la cruz, la gracia venidera era la clave para andar de una manera que agradara el pacto de Dios en el Antiguo Testamento.

## ¿POR QUÉ LA OBEDIENCIA A MENUDO ES ABORTADA?

Aunque en la función estrecha y a corto plazo de la ley Pablo dice: «La ley no se basa en la fe» (Gálatas 3:12 NVI) y: «antes de que viniera la fe, estábamos confinados bajo la ley» (Gálatas 3:23), sería un error afirmar que los fieles remanentes —los santos del Antiguo Testamento— no pudieron ver que la fe en el Redentor prometido era la clave de la justificación (y luego la clave para cumplir la ley de Dios por amor). Los fieles remanentes pudieron discernir que la ley señalaba a algo más lejano a ella misma.

Pablo resumió esta visión desde su posición diciendo: «porque el fin de la ley es Cristo, para justicia a todo aquel que cree» (Romanos 10:4 RV60). Eso fue lo que vieron los creyentes del Antiguo Testamento, como si fuera a través de un vidrio, difusamente. Y habiendo entendido que la justificación es por la fe solamente en la redención prometida, también comprendieron que los mandamientos de Dios debían ser usados no para justificación sino como el fruto de la fe en la gracia venidera. Fue la dificultad para captar estas cosas lo que hizo que la mayor parte de Israel no alcanzara la justicia de Dios en Cristo.

Pablo señala esto mismo en Romanos 9:30-32:

> Entonces, ¿qué diremos? Que los no judíos, que no buscaban la justicia, la han alcanzado; es decir, la justicia que viene por medio de la fe. Pero Israel, que buscaba una ley de justicia, no la alcanzó. ¿Por qué? Porque no la buscaba a partir de la fe, sino a partir de las obras de la ley; y tropezaron en la piedra de tropiezo…

Cuando el apóstol dice «Israel, que buscaba una ley de justicia, no la alcanzó», se refiere al fin de la ley: Cristo por la justicia (Romanos 10:4). ¿Por qué no la alcanzaron? Porque «tropezaron en la piedra de tropiezo» (vs. 32), Cristo. Es decir que no reconocieron ni persiguieron el objetivo de la ley, volverse a la fe en Aquel que fue prometido. Perdieron de vista el objetivo mayor y de largo alcance de la ley. Este fin de la ley no era que la justicia debía ser alcanzada por las obras, sino por la fe en Cristo.

La pregunta que surge es, entonces, ¿qué pasó con aquellos israelitas que no tropezaron con la piedra, los que no perdieron el fin mayor y de largo alcance de la ley? ¿Cómo, entonces, se relacionaron con la ley? ¿Cómo fue que la fe en el Prometido y la justificación solo por la fe los llevó a vivir en relación con la ley? Creo que la respuesta es que fueron conducidos a la obediencia a la ley por la fe en la gracia venidera, la misma fe que ya los había justificado.

## UNA LLAVE PERDIDA: LA FE EN LA GRACIA VENIDERA

Podemos apreciar la centralidad de la fe en relación con la obediencia en el Antiguo Testamento si nos preguntamos qué faltaba en los corazones de tantos que escucharon la ley y no lograron caminar en ella. Una respuesta clara y constante es que lo que estaba faltando era la fe, y en particular, la fe en la gracia venidera.

Una y otra vez, la fe es el ingrediente perdido en el Antiguo Testamento que causa un fallo en la obediencia a los mandamientos de Dios. La raíz de la desobediencia es la incredulidad en la gracia futura de Dios. El Salmo 78:7 describe la forma en que se supone que trabajan la fe y la obediencia. Apela a que una generación le enseñe la Palabra de Dios a la otra, de modo que «así ellos pondrían su confianza en Dios y no se olvidarían de sus proezas, sino que cumplirían sus mandamientos» (NVI). Dicho de otro modo, la memoria de la gracia de antaño en las «proezas de Dios» alienta la «confianza en Dios» por la gracia futura, lo cual los capacita para «cumplir sus mandamientos».

Deuteronomio 20:1 materializa la forma en que la gracia pasada fue ideada por Dios para fortalecer la fe en la gracia venidera. Moisés exhorta al pueblo sobre cómo enfrentar a un enemigo que los supera en número: «Cuando salgas a combatir a tus enemigos, no tengas temor de ellos, aun cuando veas que tienen caballos y carros de guerra, y que su ejército es más grande que el tuyo, porque contigo está el Señor tu Dios, el cual te sacó de la tierra de Egipto». La memoria del poder y la gracia pasada de Dios en Egipto tiene la función de fortalecer su fe en la gracia futura y liberar a Israel para una obediencia valiente.

Casi al final de su vida, cuando Moisés rememora su experiencia con Israel, dice: «Y también fueron rebeldes al mandato del Señor su Dios cuando, desde Cadés Barnea, el Señor los envió y les dijo: "Vayan a tomar posesión de la tierra que yo les he dado." Y es que ustedes *no le creyeron, ni obedecieron sus órdenes*» (Deuteronomio 923). En otras palabras, la causa raigal de rebelarse contra el mandato de Dios es que no le creen a Dios. Y sabemos por la historia que lo que no pudieron creer fue la promesa y el poder de *la gracia venidera*. Moisés les había dado la promesa de Dios: «…él mismo nos introducirá a esta tierra y nos la entregará… No les tengan miedo, que el dios que los protege se ha apartado de ellos, y con nosotros está el Señor» (Números 14:8-9). Pero el pueblo *no* confiaba en la poderosa gracia de Dios para darle la tierra, y le dieron lugar al temor, y el temor engendró rebelión contra su mandato. Como dijo el salmista: «Ellos despreciaron una tierra muy deseable, *y no creyeron en las promesas de Dios*. En sus tiendas hablaron mal del Señor, y se negaron a escuchar su voz» (Salmos 106:24-25). La obediencia de Israel fue abortada porque no vivieron por fe en la gracia venidera.

## ¿CUÁL ERA LA RAÍZ DE SU PECADO?

Después de siglos de mantener esta conducta, el reino del norte, el de Israel, fue conquistado por Asiria. El autor del libro de los Reyes explica por qué ocurrió eso. Dice: «Y es que los hijos de Israel pecaron contra el Señor su Dios, que los libró del poder del rey de Egipto, y rindieron culto a dioses ajenos» (2 Reyes 17:7). La causa era el pecado. ¿Pero cuál es la raíz de este pecado? Notemos que la maldad del pecado contra Dios es enfatizada mediante la mención de lo poderoso y bueno que había sido Dios con Israel al liberarlos de la esclavitud en Egipto. Esto podría hacer pensar que la causa del pecado de Israel fue la ingratitud. Pero eso no es lo que escritor continúa diciendo.

En cambio, afirma: «Pero ellos, lejos de obedecer, se encapricharon como antes se encapricharon sus antepasados, *los cuales no creyeron en el Señor su Dios*» (2 Reyes 17:14). El punto es que la gracia pasada de la salvación de Egipto debería haberlos hecho confiar en Dios para la gracia futura. En cambio, ellos «no creyeron en el Señor su Dios», y por esa razón le dieron la espalda y pecaron contra Él. No confiaron en Él por un futuro mejor del que ellos podrían lograr con sus propios medios creyendo en otros dioses.

Tal vez todo el Antiguo Testamento se podría resumir en las palabras del Salmo 37:3: «Confía en el Señor, y practica el bien». Es decir, dejen que las grandes obras de la gracia pasada sustenten su fe en la gracia venidera, para que siempre puedan confiar en Dios más que en las ofertas de ayuda y guía que provienen de otros dioses o consejeros. La raíz que yacía debajo de la desobediencia de Israel era la falta de fe en la gracia venidera.

## TODA OBEDIENCIA POR FE EN LA GRACIA VENIDERA

No debería sorprendernos, entonces, que Hebreos 11 le atribuye casi toda la obediencia de los santos del Antiguo Testamento a la acción de la fe en la gracia venidera. El autor deja en claro la forma en la que piensa sobre esta fe que fortalece la obediencia. «Ahora bien, tener fe es estar seguro de lo que se espera» (Hebreos 11:1). Por decirlo de otra manera, la fe mira al futuro con la certeza de que Dios guardará sus promesas. Es precisamente por eso que la fe fortalece la obediencia, y el autor lo explicita en repetidas ocasiones.

Por ejemplo, observemos cómo la fe obra fortaleciendo la obediencia a Dios de Abraham y Moisés. «Por la fe Abraham, cuando fue probado, ofreció a Isaac… pensando que Dios es poderoso para levantar aun de entre los muertos» (Hebreos 11:17, 19 RV60). La fe que lo libró de sacrificar a su hijo era la certeza de lo que esperaba: que Dios era capaz de resucitarlo. Del mismo modo, «por la fe, cuando Moisés ya era adulto, rehusó llamarse hijo de la hija del faraón, y prefirió ser maltratado junto con el pueblo de Dios… Y es que su mirada estaba fija en la recompensa» (Hebreos 11:24-26 RV60). La fe que lo libró para soportar el maltrato en obediencia a Dios era la certeza de lo que esperaba: la recompensa.

Esa es la forma en que debemos entender todos los ejemplos de la obediencia en el Antiguo Testamento en Hebreos 11. «*Por la fe*, Abel ofreció a Dios un sacrificio más aceptable que el de Caín» (vs. 4). «*Por la fe*… Noé construyó el arca para salvar a su familia» (vs. 7). «*Por la fe*, Abrahán obedeció cuando fue llamado, y salió sin saber a dónde iba, y se dirigió al lugar que iba a recibir como herencia» (vs. 8).

## ¿CÓMO ES QUE LOS PECADORES PODÍAN AMAR TANTO LA LEY?

Por eso los santos del Antiguo Testamento amaban la ley de Dios. No solo la entendían en su propósito mayor y de largo alcance, señalando al Redentor, sino que también sabían que debía ser obedecida no en sus propias fuerzas, sino en el poder que Dios les daba a través de la fe en la gracia venidera, la fe en las promesas de Dios. Sabían que eran justificados por la fe y no por guardar la ley, de modo que la ley no representaba una carga. En cambio, ella era la vía para aumentar el gozo y la comunión con Dios. De allí sus asombrosas expresiones de amor por la ley. «¡Oh, cuánto amo yo tu ley! Todo el día es ella mi meditación» (Salmos 119:97 RV60). «Tus mandamientos son mi alegría, porque los amo profundamente» (vs. 47). «Por eso yo amo tus mandamientos, porque son mejores que el oro más puro» (vs. 72). «¡Cuán dulces son tus palabras en mi boca! ¡Son más dulces que la miel en mis labios!» (vs. 103).

> La ley del Señor es perfecta: reanima el alma.
> El testimonio del Señor es firme: da sabiduría al ingenuo.
> Los preceptos del Señor son rectos: alegran el corazón.
> El mandamiento del Señor es puro: da luz a los ojos.
> El temor del Señor es bueno: permanece para siempre.
> Los decretos del Señor son verdaderos, y todos ellos justos.
> Son más deseables que el oro refinado
> y más dulces que la miel que destila del panal.
> Con ellos, Señor, amonestas a tu siervo,
> y recompensas grandemente a quien los cumple.
>
> Salmos 19:7-11

Hay una razón para este romance con la ley que puede sonarnos extraña, y es que los santos del Antiguo Testamento sabían que la obediencia era posible por fe en la gracia venidera y que Dios se agradaba de tal obediencia, aun cuando ella nunca fuera perfecta. Si impera la noción de que Dios nunca se complacerá en nada de lo que hagamos, será difícil unirnos a los santos del Antiguo Testamento y cantar las alabanzas a la ley.

## ¿TODA NUESTRA JUSTICIA ES COMO «TRAPO LLENO DE INMUNDICIA»?

Es cierto que toda limitación en alcanzar la ley de Dios ofende su perfecta santidad y nos hace pasibles de juicio, dado que Dios no puede mirar con complacencia o favorecer ningún pecado (Habacuc 1:13; Santiago 2:10-11). Pero lo que llevaba a una persona a la ruina en el Antiguo Testamento (y a nosotros hoy) no era la incapacidad de poseer la justicia de una perfección inmaculada sino la incapacidad de confiar en las amorosas promesas de Dios, especialmente la esperanza de que un día les proveería un Redentor que sería la justicia perfecta para su pueblo («El Señor es nuestra justicia», Jeremías 23:6; 33:16). Los santos sabían que así era como serían salvos, y que esta fe era la clave de la obediencia, y que esta obediencia era la evidencia de su fe.

Es terriblemente confuso cuando la gente dice que la única justicia que tiene alguna clase de valor es la justicia imputada a Cristo. Claramente, la justificación no está anclada a ninguna de nuestras justicias personales, sino solo a la de Cristo que nos ha sido imputada.[2] Pero a veces, la gente es descuidada y habla despectivamente de *toda* la justicia humana, como si no hubiera nada que complaciera a Dios. A menudo citan Isaías 64:6, que dice que nuestra justicia es «como un trapo lleno de inmundicia». «Todos nosotros estamos llenos de impureza; todos nuestros actos de justicia son como un trapo lleno de inmundicia. Todos nosotros somos como hojas caídas; ¡nuestras maldades nos arrastran como el viento!». Pero en su contexto, Isaías 64:6 no significa que toda justicia llevada a cabo por el pueblo de Dios es inaceptable a sus ojos. Isaías se refiere a aquellas personas cuya justicia es hipócrita. No es la justicia humana en sí. En el versículo anterior a ese, Isaías expresa que Dios sale al encuentro de «los que practican la justicia con alegría» (vs. 5).

Es cierto —gloriosamente cierto— que ninguno del pueblo de Dios, antes o después de la cruz, sería aceptado por un Dios santo e inmaculado si la justicia perfecta de Cristo no fuera imputada a nosotros (Romanos 5:19; 1 Corintios 1:30; 2 Corintios 5:21). Pero eso no significa que Dios no produce en aquellos «santificados» (incluso en el Antiguo Testamento, antes de la cruz) una justicia vivencial que no es un «trapo lleno de inmundicia». De hecho lo hace, y esta justicia es preciosa para Dios y es, por cierto, requerida no como la *base* de nuestra justificación —la cual es la justicia de Cristo solamente— sino como la *evidencia* de ser verdaderamente justificados como hijos de Dios.[3]

Consideremos que Zacarías y su esposa Elisabel son descritos en Lucas en un modo que muchos cristianos se caerían de espaldas: «Ambos eran *justos delante de Dios*, y andaban *irreprensibles* en todos los mandamientos y ordenanzas del Señor» (Lucas 1:6). Su justicia no era un trapo lleno de inmundicia. Era una vida de fe y obediencia habitual que recibe limpieza de sus imperfecciones a través de la maravillosa provisión de perdón que hay en Cristo, y ya estaba operando en el Antiguo Testamento. Los santos del Antiguo Testamento, que cantaban alabanzas al Señor, lo sabían: Dios podía agradarse de su obediencia imperfecta porque era llevada a cabo por la fe y porque sus imperfecciones eran cubiertas por la sangre de Cristo.

## EL JUSTO Y EL IMPÍO

Si no entendemos que el Antiguo Testamento demanda una justicia que únicamente es posible por la fe en la gracia venidera, simplemente no seremos capaces de darle sentido a miles de textos sagrados. Por ejemplo «los justos» son contrastados con «los impíos» una y otra vez. Y la suposición es que los «justos» son personas reales que viven de manera distinta a los impíos. «Por eso los *malvados* y pecadores no tienen arte ni parte en el juicio ni en las reuniones de los *justos*. El Señor conoce el camino de los *justos*, pero la senda de los *malos* termina mal» (Salmos 1:5-6). «Es mejor lo poco del hombre *justo* que las riquezas de muchos *pecadores*, porque el Señor sostiene a los *justos* pero pondrá fin al poder de los *malvados*» (Salmos 37:16-17). «Tú deshaces todo el poder de los *pecadores*, pero exaltas la fuerza de los hombres *justos*» (Salmos 75:10).

Los «justos» no son personas libres de pecado, «…pues no hay nadie que no peque» (2 Crónicas 6:36). En cambio, como muestra el Salmo 32, los «justos» son aquellos «cuya transgresión ha sido perdonada» y a quienes «Jehová no culpa de iniquidad», sino que confiesan sus transgresiones al Señor, que ofrecen oraciones a Dios y se rinden a los mandamientos del Señor» (Salmos 32:1-2, 5-6, 8-11).

Hagamos una pausa por un momento y dejemos que este conocimiento se asiente. Cuando mi hija hace lo que yo le digo —y lo hace con un espíritu alegre y confía en mi sabiduría y cuidado—, yo no llamo a su obediencia un «trapo lleno de inmundicia», incluso si no es perfecta. Tampoco Dios lo hace. Sobre todo porque está «haciendo él en vosotros lo que es agradable delante de él» (Hebreos 13:21); Él no llama al fruto que viene de su propio Espíritu «un trapo lleno de inmundicia». Pero si mi hija hubiera limpiado su habitación furiosa, quejándose y dando portazos, yo lo llamaría «trapo lleno de inmundicia», y Dios también. La conformidad externa sin el cambio interno provocó las palabras más duras de parte de Jesús (como «sepulcros blanqueados» en Mateo 23:27).

Esto debería ser un gran aliciente para nosotros, el que nuestro Padre en los cielos no es imposible de complacer. En efecto, al igual que cada persona que tiene un gran corazón y normas elevadas, es sencillo de complacer pero difícil de satisfacer. No quisiéramos que fuera al revés. Queremos la sonrisa de su afecto alegre y el brillo fiero en sus ojos que nos dicen que podemos hacerlo —y un día lo haremos— mucho mejor. Con ese entendimiento de que somos aceptados por Dios a través de la fe en nuestro Redentor, cuya obediencia perfecta cuenta como nuestra, y con una comprensión de la forma en que nuestra obediencia genuina es posible por la fe en las promesas de Dios, los santos fueron capaces de decir: «¡Oh, cuánto amo yo tu ley! Todo el día es ella mi meditación».

## POR FE EN LA GRACIA VENIDERA PODEMOS AMAR LA LEY

Mi conclusión es que ya en el Antiguo Testamento, según el plan mayor y de largo alcance de Dios, el objetivo era que la ley fuera cumplida por fe en la gracia venidera. Esto fue posible para los santos incluso antes del derramamiento de la promesa del nuevo pacto, porque Dios les dio adelantos de este poder que los capacitaba antes de la venida de Cristo y del derramamiento de la plenitud del Espíritu Santo.

Lo que esto significa para nosotros hoy es que podemos leer el Antiguo Testamento con la gran expectativa de que habla más directamente a nuestra necesidad de lo que habíamos pensado. La dinámica de la vida espiritual que Dios estableció en el Antiguo Testamento no es en esencia distinta de la que fue establecida en el Nuevo Testamento (como veremos en el próximo capítulo). Lo que Dios requiere de su pueblo ha sido básicamente siempre lo mismo. Podemos ser fortalecidos tanto con el Antiguo Testamento como con el Nuevo en nuestro deseo de vivir por fe en la gracia venidera.

Si lo tomamos como un todo, el Antiguo Testamento tiene un gran objetivo: «Las cosas que se escribieron antes, se escribieron para nuestra enseñanza, a fin de que tengamos esperanza por medio de la paciencia y la consolación de las Escrituras» (Romanos 15:4). El Antiguo Testamento fue escrito para fortalecer nuestra esperanza en Dios, lo cual es otra forma de decir que se escribió para edificar nuestra *fe en la gracia venidera*.

## NOTAS

1. Sobre este crítico texto paulino (Gálatas 3:10), vemos el extenso tratamiento que le da Tom Schreiner defendiendo su uso en este sentido de demandar obediencia a todo lo que la ley exige. *The Law and Its Fulfillment: A Pauline Theology of Law* [La ley y su cumplimiento: una teología paulina de la ley], Grand Rapids: Baker, 1993, pp. 44-59.

2. Ver John Piper, *Counted Righteous in Christ* [Justificados en Cristo], Wheaton: Crossway Books, 2002.

3. «Las buenas obras, como los efectos y evidencias de la fe, y como tales, señales o de justificación, no pueden formar parte del cimiento sobre el cual se erige la fe, o sobre el cual depende la justificación». Buchanan, *The Doctrine of Justification* [La doctrina de la justificación], p. 358.

*Siempre oramos… para que nuestro Dios…*
*cumpla con su poder toda obra de fe.*

**2 TESALONICENSES 1:11**

*Pues así como el cuerpo está muerto si no tiene espíritu,*
*· también la fe está muerta si no tiene obras.*

**SANTIAGO 2:26**

*Los mandamientos de Dios no son insignificantes por el hecho de*
*estar bajo la gracia. Son factibles precisamente porque estamos*
*bajo ella. El don del Espíritu Santo del nuevo pacto es el poder para*
*obedecer la voluntad revelada de Dios; pero el sendero por el cual el*
*Espíritu viene y obra es la fe en la gracia venidera.*

# CAPÍTULO 12

# "PONDRÉ MI LEY EN SU MENTE"

## ¿LOS MANDAMIENTOS Y EL AMOR SON COMPATIBLES?

Jesús hace añicos muchas nociones comunes. Por ejemplo, una noción es que los mandamientos y el amor no se mezclan. Uno no da órdenes a aquel a quien ama, y uno no tiende a amar a aquel a quien le da órdenes. Ordenar sugiere una jerarquía militar, no una relación de amor. Tendemos a pensar que ordenar restringe el encanto y la buena disposición, y a menudo esto es cierto.

Pablo le escribió a su amigo Filemón diciéndole: «Por eso, y aunque tengo mucha libertad en Cristo para *mandarte lo que conviene*, más bien *te ruego por amor*» (Filemón 8-9; ver también 2 Corintios 8:8). Probablemente Pablo tomaba en serio su amor y el de Filemón. De modo que es cierto que, por amor, una persona con autoridad puede elegir no mandar.

Pero Jesús rompe con toda disociación absoluta entre los mandamientos y el amor cuando dice: «Si me aman, obedezcan mis *mandamientos*. El que tiene mis *mandamientos*, y los obedece, ése es el que me ama; y el que me ama, será amado por mi Padre» (Juan 14:15, 21). «Si obedecen mis *mandamientos*, permanecerán en mi amor; así como yo he obedecido los *mandamientos* de mi Padre, y permanezco en su amor» (Juan 15:10). Pensar en términos de mandamientos y obediencia no le impidió a Jesús disfrutar del amor de su Padre, y por lo tanto espera que nuestro pensamiento acerca de Él como uno que nos ordena no ponga en riesgo tampoco nuestra relación de amor con Él.

Es crucial que comprendamos esto, porque la relación de pacto que tenemos con Dios a través de Jesucristo no es un pacto desprovisto de mandamientos. La diferencia básica entre el antiguo pacto ofrecido por Dios a través de la ley mosaica y el nuevo pacto ofrecido por Dios a través de Jesucristo no es que uno contenía mandamientos y el otro no. Las diferencias fundamentales son que: 1) el Mesías, Jesús, ha venido y derramado la sangre del pacto (Mateo 26:28; Hebreos 10:29) de modo que de ahí en más es el mediador de un nuevo pacto, y la fe salvadora y guardadora del pacto es una fe consciente en Él; 2) el antiguo pacto, por lo tanto, ha quedado «obsoleto» (Hebreos 8:13) y no gobierna al pueblo de Dios del nuevo pacto (2 Corintios 3:7-18; Romanos 7:4, 6; Gálatas 3:19);[1] y 3) El nuevo corazón que nos ha sido prometido y el poder capacitador del Espíritu Santo nos ha sido entregado por la fe.

En el antiguo pacto, el poder que capacitaba a los santos para obedecer a Dios no había sido derramado tan plenamente como lo fue desde la venida de Jesús, era deficiente. «Pero hasta este día el Señor no les ha dado la capacidad de entender, ni de ver ni de oír» (Deuteronomio 29:4). Lo nuevo acerca del nuevo pacto no es que no haya mandamientos, sino que la promesa de Dios se hizo realidad: «Pondré mi ley en su mente, y la escribiré en su corazón» (Jeremías 31:33). «Pondré en ustedes mi espíritu, y haré que cumplan mis estatutos, y que obedezcan y pongan en práctica mis preceptos» (Ezequiel 36:27).

Lo que hace posible el amor entre nosotros y un Dios que nos da mandamientos es que Él no nos habla a la distancia y nos deja librados a nuestra suerte; se acerca y se da a sí mismo, tanto como nos da sus mandatos. El nuevo pacto, sellado por la sangre de su Hijo (1 Corintios 11:25), incluye el compromiso de poner su Espíritu dentro de nosotros. Pablo dijo que este era un «nuevo pacto, no de la letra, sino del Espíritu; porque la letra mata, pero el Espíritu vivifica» (2 Corintios 3:6). Cuando los mandamientos, escritos sobre una piedra, se topan con un corazón reticente y de piedra, ellos condenan y matan. Pero cuando el Espíritu quita el corazón de piedra e infunde vida y fe al nuevo corazón de carne, los mandamientos de Dios no son una carga mortal sino un camino gozoso. «Todo aquel que cree que Jesús es el Cristo, ha nacido de Dios. Pues éste es el amor a Dios: que obedezcamos sus mandamientos. Y sus mandamientos no son difíciles de cumplir» (1 Juan 5:1, 3). Este es el efecto del nuevo pacto.

Por lo tanto, no necesitamos asustarnos ante los «mandamientos» del nuevo pacto, dados por Jesús y sus apóstoles, como si fueran demandas frías y distantes de un soberano impersonal. Podemos abrazar todas las enseñanzas neotestamentarias que hablan de que los mandamientos de Dios son cruciales para vivir la vida cristiana. «Pues éste es el amor a Dios: que obedezcamos sus mandamientos. Y sus mandamientos no son difíciles de

cumplir» (1 Juan 5:3). Por ejemplo, Pablo dijo: «Lo que importa es obedecer los mandamientos de Dios, y no el estar o no circuncidado» (1 Corintios 7:19). En efecto, «obedecer los mandamientos de Dios» es lo que
verdaderamente importa, incluso ahora bajo el nuevo pacto. Como dijo
Jesús en la Gran Comisión: «Enséñenles a cumplir todas las cosas que les
he mandado» (Mateo 28:20).

Aunque Pablo renunció al derecho de darle órdenes a Filemón, estaba
dispuesto a llamar a sus instrucciones morales «mandamientos» en 1 Tesalonicenses 4:2, «Porque ya sabéis qué *mandamientos* os dimos por el Señor
Jesús» (RVA). Esos mandatos apostólicos, junto con los «mandamientos» del
Señor Jesús (Juan 14:15, 21; 15:10) son probablemente a lo que Pablo se refería con «la ley de Cristo». «Entre los que no tienen ley, me comporto como
si no tuviera ley, para ganar a los que no tienen ley (aun cuando no estoy libre
de la ley de Dios, sino bajo *la ley de Cristo*)» (1 Corintios 9:21). «Sobrelleven
los unos las cargas de los otros, y cumplan así *la ley de Cristo*» (Gálatas 6:2).

## EL APÓSTOL DEL AMOR... Y DE LOS MANDAMIENTOS

El apóstol Juan es tal vez más conocido como el apóstol del amor. Era el
discípulo «al cual Jesús amaba» (Juan 13:23; 20:2), y escribió extensamente
sobre el amor. Más de un tercio de todo el Nuevo Testamento donde se usa
la palabra «mandamiento»[2] se encuentra en sus escritos. Sucede no solo en
su evangelio, como hemos visto, sino también en Apocalipsis y en sus cartas. «Con esto podemos saber que lo conocemos: si obedecemos sus *mandamientos*. El que dice: "Yo lo conozco", y no obedece sus *mandamientos*,
es un mentiroso, y no hay verdad en él» (1 Juan 2:3-4). «...y recibiremos
de él todo lo que le pidamos, porque obedecemos sus *mandamientos*, y hacemos las cosas que le son agradables. El que obedece sus *mandamientos*,
permanece en Dios, y Dios en él» (1 Juan 3:22, 24).

Es importante ver esto, porque Juan también deja en claro que la fe en
el evangelio es el poder triunfante por el cual los mandamientos de Dios
pueden ser guardados. Lo que veremos es que las mismas dinámicas espirituales para guardar los mandamientos de Dios están activas tanto en el
Antiguo como en el Nuevo Testamento; concretamente, los obedecemos
por fe en la gracia venidera. Este es el modo en que Juan trata la relación
entre la fe y la obediencia:

Todo aquel que cree que Jesús es el Cristo, ha nacido de Dios. Todo
aquel que ama al que engendró, ama también al que ha sido engendrado

por él. (2) En esto sabemos que amamos a los hijos de Dios: en que amamos a Dios y obedecemos sus mandamientos. (3) Pues éste es el amor a Dios: que obedezcamos sus mandamientos. Y sus mandamientos no son difíciles de cumplir. (4) Porque todo el que ha nacido de Dios vence al mundo. Y ésta es la victoria que ha vencido al mundo: nuestra fe. (5) ¿Quién es el que vence al mundo, sino el que cree que Jesús es el Hijo de Dios? (1 Juan 5:1-5).

Juan dice «porque todo el que ha nacido de Dios vence al mundo» (vs. 4). Ese «porque» al inicio del versículo 4 significa que esto se da como la base o el cimiento de lo que dijo justo antes de eso: «sus mandamientos no son difíciles de cumplir». De modo que cuando Juan habla aquí de vencer al mundo lo que tiene en mente es vencer el impulso mundano de rechazar los mandamientos de Dios y considerarlos difíciles de cumplir. Cuando nacemos de nuevo, dice, ese impulso es derrotado y no consideramos que sus mandamientos sean gravosos.

¿De qué forma el nacer de nuevo hace que los mandamientos de Dios resulten una delicia y no una carga? Juan explica: «ésta es la victoria que ha vencido al mundo: nuestra fe». En otras palabras, la manera en que nacer de Dios vence la pesadez mundana hacia los mandatos de Dios es engendrando la fe. Esto se confirma en el versículo 1, que dice literalmente: «Todo aquel que cree que Jesús es el Cristo, *ha nacido de Dios*». La fe es la evidencia de que hemos nacido de Dios. Nosotros no nacemos de nuevo solo por decidir creer: Dios nos hace desear creer, causando así el nuevo nacimiento. Como dijo Pedro en su primera carta: Dios «…nos ha hecho nacer de nuevo a una esperanza viva» (1 Pedro 1:3). Nuestra esperanza viva, nuestra fe en la gracia venidera, es la obra de Dios a través del nuevo nacimiento.

Entonces, cuando Juan dice: «*todo el que ha nacido de Dios* vence al mundo», y luego agrega: «Y ésta es la victoria que ha vencido al mundo: *nuestra fe*», entiendo que quiere decir que Dios nos capacita, mediante el nuevo nacimiento, para vencer al mundo, es decir, para vencer nuestra poca disposición mundana a guardar los mandamientos de Dios. El nuevo nacimiento logra esto generando fe, la cual evidentemente incluye una disposición a contentarse con los mandamientos de Dios antes que a despreciarlos. Con lo cual, esta fe que vence nuestra hostilidad innata hacia Dios y su voluntad nos hace libres para cumplir sus mandamientos y decir junto al salmista: «Hacer tu voluntad, Dios mío, me agrada; tu ley la llevo dentro de mí» (Salmos 40:8).

Pero alguien podrá decir: «¿Cómo puedo atribuirle a la fe lo que el versículo 3 le atribuye al amor por Dios?» «Éste es el amor a Dios: que obedezcamos sus mandamientos». No niego que el amor a Dios no sea el poder que guarda sus mandamientos, pero también afirmo —con base en el hilo del pensamiento que continúa— que la fe también es el instrumento del poder de Dios que nos permite guardar sus mandamientos. La pregunta es, entonces, ¿cómo encajan juntos?

## «EL AMOR ES LO PRINCIPAL EN LA FE SALVADORA»

Jonathan Edwards, el pastor y teólogo del sigo XVIII, luchó con este texto hasta que concluyó: «La fe salvadora implica en su naturaleza el amor divino… Nuestro amor a Dios nos capacita para superar las dificultades que conlleva cumplir los mandamientos, lo cual nos muestra que el amor es lo principal en la fe salvadora, la vida y el motor de ella, por el cual esta produce grandes efectos».[3] Creo que Edwards está en lo correcto y que numerosos textos en la Biblia apoyan sus palabras.[4] Otra forma de decirlo es que la fe en Cristo no se trata solo de *estar de acuerdo con* lo que Dios es para nosotros, sino también *abrazar* todo lo que Él es para nosotros en Cristo. «La fe verdadera abraza a Cristo en cualquier forma que las Escrituras lo acercan a los pobres pecadores».[5] Este «abrazo» es una clase de amor por Cristo, ese amor que lo valora por encima de todas las demás cosas.

Por lo tanto, no hay contradicción entre 1 Juan 5:3, por una parte, que dice que nuestro amor por Dios nos capacita para guardar sus mandamientos y, por otra, el verso 4, que dice que nuestra fe vence los obstáculos del mundo que nos impiden obedecer los mandamientos de Dios. El amor a Dios y a Cristo está implícito en la fe.

El versículo 5 define la fe que obedece de la siguiente manera: «¿Quién es el que vence al mundo, sino el que *cree* que Jesús es el Hijo de Dios?». Esta fe está «abrazando» al presente Jesucristo como la gloriosa persona divina que es. No es simplemente asentir a la verdad de que Jesús es el Hijo de Dios, porque los demonios también están de acuerdo con eso (Mateo 8:29). Creer que Jesús es el Hijo de Dios significa «abrazar» la importancia de esa verdad; es decir, estar satisfechos con Cristo como el Hijo de Dios y todo lo que Dios es para nosotros en Él.

«Hijo de Dios» significa que Jesús es la persona más grande del universo junto con su Padre. Por ende, todo lo que Él enseñó es verdad, y todo lo que prometió estará firme, y su grandeza que satisface el alma jamás cambiará. Creer que Él es el Hijo de Dios, por lo tanto, incluye contar con todo esto y estar satisfecho con ello.

Una confirmación de esto se encuentra en 1 Juan 4:16. Allí los creyentes son descritos como los que «hemos conocido y creído el amor que Dios tiene para con nosotros». Esto es de especial importancia porque dice «el amor que Dios *tiene* para con nosotros», no «el amor que *tuvo* para con nosotros». Significa que confiamos en el amor actual y progresivo de Dios. Él está allí con nosotros, momento a momento. Pienso que esto quiere decir que creer en Jesús como el Hijo de Dios incluye creer en todo el amor de Dios que personificó y obtuvo por nosotros.

Por lo tanto, llego a la conclusión de que el enfoque de Juan en guardar los mandamientos de Dios está a tono con lo que vimos en el capítulo anterior. Él nos enseña a guardar los mandamientos de Dios por fe en la gracia venidera, o más precisamente, tal vez, por estar satisfechos con todo lo que Dios es y promete ser para nosotros en Jesús.

## PODER PARA AMAR A NUESTROS ENEMIGOS

Durante las semanas en que me encontraba editando la primera versión de este libro, también estaba predicando una serie de mensajes bajo el tema «El mayor de todos es el amor». Uno de los textos que tomé como base fue la orden de Jesús: «Amen a sus enemigos, bendigan a los que los maldicen, hagan bien a los que los odian, y oren por quienes los persiguen» (Mateo 5:44). Al mismo tiempo, me llegó un reporte a mi correo electrónico sobre dos misioneros de la Misión Nuevas Tribus cerca de Bogotá, Colombia, quienes habían sido asesinados por guerrilleros marxistas. Steve Welsh y Timothy Van Dyke recibieron múltiples disparos. Ambos tenían cuarenta y dos años y habían estado enseñando en una escuela de misioneros cuando fueron secuestrados, un año y medio atrás.

Las preguntas que tuve que plantear mientras predicaba sobre amar a los enemigos eran: ¿cómo haces para amar a los hombres que te secuestran y, al cabo de un año y medio, acaban matándote? ¿Cómo las esposas y los hijos de esos dos hombres pueden amar a los asesinos? «Ámalos. Ámalos. Si te matan, ámalos. Si se llevan a tu padre, ámalos. Si destruyen tu familia, ámalos. Ama a tus enemigos. Sé esa clase de persona. Cambia tu interior de tal manera que esto sea realmente posible» (véase Mateo 5:43-48).

¿Cómo lo logramos? ¿De dónde viene el poder para amar así? ¡Solo piensa en lo asombroso que es esto cuando se ve en el mundo real! ¿Alguna otra cosa podría mostrar la verdad, el poder y la realidad de Cristo más que esto? Creo que Jesús nos da la clave de este amor radical y abnegado en el mismo capítulo.

En Mateo 5:11-12 nuevamente habla sobre ser perseguidos: «Bienaventurados serán ustedes cuando por mi causa los insulten y persigan, y mientan y digan contra ustedes toda clase de mal. Gócense y alégrense, porque en los cielos ya tienen ustedes un gran galardón; pues así persiguieron a los profetas que vivieron antes que ustedes». Lo notable de estos versículos es que Jesús dice que somos capaces no solo de *soportar* el maltrato del enemigo, sino de *regocijarnos* en él. Eso parece aún más inalcanzable. Si yo pudiera lograrlo —si pudiera regocijarme al ser perseguido— entonces sería posible amar a quienes me persiguen. Si el milagro del gozo en medio del horror, injusticia, dolor y pérdida pudiera ocurrir, entonces el milagro de amar a los perpetradores también pudiera.

Jesús nos da la clave del gozo en estos versículos. Nos dice: «Gócense y alégrense, *porque en los cielos ya tienen ustedes un gran galardón*». La clave de este gozo es la gracia venidera (en los cielos ya tienen un galardón). Creo que él es el poder liberador para amar a nuestros enemigos cuando nos persiguen. De ser cierto, entonces el mandato de amar es en realidad un mandato de poner nuestra mirada en las cosas de arriba, no en las de la tierra (Colosenses 3:2). El mandamiento de amar a nuestro enemigo es un mandamiento para encontrar esperanza y satisfacción en Dios y en su inmensa recompensa: su gracia futura. La clave para el amor radical es la fe en la gracia venidera. Debemos estar persuadidos en medio de nuestra agonía de que el amor de Dios es «mejor que la vida» (Salmos 63:3). Amar a nuestros enemigos no nos otorga la recompensa en el cielo; atesorarla es lo que nos da el poder para amarlos.

Consideremos con cuidado cuando oigamos a alguien decir que los cristianos serían más útiles en el mundo si no estuvieran tan preocupados acerca del futuro. Podría ser que algunos cristianos estén distraídos por la fascinación excesiva con la enseñanza profética. Sin embargo, Jesús dejó en claro que el secreto del gozo y el amor en medio de los tiempos difíciles es la confianza profunda e inamovible de que cada pérdida en esta tierra al servicio del amor por la causa del Reino será restaurada con abundancia, «apretada, remecida y desbordante» (Lucas 6:38; véase también Marcos 10:29-30). El mandato es claro: dediquémonos a cultivar una fe más fuerte en la «gran recompensa» de la gracia venidera. Este es el poder del amor.

Hay muchos ejemplos más de cómo el Nuevo Testamento enseña que la obediencia a Dios es por *fe en la gracia venidera*. Consideremos brevemente cuatro ilustraciones adicionales.

## OBEDIENCIA POR EL GOZO PUESTO DELANTE DE NOSOTROS

En primer lugar, cuando Hebreos 11 describe la obediencia de los santos del Antiguo Testamento como algo que ocurría «por fe» —es decir, por «la certeza de lo que se espera»— no lo hace por mero interés histórico, sino que tiene un sentido, y este es recalcar que a los cristianos hoy en día nos toca obedecer de la misma manera.

Lo sabemos porque Hebreos llama a la misma clase de obediencia en otros pasajes. Verbigracia, pone a Jesús como ejemplo de vivir por fe en la gracia venidera, «el cual por el gozo puesto delante de él sufrió la cruz» (Hebreos 12:2 RV60). En otras palabras, Jesús se encuentra en ese enorme cortejo de santos que *«por la fe… fueron muertos a golpes, pues para alcanzar una mejor resurrección no aceptaron que los pusieran en libertad»* (Hebreos 11:33, 35 NVI). Somos llamados a mirar a «Jesús, el autor y consumador de la fe» (12:2). Por lo cual, Jesús une a todos los creyentes del Antiguo Testamento orientados hacia el futuro con nosotros, continuando su ejemplo de vivir por fe en la gracia venidera. Él fue fortalecido para soportar el alto costo del amor, poniendo su esperanza en «el gozo puesto delante de él». (Véase también Hebreos 10:32-34; 13:5-7.)

## «OBRA DE FE»

En segundo lugar, el apóstol Pablo se refiere dos veces a la obediencia práctica de los cristianos como una «obra de fe». La primera vez que les escribe a los tesalonicenses les dice: «… acordándonos sin cesar delante del Dios y Padre nuestro de la obra de vuestra fe, del trabajo de vuestro amor y de vuestra constancia en la esperanza en nuestro Señor Jesucristo» (1 Tesalonicenses 1:3 RV60). La segunda vez les escribe diciéndoles: «Por eso siempre oramos por ustedes, para que nuestro Dios los considere dignos de su llamamiento, y cumpla con su poder todo propósito de bondad y toda *obra de fe*, para que, por la gracia de nuestro Dios y del Señor Jesucristo, el nombre de nuestro Señor Jesucristo sea glorificado en ustedes, y ustedes en él» (2 Tesalonicenses 1:11-12).

La expresión «obra de fe» se refiere a los actos prácticos de amor y bondad que los cristianos hacen, y el punto es que esos actos son realizados *por fe*. Cuando Pablo ora (2 Tesalonicenses 1:11) que Dios «cumpla… toda *obra de fe*» por su poder, les muestra que la fe es el conducto que Dios usa para transmitir su poder en obediencia. Y cuando añade al final del versículo 12 que esta obra de fe glorifica al Señor Jesús «por la gracia de nuestro Dios», demuestra que la fe que se ve es fe en la gracia venidera. Cuando fijamos nuestra fe en la gracia futura, el poder de Dios fluye a través de esa fe y somos llenos de poder para realizar el «propósito de bondad y toda obra de fe» que trae gloria a Dios, no a nosotros, que es en definitiva el objetivo de la gracia. Nosotros recibimos la ayuda y Dios se lleva la gloria.

## LA OBRA DE FE DE SPURGEON PARA LA GLORIA DE DIOS

Charles Spurgeon, el gran predicador londinense, amaba glorificar a Dios pidiendo mucho de Él. Solía citar el Salmo 50:15, donde Dios dice: «Invócame en el día de la angustia; yo te libraré, y tú me honrarás». Pedimos ayuda a la gracia venidera; Dios responde con poder de liberación, y el resultado es que Él es honrado. «Aquí hay una asociación maravillosa: nosotros obtenemos lo que tanto necesitamos y todo lo que Dios recibe es la gloria debida a su nombre».[6]

Spurgeon creía que la forma de obtener «mucha gracia» de Dios era por la fe en la gracia venidera. Por ejemplo, animaba a los jóvenes predicadores a creer que la Palabra de Dios no sería nunca predicada en vano.

Amados, tengan fe genuina en la Palabra de Dios, y en su poder para salvar. No suban al púlpito predicando la verdad y diciendo: «Espero que algo bueno salga de esto», sino que crean con confianza que ella no regresará vacía, sino que hará la obra del propósito eterno de Dios. No hablen como si el evangelio tuviera algún poder o no tuviera ninguno. Dios los envía para hacer milagros; por lo tanto, díganle al paralítico espiritual: «En el nombre de Jesucristo de Nazaret, ¡levántate y camina!», y los hombres se levantarán y caminarán. Pero si ustedes dicen: «Espero, querido, que Jesucristo te haga levantarte y caminar», su Señor desaprobará sus palabras que lo deshonran. Ustedes lo habrán disminuido, lo habrán bajado al nivel de su incredulidad y así Él no puede hacer muchas obras poderosas a través de sus vidas. Hablen con valor; porque si hablan por el Espíritu Santo, no pueden hablar en vano.[7]

## CUMPLIR LA LEY POR AMOR, POR FE EN LA GRACIA VENIDERA

En tercer lugar, Pablo muestra indirectamente cómo el cumplimiento de los mandamientos de Dios ocurre por fe en la gracia venidera. Asegura:

«El amor no hace daño a nadie. De modo que el amor es *el cumplimiento de la ley*» (Romanos 13:10). Después, en al menos dos lugares, enseña que el amor viene por la fe, lo cual confirma que el cumplimiento de la ley es por fe. «Porque en Cristo Jesús nada valen la circuncisión ni la incircuncisión, sino *la fe que obra por el amor*» (Gálatas 5:6). «Pues el propósito de este mandamiento es el amor que nace de un corazón limpio, de una buena conciencia y de *una fe sincera*» (1 Timoteo 1:5; ver además Colosenses 1:4-5). Podemos concluir que Dios quiso que sus mandamientos, resumidos en el amor, fueran llevados a cabo *por fe en la gracia venidera*.

## LA FE MUERTA NO PUEDE PRODUCIR OBRAS

En cuarto término, Santiago nos brinda un mensaje inequívoco al decir: «Hermanos míos, ¿de qué sirve decir que se tiene fe, si no se tienen obras? ¿Acaso esa fe puede salvar?» (Santiago 2:14). «¡No seas tonto! ¿Quieres pruebas de que la fe sin obras es muerta?» (2:20). «Pues así como el cuerpo está muerto si no tiene espíritu, también la fe está muerta si no tiene obras» (2:26).

El mensaje aquí no es nada más que la fe salvadora está siempre *acompañada* de buenas obras, sino que la fe es la que *produce* las obras. Por esa razón la llama «muerta» si no hay obras, porque la vida de la fe se manifiesta a través de las obras que su vida genera. La clase de fe que Santiago tiene en mente probablemente está indicada por su uso en Santiago 1:6, y este señala la fe en la gracia venidera. Si un hombre necesita sabiduría, dice, debe pedírsela a Dios, «pero tiene que pedir *con fe* [en la *gracia venidera* de Dios para darla] y sin dudar nada, porque los que dudan son… inconstantes en todo lo que hacen» (Santiago 1:5-6, 8). Tiene doble ánimo porque parte de él tiene fe en la gracia venidera y parte no. Por lo cual la fe que recibirá la sabiduría y lo capacitará para vivir en obediencia, es fe en la gracia venidera. Esta es la fe que no está muerta sino que hará posible la obediencia a Dios. Más aún, en Santiago 2:23 la fe que estamos viendo es semejante a la de Abraham: «Abraham *creyó* a Dios, y le fue contado por justicia» (RV60). Y sabemos por Génesis 15:5-6 que la fe de Abraham era fe en la promesa de Dios, fe en la gracia venidera.

## «QUE GUARDAN LOS MANDAMIENTOS DE DIOS Y LA FE EN JESÚS»

Concluyo que el Nuevo Testamento nos enseña a obedecer los mandamientos de Dios —la ley de Cristo— *por fe en la gracia venidera*. Los mandamientos de Cristo no son gravosos porque estamos bajo la gracia y son *factibles* porque estamos bajo la gracia. El don del Espíritu del nuevo pacto es el poder para obedecer la voluntad revelada de Dios, pero el camino por el cual el Espíritu viene y hace su obra es la fe en la gracia venidera.

En el primer siglo, en medio de una terrible persecución, los cristianos eran conocidos con nombres simples y contundentes. Uno de ellos era «santos, los que guardan los mandamientos de Dios y la fe de Jesús» (Apocalipsis 14:12). El mensaje de este capítulo ha sido que esas dos cosas no son meramente paralelas. La *fe en Jesús* como el Hijo de Dios que satisface toda nuestra necesidad, que está aquí para nosotros en todo momento y que promete estar allí en nuestro futuro, esta fe les dio el coraje necesario para *guardar los mandamientos* de Dios incluso frente a la muerte misma.

Esta clase de confianza y seguridad, a pesar de las abrumadoras desilusiones, produce una vida de paciencia admirable. En el siguiente capítulo, haríamos bien en meditar brevemente en cómo apreciar la sabiduría de Dios y atesorar su reinado soberano por encima de nuestras circunstancias nos purifica del pecado de la impaciencia.

## NOTAS

1. Véase Thomas Schreiner, *40 Questions about Christians and Biblical Law* [40 preguntas sobre los cristianos y la ley bíblica], Grand Rapids: Kregel Academic, 2010, pp. 67-71.
2. La palabra griega utilizada para «mandamiento», *entole*, se usa sesenta y siete veces en el Nuevo Testamento.
3. Jonathan Edwards, «Concerning Faith» [Concerniente a la fe] en *The Works of Jonathan Edwards* [Las obras de Jonathan Edwards], vol. 2, Edimburgo: The Banner of Truth Trust, 1974, p. 586. En la página 588 del original, él sostiene que «el amor pertenece a la esencia de la fe salvadora», por la forma en la que Pablo cita a Isaías 64:4 en 1 Corintios 2:9, donde amar a Dios reemplaza el esperar en Dios, la cual es una forma del Antiguo Testamento para referirse a «fe en Dios o confiar en Dios».
4. Véase los capítulos 15 y 16.
5. Ernest Reisinger, *Lord and Christ: The Implications of Lordship for Faith and Life* [Señor y Cristo: las implicaciones del señorío para la fe y la vida], Phillipsburgh, NJ: P&R Publishing, 1994, p. 45.
6. Charles Spurgeon, *Twelve Sermons on Prayer* [Doce sermones sobre la oración], Grand Rapids: Baker Book House, 1971, p. 115.
7. Charles Spurgeon, *An All-Round Ministry* [Un ministerio en todo sentido], Edimburgo: The Banner of Truth Trust, 1969, original de 1900, p. 343.

*No juzgues al Señor con débil sentido,*
*Sino confía en Él por su gracia;*
*Detrás de una providencia que frunce el ceño*
*Se esconde una cara sonriente.*

**WILLIAM COWPER**

*Pero ustedes, hermanos, tengan paciencia hasta la venida del Señor.*
*Hermanos míos, tomen como ejemplo de sufrimiento y de paciencia*
*a los profetas que hablaron en el nombre del Señor. Recuerden que*
*nosotros consideramos dichosos a los que pacientemente sufren.*
*Ustedes ya han sabido de la paciencia de Job, y saben también cómo*
*lo trató el Señor al final, porque él es todo compasión y misericordia.*

**SANTIAGO 5:7, 10-11**

*Es bueno el Señor con quienes le buscan,*
*con quienes en él esperan.*

**LAMENTACIONES 3:25**

CAPÍTULO 13

*Aplicando el poder purificador*

# FE EN LA GRACIA VENIDERA
# VS. IMPACIENCIA

## EN EL LUGAR DE DIOS, AL RITMO DE DIOS, POR LA GRACIA VENIDERA

La impaciencia es una forma de incredulidad. Es lo que comenzamos a sentir cuando empezamos a dudar de la sabiduría del tiempo de Dios o de su bondad o su guía. Surge en nuestros corazones cuando se interrumpe un plan o directamente se cancela. Puede ser provocada por una larga espera en una fila o una explosión repentina que derriba la mitad de nuestros sueños. Lo contrario a la impaciencia no es una negación simplista de la pérdida sino una disposición interior profunda y serena a esperar a Dios en el lugar imprevisto de la obediencia, y a caminar con Él en el imprevisto ritmo de la obediencia: esperar en su lugar, ir a su ritmo. Y la clave es la fe en la gracia venidera.

## EL COMPROMISO INQUEBRANTABLE DE MARIE DURAND

En su libro *Passion* [Pasión], Karl Olsson narra una historia de paciencia increíble entre los primeros protestantes franceses, llamados hugonotes.

A principios del siglo XVII… en el sur de Francia, una señorita llamada Marie Durand fue llevada delante de las autoridades bajo el cargo de herejía hugonote. Tenía catorce años, era inteligente, atractiva y una buena candidata para casarse. Le pidieron que renunciara a la fe hugonote. No le dijeron que cometiera un acto inmoral, que fuera una criminal o incluso que cambiara la calidad de su conducta. Solo le pidieron que dijera *«J'abjure»* [yo abjuro]. Nada más ni nada menos, pero ella no obedeció. Junto con otras treinta mujeres hugonotes fue encerrada en una torre a la vera del mar… Por treinta y ocho años continuó en ese lugar… Y en vez de la aborrecida frase *J'abjure* ella, junto con sus compañeras mártires, tallaron en la pared de la prisión la palabra *Resistez*, ¡resistan!

Los turistas todavía pueden ver y admirar la palabra en la pared de piedra de Aigues-Mortes... No entendemos la aterradora simplicidad de un compromiso religioso que no pide nada del tiempo y no obtiene nada de él. Podemos entender una religión que acentúa el tiempo... pero no podemos entender una fe que no se nutre de la esperanza temporal de que mañana las cosas mejorarán. Sentarse en una prisión con otras treinta personas y ver el día transformarse en noche y el verano en otoño, sentir lentamente los cambios sistémicos dentro de la carne propia: la piel secarse y arrugarse, la pérdida de tono muscular, el endurecimiento de las articulaciones, la lenta estupefacción de los sentidos... Sentir todo esto y todavía perseverar es algo casi estúpido para una generación que no tiene la capacidad de esperar y perdurar.[1]

La paciencia es la capacidad de «esperar y permanecer» sin murmurar y sin desilusionarse, de esperar en el lugar imprevisto y de perdurar en el ritmo imprevisto. Karl Olsson usa un adjetivo puntual que señala el poder que hay en la paciencia. Él dijo: «No podemos entender una fe que no se nutre de la esperanza *temporal* de que mañana las cosas mejorarán». Me pregunto si podemos entender esa paciencia. Seguramente no si la esperanza «temporal» es la única clase de esperanza que tenemos. Pero si existe una esperanza más allá de esta vida temporal —si la gracia futura se extiende hasta la eternidad—, entonces puede haber una comprensión profunda de tal paciencia en esta vida.

De hecho, es precisamente la esperanza en la gracia venidera más allá de esta vida lo que sostiene a los santos pacientemente a lo largo de sus aflicciones. Pablo lo dejó bien claro en su propia vida:

«Por lo tanto, no nos desanimamos [*es decir, no sucumbimos a la queja y la impaciencia*]. Y aunque por fuera nos vamos desgastando, por dentro nos vamos renovando de día en día. Porque estos sufrimientos insignificantes y momentáneos producen en nosotros una gloria cada vez más excelsa y eterna. Por eso, no nos fijamos en las cosas que se ven, sino en las que no se ven; porque las cosas que se ven son temporales, pero las que no se ven *son eternas*» (2 Corintios 4:16-18).

No dudo de que solo esta fe en la gracia venidera —por encima de lo temporal— sostuvo la paciencia de Marie Durand y le dio la fortaleza a lo largo de treinta y ocho años para escribir la palabra *Resistez* en el muro de su celda.

## LA FORTALEZA INTERIOR DE LA PACIENCIA

*Fortaleza* es la palabra exacta. El apóstol Pablo oraba por la iglesia en Colosas y pedía que ellos fueran «*fortalecidos* en todo sentido con su *glorioso poder*» (Colosenses 1:11). La paciencia es la evidencia de una fortaleza interior. La gente impaciente es débil, y por tanto, dependiente de apoyos externos, como agendas que tengan todo organizado y circunstancias que afirmen sus frágiles corazones. Sus estallidos de insultos, amenazas y críticas implacables a los culpables de arruinar sus planes no *suenan* débiles. Pero todo ese ruido es el camuflaje de la debilidad. La paciencia requiere una tremenda fortaleza interior.

Para los cristianos, esa fortaleza viene de Dios. Por esa razón, Pablo ora por los colosenses y le pide a Dios que los llene de poder para soportar pacientemente lo que la vida cristiana requiere. Pero cuando dice que la fortaleza de la paciencia es «conforme al dominio de su gloria», eso no significa simplemente que se precisa del poder divino para hacer a una persona paciente. Lo que quiere decir es que la *fe* en este glorioso poder es el canal a través del cual nos llega el poder para la paciencia. La paciencia es de hecho un fruto del Espíritu Santo (Gálatas 5:22) pero, como veremos en el capítulo 17, el Espíritu Santo empodera (con todo su fruto) a través del «oír con fe» (Gálatas 3:5). Por lo tanto, Pablo ora para que Dios nos conecte con el «glorioso poder» que engendra la paciencia, y esta conexión es fe.

## CONFIAR EN QUE DIOS CAMBIA LAS BARRERAS EN BENDICIONES

Más específicamente, el glorioso poder que necesitamos ver y en el que necesitamos confiar es el poder de Dios para transformar todos nuestros desvíos y obstáculos en gloriosos resultados. Si creyéramos que al detenernos en la luz roja Dios está impidiendo que un accidente nos ocurra, seríamos más pacientes y felices. Si creyéramos que nuestra pierna rota fue la manera en que Dios reveló, por medio de los rayos X, un cáncer en estado temprano para que pudiéramos sobrevivir, no nos quejaríamos del inconveniente. Si creyéramos que esa llamada a medianoche fue la forma que Dios usó para que percibiéramos el humo en el sótano, no nos quejaríamos por el sueño interrumpido. La clave para la paciencia es la fe en la gracia venidera del «glorioso poder» de Dios para transformar todas nuestras interrupciones en recompensas.

En otras palabras, la fortaleza para la paciencia depende de nuestra capacidad de creer que Dios está haciendo algo bueno para nosotros en todos nuestros retrasos y desvíos. Esto requiere una gran fe en la gracia venidera, porque la evidencia rara vez se hace presente. Una leyenda contada por Richard Wurmbrand ilustra la necesidad de creer en los propósitos invisibles de Dios, aun cuando todo lo que podemos ver es el mal y la frustración.

La leyenda dice que Moisés una vez se sentó a meditar cerca de un pozo. Un peregrino se detuvo para beber del pozo y, al agacharse, se le cayó el bolso en la arena. El hombre siguió su camino. Enseguida vino otro hombre al pozo, vio el bolso y lo levantó. Más tarde pasó un tercer hombre y se detuvo a saciar su sed y a dormir a la sombra de aquel pozo. Mientras tanto, el primer hombre ya había descubierto que se le había caído su bolso y, suponiendo que debía haberlo perdido en el pozo, regresó y despertó al que dormía (quien, por supuesto, no tenía idea de lo que estaba diciendo) y le exigió que le devolviera su dinero. Luego hubo una discusión, y airado, el primer hombre mató al otro. Con lo cual Moisés le dijo a Dios: «Como ves, por eso los hombres no creen en ti. Hay tanta maldad e injusticia en el mundo. ¿Por qué el primer hombre tenía que perder su bolso para luego volverse un asesino? ¿Por qué el segundo tuvo que encontrarse una bolsa llena de oro sin haber trabajado en ello? El tercer hombre era totalmente inocente, ¿por qué fue asesinado?».

Dios le respondió: «Por una vez —y solo por una vez— te daré una explicación. No puedo hacerlo a cada rato. El primer hombre era el hijo de un ladrón. La bolsa contenía dinero que su padre le había robado al padre del segundo hombre, quien encontrando la bolsa nada más recuperó lo que era suyo. El tercero era un asesino cuyo crimen nunca había sido descubierto y que recibió de parte del primer hombre el castigo que merecía. En el futuro, cree que hay un sentido y justicia en todo lo que sucede, aun cuando tú no lo entiendas».[2]

La impaciencia de Moisés para con Dios en esta historia seguramente se hubiera superado de haber tenido más fe en el poder y la sabiduría de Dios para transformar todas las cosas para el bien de su pueblo. Dios ha prometido una y otra vez en la Biblia hacer precisamente eso (2 Crónicas 16:9; Salmos 23:6; 84:11; Jeremías 32:40-41; Isaías 64:4; Romanos 8:28, 32;

1 Corintios 3:22-23). No todas las representaciones en esta leyenda son fieles a las Escrituras. Por ejemplo, es una exageración poner en la boca de Dios las palabras «por una vez —y solo por una vez— te daré una explicación». El hecho es que Dios nos ha dado explicaciones como estas en repetidas ocasiones en la Biblia, y con suficientes ilustraciones como para llenar un libro.[3]

## LA CLAVE PARA LA PACIENCIA: «DIOS LO PENSÓ PARA BIEN»

Por ejemplo, la historia de José en Génesis 37-50 es una gran lección sobre por qué debemos tener fe en la soberana gracia futura de Dios. José es vendido como esclavo por sus hermanos, lo que debe de haber probado su paciencia tremendamente. Pero luego consigue un buen empleo en la casa de Potifar y más tarde, cuando está actuando rectamente en el lugar imprevisto de la obediencia, la esposa de Potifar miente acerca de su integridad y lo hace poner en la prisión (otra gran prueba a su paciencia). Nuevamente las cosas se tornan para bien y el carcelero le asigna una responsabilidad y un lugar de respeto. Pero justo cuando piensa que va a recibir un indulto de parte del copero del faraón, cuyo sueño había interpretado, el hombre se olvida de él por dos años más. Finalmente, el significado de todos esos desvíos y demoras se hace claro. José les dice a sus hermanos, quienes habían estado distanciados por muchos años: «Pero Dios me envió delante de ustedes, para preservar su descendencia en la tierra… Ustedes pensaron hacerme mal, pero Dios cambió todo para bien, para hacer lo que hoy vemos, que es darle vida a mucha gente» (Génesis 45:7; 50:20).

¿Cuál debe haber sido la clave de la paciencia de José por todos esos largos años de exilio y abuso? La respuesta es: la fe en la gracia venidera, la gracia soberana de Dios para cambiar el lugar y el ritmo imprevisto en el final más feliz que se pueda imaginar.

## UNA TRAGEDIA EN LA LUNA DE MIEL

No todas las historias terminan tan bien en esta vida. Benjamin B. Warfield fue un teólogo muy reconocido que enseñó en el Seminario de Princeton por casi treinta y cuatro años hasta su fallecimiento el 16 de febrero de 1921. Muchas personas conocen sus famosos libros como *The Inspiration and Authority of the Bible* [La inspiración y autoridad de la Biblia]. Pero lo que la mayoría de las personas no saben es que en 1876, a los veinticinco años, se había casado con Annie Pierce Kinkead y se fueron de luna de miel a Alemania. Durante una fuerte tormenta Annie fue alcanzada por un rayo y quedó paralítica de por vida. Después de cuidar de ella por treinta y nueve años, Warfield la sepultó en 1915. A causa de las extraordinarias necesidades que ella tenía, Warfield casi nunca salió de su casa por más de dos horas durante todos esos años de matrimonio.[4]

Esto era un sueño que se había hecho pedazos. Recuerdo haberle dicho a mi esposa la semana anterior a casarnos: «Si tenemos un accidente en nuestra luna de miel, y quedas desfigurada o paralítica, yo cumpliré mis votos "en salud como en enfermedad"». Pero para Warfield eso fue una realidad, porque ella nunca sanó. No reinó en Egipto al final de la historia; tan solo reinó la paciencia espectacular y la fidelidad de un hombre hacia una mujer a lo largo de treinta y nueve años en los que las cosas nunca salieron conforme a lo planeado (al menos, no lo planeado por el hombre). Pero cuando Warfield llegó a escribir sus pensamientos sobre Romanos 8:28, dijo: «El pensamiento fundamental es el gobierno universal de Dios. Todo lo que llega a ti está bajo su mano que todo lo controla. El pensamiento secundario es el favor de Dios para con los que lo aman. Si Él gobierna todo, entonces ninguna otra cosa que no sea algo bueno puede ocurrir a los que Él ama. Aunque seamos demasiado débiles como para ayudarnos a nosotros mismos y demasiado ciegos para pedir lo que necesitamos, y solo podemos gemir por nuestros deseos rudimentarios, Él es el autor de esos mismos deseos y Él gobernará por encima de todas las cosas de modo que recogeremos lo bueno en todo lo que nos ocurre.[5]

## NI SIQUIERA LA MUERTE ES UNA INTERRUPCIÓN DECISIVA

Esto es cierto incluso en el caso de la muerte. Algunos santos murieron en prisión (Apocalipsis 2:10), pero incluso la muerte está al servicio de los hijos de Dios. A eso se refería Pablo cuando dijo: «...todo es de ustedes... el mundo, la vida, la *muerte*... todo es de ustedes, y ustedes son de Cristo, y Cristo es de Dios» (1 Corintios 3:21-23). Como posesión nuestra, la muerte nos sirve a nosotros; existe para nuestro beneficio. Otra manera de decirlo es que la muerte no puede separarnos del amor de Dios, sino que en «tribulación, angustia, persecución, hambre, desnudez, peligro, espada... en todo esto somos más que vencedores por medio de aquel que nos amó» (Romanos 8:25, 37). Aun si morimos, conquistamos. Y la muerte termina sirviendo a nuestro beneficio. (Véase el capítulo 29.)

Así que en la lección de José —y en toda la Biblia— aprendemos que cuando las demoras, desvíos, frustraciones y oposición arruinan nuestros planes y auguran el mal para nosotros, la fe en la gracia venidera se aferra al propósito soberano de Dios de hacer que algo magnífico ocurra. Esa es la clave de la paciencia.

## EL CAMINO DE LA PACIENCIA NO ES UNA LÍNEA RECTA

Otra gran lección sobre cómo la soberanía de la gracia de Dios nos conduce a la paciencia es la historia de cómo fue reconstruido el templo después del exilio babilónico. La manera en que Dios cambia las cosas es tan asombrosa que Él debe de haber estado sonriendo. Israel había estado en el exilio durante décadas, y ahora había llegado el exilio, según el plan de Dios, para su restauración en la tierra prometida. ¿Cómo sucedería esto? Esa era, sin dudas la pregunta que muchas mentes judías se estaban haciendo mientras luchaban para ser pacientes con el tiempo de Dios. La respuesta es que Dios es soberano sobre la voluntad de los emperadores. Esdras nos cuenta: «En el primer año de Ciro rey de Persia, para que se cumpliese la palabra de Jehová por boca de Jeremías, despertó Jehová el espíritu de Ciro rey de Persia… me ha mandado que le edifique casa en Jerusalén, que está en Judá» (Esdras 1:1-2 RV60). Esto es absolutamente asombroso. De la nada, Dios mueve el corazón de Ciro para que le preste atención a este pequeño pueblo llamado judío y los envíe de regreso a Jerusalén para reconstruir su templo. ¿Quién se hubiera atrevido a soñar que ocurriría de esta manera? Tal vez los que tienen fe en la gracia venidera. Pero lo mejor viene ahora.

Más de 42.000 refugiados judíos regresan y comienzan a reedificar el templo de Jerusalén. ¡Imagina la alegría que tenían! Pero, ¡cuidado! El camino de la fidelidad rara vez es una línea recta hacia la gloria. Los enemigos se opusieron a ellos en Judá y los desalentaron. «Pero los que poblaban esas tierras los amenazaron y los llenaron de temor para que no siguieran construyendo. Sobornaron a los consejeros para que se pusieran en su contra, y lograron detener la obra durante el reinado de Ciro y hasta los días del rey Darío de Persia» (Esdras 4:4-5). ¡Imagina la frustración y la impaciencia del pueblo! Dios aparentemente había abierto la puerta para reconstruir el templo y ahora había una oposición paralizante.

Sin embargo, Dios tenía un plan diferente. ¡La gente con fe en la gracia venidera puede ver lo que los ojos no pueden ver! Es verdad, el pueblo había detenido la construcción, pero ¿podemos acaso confiar en que la misma soberanía que movió la mano de Ciro también puede prevalecer sobre los opositores locales? ¡Somos tan lentos para aprender las lecciones de la gracia soberana de Dios! En Esdras 5:1 Dios envía dos profetas, Hageo y Zacarías, para inspirar al pueblo a reanudar la construcción del templo. Los enemigos le escriben una carta a Darío, el nuevo emperador, pero fracasan totalmente en su intento. Vemos, entonces, por qué Dios había permitido que la construcción cesara temporalmente.

En vez de estar de acuerdo con la carta y detener la construcción, Darío busca en los archivos y encuentra el decreto original de Ciro que autorizaba la edificación del templo. El resultado es asombroso: él escribe remitiendo las noticias, más allá de lo que ellos pudieran llegar a pedir o imaginar. Les dice a los enemigos en Judá que dejen «que el gobernador y los ancianos judíos lleven a cabo la reconstrucción del templo de Dios en su mismo lugar. Yo, Darío, ordeno que *los gastos de la obra sean cubiertos puntualmente por la tesorería del rey*, tomándolos de los tributos que se recogen al otro lado del río Éufrates y entregándolos a los ancianos judíos para que la obra de reconstrucción no se detenga» (Esdras 6:7-8). Dicho de otro modo, Dios permitió una adversidad por un tiempo ¡para que el templo no solo fuera construido sino también *pagado* por Darío! Si la fe pudiera aprehender esta clase de gracia venidera, ¿la impaciencia no sería conquistada?

Y a menos que dudemos de que ese era, en realidad, el plan de Dios, Esdras 6:22 declara el hecho lisa y llanamente: «… Jehová los había alegrado, y había vuelto el corazón del rey de Asiria hacia ellos, para fortalecer sus manos en la obra de la casa de Dios, del Dios de Israel» (RV60). Si William Cowper (1731-1800) hubiera escrito en ese momento su gran himno «God Moves in a Mysterious Ways» [Dios se mueve de maneras misteriosas], creo que el pueblo de Israel lo estaría cantando.

> No juzgues al Señor con débil sentido,
> Sino confía en Él por su gracia;
> Detrás de una providencia que frunce el ceño
> Se esconde una cara sonriente.

Vivir por fe en la gracia venidera significa creer que «el corazón del rey se bifurca como los ríos, pero en manos del Señor sigue los planes divinos» (Proverbios 21:1). Dios lo hizo con Ciro (Esdras 1:1); lo hizo con Darío (Esdras 6:22) y más tarde con Artajerjes: «Yo, Esdras, bendigo al Señor, Dios de nuestros padres, por *haber puesto esos sentimientos en el corazón del rey*, para honrar el templo del Señor en Jerusalén» (Esdras 7:27). Dios gobierna el mundo, Él gobierna la historia. Y todo es para bien de su pueblo y para gloria de su nombre. «Nunca antes hubo oídos que lo oyeran ni ojos que lo vieran, ni nadie supo de un Dios que, como tú, *actuara en favor de aquellos que en él confían*» (Isaías 64:4). El poder de la paciencia fluye a través de la fe en la gracia venidera y soberana de Dios.

## EL SEÑOR ESTÁ LLENO DE COMPASIÓN Y MISERICORDIA

Hemos acentuado que esta gracia es «soberana», pero también precisamos recalcar que es gracia. Es misericordiosa y está llena de bondad hacia nosotros. Eso es lo que Santiago resalta de la experiencia del sufrimiento de Job y su lucha con la impaciencia. Santiago nos ordena ser pacientes y nos da la clave:

> Pero ustedes, hermanos, tengan paciencia hasta la venida del Señor. Fíjense en el labrador, cómo espera el preciado fruto de la tierra, y cómo aguarda con paciencia a que lleguen las lluvias tempranas y tardías. También ustedes, tengan paciencia y manténganse firmes, que ya está cerca la venida del Señor. Hermanos, no se quejen unos de otros, para que no sean condenados. ¡Vean que el juez ya está a la puerta! Hermanos míos, tomen como ejemplo de sufrimiento y de paciencia a los profetas que hablaron en el nombre del Señor. Recuerden que nosotros consideramos dichosos a los que pacientemente sufren. Ustedes ya han sabido de la paciencia de Job, y saben también *cómo lo trató el Señor al final, porque él es todo compasión y misericordia.*
>
> Santiago 5:7-11

Santiago desea que veamos el resultado del sufrimiento de Job. La palabra para «resultado» es *telos*, y significa «objetivo», no solo resultado. Era el objetivo de Dios en todos sus tratos con Job ser misericordioso y preparó para él una bendición mayor. Esto es lo que Job no había visto y la razón por la que luego se arrepiente de haber murmurado en la forma que lo hizo: «Por lo tanto, me retracto de lo dicho, y me humillo hasta el polvo y las cenizas» (Job 42:6). El poder de la paciencia nace de la fe en esta verdad: en todos sus tratos con nosotros, su objetivo es «compasivo y misericordioso». La fe en la gracia venidera es fe en la gracia que es soberana, y soberanía que está llena de gracia.

## MEDIANTE LA FE Y LA PACIENCIA HEREDAMOS LAS PROMESAS

La paciencia se sustenta por la fe en la promesa de la gracia venidera. En cada frustración imprevista en la senda de la obediencia, la Palabra de Dios es verdadera: «…nunca dejaré de hacerles bien… me regocijaré de hacerles bien. Con todo mi corazón y con toda mi alma…» (Jeremías 32:40-41). Él nos persigue con bondad y misericordia todos nuestros días (Salmos 23:6). La queja nacida de la impaciencia es por lo tanto una forma de incredulidad.

Por esa razón la orden de ser pacientes toma un inmenso significado. Jesús dijo: «Tengan paciencia, que así ganarán sus almas» (Lucas 21:19). Y el escritor de Hebreos aconseja: «Sigan el ejemplo de quienes por medio de la fe y la paciencia heredan las promesas» (Hebreos 6:12). Llegamos a obtener nuestra herencia por el camino de la paciencia, no porque ella sea una obra de la carne que obtiene la salvación, sino porque la paciencia es un fruto de la fe en la gracia venidera.

Necesitamos recordarnos constantemente que somos salvos *para* buenas obras. «Ciertamente la gracia de Dios los ha salvado por medio de la fe. Ésta no nació de ustedes, sino que es un don de Dios; *ni es resultado de las obras*, para que nadie se vanaglorie. Nosotros somos hechura suya; hemos sido creados en Cristo Jesús para realizar buenas obras, las cuales Dios preparó de antemano para que vivamos de acuerdo con ellas» (Efesios 2:8-10). La fe sola nos une a Cristo, que es justicia perfecta delante de Dios. En su justicia, la cual recibimos solo por la fe, somos herederos del Espíritu Santo para que nos ayude a *soportar* hasta el final en creciente semejanza a Cristo. Esta permanencia en la paciencia y obediencia imperfecta es necesaria (ya que el fruto demuestra la realidad de la fe y la unión con Cristo), pero no es el cimiento de nuestra justicia para con Dios, sino que Cristo lo es. Por esta confianza y todo lo que ella implica para nuestro futuro, soportamos los tiempos difíciles.

Charles Simeon estuvo en la Iglesia de Inglaterra desde 1782 hasta 1836 en la Trinity Church en Cambridge. Fue nombrado en esta iglesia por un obispo, contra la voluntad del pueblo. Ellos se le oponían, no porque fuera un mal predicador, sino porque era evangélico: él creía en la Biblia y llamaba a la conversión, la santidad y la evangelización del mundo.

Por doce años la gente se negaba a dejarlo dar el sermón del domingo por la tarde. Y durante ese tiempo boicotearon el servicio de los domingos en la mañana, bloqueando los bancos para que nadie pudiera sentarse. ¡Él les predicó a las personas que estaban de pie en los pasillos por doce años! La permanencia promedio de un pastor actualmente en Estados Unidos es de menos de cuatro años en circunstancias normales. Simeon comenzó con doce años de oposición intensa, y duró cincuenta y cuatro años. ¿Cómo soportó con tanta paciencia?

En este estado de las cosas yo no vi otro remedio que la fe y la paciencia [*nótese el vínculo entre la fe y la paciencia*]. El pasaje de las Escrituras que frenaba y controlaba mi mente era este: «El siervo del Señor no contenderá» [nota: el arma en la lucha por la fe y la paciencia era la Palabra]. Era triste por cierto ver a la iglesia, con excepción de los pasillos, casi abandonada; pero yo pensaba que si tan solo Dios le daba una doble bendición a la congregación que sí asistía, eso sería en total más beneficioso que si la congregación creciera al doble y la bendición solo se limitara a la mitad. Ese pensamiento me consoló muchas, muchas veces en momentos en que, sin una reflexión así, me hubiera hundido bajo el peso de mi carga.[6]

¿De dónde obtuvo la seguridad de que si seguía el camino de la paciencia habría una bendición de todo su trabajo y esa bendición compensaría la frustración de tener todos los bancos bloqueados? La obtuvo de textos que prometían la gracia venidera, como Isaías 30:18, «¡Dichosos todos los que en él esperan!». La Palabra conquistó la incredulidad y la fe en la gracia venidera conquistó la impaciencia.

Cincuenta y cuatro años más tarde estaba muriendo. Era en octubre de 1836. Las semanas se hicieron eternas, como para muchos santos que agonizan. He aprendido, junto a los santos agonizantes, que la batalla contra la impaciencia puede ser muy intensa en el lecho mortuorio. El 21 de octubre los que estaban junto a su cama lo escucharon decir estas palabras, en voz baja y con largas pausas:

La sabiduría infinita ha arreglado todo con infinito amor; y su infinito poder me permite descansar sobre ese amor. Yo soy un hijo amado en los brazos de su Padre, y aquí todo está seguro. Cuando lo miro, no veo otra cosa más que fidelidad —e inmutabilidad— y verdad; y tengo la mayor paz, no puedo sentir más paz ahora.[7]

La razón por la cual Simeon pudo morir de esta forma es porque se había entrenado por cincuenta y cuatro años para ir a las Escrituras, aferrarse a las promesas de la gracia venidera y usarlas para conquistar la incredulidad de la impaciencia. Había aprendido a usar la espada del Espíritu para pelear la batalla de la fe en la gracia venidera. Por la fe en ella, había aprendido a esperar con Dios en el imprevisto *lugar* de la obediencia y a caminar con Dios al imprevisto *ritmo* de la obediencia. Con el salmista, pudo decir: «*Espero al Señor, lo espero con toda el alma; en su palabra he puesto mi esperanza*»

(Salmos 130:5 NVI). En su vida y en su muerte, Charles Simeon demuestra esta sencilla pero poderosa promesa: «Es bueno el Señor con quienes le buscan, con quienes en él esperan» (Lamentaciones 3:25).

## NOTAS

1. Karl Olsson, *Passion* [Pasión], Nueva York: Row Publishers, 1963, pp. 116-117.
2. Richard Wurmbrand, *100 meditaciones desde la cárcel*, Bogotá, Colombia: Centros de Literatura Cristiana, 1984. pp. 6-7 (del original en inglés).
3. De hecho, tengo un libro en mente: el de Steve Halliday, *No Night Too Dark: How God Turns Defeat into Glorious Triumph* [No hay noche tan oscura: cómo Dios cambia el fracaso en un triunfo glorioso], Sisters, OR: Multnomah Books, Questar Publishers, 1993.
4. Ver Roger Nicole, «B.B. Warfield and the Calvinist Revival» [«B. B. Warfield y el avivamiento calvinista»], en John D. Woodbridge, ed., *Great Leaders of the Christian Church* [Grandes líderes de la iglesia cristiana], Chicago: Moody Press, 1988, p. 344.
5. B. B. Warfield, *Faith and Life* [Fe y vida], Edimburgo: The Banner of Truth Trust, 1974, orig. 1914, p. 204.
6. H. C. G. Moule, *Charles Simeon* [Charles Simeon], Londres: The InterVarsity Fellowship, 1948, orig. 1892, p. 39.
7. *Ibid.*, p. 172.

# PARTE V

## LA NATURALEZA DE LA FE EN LA GRACIA VENIDERA

*Tampoco dudó, por incredulidad, de la promesa de Dios,
sino que se fortaleció en la fe y dio gloria a Dios.*

**ROMANOS 4:20**

*La fe es el medio de justificación y santificación designado por Dios
porque se complementa, mejor que cualquier otro acto,
con su gracia y multiplica su gloria.*

∽

# CAPÍTULO 14

# LO QUE GUARDA LA GRACIA SOBERANA DE LA GLORIA DE DIOS

## GRACIA VENIDERA, EL PODER DE TODA OBEDIENCIA

Toda obediencia futura a Dios será por el poder de la gracia venidera.[1] Sin importar cuál sea nuestra obra o ministerio, deberíamos decir junto con el apóstol Pablo: «He trabajado más que todos ellos, aunque no lo he hecho yo, sino la *gracia de Dios* que está conmigo» (1 Corintios 15:10). O, como dice en Romanos 15:18: «Porque no me atrevería a contar sino lo que, de palabra y obra, *Cristo ha hecho por medio de mí*». Todas las acciones que agradan al Señor son las que Él ha obrado por medio nuestro, como dice Hebreos 13:21: «[Dios] los capacite para toda buena obra, para que hagan su voluntad, y *haga en ustedes lo que a él le agrada*». Esto también es lo que dice Pablo en Filipenses 2:13: «Dios es el que produce en ustedes lo mismo el querer como el hacer, por su buena voluntad». Si encontramos en nosotros cualquier fervor espiritual, debemos agradecerle a Dios, no a nosotros mismos. Eso fue lo que hizo Pablo al ver el fervor en el corazón de Tito y dijo: «Gracias a Dios, *que puso en el corazón de Tito la misma preocupación por ustedes*» (2 Corintios 8:16). Toda obediencia futura viene por el poder de la gracia venidera.

## ¿EL PODER DE LA GRACIA NOS VUELVE PASIVOS?

¿Qué hacemos entonces? ¿Debemos ser pasivos ya que toda la obediencia es por gracia venidera? ¿Qué podemos hacer para conectar y encajar con ella? ¿Qué resaltará la gloria de esta gracia venidera en lugar de competir con ella? Si Dios ha reservado para sí el derecho de transformarnos por su gracia venidera, entonces debe obtener el crédito y la gloria por todas las bondades de su gracia. Como dice el apóstol Pablo, Dios hace todo por nosotros «para alabanza de la gloria de su gracia» (Efesios 1:6, 12, 14).

Por eso es muy importante que descubramos cuál es nuestro papel en reflejar el propósito de Dios y no resistirlo, para glorificar su gracia en nuestra transformación.

Cualquier tipo de respuesta o acción de nuestra parte que resalte nuestra autosuficiencia u opaque la libertad de la gracia venidera de Dios de santificarnos no concuerda con la gracia, sino que la anula. Entonces, ¿cuál es el acto del alma que evita esta contradicción? La respuesta bíblica es que la *fe* se conecta con la gracia y actúa como un canal[2] conduciendo a la obediencia para que no nos jactemos de nuestros recursos sino de la gracia de Dios.

## ¿QUÉ MULTIPLICA LA GRACIA DE DIOS EN LUGAR DE ANULARLA?

En el Nuevo Testamento se correlacionan la fe y la gracia para que no podamos jactarnos de lo que la gracia logra. Uno de los ejemplos más familiares es: «Ciertamente la *gracia* de Dios los ha salvado por medio de la fe» (Efesios 2:8). La *gracia*, por medio de la *fe*. Esa es la correlación que protege la libertad de la gracia. La fe es el acto del alma que nos aleja de nuestra propia insuficiencia para acercarnos la libertad y los recursos inagotables de Dios. Esta fe se centra en la libertad de Dios de impartir su gracia a quien no la merece por medio de su generosidad.

Por lo tanto, por su naturaleza, la fe anula la jactancia y se complementa con la gracia. Sin importar a donde mire la fe, ve gracia detrás de cada acto digno de alabanza. Por eso, no puede jactarse más que del Señor. Así es que Pablo, luego de decir que la salvación es por gracia por medio de la fe, dice: «Ésta no nació de ustedes, sino que es un don de Dios; ni es resultado de las obras, para que *nadie se vanaglorie*» (Efesios 2:8-9). La fe no puede vanagloriarse en la bondad, la capacidad o la sabiduría humanas, porque la fe se centra en la gracia libre y proveedora de Dios. Sea cual fuere la bondad que vea la fe, la ve como fruto de la gracia. Cuando mira «nuestra sabiduría, nuestra justificación, nuestra santificación y nuestra redención», dice: «El que se gloría, que se gloríe en el Señor» (1 Corintios 1:30-31).

Cuando era niño, una resaca en Daytona Beach provocó que dejase de hacer pie. Ese día me sentí como arrastrado al medio del océano en un instante. Fue algo espantoso. Intenté orientarme y ver hacia dónde iba, pero no podía apoyar mis pies sobre el fondo y la corriente era muy fuerte para nadar contra ella (tampoco era buen nadador). En mi pánico, solo podía pensar en una cosa: ¿alguien podría ayudarme? Era imposible gritar desde abajo del agua. Cuando sentí la mano de mi padre tomándome del antebrazo como si fuese una poderosa herramienta, tuve el sentimiento más dulce del mundo. Me rendí por completo a ser dominado por su fuerza, me deleité en ser recogido a su voluntad y no me resistí. En mi mente no cabía la idea de demostrar que no estaba tan mal o de sumar mi fuerza al brazo de mi padre. Todo lo que pensaba era: «¡Sí! ¡Te necesito! ¡Gracias! ¡Amo tu fuerza! ¡Amo tu impulso! ¡Amo tu dominio! ¡Eres grandioso!». Con ese espíritu rendido de amor, uno no puede jactarse de sus logros. A ese sentimiento lo llamo «fe» y mi padre fue la encarnación de la gracia venidera por la que suplicaba mientras luchaba debajo del agua. Esta es la fe que multiplica la gracia.

A medida que reflexionamos acerca de cómo vivir la vida cristiana, nuestra mayor inquietud debería ser: ¿cómo puedo multiplicar la gracia de Dios en lugar de anularla? Pablo responde esta pregunta en Gálatas 2:20-21: «Con Cristo estoy juntamente crucificado, y ya no vivo yo, sino que Cristo vive en mí; y lo que ahora vivo en la carne, *lo vivo en la fe del Hijo de Dios, el cual me amó y se entregó a sí mismo por mí. No desecho la gracia de Dios*». ¿Por qué su vida no desecha la gracia de Dios? Porque vive por la fe en su Hijo. La fe centra toda su atención en la gracia y la multiplica en lugar de desecharla.

## LA OBRA FUTURA DE CRISTO POR NOSOTROS

Cuando Pablo dice: «Ya no vivo yo, sino que *Cristo vive en mí*», describe una obra constante del Dios vivo obrando en él día a día y momento a momento. Esta es la gracia venidera en la que se sustenta cuando dice: «Vivo en la fe del Hijo de Dios». Cuando Pablo mira hacia el siguiente instante, el siguiente mes o el siguiente año de su vida, ve a Cristo vivo listo y preparado para obrar en él lo que es agradable a los ojos de Dios y hacerlo todo por su bien. Pablo confía en Él y, de esta forma, la gracia venidera obra para bien en su vida y su ministerio.

En nuestra cultura es muy poco lo que nos alienta a vivir por fe a cada momento del día. Por el contrario, las publicidades, internet, la televisión y las revistas nos hacen un llamado constante a alejar nuestra vista de Jesús como la fuente de nuestra fortaleza y guía. Se nos dice que los autos, la comida y la vestimenta actuarán por nosotros, ellos suplirán no solo el transporte, el alimento y el abrigo, sino que también —lo que es más importante— prometen cumplir los deseos del corazón de atención, poder, emoción y estima.

Si tú y yo vamos a vivir por fe en la comunión constante y el accionar de Jesús a nuestro favor, necesitamos afirmar nuestras ideas desde ahora, para pensar en Él, contemplarlo y confiar en su promesa: «No te desampararé, ni te abandonaré… Yo estaré con ustedes todos los días, hasta el fin del mundo… Yo soy quien te da fuerzas, y siempre te ayudaré; siempre te sostendré con mi justiciera mano derecha… [Los capacité para que] haga en ustedes lo que a él le agrada» (Hebreos 13:5; Mateo 28:20; Isaías 41:10; Hebreos 13:21). Los animo conmigo a formar el hábito espiritual de buscar constantemente a Jesús para obtener el cumplimiento de estas promesas.

## «EL SEÑOR ESTUVO A MI LADO»

En la última carta que escribió, probablemente poco antes de ser decapitado en la persecución de Nerón, Pablo dio testimonio de la forma en que el Señor Jesús obró en él en todo momento. En Timoteo 4:16-18, dice:

> En mi primera defensa nadie estuvo a mi lado; todos me desampararon. Espero que no les sea tomado en cuenta. Pero *el Señor sí estuvo a mi lado, y me dio fuerzas*, para que por mí se cumpliera la predicación y todas las naciones la oyeran. Así fui librado de la boca del león. Y el Señor me librará de toda obra mala, y me preservará para su reino celestial. A él sea la gloria por los siglos de los siglos. Amén.

Este es un testimonio triste y hermoso a la vez. Todos lo habían desamparado, pero no el Señor: Él estaba a su lado. El Señor lo fortaleció y lo libró de la boca del león (¿Satanás? 1 Pedro 5:8).[3] Con el ánimo de esta experiencia reciente de gracia pasada, Pablo continúa caminando por fe en la gracia venidera: «El Señor *me librará* de toda obra mala, y me preservará para su reino celestial». Esto no significa que la gracia venidera garantiza libertad del sufrimiento y la muerte; de hecho, la muerte no es un impedimento, sino un pasaje al Reino celestial. La «obra mala» que alejaría a Pablo del Reino sería la apostasía: hacer naufragar su fe y evidenciar que al final realmente no había nacido de Dios (1 Juan 2:19). Por lo tanto, lo que Pablo probablemente quiere decir es que el Señor guardará su fe y evitará que ceda a la amargura y la incredulidad, ya que sus amigos lo desamparan y finalmente lo martirizan. Esta es la promesa de la gracia venidera: Cristo viviendo en él, con él y por él.

La idea es la misma que en 1 Corintios 15:10, donde él dice: «He trabajado más que todos ellos, aunque no lo he hecho yo, sino la gracia de Dios que está conmigo». En Gálatas 2:20 dice: «Ya no vivo yo, sino que Cristo vive en mí». En 1 Corintios 15:10: «No lo he hecho yo, sino la gracia». Por eso, en este libro, a veces digo: «Fe en la gracia venidera», y a veces: «fe en Cristo».

## LA FE DE ABRAHAM, UN MODELO DE LA FE EN LA GRACIA VENIDERA

El apóstol Pablo se preocupaba mucho de que anuláramos la gracia venidera al poner nuestros esfuerzos en el lugar de ella, o al intentar recibirla de la forma equivocada. Él enfrenta nuevamente este problema en Romanos 4:13-16, donde alega que todos los descendientes de Abraham son herederos de la gran promesa de que los creyentes heredarán el mundo (vs. 13). Digo «creyentes» porque su punto es que todos los que tienen la fe de Abraham (sean judíos o gentiles), en realidad, son descendientes de Abraham y herederos de la promesa, lo que incluye a todos los cristianos verdaderos. Su argumento tiene raíz en la naturaleza de la gracia venidera de Dios y en cómo se relaciona con la fe.

Él dice: «Pues si los que van a recibir la herencia se basan en la ley, la *fe* resulta vana y la *promesa* queda anulada» (vs. 14). En otras palabras, la «promesa» de la gracia de Dios fue para recibirla por «fe», no para ganarla por lo que él llama «estar en la ley», una frase que probablemente implica confiar en nuestra cultura o moral religiosa en lugar de hacerlo en la gracia de Dios.

Luego Pablo dice: «Por tanto, la promesa se recibe por *fe*, para que sea por *gracia*, a fin de que la promesa sea firme para *toda* su descendencia» (vs. 16). Aquí hace explícita la correlación entre fe y gracia. La gracia garantiza la promesa tanto para los judíos como para los gentiles, y la fe es el vínculo indispensable con el alma que protege la libertad de la gracia, de modo que pueda ser válida para aquellos que no tienen raíces judías. La fe en la promesa de Dios (fe en la gracia venidera) es el acto que Él ordenó para recibir el poder de la gracia y reflejar su valor.

Pablo tenía en mente una razón específica por la que la fe glorifica la gracia venidera de Dios. En resumen, la razón es una confianza futura en su integridad, poder y sabiduría que siguen a todas sus promesas. Pablo explica esta fe con la respuesta de Abraham a la promesa de Dios de que sería el padre de muchas naciones (Romanos 4:18). «Contra toda esperanza, *Abraham creyó*», es decir, tuvo fe en la gracia venidera de la promesa de Dios. «Además, su *fe* no flaqueó al considerar su cuerpo, que estaba ya como muerto (pues ya tenía casi cien años), o la esterilidad de la matriz de Sara. Tampoco dudó, por incredulidad, de la promesa de Dios, *sino que se fortaleció en la fe y dio gloria a Dios, plenamente convencido de que Dios era también poderoso para hacer todo lo que había prometido*» (Romanos 4:19-21).

La fe de Abraham estaba en la promesa de que Dios lo haría padre de muchas naciones. Esta fe glorificaba a Dios porque llamaba la atención sobre todos los recursos de Él que serían necesarios para cumplirla. Abraham era muy anciano para tener hijos y Sara era estéril. No solo eso: ¿cómo conviertes a un hijo o dos en las «muchas naciones» de las que Dios le dijo a Abraham que sería padre? Todo parecía completamente imposible. Por lo tanto, la fe de Abraham glorificó a Dios al estar seguro de que Él podía hacer lo imposible y lo haría.

Aquí también podemos ver por qué la fe de Abraham es el modelo que debemos tener los cristianos para ser justificados y santificados. La fe justificadora y santificadora es la que tuvo Abraham. Pablo dice que nos convertimos en herederos de esta promesa si tenemos «la fe de Abraham» (Romanos 4:16). Luego la describe en detalle como una fe que mira hacia el futuro y que confía en la promesa (vs. 18-21). Luego dice que esta fe «se le tomó en cuenta [a Abraham] como justicia» (vs. 22). Es decir, que esta fe que confía en la promesa era una fe justificadora.[4]

Esto significa que la fe que justifica (la fe de Abraham) es una confianza en Dios hacia el futuro, que confía en sus promesas. Pablo confirma esto en los siguientes versículos: «Y no solamente con respecto a [Abraham] se escribió que se le tomó en cuenta, sino *también con respecto a nosotros*, pues Dios tomará en cuenta nuestra fe, si creemos en el que levantó de los muertos a Jesús, nuestro Señor» (Romanos 4:23-24). En otras palabras, nosotros también seremos justificados (tomados en cuenta como justos) por la misma fe que tuvo Abraham. La diferencia ahora es que nuestra fe hacia el futuro tiene una revelación más completa del Dios en quien confiamos.

Desde el Viernes Santo y la Pascua conocemos a Dios como el que levantó a Jesús de los muertos pero, en esencia, esto no es distinto a la fe de Abraham, porque cuando Pablo quiso describir su fe en la promesa de Dios en el versículo 17, dijo que era una fe en «Dios… el cual da vida a los muertos, y llama las cosas que no existen, como si existieran». En otras palabras, la fe de Abraham y nuestra fe son iguales ya que confían en la capacidad de Dios de hacer lo imposible, como embarazar una mujer estéril y dar vida a los muertos.

Por lo tanto, la fe que multiplica la gracia en lugar de anularla, es la confianza hacia el futuro en la sabiduría, el poder y la fiabilidad de Dios para hacer lo que ha prometido. Somos justificados por esta fe en la gracia venidera, que se sustenta en los grandes logros de la gracia pasada en la cruz y la resurrección (que vimos en los capítulos 7 al 9), pero no se queda con la vista en el pasado: espera con ansias la inagotable gracia venidera que esos logros pasados obtuvieron y garantizaron.

## «¿NUNCA HAS PEDIDO DINERO?»

Uno de los testimonios más poderosos de la total suficiencia de la gracia venidera es el «principio de fe» que ha gobernado las vidas de tantos misioneros, sobre todo los de la organización OMF International [Overseas Missionary Fellowship]. Sin condenar a los que siguen un modelo diferente, aquellos que van tras los pasos de Hudson Taylor han movilizado los corazones de la gente para que hablen con Dios y no con las personas. El Dr. James H. Taylor, el bisnieto del fundador, explica cómo esta fe en la gracia venidera, arraigada en las demostraciones de la gracia pasada, honra a Dios.

> Nosotros… comenzamos desde una posición de fe. Creemos que Dios existe. Hemos sido convencidos de esto de distintas formas, pero todos hemos experimentado la gracia de Dios en darse a conocer a sí mismo mediante Jesucristo y mediante el nacimiento en su Espíritu. Creemos que tenemos buenos fundamentos para creer en Él a través del hecho histórico de la resurrección de la muerte de Jesucristo: creemos que alguien que dijo que moriría y resucitaría, y lo hizo, es creíble en todos los demás aspectos. *Por lo tanto, estamos preparados para confiar en Él, no solo para la salvación eterna de nuestras almas, sino también para la provisión práctica de nuestro pan diario y sustento económico.*[5]

La OMF International publica testimonios de la fidelidad asombrosa de Dios para demostrar la gloria de su gracia que todo lo suple. «Queremos demostrar que se puede confiar en que Dios hace todo lo que dice que hará compartiendo la forma en que ha provisto para necesidades tan triviales como boletos de avión, alimento, gastos médicos y el apoyo regular de un grupo entero de cristianos por casi más de cien años».[6] La OMF se dedica a glorificar la fiabilidad de Dios, en su mensaje y en sus métodos. Hudson Taylor dijo: «Existe un Dios viviente. Él ha hablado en la Biblia. Él realmente hará todo lo que ha prometido».[7] Las vidas de fe son el gran espejo de la fiabilidad de Dios.

Este testimonio de la gracia venidera de Dios que todo lo suple ha cambiado muchas vidas. Una mujer de unos treinta años vino a una conferencia de oración de la OMF casi «por accidente». Hacía poco había sido miembro de una organización radical que trabajaba para derrocar un gobierno corrupto e injusto. Ahora, se había convertido y estaba enamorada del Señor Jesús, pero aún era muy crítica del egoísmo arrogante de la iglesia establecida, a su parecer. Cuando oyó que la OMF no solicitaba fondos, no lo creyó. Linnet Hinton, misionera de la OMF, le explicó: «Dios es quien sustenta la organización».

La conversación continuó hasta entrada la noche y Linnet contestó todas las preguntas de la mujer («¿Cómo funciona?», «¿Qué hay de las jubilaciones?», etc.). Finalmente la resistencia de la mujer se quebró y dijo:

> Entonces es verdad. ¡Gracias a Dios es verdad! Esta es la realidad que he estado buscando toda mi vida. Cuando me volví cristiana, dejé mi trabajo porque era el tipo de trabajo que no puede hacer un cristiano. Ahora estoy desempleada y lo único que tengo es este auto en el que vine a esta conferencia. Estuve ansiosa y asustada. Me desilusioné de la iglesia y desprecié la hipocresía de muchos cristianos que son muy materialistas y cómodos a pesar de la pobreza de otros. Pero usted me ha mostrado que la vida de fe funciona y que se puede confiar en Dios. Entonces, yo también, a partir de hoy, quiero depender solo de Él para todas mis necesidades.[8]

## LA FE QUE JUSTIFICA ES LA FE QUE SANTIFICA

La fe es un complemento perfecto de la gracia y se corresponde con la libertad y la suficiencia de esta. Atrae a la confianza gloriosa en Dios. Una de las consecuencias importantes de esta conclusión es que la fe que justifica y la fe que santifica no son dos clases distintas de fe. «Santificar» simplemente significa hacerse santo o transformarse a imagen y semejanza de Cristo. Esto es lo que describí en el primer párrafo de este capítulo. Todo esto es por gracia.[9] Por lo tanto, como hemos visto, también es por fe. Porque la fe es el acto del alma que se conecta con la gracia, la recibe, la canaliza como el poder de la obediencia y la protege de ser anulada por la jactancia humana.

Pablo hace explícita esta conexión entre la fe y la santificación en Gálatas 2:20, como vimos antes («*vivo* en la fe»). La santificación es por el *Espíritu* y por la *fe*. Esto es otra forma de decir que es por gracia y por fe. El Espíritu es «el Espíritu de la gracia» (Hebreos 10:29). Dios nos hace santos por la obra de su Espíritu, pero Él obra mediante la fe en el evangelio. Veremos otra vez en este libro que esta fe santificadora es la fe de Abraham, orientada hacia el futuro y confiada en las promesas.

La simple razón por la que la fe que justifica también santifica es que ambas son obras de la gracia soberana. No son el mismo tipo de obra,[10] pero son obras de la gracia. La santificación y la justificación son «gracia sobre gracia». Hemos visto en este capítulo que la consecuencia de la gracia libre es la fe. Si ambas obras son por gracia, es natural que ambas sean también por fe.

Además, también sabemos por las Escrituras que la razón por la cual Dios justifica y santifica por gracia es para mostrar su plenitud gloriosa y suficiente y para que el mundo se maraville.[11] Romanos 15:9 dice que Cristo entró a la historia por su gran encargo de gracia *«para que»* los gentiles «glorifiquen a Dios por su *misericordia»*. Y Efesios 1:6 dice que el gran plan de redención fue diseñado por Dios «para alabanza de la gloria de su *gracia»*. Dios ha determinado que recibiremos todo por gracia para que Él sea el que obtenga toda la gloria. Charles Spurgeon dijo: «Hay una cosa más allá de toda pregunta: si obtenemos la gracia de nuestro Señor, debemos darle a Él la mayor de las glorias. Si tengo mucha fe, como para creerle a Dios en su Palabra, debo honrar en gran medida a mi Señor y Rey».[12]

Esto confirma por qué tanto la gracia de la justificación como la de la santificación son por fe, porque la fe es la única respuesta a la gracia que protege toda la gloria para Dios. La fe no contamina la gracia con autosuficiencia humana, por lo tanto, evita que nos jactemos. «Entonces, ¿dónde está la jactancia?», pregunta Pablo, y responde: «Queda excluida. ¿Por cuál ley? ¿Por la de las obras? No, sino por la ley de la fe» (Romanos 3:27). La fe excluye la jactancia humana y exalta la gloria de la gracia. Así, no solo se complementa con la libertad de la gracia, sino también con el diseño que le brinda toda la gloria a Dios. «[Abraham] se fortaleció en la fe *y dio gloria a Dios»* (Romanos 4:20). Esto significa que la confianza de Abraham en el poder, la sabiduría y la fiabilidad de Dios desplegaron su gloria. La fe es el medio de justificación y santificación designado por Dios porque se complementa con su gracia mejor que cualquier otro acto, y multiplica su gloria.

El efecto que esta verdad debería tener en nuestros corazones está expresado por el salmista: «Señor, otorgas *bondad* [gracia] y gloria… Señor de los ejércitos, ¡cuán dichoso es el que en ti *confía!»* (Salmos 84:11-12). Él se alegra en la bendición de la persona que confía en el Dios de toda gracia. Necesitamos comprender que la gracia no solo se obtiene por la fe, sino que también se glorifica por la fe. Esto duplica nuestra bendición de poder confiar en Dios. Por un lado, anhelamos las bendiciones de la gracia venidera de Dios que obtenemos por la fe. Pero por otro, anhelamos que la gracia de Dios se glorifique en nuestras vidas y esto también viene por la fe. La fe recibe la bondad de la gracia venidera y refleja su gloria. Es una doble maravilla. Estas dos cosas no se contradicen, sino que nosotros recibimos el gozo y Dios obtiene la gloria. ¡Oh!, esto debería llevar a nuestros corazones a una búsqueda apasionada por confiar en Dios a cada hora para todo lo que necesitamos, ¡por el amor de Dios! Cada momento de fe es un tributo a su gracia.

## NOTAS

1. Véase el capítulo 4, nota 1.

2. Hace más de cien años, James Buchanan habló de la relación entre la fe y la gracia como un «canal». Hoy puede tener connotaciones que confundirían a algunos, pero no es una opinión nueva sobre esta conexión. Buchanan estaba hablando con respecto a la justificación y la justicia impuesta de Cristo: «La fe en sí misma no es la virtud que nos justifica, solo es el *canal* por el cual recibimos otra virtud» (énfasis añadido). James Buchanan, *The Doctrine of Justification* [La doctrina de la justificación], p. 375.

3. Creo que Henry Alford está en lo correcto cuando dice: «¿Cómo se describe generalmente al peligro? Como [toda obra de maldad]: está implícito que caer en un peligro tal le impedirá permanecer para obtener el Reino celestial de Cristo. Por lo tanto, era una [obra de maldad] de la que, en esta ocasión, fue librado. ¿Cuál fue [la obra de maldad]? *Caer bajo el poder del tentador*; ceder, en su propia debilidad, desertar de todo y traicionar al Evangelio del que había sido enviado como testigo. El *león* es el *diablo*». Henry Alford, *The Greek New Testament* [El Nuevo Testamento griego], vol. 3, Chicago: Moody Press, 1958, p. 405.

4. El mejor análisis breve que conozco acerca del significado de la frase «su fe se le tomó en cuenta como justicia» se encuentra en el libro de John Murray, *The Epistle to the Romans* [La epístola a los Romanos], 1, Apéndice A, Grand Rapids: Wm. B. Eerdmans, 1959, pp. 353-359. Murray desarrolla nueve argumentos del motivo por el que esta frase no significa que la fe en sí misma es la base para que nuestro ser sea justo ante Dios. La justicia que se nos toma en cuenta para que podamos estar ante un Dios santo es «la justicia de Dios» (Romanos 10:3), que «se basa en la fe» (Romanos 10:6). Creemos «alcanzar» esta justicia de la misma forma en que confesamos «alcanzar» la salvación (Romanos 10:10). Sin embargo, la confesión no es parte de la salvación, solo nos lleva hacia ella, así como creer no es parte de nuestra justicia, solo nos lleva a ella. En Romanos 3:22 se explica la justificación como la revelación de que «la justicia de Dios, por medio de la fe en Jesucristo, es para todos los que creen en él». Nuevamente, la fe es el agente que recibe la justicia de Dios. En 2 Corintios 5:21, dice que: «[A Jesús] que no cometió ningún pecado, por nosotros Dios lo hizo pecado, para que en él nosotros fuéramos hechos *justicia de Dios*». En Filipenses 3:9, Pablo dice: Fui «hallado en [Cristo], no por tener mi propia justicia, que viene por la ley, sino por tener la justicia que es de Dios y que viene *por la fe, la fe en Cristo*». En 1 Corintios 1:30 dice que Cristo es nuestra justificación. Y Romanos 5:19 habla de que Dios nos constituye justos por la obediencia de Cristo, así como fuimos constituidos pecadores por la desobediencia de Adán. Además, el contexto de Romanos 4:7-8 (referido al Salmo 32) insinúa que la justicia de la que se

habla en Romanos 4:3 contempla la cobertura total de todos los pecados de quien la recibe. Esto no concuerda con decir que Dios simplemente toma nuestra fe como nuestra justicia. La conclusión de todos estos textos, así como las consideraciones contextuales de Romanos 4:3-8, es que *la fe tomada en cuenta como justicia* probablemente significa que Dios «toma en cuenta» la fe como la conexión indispensable con el don de la justicia que Él da (su propia justicia en la persona y la obra de su Hijo, el Dios hecho hombre). Por ejemplo, puedo decirle a mi hijo que debe limpiar su habitación o no podrá ir al partido de béisbol esta noche. Él no se organiza bien y sin ordenar se va a la escuela. Yo descubro la habitación desordenada y la limpio. Al regresar a casa se da cuenta de lo que yo hice y se siente muy mal; se disculpa y se ofrece a aceptar el castigo, a lo que yo digo: «Tomaré en cuenta tu disculpa como una habitación limpia». Eso no significa que la disculpa sea una habitación limpia, ni que él haya limpiado realmente su habitación —yo lo hice— fue gracia pura. Lo que quiero decir es que en mi forma de tomarlo en cuenta, la fe lo conecta con la bendición de la habitación limpia, que es la suya. Lo tomo como «su disculpa», pero es un uso perfectamente aceptable de la lengua el decir: «Tomo en cuenta tu disculpa como una habitación limpia».

5.  James H. Taylor, «You Never Ask for Money?» [¿Nunca ha pedido dinero?] en *When God Provides* [Cuando Dios provee], Singapur: OMF Books, 1986, p. 6 (énfasis añadido).

6.  *Idem.*, p. 6.

7.  *Op. cit.*, p. 7.

8.  *Ibid.*, p. 5.

9.  Véase el capítulo 4.

10. Algunos pueden preferir ser más precisos y decir que la justificación es un «acto» de Dios, mientras que la santificación es una «obra» de Dios. A. A. Hodge, por ejemplo, dice: «[La justificación] es un acto de Dios para decir que, con respecto a esta persona, la ley no tiene demandas penales, que todas las demandas fueron cumplidas en el pacto de salvación... [Pero la santificación] no es un *acto*, sino una *obra* de la gracia de Dios, en donde Él sostiene, desarrolla, perfecciona y continúa la obra que ha comenzado [en la regeneración]». *Evangelical Theology* [Teología evangélica], Edimburgo: The Banner of Truth Trust, 1976, orig. 1890, pp. 295-96. Leonardus Riissenius dio la siguiente distinción protestante tradicional entre la justificación y la santificación: «(1) La justificación es una acción legal, la santificación es física y real; (2) la justificación sucede en gran medida fuera del hombre, en la Palabra de Dios y en Cristo, la santificación sucede en el hombre; (3) la justificación requiere... un cambio... de estado, la santificación introduce una creación nueva y real; (4) la justificación sucede de forma perfecta una vez y para siempre, la santificación es gradual». Citado en el libro de Heinrich Heppe, *Reformed Dogmatics* [Dogmáticas reformadas], ed. Ernst Bizer, Grand Rapids: Baker Book House, 1978, orig. 1861, p. 566.

11. Véase Piper, *Los deleites de Dios*, Grand Rapids: Zondervan, 2013.

12. Charles Spurgeon, *An All-Around Minister* [Un ministro integral], Edimburgo: The Banner of Truth Trust, 1960, orig. 1900, p. 233.

*Los hombres no saben que son justos al creer que lo son.*

**SOLOMON STODDARD**

*En todos los actos de fe salvadora el Espíritu Santo nos permite no solo percibir y afirmar la verdad objetiva, sino también comprender y aceptar la belleza espiritual. La aceptación a la belleza espiritual es el núcleo fundamental de la fe salvadora. A esto me refiero cuando hablo de estar satisfecho con todo lo que Dios es por nosotros en Jesús. La belleza espiritual es la belleza de Dios distribuida en todas sus obras y palabras. Aceptar esto, deleitarnos en ella o satisfacernos en ella, es el corazón de la fe salvadora (y santificadora).*

# CAPÍTULO 15

# UNA MUESTRA DE LA BELLEZA ESPIRITUAL

## ¿«CREYENTES» PERDIDOS?

Una de las razones por las que este libro tiene tantos capítulos es que cuanto más pensaba sobre la fe en la gracia venidera, más preguntas tenía por responder. Por ejemplo, ¿es posible creer en las promesas de Dios acerca de la seguridad de los santos y aun así estar perdido? Si la fe en la gracia venidera es creer en las promesas de Dios, ¿cómo es que se puede creer en esas promesas y aun así el «creyente» no ser salvo?

Esta posibilidad está implícita en Mateo 7:21-23: «No todo el que me dice: "Señor, Señor", entrará en el reino de los cielos, sino el que hace la voluntad de mi Padre que está en los cielos. En aquel día, muchos me dirán: "Señor, Señor, ¿no profetizamos en tu nombre, y en tu nombre echamos fuera demonios, y en tu nombre hicimos muchos milagros?" Pero yo les diré claramente: "Nunca los conocí. ¡Apártense de mí, obreros de la maldad!"». Estas personas creyeron que estaban seguras. De otra forma, no se hubieran sorprendido tanto ante el rechazo de Jesús. Conocían las enseñanzas cristianas y cuando leían promesas como: «No te desampararé, ni te abandonaré» (Hebreos 13:5), las *creían*, o eso parecía. Al menos pensaban que las promesas eran verdad para ellos y les daban seguridad. Se sorprendieron cuando escucharon que el Señor no los conocía y que serían expulsados de su presencia.

## EN DÍAS PASADOS HABÍA MÁS PREOCUPACIÓN

La atmósfera religiosa despreocupada de las generaciones recientes no da cuenta del tipo de gravedad y urgencia necesarios para hacer frente a tales advertencias, pero ha habido tiempos y profesores que se han enfrentado profundamente a ella. No muchos pastores y teólogos han luchado con la realidad de la hipocresía engañosa tanto como Jonathan Edwards durante los días del primer gran avivamiento en Nueva Inglaterra. Su libro *A Treatise Concerning the Religious Affections* [Un tratado sobre los afectos religiosos] (1746) investiga el laberinto de los afectos humanos. Él no era el único. Todos los herederos de los puritanos se preocuparon mucho porque la experiencia religiosa fuera espiritual y misericordiosa, no solo natural y falsa. Hombres como Thomas Shepard (1605-1649) y John Flavel (1630-1691) lideraron el camino para Edwards en su pensamiento acerca de la sutileza del pecado humano y el engaño a uno mismo.

Edwards encuentra la referencia de Shepard a la «paz presuntuosa» en algunos creyentes.[1] Menciona la observación de Flavel que dice que «tan fuerte puede ser esta falsa seguridad, que hasta correría osadamente el riesgo de presentarse ante el trono de la justicia de Dios y defenderla allí».[2] Cita a su abuelo, Solomon Stoddard: «Los hombres no saben que son justos al creer que lo son».[3] Edwards amplía la idea bajo esta tesis: «Esta no es razón suficiente para determinar si los hombres son santos o si sus afectos son buenos, porque atiende a sus afectos con la confianza extrema de que son buenos».[4] En otras palabras, a Edwards le preocupaba mucho, especialmente durante el fervor del avivamiento, que se comprenda la naturaleza bíblica de la fe salvadora, no sea que la gente se engañe con sus propias experiencias.

En esto, Edwards estaba siguiendo al apóstol Pablo, quien estaba preocupado, por ejemplo, de que alguno de la iglesia de Corinto fuera engañado por su entusiasmo. «Ustedes ya están satisfechos. Ya son ricos, y aun sin nosotros reinan. ¡Pues cómo quisiera yo que reinaran, para que también nosotros reináramos juntamente con ustedes!» (1 Corintios 4:8). Ellos pensaron que estaban mucho más avanzados en su vida espiritual de lo que realmente estaban, y algunos ni siquiera eran cristianos. A ellos es que les advierte: «Examínense ustedes mismos y vean si permanecen en la fe; pónganse a prueba ustedes mismos. ¿O acaso ustedes mismos no se conocen? ¿Acaso no saben que Jesucristo está en ustedes? ¡A menos que no hayan pasado la prueba!» (2 Corintios 13:5).

## ¿QUÉ HAY DE MALO CON LA FE QUE OBRA MARAVILLAS?

Entonces, si podemos creer en las promesas de Dios y aun así estar perdidos, ¿qué se necesita para hacer real esta creencia? En Mateo 7:23 Jesús llama a los engañados «obreros de la maldad». Así, su resistencia a la «voluntad» de Dios (vs. 21) y su rendición a la «maldad» (vs. 23) revelan la verdadera condición de sus corazones y la ausencia de la fe auténtica. No debemos decir simplemente: «Lo que necesitaban era acompañar su fe con obras». No, la fe era deficiente. Sabemos esto porque, tres versículos antes, Jesús dijo: «El buen árbol no puede dar frutos malos, ni el árbol malo dar frutos buenos» (Mateo 7:18). Esto significa que el fruto de la obediencia no viene a un árbol y lo hace bueno, sino que el auténtico bienestar del árbol es lo que produce el fruto de la obediencia.

Las preguntas, entonces, son: ¿qué hay de malo con la fe de estos religiosos? ¿Por qué su fe (¡que podía profetizar, echar demonios y hacer milagros!) no producía los frutos buenos que Jesús llama «la voluntad de mi Padre que está en los cielos» (vs. 21)? ¿Qué cambiaría esa «fe» que ellos creyeron tener, en fe santificadora y, por lo tanto, salvadora? ¿Cuál es la esencia de la fe en la gracia venidera?

## LA SABIDURÍA DE CHARLES HODGE

Una forma de llegar a la respuesta es reflexionar acerca de algo que un antiguo y gran maestro cristiano escribió hace más de un siglo y medio. Charles Hodge nació en 1797 y llegó a ser un eminente teólogo y profesor en el seminario de Princeton por más de cincuenta años. Mark Noll lo llama: «El mayor representante del calvinismo conservador de la nación en los últimos doscientos años».[5] Fue mucho más que un teólogo académico. Era una persona con una espiritualidad muy profunda. Su amigo de toda la vida, Henry Boardman, escribió: «Cristo no solo fue el fundamento de su esperanza, sino también el soberano reconocido de su intelecto, el alma de su teología, el manantial inagotable de su gozo, el único tema omnipresente que todo lo glorifica y el fin de su vida».[6]

No debería sorprendernos, entonces, que en 1841 Hodge haya escrito un libro acerca de la vida cristiana para cristianos comunes. Se llamó *The Way of Life* [El camino de la vida] y contiene un capítulo acerca de la fe que me ha ayudado a aclarar mi conocimiento sobre la esencia de la fe en la gracia venidera. En este capítulo, él muestra que la Biblia utiliza la palabra *fe* para todo tipo de estados de la mente, incluso la «muerte». «Pues así como el cuerpo está muerto si no tiene espíritu, también la fe está muerta si no tiene obras» (Santiago 2:26). «Fe» también puede referirse a la que tenían los demonios: «Tú crees que Dios es uno, y haces bien. ¡Pues también los demonios lo *creen*, y tiemblan!» (Santiago 2:19).

## EL FUNDAMENTO DE LA CREENCIA DETERMINA
## LA EXPERIENCIA DE LA FE

Él señala que los actos de fe pueden ser distintos, así como su *fundamento* difiere según el caso. Por ejemplo, creer en algo porque ha escuchado un testimonio confiable (como en Juan 4:42) no es necesariamente la misma experiencia mental y espiritual que la de creer algo porque ha disfrutado o entendido su belleza espiritual.

Cuando crees solo por el fundamento de un testimonio, puedes aceptar la verdad sin deleitarte en ella o ver su belleza espiritual. Sin embargo, cuando crees porque has «disfrutado» o has tenido una «captura» de belleza espiritual, entonces la fe por sí misma se impregna con esta belleza. Hodge dice: «Podemos creer en el testimonio de que un hombre, del que no sabemos nada, tiene una moral excelente, si lo oímos de labios de esas personas en las que confiamos en su veracidad y su juicio. Pero, si vemos por nosotros mismos la muestra de su excelencia, creeremos por otras razones y *de una forma diferente*».[7]

Aquí es donde Hodge nos ayuda con nuestra pregunta: ¿qué convierte a una mera creencia en una fe salvadora? Él dice que cuando vemos la excelencia espiritual por nosotros mismos, creemos «de una forma diferente». Esta «forma diferente» es lo que convierte a una creencia en una fe salvadora. No me malinterpreten, no hay nada de malo en creer en Cristo o en sus promesas fundamentándonos en el testimonio de otros. De hecho, así es como todos llegamos a la fe, basándonos en el testimonio de los apóstoles de la Biblia. Pero estar convencidos de que Cristo y sus promesas son un hecho no es fe salvadora *en sí*. Por eso es que algunos que profesan el cristianismo se sorprenderán en el día final cuando lo oigan decir: «Nunca los conocí», incluso aunque lo llamen «Señor, Señor». Creer que Cristo y sus promesas son reales, basándonos en un testimonio, es una *parte* necesaria de la fe, pero no es suficiente para convertirla en fe salvadora.

Lo que hace a la fe salvadora es esta «forma diferente» de creer que viene de una forma distinta (no alternativa o contradictoria) de comprender o disfrutar la realidad detrás del testimonio que proclamamos. Esta forma diferente es lo que Hodge llama una «comprensión espiritual de la verdad». Él dice: «Es una fe que descansa sobre la manifestación del Espíritu Santo de la excelencia, la belleza y la idoneidad de la verdad… Nace de una comprensión espiritual de la verdad o del testimonio del Espíritu con y por la verdad de nuestros corazones».[8]

Para ilustrar este tipo de comprensión espiritual, Hodge cita Lucas 10:21: «En ese momento Jesús se regocijó en el Espíritu Santo, y dijo: "Te alabo, Padre, Señor del cielo y de la tierra, porque estas cosas las escondiste de los sabios y entendidos, y *las revelaste a los niños*. ¡Sí, Padre, porque así te agradó!"». En otras palabras, algunos pudieron ver externamente la verdad de Jesús, su ministerio y el Reino de Dios, pero a los «niños» se la *reveló* Él. Esta revelación hizo posible que la comprensión y el deleite espiritual que mueve el corazón acepte y *sienta* la realidad, no solo que *piense* que es real.

Hodge citó Mateo 16:16-17 de forma similar. Jesús les preguntó a los discípulos quién era Él y «Pedro respondió: "¡Tú eres el Cristo, el Hijo del Dios viviente!". Entonces Jesús le dijo: "Bienaventurado eres, Simón, hijo de Jonás, porque *no te lo reveló ningún mortal, sino mi Padre que está en los cielos*"». Esas fueron evidencias de la verdad del carácter de Mesías de Jesús. Pedro las vio y fue convencido por ellas. Jesús le dijo a Pedro que lo más decisivo en su fe era que no se lo había revelado ni carne ni sangre, sino que Dios mismo le había revelado a Jesús. En otras palabras, había habido una obra espiritual que le permitió a Pedro ir más allá de la razón humana y sentir la realidad espiritual del valor Cristo y abrazarla.

Otro texto que Hodge citó para explicar esta «forma diferente» de llegar a la fe verdadera, fue 2 Corintios 4:6: «Dios, que mandó que de las tinieblas surgiera la luz, es quien brilló en nuestros corazones para que se revelara el conocimiento de la gloria de Dios en el rostro de Jesucristo». Cuando el evangelio de Cristo se predica, algunos pueden afirmar el testimonio del predicador por varias razones: quizá es lógicamente convincente, o carismático, o un líder admirado, o un padre. Hay muchas razones para afirmar un testimonio de Cristo; algunas son lógicas y otras no tanto. Esa afirmación es una parte necesaria para llegar a tener fe en Cristo (Romanos 10:17).

Sin embargo, Pablo dice que también es necesaria *una obra especial de Dios*. Él debe hacer algo en nosotros como lo hizo en el primer día de la creación cuando dijo: «Que se haga la luz». Él debe brillar en nuestros corazones para darnos una comprensión espiritual de la gloria de Cristo. Es decir, debemos tener el «gusto» espiritual de reconocer en Él al más valioso de todos los tesoros. Cuando esto sucede, no solo afirmamos a Cristo como el verdadero objeto del testimonio de alguien más, sino que también lo «aceptamos» como el mejor tesoro espiritual de nuestras almas. Esta es la esencia de la fe salvadora.[9]

## ENTENDIMIENTO Y ACEPTACIÓN

Por lo tanto, se necesitan dos cosas para que se produzca la fe salvadora. Una es utilizar nuestra percepción y nuestra mente para ver, oír, entender y validar un testimonio de la verdad de Cristo. La otra es que debemos comprender y aceptar la belleza espiritual y el valor de Cristo mediante la luz del Espíritu Santo. Sin esta prueba espiritual convincente de la excelencia cautivante del Señor, la convicción de una persona acerca de un testimonio puede no ser más que la garantía inútil del diablo de *que* Jesús es el camino, la verdad y la vida. Él lo «cree», pero no lo considera algo hermoso, preciado y maravilloso para lograr el bien y los propósitos santos. El diablo lo acepta de alguna manera, pero no con alegría o, como dicen los puritanos, de forma «cordial». Él no disfruta a Cristo como una convicción atractiva, su «fe» está muerta porque no está animada por lo más esencial: la comprensión espiritual de la belleza espiritual.

## ABRAZAR LAS PROMESAS

Entonces, ¿qué significa esto para la afirmación que se repite en este libro de *que creer en las promesas de Dios es algo esencial para la fe salvadora que cambia vidas*? Mi afirmación es que la fe justificadora y santificadora es una sola y que el corazón de esta fe es la confianza en Dios por sus promesas futuras. Entonces, ¿qué implica esta visión de Hodge para mi afirmación?

Implica que debo hablar más acerca de este acto de creer en las promesas. Ahora, debo decir que esto requiere una comprensión espiritual de la belleza de Dios en las promesas y detrás de ellas. Debo llevar mi atención al elemento de la fe que acepta, comprende o saborea la gloria de Dios que disfrutaremos como la esencia de estas promesas. En otras palabras, la fe salvadora en las promesas de Dios debe tener un deleite espiritual en el Dios de las promesas. No quiero exagerar esto. Lo que digo es que la fe salvadora debe «incluir» deleite. El deleite en la gloria de Dios no lo es todo en la fe, pero considero que sin él, la fe está muerta.

## LA CONVERSACIÓN MÁS AGRADABLE DE DAVID BRAINERD

David Brainerd, el joven misionero destinado a la India, cuyo *Diario* fue publicado por Jonathan Edwards en 1749, veía las cosas mucho más claras en sus tiempos que la mayoría de nosotros hoy. Tres meses antes de morir a los treinta años, en octubre de 1747, Brainerd estaba en Boston hablando de la naturaleza de la fe salvadora. Había visto un despertar maravilloso entre los indios en Crossweeksung, Nueva Jersey, y sabía esto no solo por estudiarlo, sino también por su experiencia. Parecería que hay una disputa entre él y cierto hombre en Boston que decía que «la esencia de la fe salvadora es creer que Cristo murió por cada persona en particular y que este es el primer acto de fe en el acercamiento a Cristo de un verdadero creyente».[10]

Brainerd, al igual que Edwards, no estaba de acuerdo con esto. Como Edwards explicó en su nota en el *Diario* de Brainerd: «La esencia de la fe salvadora quedó excluida completamente de esa definición (...), la fe que había definido no tenía nada de Dios en ella, nada por encima de la naturaleza ni del poder de los demonios».[11] En otras palabras, los demonios son totalmente capaces de querer escapar del infierno y creer que alguien murió para abrirles un camino a ellos. Pero no pueden creerlo deleitándose en la santidad y la gracia de Dios que traen esta redención. Esto es a lo que se refería Edwards cuando dijo que la fe salvadora debe tener a «Dios en ella».

Un año antes, el 7 de julio de 1746, Brainerd ilustró cómo vivía en la esencia de la fe salvadora, a pesar de todas sus luchas contra la depresión. Escribió: «Mi espíritu se renovó bastante y se elevó en la mañana. No encuentro comodidad en ningún placer que no sea disfrutar a Dios y comprometerme en su servicio. Por la noche, tuve la conversación más agradable que recuerdo en toda mi vida, acerca de que Dios es el "todo en todo" [1 Corintios 15:28], y todos los placeres son solo lo que Dios hace, y nada más. *"Es bueno comenzar y terminar con Dios"*».[12]

## SALVOS DEL INFIERNO Y SATISFECHOS EN DIOS

Ese hombre en Boston tenía la mitad de la respuesta. Sabía que la fe verdadera debía ser un reposo para el alma y que debía tener un sentido de seguridad y salvación. Pero, por lo que sabemos, la naturaleza de este «descanso» no está centrada en Dios. Debemos aclarar la naturaleza espiritual de este «descanso» para distinguirla del descanso engañoso señalado en Mateo 7:22, donde los hipócritas tienen un tipo de «descanso» en la seguridad de Dios. Lo que debemos decir acerca de esto es que un descanso salvador debe ser un reposo, no solo una protección del infierno sino también un reposo de satisfacción en las bellezas de Dios (Salmos 16:11).

Eso es lo que falta en el corazón de los hipócritas mencionados en Mateo 7:22. Si lo tuvieran, se hubiesen deleitado en las virtudes divinas que supuestamente esperaban y en las que descansaban. Sin embargo, en lugar de eso, eran «hacedores de maldad» (NVI). No es solo la *seguridad* en las promesas lo que nos libera de las motivaciones al pecado, sino también la *dulzura* de la belleza de Dios en las promesas. Es la *naturaleza espiritual* de lo que Dios prometió. Cuando comprendemos la belleza espiritual o la dulzura de lo prometido y nos deleitamos en eso, no solo somos libres de la inseguridad de la codicia y el miedo que motiva tanto pecado, sino que también somos moldeados en nuestros valores por lo que apreciamos en la promesa (véase 1 Juan 3:3). Si apreciamos la belleza de Cristo en el evangelio, también apreciaremos la conducta que refleja esa belleza (incluso la conducta dolorosa y sacrificial).

## ¿CÓMO CREER EN UNA AMENAZA?

¿Qué implica esta mirada sobre la fe salvadora en la creencia de promesas negativas, es decir, las amenazas? ¿Apreciamos la belleza espiritual de las amenazas bíblicas tales como: «envidias, homicidios, borracheras, orgías, y cosas semejantes a éstas. Acerca de ellas les advierto, como ya antes les he dicho, que los que practican tales cosas no heredarán el reino de Dios» (Gálatas 5:21; véase 1 Corintios 6:10)? En un sentido, sí lo hacemos. Hodge dice: «La fe en sus amenazas, fundadas sobre una percepción de la justicia, la armonía con su perfección y el desmerecimiento del pecado, deben producir temor y temblor».[13]

Lo que asevera Hodge es que para que la fe en las amenazas sea importante espiritualmente, la fe debe basarse en la comprensión de la belleza espiritual de las amenazas: la armonía, la justicia y la aversión moral del pecado. Esto ha atemorizado a muchas personas para que tomen una «decisión» por Cristo que demuestra, con el tiempo, no ser fe salvadora. Más bien, debemos percibir, aceptar y aprobar, desde el corazón, la aptitud espiritual (es decir, la belleza oscura) de las amenazas de Dios.

Esto implica que un elementos esencial de la realidad de la fe se obtiene de la forma en que es percibido aquello en que se cree. Si la fe percibe la belleza espiritual de las *amenazas* divinas, sus elementos esenciales son la repulsión a la fealdad del pecado, un distanciamiento de los peligros del pecado y una presión hacia Dios y la santidad. Si la fe percibe la belleza espiritual de las *promesas* divinas, sus elementos esenciales son el deleite en las bondades de Dios, la atracción y la confianza hacia Él. Hodge lo explica así: «La fe en sus promesas, fundada sobre la comprensión de su fidelidad y poder, su armonía con todos sus propósitos revelados, [y] la conveniencia a nuestra naturaleza y necesidades, debe generar confianza, gozo y esperanza».[14]

## HAY UN GOZO EN LA FE Y DESDE LA FE

Sin embargo, quisiera agregar un poco más a lo que dice Hodge. No quiero decir solamente que la fe en las promesas genera «confianza, gozo y esperanza», sino que *algunos elementos esenciales* de la fe *son* la confianza, el gozo y la esperanza. No es falso decir que la fe produce estas cosas. Pero eso no contradice que la confianza, el gozo y la esperanza son parte de la urdimbre de la fe. Un tipo de gozo y esperanza puede engendrar otros, y el gozo puede venir sobre el gozo. Solo quiero recordar lo que hemos visto, es decir, que la esencia de la fe salvadora es una comprensión espiritual o una degustación de belleza espiritual, que *es* el deleite. Sí, es cierto, esta fe produce deleites. *Si no degustamos la belleza de Cristo en sus promesas encantadoras y satisfactorias, entonces aún no creemos de una forma salvadora y transformadora.*

¿No es esta una de las razones por las que muchas confesiones de fe fracasan? A veces pedimos que alguien se decida por Cristo y llevamos a las personas a una crisis sin contemplación. La única conversión que permanece tiene sus bases en una contemplación de «la gloria del Señor» (2 Corintios 3:18). Si no vemos a Dios como glorioso, no «somos transformados de gloria en gloria en la misma imagen». Cuando venga la aflicción, caeremos. Lo que nos sostiene es apreciar el valor superior de Jesús (Filipenses 3:8).

## SATISFECHOS CON TODO LO QUE DIOS ES POR NOSOTROS EN JESÚS

Entonces, ¿cuál es el elemento esencial común en toda fe salvadora? ¿Qué es lo que hace que creer en las promesas sea un acto salvador, y no un engaño como sucedió con los hipócritas en Mateo 7:22? He estado diciéndolo así desde hace algunos años: la esencia de la fe es «estar satisfecho con todo lo que Dios es por nosotros en Jesús».[15] Considero que esta es la mejor forma de describirlo, ya que habla de esta idea de «valorar», «consentir», «abrazar» o «deleitarse en» la belleza espiritual.[16]

Otra forma de decirlo sería que, en todo acto de fe salvadora, el Espíritu Santo no solo nos permite percibir y afirmar una verdad fáctica, sino también comprender y abrazar la belleza espiritual. Ese «abrazo a la belleza espiritual» es el núcleo esencial de la fe salvadora. A esto me refiero con «estar satisfecho con todo lo que Dios es por nosotros en Jesús», especialmente en la obra salvadora de su Hijo. Abrazarlo, deleitarnos o saciarnos en esto es el corazón de la fe salvadora.

## AÚN MEJOR: SATISFECHO CON TODO LO QUE DIOS SERÁ POR NOSOTROS

Nada de lo que he dicho aquí reduce el propósito de este libro de avanzar firmemente hacia el aspecto de la fe orientada hacia el futuro. A lo largo de los años, Daniel Fuller y yo hemos tenido muchas discusiones sobre el papel de la naturaleza de la fe salvadora y su relación con la ley, la justificación y las obras. No siempre hemos estado de acuerdo, pero en este punto en particular, sí concuerdo con lo que él escribió en *The Unity of the Bible* [La unidad de la Biblia]:

> Una fe que solo mira al pasado, a la muerte y resurrección de Cristo, no es suficiente… El perdón de los cristianos también depende de tener, como Abraham, una fe en las promesas futuras de Dios. Por lo tanto, no podemos considerar suficiente a la fe justificadora si solo honrara la muerte y resurrección de Cristo pero no las promesas futuras de Dios, burlando así su carácter e integridad.[17]

Si «todas las promesas de Dios en [Jesús] son "Sí"» (2 Corintios 1:20), entonces confiar en Él *ahora*, en el presente, es creer que sus promesas serán cumplidas. Esos no son dos tipos distintos de fe (confiar en Él y creer en sus promesas). Creer en Jesús significa creer que Él cumple su palabra. Estar satisfechos *ahora* en el Jesús crucificado y resucitado es creer que en todo momento futuro, hasta la eternidad, nada nos separará de su amor ni le impedirá obrar todas las cosas para bien.

En síntesis, diría que la belleza espiritual que necesitamos abrazar es la belleza de Dios que estará disponible para nosotros en el futuro, certificada para nosotros por la gracia gloriosa del pasado. Necesitamos disfrutar *ahora* la belleza espiritual de Dios en todos sus logros pasados (especialmente la muerte y resurrección de Cristo por nuestros pecados) y en todas sus promesas. Nuestra confianza debe estar en todo lo que Dios *será* por nosotros dentro de un minuto, dentro de un mes y por toda la eternidad: «El conocimiento de la gloria de Dios en el rostro de Jesucristo» (2 Corintios 4:6).

Solo *Él* saciará el alma *en el futuro*. Es el futuro el que tiene que asegurarse y saciarse con riquezas de gloria espiritual, si tenemos la vida cristiana radical que Cristo nos pide aquí y ahora. Si nuestro deleite en Cristo ahora (nuestra fe presente) no contiene el «Sí» a todas las promesas de Dios, no abrazará el poder del servicio radical en la fortaleza que Dios proveerá en el futuro (1 Pedro 4:11).

Mi oración es que estas reflexiones acerca de la esencia de la fe nos ayuden a evitar las declaraciones superficiales sobre creer en las promesas de Dios. Esto es algo profundo y maravilloso, y no hace falta ser teólogo para experimentarlo. Dios concede esta experiencia a millones de personas que ni siquiera podemos explicar todo lo que sucede en nuestros corazones. Sin embargo, seguimos siendo débiles si nos mantenemos en ese estado de ignorancia en el que estábamos al principio. Necesitamos ir más profundo y fortalecernos en el entendimiento bíblico de lo que Dios ha formado en nosotros.

Me uno al apóstol Pablo en oración para que los ojos de nuestros corazones se iluminen y, así, podamos conocer la grandeza superior de su poder en nosotros, los que creemos (Efesios 1:18-19). Ese poder no solo ha despertado en nosotros el deseo de un futuro feliz, sino el deseo de que Dios sea la esencia de ese futuro. Esto ha hecho que nos deleitemos no solo en las promesas de Dios, sino también en el Dios de las promesas. La fe abraza a Dios en todas sus promesas.

## NOTAS

1. Cita de «A Treatise Concerning the Religious Affections» [Un tratado sobre los afectos religiosos], en *The Works of Jonathan Edwards* [Las obras de Jonathan Edwards], vol. 2, New Haven: Yale University Press, 1959, p. 174.
2. *Ibid.*, p. 171.
3. *Ibid.*, p. 177.
4. *Ibid.*, p. 170 (énfasis añadido). Para un análisis contemporáneo sobre los aspectos del avivamiento que hoy son espirituales y los que no, véase John White, *Cuando el Espíritu Santo llega con poder*, Editorial Certeza, 2007: «En sí mismo, una cierta manifestación [del Espíritu] no es señal de que se ha alcanzado algo de valor espiritual».
5. Charles Hodge, *The Way of Life* [El camino de la vida], ed. Mark Noll, Nueva York: Paulist Press, 1987, p. 31.
6. *Ibid.*, p. 43.
7. *Ibid.*, p. 154.
8. *Ibid.*, p. 156.
9. Cien años antes de que Charles Hodge reflexionara sobre esto, Jonathan Edwards investigaba las profundidades de la fe verdadera mientras luchaba con la falta de autenticidad de los afectos religiosos en el gran avivamiento de Nueva Inglaterra. Este texto de 2 Corintios 4:4-6 también fue central para las ideas de Edwards acerca de la fe salvadora. Él dijo: «Nada puede ser más evidente que cuando aquí los apóstoles hablan de una creencia salvadora del evangelio que surge de la mente iluminada para contemplar la gloria divina de las cosas que expone». «Dissertation Concerning the Religious Affections» [Disertación de los afectos religiosos], en *The Works of*

*Jonathan Edwards* [Las obras de Jonathan Edwards], vol. 1, Edimburgo: The Banner of Truth Trust, 1974, p. 290.

Edwards creía que la fe salvadora debía ser lógica y espiritual. «Con una convicción lógica me refiero a una convicción fundada en *evidencia real*, en una buena razón, o en un fundamento de la convicción». ¿De dónde viene esta evidencia? «El evangelio del Dios bendito no mendiga por evidencia, como piensan algunos: tiene su mayor evidencia en sí mismo». Específicamente, «la mente asciende a la verdad del evangelio mediante su *gloria divina*... A menos que los hombres lleguen a una persuasión y convicción lógica sólida de la verdad del evangelio... *por una vislumbre de su gloria*, es imposible que quienes son analfabetos y desconocidos de la historia, puedan tener una convicción completa y efectual de todo esto» (292).

Por lo tanto, como en la opinión de Hodge: «Es un requisito no solo que la creencia... sea *lógica*, sino que también sea una creencia o convicción *espiritual*». No toda convicción lógica es genuina, la convicción salvadora para «algunos hombres naturales produce una aceptación de sus juicios a la verdad de la religión cristiana desde las pruebas o argumentos racionales que se ofrecen como evidencia». Él cita, por ejemplo, a Judas y a los que escucharon a Jesús (Juan 2:23-25), así como también a Simón el mago (Hechos 8:13, 23). La fe verdadera debe ser tan espiritual como lógica. «Una convicción *espiritual* de la verdad de las grandes cosas del evangelio, es una convicción tal que surge de una comprensión espiritual» (290). Esta comprensión espiritual «consiste en *sentir* y *gustar* de una excelencia divina, suprema y santa y de la belleza de todo eso». «Aquel que ha sentido la dulzura de la miel, sabe mucho más de ella que el que solo la ha mirado y tocado». Por lo tanto, «el entendimiento espiritual consiste primeramente en este sentir y gustar de la belleza moral de las cosas divinas» (283).

10. Jonathan Edwards, *The Life of David Brainerd* [La vida de David Brainerd], ed. Norman Pettit, *The Works of Jonathan Edwards* [Las obras de Jonathan Edwards], vol. 7, New Haven: Yale University Press, 1985, orig. 1749, p. 456.

11. *Idem.*, p. 456 (énfasis añadido).

12. *Ibid.*, p. 412 (énfasis añadido).

13. Hodge, *The Way of Life* [El camino de la vida], p. 158.

14. *Idem.*, p. 158.

15. Esta definición estaba implícita en John Piper, *Sed de Dios;* y se hizo explícita en *Los deleites de Dios.* Es gratificante leer la misma definición elogiada por John MacArthur en su excelente libro *Faith Works* [Obras de fe], Dallas: Word Publishing Co., 1993. Él dice: «Noten que hemos vuelto al punto de inicio de la definición de fe que sugiere el diccionario inglés [Oxford]: La fe es estar satisfecho con Cristo» (48). Veáse también las páginas 30, 39, 52. Él cita Juan 6:35 como apoyo, pero eso lo abordaremos en el próximo capítulo. De forma similar, Ernest Reisinger hace esta observación con respecto a la fe salvadora: «Existe, sin embargo, una cosa común a todos los que poseen verdadera fe salvadora, es decir, satisfacción en el corazón con el plan de salvación de Dios por medio de Cristo [incluida, por supuesto, la comunión con Él]. Cuando uno se complace en el método de Dios para satisfacer su justicia mediante la persona y la obra de Cristo y cuando el alma y el corazón aceptan

ese plan, uno puede creer en la salvación». *Lord and Christ: The Implications of Lordship for Faith and Life* [Señor y Cristo: las implicaciones del señorío en la fe y la vida], Phillipsburg, NJ: P&R Publishing, 1994, p. 46.

16. Véase la defensa de Jonathan Edwards y nuestra interpretación de 1 Juan 5:1-5 en el capítulo 12, nota 3. Edwards sostiene que el amor «pertenece a la esencia de la fe salvadora».

17. Daniel Fuller, *The Unity of the Bible* [La unidad de la Biblia], Grand Rapids: Zondervan Publishing House, 1992, p. 272.

*Jesús les dijo: «Yo soy el pan de vida. El que a mí viene,
nunca tendrá hambre; y el que en mí cree, no tendrá sed jamás».*

**JUAN 6:35**

*La fe salvadora contempla el amor divino en su naturaleza…
Nuestro amor a Dios nos permite superar las dificultades que
nos impiden cumplir sus mandamientos; lo que nos muestra
que el amor es lo principal en la fe salvadora, su vida y su poder
que produce grandes efectos.*

**JONATHAN EDWARDS**

# CAPÍTULO 16

# SATISFECHO CON TODO LO QUE DIOS ES POR NOSOTROS EN JESÚS

Si nos equivocamos en la naturaleza de la fe, todo en la vida cristiana saldrá mal. Si toda obediencia auténtica viene de la fe en la gracia venidera, como dice este libro, entonces malinterpretar y experimentar erróneamente la fe pone en peligro a toda la obediencia. La esencia de la fe en la gracia venidera que hemos descubierto en los capítulos anteriores es tan importante que debemos examinarla más minuciosamente.

## EL GRAN EVANGELIO DE LA FE

Un buen lugar para examinar nuestro entendimiento de la fe es el evangelio de Juan, al que se lo ha llamado *El evangelio de la fe*.[1] El verbo *creer* aparece en el evangelio de Juan más de noventa veces, comparada con las once veces que aparece en Mateo, las doce que aparece en Marcos y las nueve que aparece en Lucas [datos de la versión en inglés de la Biblia English Standard Version (ESV)]. Juan dice explícitamente que el propósito de su evangelio es «que ustedes crean que Jesús es el Cristo, el Hijo de Dios, y que al creer, tengan vida en su nombre» (20:31).

El tema de creer en Cristo por el bien de la vida eterna se sostiene a lo largo de todo el evangelio. Lo vemos, por ejemplo, en Juan 3:16: «Porque de tal manera amó Dios al mundo, que ha dado a su Hijo unigénito, para que todo aquel que en él *cree* no se pierda, sino que tenga *vida eterna*»; en Juan 5:24: «De cierto, de cierto les digo: El que oye mi palabra, y cree al que me envió, tiene vida eterna; y no será condenado, sino que ha pasado de muerte a vida»; y en Juan 11:25: «Yo soy la resurrección y la vida; el que cree en mí, aunque esté muerto, vivirá». Por eso, está claro que la fe salvadora es una inquietud dominante del apóstol Juan. Creer en Cristo se menciona con más frecuencia y constancia en este libro que en cualquier otro del Nuevo Testamento.

## INSPIRADO POR OSCAR CULLMANN

¿Nuestro entendimiento de la esencia de la fe (como la satisfacción de todo lo que Dios es para nosotros en Jesús) se sostiene en este evangelio? Una de las razones por las que creo que sí, es que el evangelio de Juan fue el que me dio esta idea, en primer lugar. En 1974, yo era el nuevo profesor de Estudios Bíblicos en la Universidad Bethel en Saint Paul. En mi primer semestre de trabajo luego de mi posgrado debía enseñar Introducción al Nuevo Testamento. Cuando llegué al evangelio de Juan, dediqué mi energía a reflexionar lo que él quería decir con fe. Me había inspirado a tomar este ángulo solo por haber escuchado a Oscar Cullmann en la Universidad de Múnich dando un discurso sobre el evangelio de Juan. Su interpretación minuciosa me había abierto los ojos a una nueva profundidad y complejidad de los pensamientos de Juan debajo de su lenguaje aparentemente simple.

## CREER EN ESO NO SALVA

Primero, noté que en el evangelio de Juan «creer» puede ser un acto falso o deficiente que no salva. Por ejemplo, Juan dice que «mientras Jesús estaba en Jerusalén durante la fiesta de la pascua, *muchos*, al ver las señales que hacía, *creyeron* en su nombre» (2:23). Aquí se entraña la advertencia de que «creer» puede no ser fe salvadora si esa fe se basa solo en «ver las señales». Creer por ver señales no es algo malo en sí mismo, especialmente porque Jesús dijo: «Créanme que yo estoy en el Padre, y que el Padre está en mí; de otra manera, *créanme por las obras mismas*» (Juan 14:11). La fe verdadera puede nacer al ver los milagros de Jesús, pero el peligro es que algunos se dejaron llevar solo por el poder de Jesús y su potencial para derrotar a los romanos. Jesús rechazó este tipo de entusiasmo: «Cuando Jesús se dio cuenta de que iban a venir para apoderarse de él y hacerlo rey, volvió a retirarse al monte él solo» (Juan 6:15). El mismo Juan dijo que ni siquiera los hermanos de Jesús, que creían en su poder milagroso (Juan 7:3-4) y, seguramente, en su afirmación de ser el Mesías, «*creían* en él» (Juan 7:5).

Por eso, cuando Juan dice que muchos «creyeron en su nombre» (2:23) porque vieron las señales que hacía, se nos advierte que esta «creencia» puede ser una persuasión con base en su poder, que no llega al corazón de quién es Él en realidad. De hecho, este parece ser el caso con estos «creyentes», ya que el versículo siguiente dice: «Pero Jesús mismo no se fiaba de ellos, porque los conocía a todos» (Juan 2:24). En otras palabras, lo que estaba dentro no se correspondía con lo que se profesaba en el exterior. Su «fe» era, como dice C. K. Barrett: «La apariencia de la fe»;[2] o como dice

Leon Morris: «No es más que un comienzo».[3] Sin embargo, se la llama vagamente «creencia».

Encontramos la misma deficiencia de la fe en Juan 8:31-37. Este pasaje comienza así: «Entonces Jesús dijo a los judíos que habían creído en él...» (Juan 8:31). Sin embargo, antes de terminar, Jesús les dice a los mismos judíos: «Yo sé que ustedes son descendientes de Abrahán; *pero intentan matarme porque mi palabra no halla cabida en ustedes*» (Juan 8:37). Los que «habían creído en él» ahora intentaban matarlo. Esto hace que un comentarista diga: «O Juan está escribiendo muy a la ligera o quiere decir que la fe de estos judíos era muy deficiente».[4] Juan puede ser muchas cosas, pero no un artesano descuidado, por lo tanto, lo correcto es seguir la segunda opción. En palabras de Leon Morris: «Juan está hablando de hombres que habían hecho una confesión superficial, pero en este caso en particular no había sido muy profunda».[5]

Sin embargo, Juan utiliza la palabra *creyeron* para describir su respuesta deficiente e inadecuada. Esto apunta a que el significado de «creer», en el evangelio de Juan, no se encuentra en la superficie de los términos utilizados, si no que deriva del contexto del evangelio. Por eso debemos intentar obtener un contenido más profundo del concepto de *creer* en el evangelio de Juan. ¿Cuál es la esencia que lo hace una fuente salvadora de fe y no un impostor?

## UN AMORÍO CON LA ALABANZA DE LOS HOMBRES IMPOSIBILITA LA FE

Una de las razones por las que fijarnos solo en los milagros de Jesús puede guiarnos o no hacia la fe genuina es que pueden afianzar fácilmente el amor por el poder y el prestigio que penetra el corazón pecador, lo que imposibilita la fe verdadera. Jesús habla sobre este problema en Juan 5:41-44.

> Yo no recibo gloria de parte de los hombres. (42) Pero yo los conozco a ustedes, y sé que el amor de Dios no habita en ustedes. (43) Yo he venido en nombre de mi Padre, y ustedes no me reciben; pero si otro viniera en su propio nombre, a ese sí lo recibirían. (44) ¿Y cómo pueden ustedes creer, si se honran los unos de los otros, pero no buscan la honra que viene del Dios único?

En el versículo 44, Juan dice que es imposible creer en Cristo con verdadera fe salvadora si el corazón está teniendo un amorío con la honra de los hombres. En otras palabras, la fe verdadera requiere una renovación espiritual del corazón. La fe no puede coexistir con la exaltación propia. Es humilde por naturaleza y enaltece a Dios. No se mira a sí misma, sino a Dios, y no se deleita en la honra de los hombres, sino en la gloria de Dios.

El versículo 43 conecta este principio con Jesús. Él no ha venido en nombre propio, sino en nombre de su Padre. Esto significa que Él encarna el corazón humilde que honra a Dios y que ama la fe, pero ellos no lo recibirán. ¿Por qué? Porque es una amenaza a su propio orgullo. Si viniera en su propio nombre, dice Jesús, ellos lo recibirían. ¿Por qué? Porque encajaría con su forma de ser: tienen el deseo de que los hombres honren *su* propio nombre. La conclusión es que ellos no aman a Dios (vs. 42). Es decir, no se deleitan en exaltarlo a *Él*, sino a sí mismos, por lo tanto, no pueden creer. Es imposible que una persona que ame la honra de los hombres pueda tener fe.

Podemos entender, entonces, que la verdadera fe en el evangelio de Juan es de una naturaleza tal que excluye la dependencia de los aplausos, pero incluye un amor por Dios (un deleite en Él) que hace que la honra de los hombres sea nada en comparación con el tesoro que es Dios. Esto es lo que hemos visto acerca de la fe salvadora en los capítulos anteriores.

## AMAR LA LUZ ES LA RAÍZ DE LA FE

Otro pasaje que nos ayuda a entender la esencia positiva de la fe salvadora en este evangelio está en Juan 3:19-21.

> Y ésta es la condenación: que la luz vino al mundo, pero *los hombres amaron más las tinieblas que la luz*, porque sus obras eran malas. (20) Porque todo aquel que hace lo malo, *aborrece la luz* y no se acerca a la luz, para que sus obras no sean reprendidas. (21) Pero el que practica la verdad *viene a la luz*, para que sea evidente que sus obras son hechas en Dios.

Lo que Juan dice es que, antes de venir a Cristo, deben *amar* la luz en lugar de aborrecerla. «Venir a Cristo» es una expresión que Juan utiliza para describir la fe salvadora en Él. Se puede ver, por ejemplo, en Juan 5:40: «Pero ustedes no quieren *venir* a mí para que tengan vida»; en Juan 6:37: «Todo lo que el Padre me da, *vendrá* a mí; y al que a mí *viene*, no lo echo fuera»; y en Juan 6:44: «Ninguno puede *venir* a mí, si el Padre que me envió no lo trae. Y yo lo resucitaré en el día final». Por lo tanto, Juan está diciendo que para tener fe salvadora, o venir a Cristo, primero se debe tener una medida de transformación en el corazón que quite el aborrecimiento innato a la luz espiritual.

Esto significa que, en el evangelio de Juan, la fe salvadora es el acto de un corazón vivificado o renovado que ama la luz. Esta fe no es la aceptación mental de un viejo corazón que ama la oscuridad. El amor está implícito en el punto de vista de Juan. Este «amor» es lo que llamamos, en el capítulo anterior, un «deleite espiritual» en la belleza de Cristo. La fe no es la simple afirmación de que Cristo es infinitamente precioso. Es aceptar a Cristo como algo precioso porque amamos su luz y no la aborrecemos.

## CREER ES VENIR A JESÚS PARA SACIAR NUESTRA SED

En el capítulo anterior dije que la esencia de la fe salvadora es *estar satisfecho con todo lo que Dios es por nosotros en Jesús*. Otro texto que me lleva a esta convicción es Juan 6:35: «Yo soy el pan de vida. El que a mí *viene*, nunca tendrá hambre; y el que en mí *cree*, no tendrá sed jamás». Este texto señala el hecho de que creer en Jesús es alimento y bebida de todo lo que Él es. Llega a decir que nuestra alma sedienta se sacia con Jesús y que con Él ya no tendremos sed. Él es quien responde nuestro pedido de satisfacción. Cuando confiamos en Jesús de la forma en que Juan pretende, su presencia y su promesa es tan satisfactoria que ya no pueden dominarnos los placeres seductores del pecado (véase Romanos 6:14). Esto explica por qué dicha fe en Jesús anula el poder del pecado y habilita la obediencia.

Juan 4:14 apunta en la misma dirección: «Pero el que beba del agua que yo *le daré, no tendrá sed jamás*. Más bien, el agua que yo le daré será en él una fuente de agua que fluya para vida eterna». Según Juan 6:35, la fe salvadora de la que se habla aquí es el agua que satisface los deseos más profundos del alma. Lo mismo sucede en Juan 7:37-38: «Jesús se puso en pie y en voz alta dijo: "Si alguno tiene sed, *venga a mí y beba*. Del interior del que *cree* en mí, correrán ríos de agua viva, como dice la Escritura"». Mediante la fe, Cristo se vuelve una fuente inagotable de vida eterna en nosotros que nos lleva al cielo. Para lograr esto, nos envía su Espíritu (véase Juan 7:38-39). Esto encaja perfectamente con lo que hemos visto en el capítulo 12 en relación con la obra santificadora del Espíritu Santo que sucede en nosotros *por fe*.

## LA FE ES UN DON DE LA GRACIA

Esto implica que la fe salvadora en Juan no es una mera obra humana, sino un regalo gratuito de Dios. Juan deja esto en claro de varias maneras.

Por ejemplo, en Juan 8:45-47 se muestra que la incredulidad, en el fondo, se debe al hecho de no haber nacido de Dios.

> Pero a mí, que digo la verdad, no me creen. ¿Quién de ustedes puede acusarme de haber pecado? Y si digo la verdad, ¿por qué no me creen? El que es de Dios, escucha las palabras de Dios; *pero ustedes no las escuchan, porque no son de Dios.*

Según este texto, ni siquiera podemos oír la Palabra de Dios (de una manera obediente) si no somos «de Dios», es decir, si no somos nacidos de nuevo por el soplo de su Espíritu (Juan 1:12-13; 3:8). Por lo tanto, la fe no es una obra forjada en sí, sino un fruto de la obra de Dios en el alma que sale desde un corazón que ha sido engendrado en los cielos y atraído hacia Dios. A esto se refiere Jesús en Juan 6:44 cuando dice: «Ninguno puede venir a mí, si el Padre que me envió no lo trae». Esta atracción nos permite «ir» a Dios y hemos visto que es lo mismo que la fe.[6] Esta acción tiene un significado parecido a ser «de Dios», como dice en Juan 8:47.

## ¿QUÉ SIGNIFICA SER OVEJA DE JESÚS?

Esto de que Dios nos lleva a Cristo también coincide con ser ovejas de Jesús, como dice Jesús en Juan 10:25-27:

> Ya se lo he dicho, y ustedes no *creen*; pero las obras que yo hago en nombre de mi Padre son las que dan testimonio de mí. *Si ustedes no creen, es porque no son de mis ovejas.* Las que son mis ovejas, oyen mi voz; y yo las conozco, y ellas me siguen.

La declaración más increíble aquí es que no nos *volvemos* ovejas por creer, sino que creemos solo porque *somos* sus ovejas. Esto es como decir: «Ustedes no las escuchan [a mis palabras], porque no son *de Dios*». Ser «de Dios» y ser una «oveja» es lo mismo y no es resultado de lo que hacemos al creer, sino el resultado de lo que Dios hace por nosotros para que podamos creer.

## LA FE ES TAN RADICAL QUE NO PUEDE AUTOGENERARSE

El punto aquí es simplemente decir que esta obra soberana que incita a Dios a generar fe se corresponde con lo radical de la misma fe. Es algo tan opuesto a los corazones soberbios, enaltecidos, poco espirituales y mundanos que no hay forma de que pueda autogenerarse. Si venimos a Jesús de la forma en que Él nos enseña, tendremos que ser atraídos por Dios. Nuestro aborrecimiento por la luz tendrá que ser vencido por Él. Nuestro desprecio al pan del cielo y al agua de vida tendrá que ser transformado por Él. Nuestro amorío con la honra de los hombres tendrá que ser destrozado por Él. Nuestra única esperanza es la gracia libre y soberana.

La fe salvadora considera a esta gracia como nuestra única esperanza, se deleita en su belleza con discernimiento espiritual y la acepta como el tesoro más grande del universo. La fe recibe el regalo de la gracia transformadora de Dios mientras que contempla el gran valor de Jesús. Todo lo que Dios es por nosotros en Jesús (pasado, presente y futuro) se convierte en la satisfacción del alma que cree. Así, el resto de la vida no habita bajo el control de los deseos del mundo, sino en la libertad poderosa de la fe en la gracia venidera.

Otra palabra para describir estos «deseos mundanos» es *codicia*. Este pecado es lo más cercano que hay al centro del mal. Vencerlo exige librar una batalla constante y también apasionante. La liberación de la codicia es una de las obras más satisfactorias de Dios en el alma humana. En el próximo capítulo reflexionaremos sobre cómo la valoración de las promesas de Dios nos cubre de los ataques constantes de la codicia.

## NOTAS

1. Merrill Tenney, *John: The Gospel of Belief* [Juan: el evangelio de la fe], Grand Rapids: William B. Eerdmans Publishing Co., 1948.

2. C. K. Barrett, *The Gospel According to John* [El evangelio según Juan], Londres: S.P.C.K., 1960, p. 168.

3. Leon Morris, *The Gospel According to John* [El evangelio según Juan], Grand Rapids: Wm. B. Eerdmans Pub. Co., 1971, p. 206.

4. Barrett, *The Gospel According to John*, p. 287.

5. Morris, *The Gospel According to John*, p. 455.

6. A veces se objeta que la atracción no es efectiva sino sugestiva, ya que en Juan 12:32 Jesús dice: «Y cuando yo sea levantado de la tierra, *atraeré a todos* a mí mismo». Si Él atrae «a todos», entonces ellos dicen que la atracción no puede ser el punto realmente decisivo para ir a Él, ya que muchos no lo hacen. Hay dos problemas con esta objeción. Uno es que «todos» es una traducción de «todas las personas». En el versículo no hay una palabra para «las personas», simplemente dice «atraeré a todos a mí mismo». Es probable que «todos» se refiera a «sus propias ovejas», a quienes, como dice Juan 10:3, Él llama y ellas lo siguen. En Juan 10:16 Jesús dice: «También tengo otras ovejas, que no son de este redil; también a aquellas *debo traer*, y oirán mi voz». Las palabras «a aquellas debo traer» coinciden con la frase «atraeré a todos» de Juan 12:32. El otro problema con decir que la atracción de Juan 6:44 no es efectiva, es que hace referencia a la misma una vez más al final del capítulo 6 al hablar del

motivo por el que Judas traiciona a Jesús: Juan 6:64. «"Pero hay algunos de ustedes que no creen". Y es que Jesús sabía desde el principio quiénes eran los que no creían, y quién lo entregaría, así que dijo: *"Por eso les he dicho* [porque Judas lo traicionó] que ninguno puede venir a mí, si el Padre no se lo concede"». Esto significa que el motivo principal por el que Judas lo traicionó es que el Padre no le había concedido ir. Dios lo dejó en su rebelión como el «hijo de la perdición» (Juan 17:12). Por lo tanto, Juan intencionalmente quiere que la «atracción» de Juan 6:44 se entienda como algo importante en la procreación de la fe.

*Vivan sin ambicionar el dinero. Más bien, confórmense con lo que ahora tienen, porque Dios ha dicho: «No te desampararé, ni te abandonaré». Así que podemos decir con toda confianza: «El Señor es quien me ayuda; no temeré lo que pueda hacerme el hombre».*

**HEBREOS 13:5-6**

*He aprendido a estar contento en cualquier situación. Sé vivir con limitaciones, y también sé tener abundancia; en todo y por todo estoy enseñado, tanto para estar satisfecho como para tener hambre, lo mismo para tener abundancia que para sufrir necesidad; ¡todo lo puedo en Cristo que me fortalece!*

**FILIPENSES 4:11-13**

*Pero la piedad es una gran ganancia, cuando va acompañada de contentamiento.*

**1 TIMOTEO 6:6**

# CAPÍTULO 17

*Aplicando el poder purificador*

# FE EN LA GRACIA VENIDERA VS. CODICIA

## UNA VISIÓN GLOBAL

Mantengamos una visión global y estratégica clara a medida que nos enfocamos en estos capítulos prácticos para las distintas batallas de la vida cristiana. El objetivo de este libro es ajustar nuestra mente a esta verdad: la forma de combatir el pecado en nuestra vida es venciendo nuestra inclinación hacia la falta de fe. Somos propensos a desviarnos de la confianza sincera en quién es Cristo, en lo que ha hecho por nosotros y en todas las promesas aseguradas gracias a Él. Nunca debemos olvidarnos de la sangre y de la justicia de Cristo como el fundamento de nuestro firme camino con Dios y garantía de todas sus promesas. Por la fe en Cristo, lo adoptamos como nuestra justicia y aceptamos todo lo que Dios promete ser por nosotros en Él. El cumplimiento de esas promesas, fundadas en la obra de Cristo, es a lo que me refiero con gracia venidera. Esta es la forma en que luchamos o, en palabras más positivas, la forma en que buscamos justicia y amor es luchando por la fe en la gracia venidera.

## ¿POR QUÉ LUCHAR POR LA FE EN LA GRACIA VENIDERA?

Si no vivimos una santidad práctica, no veremos al Señor. «Procuren vivir en paz con todos, y en santidad, sin la cual nadie verá al Señor» (Hebreos 12:14). Muchos viven como si esto no fuera verdad, son cristianos profesos pero viven de forma tan impía que oirán las palabras lamentables de Jesús: «Nunca los conocí. ¡Apártense de mí, obreros de la maldad!» (Mateo 7:23). Hay personas que asisten a una iglesia y creen que son salvos porque una vez oraron para recibir a Jesús, sin darse cuenta de que la genuinidad de esa experiencia se prueba por la perseverancia: «Pero el que resista hasta el fin, será salvo» (Mateo 24:13). Pablo les dice a los creyentes: «Si ustedes viven en conformidad con la carne, morirán» (Romanos 8:13). Por lo tanto, sin esa santidad nadie verá al Señor y aprender a luchar por la santidad mediante la fe en la gracia venidera es algo sumamente importante.

Una segunda razón para remarcar esta estrategia en particular en el combate de nuestro pecado es que existe otra forma de buscar la santidad que es contraproducente y nos conduce a la muerte. Sería una tragedia que yo, con las Escrituras, intente persuadirlos de que hay una santidad sin la cual nadie verá a Dios, solo para que comiencen a luchar por ella de la forma que, según las Escrituras, está destinada al fracaso.

Los apóstoles nos advirtieron acerca de servir a Dios de otra manera que no sea por la fe en su gracia capacitadora. Por ejemplo, Pedro dice: «Cuando alguno sirva, hágalo *según el poder que Dios le haya dado*, para que Dios sea glorificado en todo por medio de Jesucristo» (1 Pedro 4:11); y Pablo dice: «No me atrevería a contar sino lo que, de palabra y obra, *Cristo ha hecho por medio de mí*» (Romanos 15:18; véase también 1 Corintios 15:10). En todo momento, la gracia viene para permitirnos hacer «toda buena obra» que Dios nos manda. «Y Dios es poderoso como para que abunde en ustedes toda *gracia*, para que siempre y en toda circunstancia tengan todo lo necesario, y abunde en ustedes *toda buena obra*» (2 Corintios 9:8). La lucha por las buenas obras es para creer en la gracia venidera.

Una tercera razón para esta perspectiva en la lucha por la fe en la gracia venidera es el anhelo de que Dios sea glorificado en nuestra búsqueda de santidad y amor. Sin embargo, Dios no se glorifica a menos que nuestra búsqueda esté guiada por la fe en sus promesas. El Dios que se revela más plenamente a sí mismo en Jesucristo, que fue crucificado por nuestros pecados y resucitado para nuestra justificación (Romanos 4:25), se glorifica más cuando abrazamos sus promesas con placer y firmeza porque fueron compradas con el precio de la sangre de su Hijo.

Dios se glorifica cuando nuestras debilidades y fracasos nos humillan y cuando confiamos en su gracia venidera (Romanos 4:20). Así que, si no aprendemos a vivir por esta fe, cumpliremos con las exigencias religiosas, pero no para la gloria de Dios. Él se glorifica cuando el poder para ser santo viene de la fe humilde en la gracia venidera. Martín Lutero dijo: «[La fe] honra a aquel en quien confía con la mayor reverencia y respeto, ya que lo considera veraz y digno de confianza».[1] Toda la gloria la recibe el Dador en quien confiamos.

Mi mayor deseo es que aprendamos a vivir para la honra de Dios. Y eso significa vivir por fe en la gracia venidera, la cual, a su vez, significa batallar contra la incredulidad en todas las formas en que ella alza su cabeza, incluyendo la codicia.

## ¿QUÉ ES LA CODICIA?

Sorprendentemente, de todos los pecados, la codicia está en uno de los puestos más altos (o más bajos), tanto que aparece explícitamente prohibida en los diez mandamientos: «No codiciarás» (Éxodo 20:17). En 1 Timoteo 6:5-6 hay una buena pista de su significado. Habla de «hombres de entendimiento corrupto y privados de la verdad, que hacen de la piedad una fuente de ganancia… Pero la piedad es una gran ganancia, cuando va acompañada de contentamiento». Aquí no se utiliza la palabra *codicia*, pero de eso se trata todo este texto en realidad. Cuando dice en el versículo 5 que algunos hacen de «la piedad una fuente de ganancia», Pablo responde en el versículo 6 que «es una gran ganancia, cuando va acompañada de *contentamiento*». Esto nos da la clave de la definición de codicia. *Codicia es desear algo tanto que perdamos nuestro contentamiento en Dios.*

Lo contrario a la codicia es el contentamiento en Dios. Cuando este último disminuye, aumenta la codicia por las ganancias. Por eso, Pablo dice en Colosenses 3:5 que la codicia es idolatría: «Por lo tanto, hagan morir en ustedes todo lo que sea terrenal: inmoralidad sexual, impureza, pasiones desordenadas, malos deseos y *avaricia* [codicia en algunas versiones]. *Eso es idolatría*». Esto es idolatría porque el contentamiento que el alma debería obtener de Dios comienza a obtenerlo de otras cosas.

Entonces, codicia es desear algo de tal manera que perdamos nuestro contentamiento en Dios. En otras palabras, es perder nuestro contentamiento en Dios a tal punto que comencemos a buscarlo en otro lado.

¿Alguna vez has notado que los diez mandamientos comienzan y terminan prácticamente con el mismo mandamiento? «No tendrás dioses ajenos delante de mí» (Éxodo 20:3) y «No codiciarás» (Éxodo 20:17). Estos mandamientos son casi equivalentes. Codiciar es desear algo que no sea Dios de tal forma que perdamos el contentamiento y la satisfacción en Él. La codicia es un corazón dividido entre dos dioses. Por eso, Pablo lo llama idolatría.

## HUYE DE LA CODICIA, PELEA POR LA FE

En 1 Timoteo 6:6-12 Pablo intenta convencer y alentar a la gente a no ser codiciosa, pero asegurémonos de ver cómo entiende él esta batalla contra la codicia. Él da razones para no ser codicioso en los versículos 6 al 10 (a los que volveremos luego). Después, en el versículo 11, le dice a Timoteo que huya del amor al dinero y los deseos de riquezas. «Pero tú, hombre de Dios, huye de estas cosas». En lugar de ceder ante la codicia, dice: «Sigue la justicia, la piedad, *la fe*, el amor, la paciencia y la mansedumbre». Luego, de esta lista, centra su atención en la «fe» y, en el versículo 12, dice: «Presenta la buena batalla de la fe». En definitiva, dice: «Huye de la codicia… pelea la buena batalla de la fe». En otras palabras, la batalla contra la codicia no es otra cosa que la batalla de la fe en la gracia venidera.

## LA BATALLA POR EL CONTENTAMIENTO, ES DECIR, LA FE EN LA GRACIA VENIDERA

Cuando uno se detiene a pensar, esto es exactamente lo que la definición de codicia supone. He dicho que codicia es desear algo de tal manera que perdamos nuestro contentamiento en Dios, o perder nuestro contentamiento en Dios a tal punto que comencemos a buscarlo en otro lado. Pero este contentamiento en Dios es exactamente lo que es la fe.

Recordemos, del capítulo 16, cuando Jesús dice en Juan 6:35: donde Jesús dice en Juan 6:35: «Yo soy el pan de vida. El que a mí viene, nunca tendrá hambre; y el que en mí *cree*, no tendrá sed jamás». En otras palabras, creer en Jesús significa disfrutarlo a Él como la satisfacción de la sed de mi alma y el hambre de mi corazón. La fe es vivir contentos en Jesús. La batalla de la fe es la batalla por mantener el corazón contento en Cristo: creer de verdad y seguir confiando en que Él suplirá cada necesidad y saciará cada anhelo.

## ESTAR CONTENTOS Y AGRADECIDOS POR LOS DONES QUE NO TENEMOS

Pablo dijo que esta no solo era una batalla que pelear (1 Timoteo 6:12), sino un secreto que aprender. «He *aprendido* a contentarme con lo que tengo… En todo lugar y en todas las circunstancias *he aprendido el secreto* de hacer frente tanto a la hartura como al hambre, tanto a la abundancia como a la necesidad» (Filipenses 4:11-12, RVA). La fuerza del testimonio de Pablo aquí se aclara mejor si vemos por qué lo escribió para los Filipenses. Este cuarto capítulo lo escribe para agradecer a la iglesia por su generosidad financiera para con él. Sin embargo, Pablo había sido criticado más de una vez por tener intenciones ocultas en su ministerio, decían que en realidad quería el dinero de la gente y no su salvación (véase 1 Corintios 9:4; 2 Corintios 11:7-12; 12:14-18; 1 Tesalonicenses 2:5, 9; Hechos 20:33). Por eso él tiene cuidado de no dar la impresión de que está deseoso de obtener su dinero.

¿Cómo hace para evitar esa sospecha? Dos veces dice: «Gracias, pero...». En Filipenses 4:10-11 dice: «Grande ha sido mi gozo en el Señor de que al fin han reanudado ustedes su cuidado [económico] por mí... *No lo digo porque* tenga escasez». En otras palabras, mi alegría por su ofrenda no es porque he perdido mi contentamiento. Por el contrario, «he aprendido a estar contento en cualquier situación. Sé vivir con limitaciones, y también sé tener abundancia». Para evitar las críticas de que es codicioso por sus ofrendas, dice que su gratitud no es por haber estado descontento.

Hace exactamente lo mismo en el siguiente párrafo (Filipenses 4:15, 17). Los honra por ser la única iglesia que lo ha respaldado en repetidas ocasiones. «Y bien saben ustedes, hermanos filipenses, que... ninguna iglesia participó conmigo en cuestiones de dar y recibir, sino sólo ustedes... *No es que* yo busque dádivas. Lo que busco es que abunde fruto en la cuenta de ustedes». Nuevamente: «Gracias, pero...». Él evade las acusaciones de codicia. «Me alegra que me respalden, pero... no me malinterpreten. Si creen que estoy buscando sus dádivas, están equivocados».

Solo esta vez, en lugar de decir que ha aprendido a estar contento sin sus dádivas (vs. 11-12), dice que la causa de su alegría es el beneficio *de ellos* y no el propio. «Lo que busco es que abunde fruto en la cuenta de ustedes». *Ellos* son más ricos por su generosidad, no solo Pablo. Como dijo Jesús, ellos han estado almacenando para sí tesoros en el cielo al ser generosos con el necesitado (Lucas 12:33).

Entonces, luego de su primera expresión de agradecimiento, dice: «No me malinterpreten, no estoy descontento» (véase Filipenses 4:11); y después de su segundo agradecimiento, dice: «No me malinterpreten, lo que realmente busco es que ustedes sean bendecidos» (véase Filipenses 4:17). Esto muestra que el amor es la otra cara del contentamiento. El amor «no busca lo suyo» (1 Corintios 13:5 RV60), busca el bien del prójimo (1 Corintios 10:24). Esto es lo que Pablo estaba haciendo. «No es que yo busque la ofrenda en sí, sino que busco el beneficio en la cuenta de ustedes». ¿De dónde proviene este impulso de amor? Viene del contentamiento. «He aprendido a estar contento en cualquier situación». *Por lo tanto*, lo que busco no es la dádiva que viene al recibir, sino el beneficio que tienen ustedes al dar. El contentamiento es la causa del amor.

## TODO LO PUEDO EN CRISTO, INCLUSO VENCER EL HAMBRE

¿Y de dónde viene este contentamiento? Filipenses 4:13 nos da la respuesta: «Todo lo puedo en Cristo que me fortalece». La provisión de Dios por su gracia venidera día a día le permite a Pablo estar satisfecho o tener hambre, prosperar o sufrir, tener abundancia o escasez. «*Todo* lo puedo» significa realmente «todo», no solo lo fácil. «Todo» significa: «En Cristo puedo pasar hambre, sufrir y tener escasez». Esto pone a la promesa del versículo 19 bajo su propia luz: «Así que mi Dios suplirá todo lo que les falte, conforme a sus riquezas en gloria en Cristo Jesús». ¿Qué significa «todo lo que les falte» en el punto de vista de Filipenses 4:19? Significa: «Todo lo que les falte para un contentamiento que glorifique a Dios». El amor de Pablo por los filipenses provenía de su contentamiento en Dios y este de su fe en la gracia venidera de su infalible provisión.

Es obvio, entonces, que la codicia es exactamente lo opuesto a la fe. Es la pérdida del contentamiento en Cristo que nos hace desear otras cosas para saciar los anhelos de nuestro corazón. No hay duda de que la batalla contra la codicia es también contra la incredulidad y es por la fe en la gracia venidera. Siempre que sintamos que la codicia crece en nuestro corazón, debemos activarnos y enfrentarla con todas nuestras fuerzas utilizando las armas de la fe.

## DEBEMOS CREER TAMBIÉN EN LAS ADVERTENCIAS

Pablo veía claramente que el principal combustible de la fe es la Palabra de Dios, es decir, las promesas tales como: «Mi Dios suplirá…». Por eso, cuando la codicia comienza a asomar la cabeza, debemos comenzar a predicarnos la Palabra de Dios a nosotros mismos. Necesitamos oír lo que Dios dice; necesitamos oír sus advertencias sobre lo que ocurre con los codiciosos y lo grave que es; y necesitamos oír sus promesas de gracia venidera que traen gran contento al alma y nos liberan para poder amar.

Analicemos algunas advertencias contra la codicia. Deja que te lleven corriendo a las promesas que la destruyen.

### 1. La codicia nunca trae satisfacción

«Quien ama el dinero, jamás tiene suficiente. Quien ama las riquezas, nunca recibe bastante. ¡Y también esto es vanidad!» (Eclesiastés 5:10). La Palabra de Dios dice que el dinero no satisface a quienes lo aman. Si creemos en Él, nos alejaremos del amor al dinero. Es una calle sin salida.

Jesús, en Lucas 12:15, dice: «Manténganse atentos y cuídense de toda avaricia, porque la vida del hombre no depende de los muchos bienes que posea». Si la Palabra del Señor necesitaba confirmación, hay suficientes ricos miserables en el mundo para demostrar que una vida satisfecha no viene por las cosas materiales. Es casi la misma cantidad de gente la que se suicida saltando del puente Coronado en San Diego (a pesar de la riqueza) que la que salta del puente de Brooklyn en Nueva York (a causa de la pobreza).

## 2. LA CODICIA AHOGA LA VIDA ESPIRITUAL

Cuando Jesús contó la parábola del sembrador (Marcos 4:1-20), dijo que una parte de las semillas «cayó entre espinos, pero los espinos crecieron y la ahogaron». Luego, interpreta la parábola y dice que la semilla es la Palabra de Dios. Los espinos que ahogan las semillas son «las preocupaciones de este mundo, el engaño de las riquezas, y *la codicia por otras cosas*» (vs. 19). La codicia es este deseo que compite con la Palabra de Dios.

Cuando se predica la Palabra de Dios emerge una batalla real. «La codicia por otras cosas» puede ser tan fuerte que los comienzos de la vida espiritual pueden ahogarse completamente. Esta es una advertencia tan aterradora que todos deberíamos estar en guardia cada vez que oímos la Palabra para recibirla con fe, de modo que no se ahogue con la codicia. Esta es la conclusión de Jesús luego de decir esa parábola: «Miren, pues, cómo oyen» (Lucas 8:18, RVA).

## 3. LA CODICIA ENGENDRA MUCHOS OTROS PECADOS

Cuando Pablo dice: «La raíz de todos los males es el amor al dinero» (1 Timoteo 6:10), quiere decir que el corazón que encuentra satisfacción en el dinero y no en Dios produce todo tipo de males. Santiago da un ejemplo: «Si codician y no consiguen lo que desean, entonces luchan y hacen guerra» (Santiago 4:2, mi traducción). En otras palabras, si estamos contentos, como Pablo, en los tiempos malos y en los buenos, no terminaremos luchando ni en guerras como esta. La codicia es un terreno fértil para otros miles de pecados. Eso intensifica la advertencia de huir de ella y luchar por el contentamiento en Dios con todas nuestras fuerzas.

## 4. LA CODICIA DEFRAUDA CUANDO MÁS SE NECESITA AYUDA

Así es. La codicia defrauda en la hora de la muerte. En 1 Timoteo 6:7 Pablo dice: «Nada hemos traído a este mundo, y sin duda nada podremos sacar». En las grandes crisis de la vida, cuando más necesiten contentamiento, esperanza y seguridad, su dinero y todas sus posesiones levantan vuelo y se van lejos. Los abandonan. Son amigos solo en los momentos buenos, en el mejor de los casos. Pero a la eternidad no se entra con nada más que con la medida de contentamiento que tengan en Dios.

Si cayeras muerto en este momento, ¿llevarías contigo una carga de placer en Dios o te pararías frente a Él con una cavidad espiritual donde solía estar la codicia? La codicia nos defrauda cuando más necesitamos ayuda.

### 5. Al final, la codicia destruye el alma

En 1 Timoteo 6:9, Pablo dice nuevamente: «Los que quieren enriquecerse caen en la trampa de la tentación, y en muchas codicias necias y nocivas, *que hunden a los hombres en la destrucción y la perdición*». Al final, la codicia puede destruir el alma en el infierno. La razón por la que estoy seguro de que esta destrucción no es un fiasco financiero temporal, sino la destrucción final en el infierno, es lo que Pablo dice en el versículo 12. Él dice que la codicia debe resistirse con la batalla de la fe; y agrega: «*Aférrate a la vida eterna*, a la cual también fuiste llamado cuando hiciste la buena profesión». Lo que está en juego al huir de la codicia y luchar por el contentamiento en la gracia venidera es la vida eterna.

Por eso, cuando Pablo dice en 1 Timoteo 6:9 que el deseo de ser rico lleva a la gente a la ruina, no está diciendo que la ambición puede arruinar tu matrimonio o tu negocio (¡sin duda puede!), sino que la codicia puede arruinar tu eternidad directamente. O, como expresa el versículo 10 al final: «Algunos, por codiciarlo, se extraviaron de la fe y acabaron por experimentar muchos dolores» (literalmente: «se atravesaron a sí mismos con muchos dolores»).

Dios ha ido una milla extra en la Biblia para advertirnos con misericordia que la idolatría de la codicia es una situación de pérdida. Es un callejón sin salida, que termina en la muerte. Es un truco y una trampa. Así que mi palabra para ustedes es la de 1 Timoteo 6:11: «Huye de estas cosas». Cuando las vean venir (en un aviso de televisión, en un catálogo de Navidad, en un anuncio de internet o en la compra de un vecino), huyan de eso como huirían de un león rugiente y hambriento que escapó del zoológico. *Pero, ¿a dónde huir?*

## LA ESPADA QUE MATA LA CODICIA

Corre al arsenal de fe, toma rápidamente el manto de oración del Salmo 119:36 y ponlo sobre ti: «[Oh Señor] Inclina mi corazón hacia tus testimonios, y no hacia la avaricia». En otras palabras: «Concédeme la gran influencia de la gracia venidera en mi corazón para darme un deseo por tu verdad que rompa el poder del deseo por lo material». Sin la gracia venidera de Dios, nuestro corazón buscará las riquezas. Debemos orar para que Él incline nuestro corazón a su Palabra, donde nos promete el triunfo sobre la codicia.

Luego de ponernos este manto de oración, debemos tomar rápidamente dos espadas de la armadura de la Palabra de Dios: una pequeña y una grande, hechas especialmente por el Espíritu Santo para matar la codicia. También debemos mantenernos firmes a la puerta. Cuando el león de la codicia asome su rostro mortal, debemos mostrarle la espada más pequeña, es decir, 1 Timoteo 6:6: «La piedad es una gran ganancia, cuando va acompañada de contentamiento».

Debemos predicarle esto a nuestra alma y arrojarlo hacia la codicia que nos ataca. «¡Gran ganancia! ¡Gran ganancia en la piedad con contentamiento! Quédate donde estás, león de codicia. Tengo gran ganancia cuando permanezco contento en Dios. Él es mi tesoro ahora y lo será hasta el fin. Esta es mi fe en la gracia venidera. ¡Vete!».

Luego, si el león insiste, toma la espada más grande (Hebreos 13:5-6): «Vivan *sin ambicionar el dinero*. Más bien, *confórmense* con lo que ahora tienen, porque Dios ha dicho: "No te desampararé, ni te abandonaré". Así que podemos decir con toda confianza: "El Señor es quien me ayuda; no temeré lo que pueda hacerme el hombre"». Al confiar en esta promesa de gracia venidera que todo lo satisface, herirá al león de la codicia en el pecho. Haz exactamente lo que Pablo dice en Colosenses 3:5: «Hagan morir… [la] avaricia».

Hermanos y hermanas, toda codicia es incredulidad en la gracia venidera. Aprendan conmigo cómo utilizar esta espada del Espíritu para pelear la buena batalla de la fe y ¡aférrense a la gracia venidera de la vida eterna!

## NOTAS

1. Martín Lutero, *The Freedom of a Christian* [La libertad de un cristiano], en *Three Treatises* [Tres Tratados], Filadelfia: Fortress Press, 1960, p. 284.

# PARTE VI

# LA GRACIA VENIDERA INMERECIDA Y CONDICIONAL

*Las dos condiciones de Romanos 8:28 son simplemente aclaraciones de lo que en verdad significa confiar en las grandes promesas de la gracia venidera de Dios. Esto no es solo creer que obrará por tu bien; si lo crees así, estás en un error. Significa mirar a través de la promesa a aquel que promete y, por gracia (es decir, por su llamado soberano), comprender en Él el valor y la belleza espiritual que continuará saciando tu corazón por siempre para así abrazar la belleza como el principal tesoro por sobre todo lo que el mundo puede dar. Este es el significado de amar a Dios y es la esencia de la fe en la gracia venidera. Cuando tienen esta fe, cuando cumplen la condición del llamado de Dios, Él obra todas las cosas por su bien.*

# CAPÍTULO 18

# CÓMO CONFIAR EN LAS PROMESAS CONDICIONALES

Es muy importante tener en cuenta nuestra discusión sobre la naturaleza de la fe salvadora en los capítulos 14 al 16 para entender la *condicionalidad*[1] de la gracia venidera. Sé que para muchos el término «gracia condicional» puede sonar como una contradicción, como «agua seca» o «rascacielos bajo». Esto no está completamente mal, ya que, de hecho, no toda gracia es condicional y no todo es condicional de la misma manera. Si se quedan conmigo por unos minutos, pienso que las Escrituras traerán una claridad maravillosa a este enigma.

## UN PANORAMA DE LA GRACIA CONDICIONAL

Tomen por ejemplo, la promesa preciosa de Romanos 8:28 de la que hablamos en el capítulo 9. Esta es una promesa de gracia venidera que abarca todo, es decir, que Dios obrará todas las cosas por el bien de ustedes. Pero esta promesa magnífica, que ha guiado a millones de creyentes durante los tiempos más difíciles, es *doblemente* condicional. «Sabemos que Dios dispone todas las cosas para el bien de *los que lo aman*, es decir, de *los que él ha llamado de acuerdo a su propósito*». La primera condición es que debemos amar a Dios; la segunda es que debemos ser llamados de acuerdo con su propósito. Un panorama amplio y eterno de gracia venidera de Dios se resume en esta promesa de que Él obrará todas las cosas por nuestro bien. Toda esta gracia venidera es condicional.

Deseamos con todo nuestro corazón que esa promesa sea real en nosotros. Queremos *creerla* y poner en ella nuestra *confianza* y *esperanza*. Pero ¿cómo se puede creer en una promesa *condicional*? Es decir, ¿cómo se puede creer de tal forma que verdaderamente conforte el alma? Supongo que la promesa no es real para quienes no aman a Dios y no son llamados conforme a su propósito. Si esas personas creyeran que Dios puede obrar todas las cosas por su bien, estarían equivocadas, como la gente de Mateo 7:22-23 (véase el capítulo 15).

Antes de intentar responder cómo creer en una promesa condicional como la de Romanos 8:28, creo que necesitamos asegurarnos de captar la magnitud de esta cuestión. Por eso, primero intentaré mostrarles, desde las Escrituras, las magníficas obras de la gracia que *no son* condicionales y las que *sí lo son* (y cómo).

## LA GRACIA DE LA ELECCIÓN ES INCONDICIONAL

Existe una gracia valiosa e inexplicable que Dios ha elegido antes de la fundación del mundo: salvar a una persona de su pecado para que lo glorifique y lo disfrute por siempre. Esta elección fue absolutamente incondicional. «En él, Dios nos escogió antes de la fundación del mundo, para que en su presencia seamos santos e intachables. Por amor nos predestinó para que por medio de Jesucristo fuéramos adoptados como hijos suyos, según el beneplácito de su voluntad» (Efesios1:4-5).[2] Pablo explica la elección incondicional de Dios en el caso de Jacob. Él dice que Dios escogió a Jacob y no a Esaú aun cuando ellos «todavía no habían nacido ni habían hecho algo bueno o malo; y para confirmar que el propósito de Dios no está basado en las obras sino en el que llama» (Romanos 9:11).[3]

Nótese que Pablo, en esa última frase, no contrasta las «obras» con la «fe». *No* dice: «La elección no está basada en las obras, sino en la fe». Eso haría que la fe sea una condición para su elección; sin embargo, no lo es. Nada condiciona la elección, solo es por la gracia y la sabiduría de Dios. Por eso es que Pablo dice: «El propósito de Dios no está basado en las obras sino *en el que llama*».

## LA GRACIA DE LA REGENERACIÓN ES INCONDICIONAL

Esto nos lleva a la segunda obra de gracia que es absolutamente incondicional: el llamado de Dios. El llamado que tengo en mente aquí no es eso externo que sucede cuando se predica el evangelio,[4] sino la obra interna de Dios, cuando su llamado levanta a un pecador de la muerte, supera todas las oposiciones y hace a la gloria de Dios atractiva e irresistible. Cuando esto sucede, nace la fe y una persona cree en Cristo libremente desde un nuevo corazón (1 Corintios 1:23-24; 2 Corintios 4:4-6; Hechos 16:14; Romanos 8:30; Ezequiel 36:26).[5] Este llamado de Dios no se basa en la fe ni en las obras, sino que es anterior y habilita a ambos. Pablo dice: Dios «nos llamó con llamamiento santo, no conforme a nuestras obras, sino según el propósito suyo y la gracia que nos fue dada en Cristo Jesús antes de los tiempos de los siglos» (2 Timoteo 1:9). Nuevamente podemos ver que, al igual que la elección, nuestro llamado no se basa ni en las obras ni en la fe, sino en «el propósito suyo y la gracia» de Dios dada por toda la eternidad desde «antes de los tiempos de los siglos».

A este llamado también se lo llama nuevo nacimiento (1 Pedro 1:3) o regeneración (Tito 3:5). Es incondicional porque antes de este «llamado» o «nuevo nacimiento» estábamos muertos espiritualmente (Efesios 2:1, 5) y no podíamos responder a Dios (Romanos 8:7-8; 1 Corintios 2:14). Este llamado es el acto generoso mediante el que Él nos concede el arrepentimiento (2 Timoteo 2:25; Hechos 5:31; 11:18) y provoca la fe (Efesios 2:8-9; Filipenses 1:29).

## GRACIAS COMUNES INCONDICIONALES

Además de estas dos obras de gracia (la elección y el llamado), Dios también colma el mundo incondicionalmente con gracias comunes que nadie merece. Jesús dijo: «[Dios] hace salir su sol sobre malos y buenos, y que hace llover sobre justos e injustos» (Mateo 5:45). Y Pablo les dijo lo mismo a los gentiles de Listra que nunca habían conocido al verdadero Dios: «[Dios] no dejó de manifestar su poder al enviarnos toda clase de bienes, pues del cielo nos viene la lluvia, que hace fructificar la tierra para nuestro sustento y alegría» (Hechos 14:17). El salmista resume esto así: «El Señor es bueno con todos, y se compadece de toda su creación» (Salmos 145:9). Dios derrocha sus gracias comunes en un mundo que, en la mayoría de los casos, no cumple ninguna de las condiciones de fe y justicia que Dios les pide a las personas.

Por lo tanto, mi conclusión es que, al menos en estas tres instancias (la elección, el llamado y las muchas formas de gracia común que sostiene el mundo y lo mantiene lejos del caos y la anarquía), la gracia es incondicional.

## TRES GRANDES GRACIAS QUE SON CONDICIONALES

Sin embargo, hay partes preciadas de nuestra salvación que *son* condicionales. La condición para la *justificación* es la fe. «El hombre es justificado *por la fe*, sin las obras de la ley» (Romanos 3:28; 5:1; véase también Gálatas 2:16; 3:24). La condición para la *santificación* también es la fe, y para la *glorificación* final es la perseverancia en esta misma fe y esperanza. «[Dios los presentará] a sí mismo santos, sin mancha e irreprensibles, siempre y cuando en verdad permanezcan *cimentados y firmes en la fe, inamovibles en la esperanza del evangelio* que han recibido» (Colosenses 1:22-23).

Algunas grandes obras de gracia son incondicionales y otras son condicionales. La elección y el nuevo nacimiento no son condicionales para ningún acto humano. Dios allí actúa libremente sin tener en cuenta nuestras obras o nuestra fe. La justificación, la santificación y la glorificación final, sin embargo, son todas condicionales a la fe. Estos también son actos de gracia. Sin embargo, Dios ha dispuesto que su gracia sea una respuesta a la fe, mientras que la gracia de elección y el nuevo nacimiento es anterior y es la que produce fe.

## CONDICIONAL, PERO NO MERECIDA

Debería ser claro esto: cumplir las condiciones no implica ganar ni merecer nada. La gracia sigue siendo gratuita, aun cuando es condicional. Existe una gracia condicional inmerecida. No debemos confundir el hecho de cumplir condiciones para la gracia con ganarla o merecerla. «Ganar la gracia», de hecho, sería una contradicción, como la «nieve caliente» o el «desierto frondoso».

Supongamos que digo: «Si tú estás en el avión, volarás a Chicago». Esa es una condición genuina que debe cumplirse, pero no dice quién comprará los boletos o si serás llevado, indefenso, al avión. Si alguien más compra tu boleto y te lleva al avión, entonces habrás cumplido la condición de llegar a Chicago, pero no necesariamente te habrás ganado el viaje o te lo habrás merecido. Es muy importante que mantengamos esta distinción en mente. No todas las condiciones son el medio para merecer algo. De hecho, algunas son el medio para renunciar a los méritos. Eso es lo que tengo en mente cuando hablo acerca de la gracia condicional.

Existen, al menos, dos razones por las que la gracia condicional es libre e inmerecida. Ya las hemos visto en el capítulo 5. En primer lugar, la gracia condicional es libre e inmerecida porque la naturaleza de la condición, la fe, es tal que llama la atención sobre la generosidad libre de Dios y nuestra débil necesidad. La fe no tiene ganancias, sino que deposita todo en los regalos de la gracia venidera. En segundo lugar, la gracia condicional es libre e inmerecida porque, en definitiva, la condición de la fe es un regalo de la gracia. Dios permite las condiciones que pide. San Agustín (396-430) expresó esto enérgicamente conectándolo con sus propios conflictos contra la lujuria y la incontinencia. Él había dejado atrás una vida de libertinaje y su única esperanza de pureza era la gracia transformadora de Dios que le permitió cumplir con los requisitos. En sus *Confesiones*, escribió: «¡Oh, amor que ardió por siempre y nunca se apagó! ¡Oh, por amor, Dios mío, enciéndeme! Tú has ordenado continencia. Concédeme tus ordenanzas y guíame en tu voluntad».[6] Este es el significado del nuevo pacto, como hemos visto en los capítulos 11 y 12. «El Señor tu Dios circuncidará tu corazón… para que lo ames» (Deuteronomio 30:6).

## ¿CÓMO CREER EN UNA PROMESA CONDICIONAL?

Existen otras condiciones para la gracia venidera. En el siguiente capítulo veremos cuáles son y cómo se relacionan con la fe y la libertad de la gracia. Pero aquí deseo regresar a la pregunta que hemos hecho al principio acerca de Romanos 8:28, que es: ¿cómo creer en esa promesa doblemente condicional? «Sabemos que Dios dispone todas las cosas para el bien de *los que lo aman*, es decir, de *los que él ha llamado de acuerdo a su propósito*». Aquí hay dos condiciones: (1) amar a Dios; (2) ser llamados. ¿Cómo creer en esta promesa sin confundirnos y pensar que aplica para nosotros cuando no lo hace?

## LA PRIMERA CONDICIÓN: AMAR A DIOS

Para creer en una promesa condicional sin engañarse, debes asegurarte de que la condición se cumpla en tu caso. ¿Qué significaría eso para Romanos 8:28? Significaría tener la seguridad de que eres alguien que ama a Dios. ¿Es una condición diferente a la de la fe? Aquí es donde se vuelve crucial nuestra discusión de los capítulos 15 y 16 acerca de la esencia de la fe. Lo que surgió en esos capítulos es que la esencia de la fe salvadora o santificadora es que *estemos satisfechos con todo lo que Dios es por nosotros en Jesús*. También vimos que otra forma de describir la esencia es hablar en términos del amor a Dios, es decir, deleitarse en Él, disfrutar de Él o apreciarlo a Él. Coincidimos con Jonathan Edwards cuando dijo: «El amor es lo principal en la fe salvadora, su vida y su poder, por el que produce grandes efectos».[7]

Por lo tanto, la condición de la promesa en Romanos 8:28 no es contraria a la condición de la fe; de hecho, es otra forma de decir que debemos tener fe genuina y no solo conocimiento intelectual. Dios no obra todas las cosas para el bien de los que apenas creen que lo hará. Él lo hace para el bien de quienes lo aman, es decir, quienes están satisfechos en todo lo que Él es en Jesús. La experiencia de estar seguros de amar a Dios es deleitarse en todo lo que Él es en Jesús. Cuando experimentamos esto, estamos amando a Dios y, allí, tenemos el elemento esencial de la fe salvadora.

Esto significa que las condiciones que Dios nos da en la promesa de Romanos 8:28 son para dejar en claro la verdadera naturaleza de la fe en la promesa de Dios. No se puede creer en las promesas de salvación sin comprender y abrazar espiritualmente el valor y la belleza de Dios. Esto último es la esencia de la fe.

## LA SEGUNDA CONDICIÓN: SER LLAMADOS

Esta también es la evidencia fundamental de que Dios nos ha llamado. Esa es la segunda condición de Romanos 8:28: «Sabemos que Dios dispone todas las cosas para el bien de los que lo aman, es decir, de *los que él ha llamado de acuerdo a su propósito*». En este capítulo y en el capítulo 9 aclaro que ser llamado por Dios, en este contexto, es un acto de gracia por el que Él despierta a un pecador de la muerte y le da un nuevo corazón. Es el cumplimiento de la promesa del nuevo pacto de Deuteronomio 30:6: «El Señor tu Dios circuncidará tu corazón… *para que lo ames*».

En otras palabras, las dos condiciones de la gracia venidera en Romanos 8:28 son dos lados de la misma moneda. De un lado está la obra de Dios «llamando» a tener ese nuevo corazón de amor por Él. Y, del otro lado, está la experiencia de esa obra divina, el amor por Dios. La forma de saber si has sido llamado, es si tu corazón se abre a la gracia de Dios y es atraído por Él con una satisfacción que vence cualquier otra seducción del mundo y te libera para vivir una vida de amor.

## EN RESUMEN, LA CONDICIÓN DE LA GRACIA VENIDERA ES LA FE

Por lo tanto, las dos condiciones de Romanos 8:28 son simplemente aclaraciones de lo que en verdad significa confiar en las grandes promesas de la gracia venidera de Dios. Esto no es solo creer que obrará por tu bien. Puedes creer esto y estar equivocado. Significa ver a través de la promesa a aquel que promete y, por gracia —es decir, por su llamado soberano—, comprender en Él el valor y la belleza espiritual que continuará saciando tu corazón por siempre, para así abrazar la belleza como el principal tesoro por sobre todo lo que el mundo puede dar. Este es el significado de amar a Dios y es la esencia de la fe en la gracia venidera. Cuando tenemos esta fe, cuando cumplimos la condición del llamado de Dios, Él obra todas las cosas por nuestro bien.

La promesa de la gracia venidera es condicional, pero no es algo que se pueda ganar ni merecer. Solo hay que creerla, confiar y esperar en ella. La esencia de esta creencia, confianza y esperanza es que somos saciados con todo lo que Dios es por nosotros en Jesús. Con esa satisfacción viene la seguridad de que esta promesa asombrosa es verdadera para nosotros. Y, con esto, viene un estilo de vida radical y libre de toda obediencia sacrificial, a lo que yo llamo vivir por la fe en la gracia venidera.

## NOTAS

1. En este libro, el término *condición* tiene la definición simple del diccionario: «Algo esencial para la aparición o la ocurrencia de algo más: prerrequisito». *Webster's New Collegiate Dictionary* [Nuevo Diccionario Colegial Webster], Springfield, MA.: G. & C. Merriam Co., 1977, p. 235. Esta definición no implica la «incertidumbre» de si la condición se cumple o no. Tal afirmación se determinará por el contexto.

2. Para justificar esta interpretación, véase Piper, *Los deleites de Dios*, Grand Rapids: Zondervan, 2013.

3. Para una discusión más completa de este texto, véase Piper, *Los deleites de Dios*; y *The Justification of God: An Exegetical and Theological Study of Romans 9:1-23*, [La justificación de Dios: un estudio exegético y teológico de Romanos 9:1-23], 2° ed., Grand Rapids: Baker Book House, 1993, pp. 47-74.

4. Este es el significado del término «llamado» en Mateo 22:14: «Son muchos los llamados, pero pocos los escogidos»; pero no en los escritos del apóstol Pablo.

5. Para una explicación más completa del llamado incondicional de Dios, véase el capítulo 9 y Piper, *Los deleites de Dios*.

6. Citado en Henry Battenson, *Documents of the Christian Church* [Documentos de la Iglesia cristiana], Londres: Oxford University Press, 1967, p. 54.

7. Véase el capítulo 12, nota 3.

*Mírame, y ten misericordia de mí, como la tienes*
*con quienes te aman.*

**SALMOS 119:132**

*Que la gracia sea con todos los que, con amor inalterable,*
*aman a nuestro Señor Jesucristo.*

**EFESIOS 6:24**

*La misericordia de Jehová es desde la eternidad y hasta*
*la eternidad... sobre los que guardan su pacto.*

**SALMOS 103:17-18 (RV60)**

*Aunque pecamos todos los días de distintas formas, hay una*
*gran diferencia entre los pecadores que guardan el pacto con*
*Dios y los pecadores que no.*

# CAPÍTULO 19

⚜

# ¿CUÁNTAS CONDICIONES HAY?

Tanto en las cosas pequeñas como en las grandes, hay una gran diferencia cuando uno no sabe si es o no un beneficiario de algo. Supongamos que eres un estudiante pobre y tu tío adinerado te invita a ti y a tus amigos a un parque de diversiones de primera, pero tú no sabes si su intención es pagarles. A medida que se acercan a la taquilla, lo miras y no ves una señal clara de que vas a ser beneficiario de su riqueza. Así que pides los boletos más económicos que se ajusten a tu presupuesto, pero todos tus amigos compran los boletos de «valor supremo». Resulta que tu tío pagó por todos ellos. De alguna forma, tú, que estabas incluido en la generosidad, te has perdido el goce de la promesa.

Supongamos que acaba de morir un donante de un hígado y páncreas sano y tú, que estás en una condición crítica, sabes que serás el beneficiario, ¿esto no afectaría tu vida en gran manera? Se reavivarían tu esperanza y tus planes para el futuro. Esto mismo es real (e incluso más) con respecto a las cuestiones de la eternidad.

Uno de los obstáculos para vivir por fe en la gracia venidera es la incertidumbre de saber si cumplimos con las condiciones de las promesas de Dios. La mayoría de las promesas de gracia venidera en la Biblia vienen con condiciones adjuntas y esto no es una cuestión de ley versus gracia. El Antiguo y el Nuevo Testamento están unidos en este diseño. Los apóstoles del nuevo pacto de gracia, al igual que Moisés y los profetas del antiguo pacto, dan promesas de gracia venidera, no a todos sin distinción, sino a aquellos que…

¿Cómo termina esta oración en la Biblia? En el capítulo 18 hemos visto las condiciones en Romanos 8:28, pero ahora ampliaremos nuestra red. ¿Cuáles son las condiciones en las promesas de la gracia venidera? ¿Cómo se relacionan entre sí y con la fe salvadora? Todo depende de esto cuando las primeras horas de la mañana traen las dudas desgarradoras de saber si realmente estamos incluidos entre los redimidos. Sabemos que somos pecadores. No estamos calificados para estar delante de un Dios santo. Sin embargo, la Biblia da promesas a aquellos que cumplen con ciertas condiciones. ¿Podemos alentarnos a creer estas promesas si somos pecadores imperfectos? Esto es lo que abordaremos en este capítulo y el siguiente.

Aquellos que aman y meditan en la Biblia día tras día probablemente estén al tanto de cuán diversas son las condiciones de las promesas de la gracia venidera. Sin embargo, nos ayudará poner algunas de estas diversidades frente a nosotros y así poder pensar atentamente en lo que se nos pide para poder disfrutar de la gracia venidera de Dios en nuestras vidas.

## LOS QUE AMAN A DIOS Y A SU HIJO

Además de Romanos 8:28, hay muchas promesas de gracia venidera que son solo para aquellos que aman a Dios y a su Hijo, Jesús. En Efesios 6:24, Pablo dice: «Que la *gracia* sea con todos los que, con amor inalterable, *aman a nuestro Señor Jesucristo*». Nótese la correlación de gracia venidera con el amor genuino por Jesús. Él no ora por esta gracia para todos. Hay una condición para obtenerla: amar a Jesús con un sentimiento genuino y duradero. Pablo también establece esta condición como una forma de advertencia: «Si alguno *no ama al Señor*, quede bajo maldición» (1 Corintios 16:22). En lugar de la gracia, vendrá una maldición sobre aquellos que no aman a Cristo.

Jesús habló de una forma similar cuando dijo: «El que me ama, será amado por mi Padre, y yo lo amaré, y me manifestaré a él» (Juan 14:21). La gracia de ser amados por el Padre y conocer a Jesús íntimamente es para aquellos que lo aman (véase Mateo 10:37). Así también es la gracia de la corona de justicia que Él nos dará en el día final: «Por lo demás, me está reservada la corona de justicia, que en aquel día me dará el Señor, el juez justo; y no sólo a mí, sino también a *todos los que aman su venida*» (2 Timoteo 4:8).

Del mismo modo, en el Antiguo Testamento se ofrece la gracia con la condición de que amemos a Dios. Por ejemplo, en Salmos 119:132, el salmista ora: «Mírame, y *ten misericordia* de mí, como la tienes con *quienes te aman*». La gracia venidera que anhelamos viene a nosotros si amamos a Dios. En el segundo mandamiento, que habla acerca de no tener dioses ajenos, el Señor dice: «Yo, el Señor tu Dios, soy Dios celoso, quien no tolerará que entregues tu corazón a otros dioses. *Extiendo los pecados* de los padres sobre sus hijos; toda la familia de *los que me rechazan* queda afectada, hasta los hijos de la tercera y la cuarta generación. Pero *derramo amor inagotable* por mil generaciones sobre *los que me aman* y obedecen mis mandatos» (Éxodo 20:5-6 NTV). No comenta el error de creer que, porque la ayuda salvadora de Dios bajo el antiguo pacto era condicional, *no* era gracia. *Era* condicional, pero también *era* gracia; o, como dice Éxodo 20:6: era «amor inagotable» (RVC: «misericordia infinita»). En lo que sigue, verás que, una y otra vez, la *gracia* es condicional tanto en el Antiguo como en el Nuevo Testamento.

Pablo vincula este tema en los dos testamentos al citar Isaías 64:4. Dice: «Como está escrito: "Las cosas que ningún ojo vio, ni ningún oído escuchó, ni han penetrado en el corazón del hombre, son las que Dios ha preparado *para los que lo aman*". Pero Dios nos las reveló a nosotros por medio del Espíritu» (1 Corintios 2:9-10). La grandeza inimaginable de la gracia venidera está preparada para los que aman a Dios. El libro de Santiago explica esto en dos promesas claras de gracia venidera. «Dichoso el que hace frente a la tentación; porque, pasada la prueba, se hace acreedor a la corona de vida, la cual Dios ha *prometido dar a quienes lo aman*» (Santiago 1:12). «¿Acaso no ha escogido Dios a los pobres de este mundo para que sean ricos en fe y herederos del reino que él ha *prometido a los que lo aman*?» (Santiago 2:5).

## LOS QUE SON HUMILDES

La gracia se multiplica en los humildes. «Pero la gracia que él nos da es mayor. Por eso dice: "Dios se opone a los soberbios, y *da gracia a los humildes*"» (Santiago 4:6). Esto es gracia sobre gracia, y la condición para recibir esta gracia mayor y multiplicada es un espíritu de humildad. «Revestíos de humildad; porque: "Dios resiste a los soberbios, y *da gracia a los humildes*"» (1 Pedro 5:5 RV60).

## LOS QUE SE ACERCAN A DIOS

La gracia venidera de Dios aumenta su cercanía a nosotros y su voluntad para regresar con poder y bendición luego de tiempos de apostasía. Es atesorada por todos aquellos que no cumplimos la voluntad de Dios. Santiago dice que su gracia es condicional a nuestro acercamiento a Dios: «Acérquense a Dios, y él se acercará a ustedes. ¡Límpiense las manos, pecadores! Y ustedes, los pusilánimes, ¡purifiquen su corazón!» (Santiago 4:8). El Antiguo Testamento dice: «El Señor su Dios es clemente y misericordioso, y no les volverá la espalda *si ustedes se vuelven a él*». (2 Crónicas 30:9). Él es «clemente y misericordioso», pero su gracia es condicional: Él se fijará en nosotros si nos volvemos a Él. La otra cara de esta promesa es la advertencia: si no nos volvemos a Él, perderemos la gracia. «¡Pues yo les digo que no! Y si ustedes no se arrepienten, también morirán como ellos» (Lucas 13:3).

## LOS QUE CLAMAN A DIOS POR GRACIA

Hay una gracia venidera que viene solo si clamamos a Dios por ella. «Señor, ten *misericordia* de mí, porque *a ti clamo* todo el día» (Salmos 86:3). El salmista hace su petición de gracia basándose en su pedido de ayuda: *ten misericordia porque clamo a ti*. Isaías hace una promesa con esta misma condición: «El Dios misericordioso *se apiadará de ustedes*, y les responderá *cuando oiga la voz de su clamor*» (Isaías 30:19).

## LOS QUE TEMEN A DIOS

Temer a Dios no es una experiencia negativa para aquellos que lo aman. Es un temor satisfactorio y profundo, una humildad y sumisión dulce que aumenta en presencia del poder absoluto y la santidad de Dios. Nehemías habló de los siervos del Señor como aquellos «que honran [su] nombre» (Nehemías 1:11; véase también Isaías 11:3). Y el salmista dijo: «Pero en ti hallamos perdón, para que seas reverenciado» (Salmos 130:4). ¡Dios gana nuestro temor mediante su perdón! Hay un temor que nos esclaviza y nos aleja de Dios, pero también hay un temor que es dulce y nos acerca a Él. Moisés nos advirtió contra el primero y nos alentó a tener el segundo en el mismo versículo: «*No tengan miedo*. Dios ha venido a ponerlos a prueba, para que siempre *tengan temor de él* y no pequen» (Éxodo 20:20).

La situación más clara que he visto de este tipo de temor fue la vez que uno de mis hijos miró a los ojos a un perro pastor alemán. Estábamos visitando a una familia de nuestra iglesia y mi hijo Karsten tenía unos siete años. Esta familia tenía un perro enorme que se puso frente a nuestro niño. El perro era amigable y el niño no tenía problemas para hacer amigos, pero cuando enviamos a Karsten al auto para tomar algo que habíamos olvidado, comenzó a correr y el perro galopó tras él con un leve gruñido. Por supuesto, eso asustó mucho a nuestro hijo. Entonces el dueño dijo: «Karsten, ¿por qué mejor no caminas? Al perro no le gusta que las personas se alejen de él». Si Karsten abrazaba al perro, él era amigable y hasta le lamía el rostro, pero si se alejaba de él, el perro gruñía y lo llenaba de miedo.

Esa es una ilustración de lo que significa temer al Señor. Dios quiere que su poder y santidad despierten temor en nosotros, no para que nos alejemos, sino para que nos acerquemos. Su ira es contra aquellos que lo abandonan y aman más a otras cosas. El lugar más seguro del universo es el abrazo de Dios y el más peligroso es cualquier camino que nos aleje de su presencia.

Este temor a Dios es el «principio de la sabiduría» (Salmos 111:10). Sin él, todo lo demás está edificado en la arena. Por lo tanto, no debería sorprendernos encontrar muchas promesas de gracia venidera con esta condición. Aquí hay algunas:

«[Dios] Cumplirá el deseo de los que le temen» (Salmos 145:19 RV60).

«Porque como la altura de los cielos sobre la tierra, Engrandeció su misericordia sobre los que le temen» (Salmos 103:11 RV60).

«El Señor mira atentamente a quienes le temen» (Salmos 33:18).

«Cuán grande es tu bondad, que has guardado para los que te temen» (Salmos 31:19 RV60).

«Para defender a los que temen al Señor, su ángel acampa alrededor de ellos» (Salmos 34:7).

«A quienes le temen nunca les falta nada» (Salmos 34:9).

«Tú… has dado a los que temen tu nombre la tierra que les prometiste» (Salmos 61:5).

«Su salvación está cerca de quienes le temen» (Salmos 85:9).

«El Señor se compadece de los que le honran con la misma compasión del padre por sus hijos» (Salmos 103:13).

«[El Señor] bendecirá a los que le temen» (Salmos 115:13).

«El Señor se complace en los que le temen» (Salmos 147:11 RVA).

«La misericordia de Dios es eterna para aquellos que le temen» (Lucas 1:50).

La misericordia, el favor, la bendición, la compasión, la salvación, el amor inagotable, la herencia, la protección angelical, la bondad, el cuidado, los deseos cumplidos; todo esto es la gracia venidera prometida a aquellos que temen a Dios. Todo es gracia condicional, libre e inmerecida.

## LOS QUE SE DELEITAN EN DIOS

Sorprendentemente, la promesa de que Dios saciará los deseos de nuestro corazón no solo se da con la condición de temerle (Salmos 145:19), sino también con la condición de deleitarnos en Él. «Deléitate en el Señor y él te concederá los anhelos de tu corazón» (Salmos 145:19, RVA). Pero quizá, esto no debería parecer extraño, ya que los santos «nos deleitamos en [darle] honra» (Nehemías 1:11 NTV).

## LOS QUE ESPERAN EN DIOS

La gracia y la bondad del Señor vienen a nosotros de acuerdo con nuestra esperanza en Él: «Señor, sea tu misericordia sobre nosotros, tal y como lo esperamos de ti» (Salmos 33:22). Se nos dice: «Ustedes, los que esperan en el Señor, ¡esfuércense, y cobren ánimo!» (Salmos 31:24). La razón por la cual quienes esperan en el Señor pueden cobrar ánimo es que son beneficiarios de la promesa de la gracia venidera: «El Señor mira atentamente… a quienes confían en su misericordia» (Salmos 33:18). El estilo de vida radical de la fortaleza y el coraje en la causa de la justicia fluye de la esperanza en la misericordia de Dios, es decir, de la fe en la gracia venidera.

## LOS QUE SE REFUGIAN EN DIOS

La experiencia de la gracia venidera muchas veces depende de que nos refugiemos en Dios o dudemos de su cuidado y huyamos a buscar otro refugio. Para aquellos que se refugian en Dios, las promesas de gracia venidera son muchas y muy ricas.

«¡Ten misericordia de mí, Dios mío; ten misericordia de mí! Yo he puesto en ti mi confianza, y bajo la sombra de tus alas me refugiaré» (Salmos 57:1).

«Mantenme a salvo, oh Dios, porque a ti he acudido en busca de refugio» (Salmos 16:1 NTV).

«¡Cuán grande es tu bondad!… ¡Delante de todos la manifiestas a los que en ti buscan refugio!» (Salmos 31:19).

«Ninguno que se refugie en él será condenado» (Salmos 34:22 NTV).

«La salvación de los justos proviene del Señor; él les da fuerzas [refugio] en momentos de angustia» (Salmos 37:39).

«Dios es el escudo de los que en él confían» (2 Samuel 22:31).

«¡Pero qué alegría para todos los que se refugian en él!» (Salmos 2:12 NTV).

«El Señor es bueno; es un refugio en el día de la angustia. El Señor conoce a los que en él confían» (Nahúm 1:7).

No ganamos nada ni tenemos ningún mérito por refugiarnos en Dios. Esconderse en algo no contribuye en nada al lugar de escondite. Lo único que hace es demostrar que nos consideramos indefensos y que vemos al escondite como un lugar de rescate. La condición que debemos cumplir para obtener esta gracia no es algo meritorio, es la condición de desesperación y reconocimiento de nuestra debilidad y necesidad. La miseria no se exige ni se merece, ruega por misericordia y busca la gracia.

## LOS QUE TIENEN ESPERANZA EN DIOS

La gracia venidera llega en el tiempo de Dios, debemos esperarla. Cuando la Biblia habla de esperar por el Señor, no habla de impaciencia y desconfianza. Debemos confiar en Él de tal manera que aunque se retrase, no busquemos otra ayuda. Esperar por el Señor es la condición que más gracia obtiene.

«No permitas que sean avergonzados los que en ti ponen su esperanza» (Salmos 25:3).

«Si esperas en el Señor heredarás la tierra» (Salmos 37:9).

«El Señor se complace… en los que confían [esperan] en su misericordia» (Salmos 147:11).

«Es bueno el Señor con quienes le buscan, con quienes en él esperan» (Lamentaciones 3:25).

## LOS QUE CONFÍAN EN DIOS

A Dios le encanta que confiemos en Él. Dios no puede honrar su propio nombre y bendecir indefinidamente a aquellos que no confían en Él. Por lo tanto, confiar en Dios es una condición indispensable para las bendiciones de la gracia venidera. Además, hay serias advertencias con respecto a la incredulidad: «[El Señor] se indignó… porque no tuvieron fe en Dios, ni confiaron en que él podía salvarlos» (Salmos 78:21-22). Sin embargo, hay muchas más promesas positivas con la condición de creer o confiar en Dios.

«La misericordia del Señor acompaña a todos los que confían en él» (Salmos 32:10).

«Si ustedes no creen esto, tampoco permanecerán» (Isaías 7:9).

«El que creyere [en la piedra angular], no se apresure» (Isaías 28:16 RV60).

«Los hijos de Judá vencieron, pues se apoyaron en el Señor» (2 Crónicas 13:18).

«Ayúdanos, Señor y Dios nuestro, porque en ti confiamos» (2 Crónicas 14:11).

«¡Crean en el Señor su Dios, y serán invencibles; crean en sus profetas, y obtendrán la victoria!» (2 Crónicas 20:20).

«Nuestros padres confiaron en ti; en ti confiaron, y tú los libraste» (Salmos 22:4).

«Pon tu camino en las manos del Señor; confía en él, y él se encargará de todo» (Salmos 37:5).

«Dios mío, salva a tu siervo, que en ti confía» (Salmos 86:2).

«Confía en el Señor de todo corazón… y él enderezará tus sendas» (Proverbios 3:5-6).

«Señor de los ejércitos, ¡cuán dichoso es el que en ti confía!» (Salmos 84:12).

## LOS QUE GUARDAN SU PACTO

Guardar el pacto de Dios no significa vivir de forma perfecta. Se refiere a una vida de devoción, confianza y amor por el Señor, una que se aleje de la maldad y lo siga por sus caminos. Cuando había una falencia, una persona que guardaba el pacto recordaba las palabras en el monte Sinaí («Dios misericordioso y clemente… Perdona la maldad, la rebelión y el pecado», Éxodo 34:6-7), se arrepentía, ofrecía un sacrificio y recibía perdón y restauración.

Cuando el Antiguo Testamento dice que guardar el pacto es la condición para recibir la misericordia de Dios, se refiere a eso mismo. No implica perfección. «El Señor es eternamente misericordioso… a quienes cumplen con su pacto» (Salmos 103:17-18). «Misericordia y verdad son los caminos del Señor para quienes cumplen fielmente su pacto» (Salmos 25:10). Tanto el antiguo como el nuevo pacto son condiciones para la gracia. Ellos ofrecen gracia venidera suficiente para aquellos que lo guardan.

Esta condición de cumplir el pacto no es perder seguridad, porque Dios ha prometido completar la obra que comenzó en los elegidos (Filipenses 1:6). Él está obrando dentro nuestro tanto el deseo como la disposición para hacer su buena voluntad (Filipenses 2:12-13). Él obra en nosotros lo que es agradable a sus ojos (Hebreos 13:21). Él cumple las condiciones del pacto mediante nosotros (Ezequiel 36:27). Nuestra seguridad es tan firme como que Dios es fiel.

Pero lo que significa es que casi[1] todas las bendiciones futuras de la vida cristiana son condicionales a nuestro cumplimiento del pacto. Uno de los mejores lugares para ver que esto no es imposible ni oneroso es el Salmo 25. Al leer la siguiente fracción del salmo, nótese que las palabras en cursiva expresan los actos de gracia de Dios, que no se pueden ganar, y las palabras en negrita expresan las condiciones que cumple el salmista para poder disfrutar de estas bendiciones de gracia.

(8) Bueno y recto es Jehová; por tanto, *él enseñará a los pecadores el camino.* (9) *Encaminará a los humildes por el juicio, y enseñará a los mansos su carrera.* (10) Todas las sendas de Jehová son *misericordia* y verdad, para los que **guardan su pacto** y sus testimonios. (11) Por amor de tu nombre, oh Jehová, *perdonarás también mi pecado, que es grande.* (12) ¿Quién es el hombre que **teme a Jehová**? Él le *enseñará* el camino que ha de escoger... (16) Mírame, y *ten misericordia de mí,* porque estoy solo y afligido... (18) Mira mi aflicción y mi trabajo, y *perdona todos mis pecados...* (20) *Guarda mi alma, y líbrame*; no sea yo avergonzado, porque **en ti confié**. (21) **Integridad** y **rectitud** me guarden, porque **en ti he esperado** (RV60).

Nótese que hay condiciones que debemos cumplir para recibir la guía de Dios (vs. 9), su misericordia (vs. 10), su enseñanza (vs. 12) y su protección (vs. 20). Pero todas estas condiciones las cumplen los «pecadores» (vs. 8, 11). Y vean que a los pecadores que cumplen estas condiciones para recibir la guía y la protección de Dios, Él los guarda con su «integridad y rectitud» (vs. 21).

En otras palabras, incluso aunque pecamos todos los días de distintas formas,[2] hay una gran diferencia entre los pecadores que guardan el pacto de Dios (vs. 10) y los pecadores que no. La cuestión que enfrentamos a la luz de este salmo es si esperamos en el Señor (vs. 21), confiamos en Él (vs. 20), le tememos (vs. 12), somos humildes frente a Él (vs. 9) y, de esta manera, guardamos su pacto (vs. 10). Estos son los pecadores que Dios guiará y protegerá.

La advertencia del Nuevo Testamento de que algunos de la iglesia «no heredarán el reino de Dios» (Gálatas 5:21; 1 Corintios 6:9) es impresionante. Me sorprende cómo muchos cristianos son indiferentes a este tema. Es como si la salvación fuese algo casual y obvio, como si la gracia fuese un comodín para todo tipo de tolerancia divina que nadie puede imaginar. Espero que lo poco que hemos visto les quite esas ilusiones, y oro mientras escribo para que continúen con el próximo capítulo donde preguntaremos cómo es que todas estas condiciones diversas se relacionan entre sí. ¿Realmente son tan diversas? ¿Cómo se relacionan entre sí y con la fe? ¿Hay algún elemento que las una y nos ayude a traer un enfoque firme a nuestras vidas, sin ansiedades ni imprudencias? Yo creo que sí. Los invito a buscarlo conmigo.

# NOTAS

1. Digo «casi» porque en la raíz más profunda de nuestras vidas, la gracia que nos mantiene en busca de Dios es una obra incondicional que nos hace permanecer hasta el final y ser salvos. Cuando estamos a punto de abandonar la fe, el último impulso decisivo que vuelve nuestro corazón a Dios es su poder constante. Es *condicional* porque Dios se compromete a utilizarlo solo en aquellos que son justificados por fe. Pero también es *incondicional* porque la búsqueda constante de Dios depende al final de su continuo poder, y no al revés. Dios se ha comprometido a darles gracia a los elegidos para buscarlo en oración, lo que le quita a la gracia adicional el deber de cumplir con las condiciones de fe y santidad y trae la gracia de la gloria final.

2. A. A. Hodge explica por qué debemos confesar nuestros pecados todos los días. «San Agustín dijo algo hace mil cuatrocientos años que, al día de hoy, no se puede decir de una forma mejor: "Cada bien menor tiene un elemento esencial de pecado". Ahora, supongamos, por ejemplo, que tú amas a Dios, que no hay nada en tu corazón que no sea amor a Él. Eso haría que no pecaras. Dices: "Amo a Dios y no hay nada más en mi corazón, ¿eso no es amar la justicia?". Lo sería si amas a Dios con todo tu corazón, con toda tu mente, con todas tus fuerzas y con toda tu humanidad. Pero si hay algún defecto en este amor, si disminuye su calidad o cantidad, entonces toma parte la naturaleza del pecado; porque todo bien menor, así como cualquier bien no es perfecto, tiene la naturaleza esencial del pecado en sí mismo». *Evangelical Theology* [Teología evangélica], Edimburgo: The Banner of Truth Trust, 1976, pp. 300-301.

*No se nos pide que amemos a otros antes de convertirnos en personas que confían en Dios, pero confiar en Él es confiar en su gracia venidera. Por eso, es posible —y necesario— confiar en su gracia venidera antes de ser transformados en una persona que ama a los demás. No tenemos que hacer, antes que la fe, lo que a la fe le corresponde.*

CAPÍTULO 20

◇

# LO QUE SOLO LA GRACIA PUEDE HACER

## UN PROBLEMA AL ACECHO

Para aquellos que fueron llamados[1] a la comunión con Cristo, el océano de la gracia venidera es libre, inagotable, inmerecido y, también, condicional. Esto no es una contradicción, está presente en toda la Biblia, como se muestra en los dos capítulos anteriores. Tampoco es contrario al tema central de este libro: la santificación es *por fe*, no por las obras meritorias. Sin embargo, hay un problema al acecho detrás de la condicionalidad de la gracia venidera. Por un lado, pienso que la fe es el medio por el cual nos liberamos de las promesas falsas del pecado y adquirimos fortaleza y valentía para la vida cristiana radical y arriesgada. Por otro lado, las condiciones de la gracia venidera parecen decir que, antes de saber que las promesas son para mí, ya tengo que estar viviendo de un modo que solo las promesas puedan potenciar.

En otras palabras: ¿son las promesas las que me hacen ser bueno o debo ser bueno para poder obtener las promesas?

Espero mostrar en este capítulo que ese no es un verdadero problema. No se nos pide que, antes de tener fe, hagamos lo que solo ella puede hacer. Para ver esto, necesitamos aclarar que las condiciones de la gracia venidera —explicadas en el capítulo anterior— son todas de un mismo tipo. Las diez condiciones eran amar a Dios, ser humilde, acercarse a Dios, clamar a Dios desde el corazón, temer a Dios, deleitarse en Dios, esperar en Dios, refugiarse en Dios, esperar por Dios y confiar en Dios. La undécima condición era guardar el pacto con Dios, lo que creo que es una forma de resumir todas las otras condiciones.

## LAS OBRAS INTERNAS DEL ALMA DE FE

Lo que todas estas condiciones tienen en común es que son actos espirituales internos del alma hacia Dios. No son actos externos que se relacionan con otras personas. Por lo tanto, todas estas condiciones representan cierto tipo de corazón. Ellas describen el corazón que recibe gracia. No se trata de obras meritorias del corazón que atraen la atención a nuestro valor para que Dios pague esa deuda, sino que son acciones que nos alejan de nosotros mismos y de nuestro vacío para ir hacia todo lo que Dios es para nosotros.

Por ejemplo, amar a Dios, deleitarse en Él y acercarnos a Él es verlo como algo hermoso, valioso y preciado. Esperar en Dios, refugiarnos en Él, tener esperanza en Él y clamar a Él es verlo como nuestro valiente salvador. Confiar en Dios es contar con su fidelidad, la cual suplirá cada necesidad. Y temer a Dios es vivir sorprendidos frente al abismo infinito que existe entre su santidad y su poder, por un lado, y nuestro pecado y debilidad, por el otro. La condición interior para guardar el pacto con Dios es tener un corazón como este.

De hecho, cuando meditamos en el resumen de estas diez condiciones, comienzan a verse cada vez menos como requisitos lejanos y distantes, y más como formas distintas de describir al corazón de la fe. Creo que este es el caso. El corazón que se sacia con todo lo que Dios es por nosotros en Jesús se caracteriza por todas estas cosas. Todos estos actos del corazón son realidades que van junto con la fe salvadora. La fe no es igual a ninguno de ellos, ni ellos son iguales a la fe, pero los elementos de cada uno se entretejen.

Naturalmente, la fe salvadora ama a Dios y se deleita en Él como la suma de todo lo que puede saciar el alma. Esta fe es humilde porque se desprende del ser y busca a Dios por naturaleza. Se acerca a Dios, clama a Él, espera por Él, se refugia en Él, confía en Él y espera en Él, porque la esencia de la fe es ver y abrazar solo a Dios como absolutamente todo lo que se necesita. Esta fe tiembla ante la idea de ofender a este Dios tan grande dudando de sus promesas. Todas las condiciones de la gracia venidera que hemos visto no son adicionales a la fe, sino expresiones de ella.

## CONDICIONES EXTERNAS DE LA GRACIA VENIDERA QUE NO SON FE

Sin embargo, el dilema mencionado antes no se elimina tan fácilmente. Lo que no vimos en el capítulo anterior son las condiciones de la gracia venidera que involucran acciones externas hacia otros, al igual que los actos internos del alma hacia Dios. Estas condiciones no son partes esenciales de la fe. ¿Cómo se integran? Aquí hay algunas de ellas: son condiciones de la gracia venidera que no son fe, pero que nacen de ella.

Jesús dijo: «Vendrá el tiempo cuando todos los que están en los sepulcros oirán su voz; y los que *hicieron lo bueno*, saldrán a resurrección de vida; pero los que *hicieron lo malo*, a resurrección de condenación» (Juan 5:28-29). Así que la gracia venidera de resurrección de vida se da a aquellos que hicieron obras buenas. En la contracara de esta promesa está la advertencia a los que hacen obras malas: «Los que practican tales cosas no heredarán el reino de Dios» (Gálatas 5:21). El Reino lo heredarán los que no practiquen las obras de la carne.

Juan hace una advertencia similar en relación con el comportamiento específico del amor: «En esto sabemos que hemos pasado de la muerte a la vida: en que *amamos a los hermanos*. El que no ama a su hermano, permanece en la muerte» (1 Juan 3:14). No podemos contar con la gracia venidera de la vida eterna si no tenemos amor. «El que no ama, no ha conocido a Dios, porque Dios es amor» (1 Juan 4:8).

Jesús toma una expresión de amor específica y la hace una condición para la gracia venidera del perdón constante de Dios: «*Si ustedes perdonan a los otros sus ofensas, también su Padre celestial los perdonará a ustedes. Pero si ustedes no perdonan a los otros sus ofensas, tampoco el Padre de ustedes les perdonará sus ofensas*» (Mateo 6:14-15). El escritor de Hebreos resume esta condicionalidad con la palabra «santidad», o santificación: «Procuren vivir en paz con todos, y en *santidad*, sin la cual nadie verá al Señor» (Hebreos 12:14).

Estas condiciones agregadas son distintas a las diez que vimos en el capítulo anterior. Estas son reacciones o actitudes hacia otras personas, no solo actos internos del corazón hacia Dios. Ahora, el dilema que planteamos antes se siente más agudo. ¿Debemos cumplir estas condiciones antes de saber que las promesas son para nosotros o es la confianza de que son para nosotros la que nos permite cumplir con estas condiciones?

## EL AMOR ES UN CUMPLIMIENTO DE LA LEY

Primero, fíjense que todas las condiciones se resumen en el amor. Acerca de hacer el bien y obedecer los mandamientos de Dios, Pablo dijo que esto es precisamente lo que hace el amor. «El amor no hace daño a nadie. De modo que el amor es el cumplimiento de la ley» (Romanos 13:10). El perdón es claramente una expresión de amor (1 Corintios 13:5). Pablo también dice que el amor es la esencia de la santidad o la santificación: «Y que el Señor los haga crecer y aumente el amor... para que se fortalezca su corazón y sean ustedes santos» (1 Tesalonicenses 3:12-13). En otras palabras, todo comportamiento que debe cumplir un cristiano puede resumirse en el amor. «Háganlo todo con amor» (1 Corintios 16:14).

Entonces, hemos visto que las diez condiciones de la gracia venidera de las que hablamos en el capítulo anterior se resumen en la *fe* y las condiciones de conducta de las que acabamos de hablar se resumen en el *amor*. Esto significa que ahora podemos decir que las condiciones que debe cumplir un cristiano para continuar disfrutando de las bendiciones de la gracia venidera son la fe y el amor.

En este resumen tenemos la gran confirmación de que estamos en el camino correcto. Pablo dice que la ley se cumple en estas palabras: «Amarás a tu prójimo como a ti mismo» (Romanos 13:9). Estas dos, la fe y el amor, entran en escena en la Biblia para resumir todo lo que Dios espera de su pueblo.

Juan, en su primera carta, dice esto de una forma muy llamativa: «Éste es su mandamiento: Que *creamos* en el nombre de su Hijo Jesucristo, y nos *amemos* unos a otros» (1 Juan 3:23). Lo sorprendente es que la palabra *mandamiento* es singular, incluso aunque menciona dos. Este es el mandamiento: creer y amar. Para Juan, ambos son un mandamiento solo, inseparable, casi indistinguible. Además, el amor es de «unos a otros», mientras que la fe es hacia Cristo.

En los escritos de Pablo se puede ver que la fe y el amor aparecen juntos una y otra vez como una especie de resumen de lo que él esperaba de sus iglesias. «Supe de la *fe* de ustedes en el Señor Jesús y del *amor* que ustedes tienen para con todos los santos» (Efesios 1:15). «Me he enterado del *amor* y de la *fe* que tienes hacia el Señor Jesús, y para con todos los santos» (Filemón 1:5). «Hemos recibido noticias de la *fe* de ustedes en Cristo Jesús, y del *amor* que tienen por todos los santos» (Colosenses 1:4). «La *fe* de ustedes va creciendo, y todos y cada uno de ustedes abunda en *amor* para con los demás» (2 Tesalonicenses 1:3). «Timoteo ha vuelto a nosotros, luego de haber estado con ustedes, y nos ha dado las buenas noticias de la *fe* y el *amor* que ustedes tienen» (1 Tesalonicenses 3:6). «La gracia de nuestro Señor fue más abundante con la *fe* y el *amor* que es en Cristo Jesús» (1 Timoteo 1:14). «Retén la forma de las sanas palabras que oíste de mí, en la *fe* y en el *amor* que es en Cristo Jesús» (2 Timoteo 1:13).

Puedo concluir que no es casualidad que unas condiciones para la gracia venidera se resuman en la fe y otras en el amor. Esta parece ser la forma en que lo veía el apóstol.

## ¿CÓMO ES QUE LA FE Y EL AMOR SON CONDICIONES PARA LA GRACIA VENIDERA?

Ahora estamos en posición de volver a preguntar sobre nuestro dilema. La condición de amar a otros, ¿significa que antes de poder reclamar una promesa de gracia venidera ya debemos ser lo que esa promesa dice que nos ayudará a ser (es decir, una persona de amor radical y arriesgada)? ¿Debemos hacer, *antes* de tener fe, lo que se supone que ella hará?

La respuesta es no.

La razón es que la fe hacia Dios y el amor hacia los hombres no son condiciones coordinadas; no nacen juntas en el corazón. La fe nace primero y le da lugar al amor. Esto está claro en Gálatas 5:6: «Porque en Cristo Jesús nada valen la circuncisión ni la incircuncisión, sino *la fe que obra por el amor*». La fe produce todo lo que Dios nos pide y lo hace a través del amor.[2] Algo similar dice Pablo en 1 Timoteo 1:5: «El propósito de este mandamiento es el *amor* que nace de un corazón limpio, de una buena conciencia y de una *fe sincera*». El amor es la meta y la fe es la fuente.

Esto significa que no se espera que el amor venga antes que la fe, ya que la fe es la raíz y la fuente del amor. No se confundan aquí con lo que dijimos anteriormente de que el amor es parte de la esencia de la fe. Esa era una referencia para el amor *por* Dios. Pero aquí estamos hablando del amor por *los demás*. No se nos pide que *amemos a otros* antes de convertirnos en personas que confían en Dios, pero confiar en Él es confiar en su gracia venidera. Por eso, es posible —y necesario— confiar en su gracia venidera *antes* de ser transformados en una persona que ama a los demás. No tenemos que hacer, antes que la fe, lo que corresponde a la fe.

Muchas veces, lo que hace la fe es inexplicablemente difícil. En su libro *A orillas del río Kwai*, Ernest Gordon cuenta la historia real de un grupo de prisioneros de guerra que trabajaban en el ferrocarril de Birmania durante la Segunda Guerra Mundial.

Al final de cada día, se recolectaban las herramientas de todos los trabajadores. Una vez, un guardia japonés gritó que faltaba una pala y exigió saber quién la había tomado. Comenzó a despotricar y alterarse con una furia paranoica y ordenó que quien fuera el culpable diera un paso al frente. Nadie se movió. "¡Mueren todos! ¡Mueren todos!", gritaba apuntando su fusil a los prisioneros. En ese momento, un hombre dio un paso al frente y, mientras estaba en silencio, en posición de firmes, el guardia le dio un golpe mortal con su fusil. Cuando regresaron al campo, contaron nuevamente las herramientas y no faltaba ninguna pala.[3]

¿Qué puede sostener esa voluntad de morir por otros, cuando se es inocente? La respuesta está en Hebreos 12:2. «*Por el gozo que le esperaba* [Jesús] sufrió la cruz y menospreció el oprobio, y se sentó a la derecha del trono de Dios». Lo que sostuvo a Jesús en su amor por nosotros fue «el gozo que le esperaba». Si «gracia» no significara una bendición para aquellos que no la merecen, diría que Jesús fue sostenido por la fe en la gracia venidera. Pero *sí* es cierto que gracia significa que sus objetos no la merecen. Por lo tanto, no diré que Jesús puso su esperanza en la gracia, simplemente diré que Él confió en el gozo y la bendición futura, que lo llevó y lo sostuvo en amor en medio de su sufrimiento. Cada vez que lo imitamos en esto, como deberíamos hacer, esa bendición y ese gozo *es* la gracia venidera. Como hombre y modelo de cómo cargar nuestra cruz y seguirlo en el camino del amor del Calvario, Jesús se encomendó a su Padre (1 Pedro 2:23) y depositó su esperanza en la resurrección, en el gozo de la reunión con su Padre y en la redención de su pueblo. La fe en su Padre obró mediante el amor.

## ¿CÓMO ES QUE EL AMOR ES UNA CONDICIÓN PARA LA GRACIA VENIDERA?

Cuando la Biblia menciona la conducta del amor, o alguna forma de ella, como una condición para la gracia venidera, necesitamos recordar dos cosas. Una es: amar a los demás no es algo que brota ya florecido del suelo de la fe. Crece y disminuye (1 Tesalonicenses 3:12; Filipenses 1:9). La condición para la gracia venidera no es el amor perfecto, sino el amor real. Los puritanos solían hablar de un nuevo «principio» de amor en el corazón. Este nuevo principio está allí en el corazón tan pronto como nacemos de nuevo. Las *conductas* del amor son el resultado de este principio arraigado en el suelo de la fe. Por lo tanto, no debemos pensar que las bendiciones más inmediatas de la gracia venidera deben esperar hasta que nuestro amor tenga más tiempo para demostrar su valor. Dios puede ver el corazón y conoce lo que sale de él.

Hay una segunda cosa que necesitamos recordar cuando la Biblia menciona el amor a los demás como una condición de la gracia venidera. Debemos tener presente que el amor se relaciona con la fe como una evidencia del origen.[4] El amor es la evidencia de fe necesaria. La fe comprende y abraza la belleza espiritual y el valor de todo lo que Dios es por nosotros en las promesas de la gracia venidera. Este despertar espiritual a la gloria de Dios en las promesas es el medio por el que nos une a Cristo y al fluir del Espíritu de la gracia venidera. Sin embargo, este tipo de fe inevitablemente «obra por el amor» (Gálatas 5:6), para que el amor confirme la autenticidad de la fe. Esto es lo que Pedro tenía en mente cuando nos exhorta en 2 Pedro 1:10 a confirmar nuestro llamado y elección (como muestra la conexión con el vs. 7) mediante el amor. También es lo que Juan tiene en mente cuando dice: «En esto sabemos que hemos pasado de la muerte a la vida: en que amamos a los hermanos» (1 Juan 3:14).

Por eso, la Biblia a veces hace del amor la condición para la experiencia eterna y final de la gracia venidera. No significa que el amor debe anteceder a la fe en la promesa. Al contrario, significa que la fe en la promesa debe ser tan real que el amor que produce compruebe la realidad de la fe. Por lo tanto, el amor a los demás es una condición de gracia venidera porque confirma que la condición primaria, la fe, es genuina. Podríamos decir que el amor por los demás es una condición secundaria, lo que confirma la autenticidad de la condición primaria de la fe.

Analicemos una analogía. Supongamos que vives en un pueblo donde se suple la electricidad con un generador en una colina cercana. Cada noche, el dueño del generador regula qué casas reciben la energía. Él da dos condiciones para recibir la electricidad para las lámparas de tu casa. Primero, dice: «Si conectas el cable a la toma con firmeza, aprovecharás la electricidad para tener luz». Y, segundo, dice: «Si veo luz en la casa, continuaré dando electricidad, pero si no veo ninguna luz por un tiempo, entenderé que no estás en la casa y cortaré la electricidad».

En esta analogía, conectarse a la electricidad es la condición de creer en las promesas de Dios. Te conecta con el poder de la gracia venidera. Esa es la principal condición de la gracia venidera. Pero hay otra condición: si no conectas las lámparas y no hay luz, se cortará la energía de la fuente. Esta luz en la casa es la segunda condición de amar a los demás. No se obtiene primero la luz para obtener la energía. La luz comprueba que la lámpara está conectada. Asimismo, el amor es el que comprueba que tu fe es genuina, que estás realmente conectado a Dios como alguien que está satisfecho con todo lo que Él es por ti en Jesús. Tanto la luz como el amor son condiciones de la gracia venidera. Si Dios ve que no las tienes, sabrá que no estás conectado al poder de la gracia venidera por la fe y te dirá que, por esa falta de luz y de amor, no recibirás los beneficios de la gracia venidera.[5]

Por lo tanto, la fe y el amor son condiciones de la gracia venidera, pero no de la misma forma. La fe percibe la gloria de Dios en las promesas y abraza todo lo que revelan de lo que Dios es por nosotros en Jesús. Esta comprensión espiritual y deleite en Dios es la evidencia propia de que Él nos ha llamado a ser beneficiarios de su gracia. Esta evidencia nos libera para confiar en la promesa como algo propio y esta confianza nos impulsa a amar. Al final, esto confirma que nuestra fe es real.

El mundo está desesperado por una fe que combine dos cosas: la asombrosa comprensión de la verdad divina inquebrantable y el poder práctico constante para marcar una diferencia en la vida. Esto también es lo que yo deseo, y por eso soy cristiano. Existe un gran Dios de gracia que aumenta su propia autosuficiencia infinita al cumplir sus promesas para la gente indefensa que confía en Él. Cuando apreciamos a Dios, se desata un poder que no deja ningún recoveco de la vida sin tocar y nos impulsa a amar de las formas más prácticas. Una de las formas en las que esta fe extiende su amor es eliminando el impulso de venganza por los males que nos hayan hecho. En el siguiente capítulo, reflexionaremos acerca de cómo funciona esto. ¿Cómo es que apreciar todas las promesas de Dios nos purifica del terrible poder del resentimiento y la venganza?

## NOTAS

1. Digo esto porque para aquellos que aún no son llamados y siguen en incredulidad, un poco de gracia venidera es incondicional, de hecho, por ejemplo, su llamado a salir de la oscuridad hacia la luz y su regeneración. Véase el capítulo 9.

2. Véase el capítulo 22 para ver cómo funciona esto en la vida real.

3. Esta cita resumida se tomó de Nicky Gumbel, *Preguntas de la vida: una instrucción práctica a la fe cristiana*, Colorado Springs: Cook Ministry Resources, 1999, pp. 47-48 (del original en inglés).

4. James Buchanan expresa el clásico punto de vista protestante acerca de cómo las obras de amor se relacionan con la fe salvadora. «[Las buenas obras] son el efecto de la fe y, como tal, son la evidencia de la fe y de la justificación. Que son el efecto de la fe está claro, porque "todo lo que no se hace por convicción es pecado" [Romanos 14:23]; "sin fe es imposible agradar a Dios" [Hebreos 11:6]; y "el propósito de este mandamiento es el amor que nace de un corazón limpio, de una buena conciencia y de una fe sincera" [1 Timoteo 1:5]. También está claro que, al ser los efectos, también son las evidencias de una fe viva y real; porque "alguien podría decir: 'Tú tienes fe, y yo tengo obras. Muéstrame tu fe sin obras, y yo te mostraré mi fe por mis obras'" [Santiago 2:18]; y todas las buenas obras, que se le atribuyen a los creyentes en el Antiguo Testamento, están unidas a la operación de la fe [Hebreos 11:4; 7, 8, 17, 23, 32]». *The Doctrine of Justification* [La doctrina de la justificación], Edimburgo: The Banner of Truth Trust, 1961, orig. 1867, p. 357.

5. Por supuesto, en el caso de una persona no convertida, no quiero decir que la gracia de la regeneración, que para él aún es futura, esté condicionada a la fe y al amor. He explicado esto en el capítulo 18. Aquí me refiero a las bendiciones de la gracia venidera prometidas a quienes tienen fe. La experiencia constante de estas bendiciones está condicionada a una fe que ama a los demás.

*No busquemos vengarnos, amados míos. Mejor dejemos*
*que actúe la ira de Dios, porque está escrito: «Mía es la*
*venganza, yo pagaré, dice el Señor».*

**ROMANOS 12:19**

*No podemos ignorar los actos desconsiderados de los demás; pero*
*tampoco podemos ejecutar la pena de la ley. No tenemos derecho a*
*completar el ciclo moral… Aunque no tengamos ninguna inhibición*
*espiritual para reclamar contra la injusticia, la pureza de nuestra vida*
*moral se deteriora al momento en que intentamos impartir justicia.*

**EDWARD JOHN CARNELL**

*El resentimiento del valle de sombras no puede sobrevivir en los*
*senderos elevados de la fe en la gracia venidera. Los rencores*
*generan aires de autocompasión, miedo y vacío. Ellos no pueden*
*sobrevivir al contentamiento, la confianza y la plenitud de gozo que*
*viene de la satisfacción en el Dios de gracia venidera que perdona.*

# CAPÍTULO 21

*✑*

## *Aplicando el poder purificador*
# FE EN LA GRACIA VENIDERA VS. RESENTIMIENTO

### ¿QUÉ HAY DE LA FE EN LA JUSTICIA VENIDERA?

El juicio de Dios sobre nuestros enemigos, ¿es un acto de gracia venidera hacia nosotros? Esta es una pregunta crucial, ya que el objetivo de este libro es ayudarnos a combatir la incredulidad y vencer al pecado por la fe en la gracia venidera. En el Nuevo Testamento encuentro que una forma poderosa de vencer el resentimiento y la venganza es tener fe en la promesa de que Dios les ajustará las cuentas aquienes nos ofenden para que nosotros no debamos hacerlo. El Nuevo Testamento nos enseña que somos libres de la venganza cuando creemos que Dios tomará venganza por nosotros, si es que debe hacerlo. Entonces, mi pregunta es esta: creer en la venganza de Dios, ¿es un ejemplo de fe en la gracia venidera o solo es fe en la *justicia* venidera? Mi respuesta es que la fe en el juicio de Dios es otra forma de fe. Por lo tanto, vivir por fe en la gracia venidera es vencer la venganza y el resentimiento al confiar en que Dios resolverá nuestros problemas con justicia.

Reflexionemos por un momento en la promesa de Dios de justicia venidera. En Apocalipsis 18 hay una descripción del juicio de Dios sobre los poderes anticristianos del mundo. A estos poderes a veces se les dice «Babilonia», para indicar su enemistad con el pueblo de Dios, y otras veces se le dice «la gran ramera», para mostrar su inmoralidad. Aquí hay una gran tentación de amargura y venganza para los cristianos. Estos enemigos desafían la ley de Dios con inmoralidad y derraman la sangre de los cristianos. Además, son impíos hasta el final. En el libro de Apocalipsis, Juan dice: «Fue en [Babilonia] donde se halló la sangre de los profetas y de los santos». Ella es «la gran ramera, que con su inmoralidad sexual ha corrompido a la tierra» (Apocalipsis 18:24; 19:2). ¿Cómo deberían responder los cristianos a esta inmoralidad y persecución?

El mandamiento de Jesús en este mundo es: «Amen a sus enemigos… y oren por quienes los persiguen» (Mateo 5:44). Jesús da este mandamiento «para que sean ustedes hijos de su Padre que está en los cielos, que hace salir su sol sobre malos y buenos» (Mateo 5:45). Mientras dure la vida en esta era, Dios da muchas bendiciones a aquellos que son inmorales y crueles. A los gentiles, que nunca habían oído acerca del verdadero Dios, Pablo les dijo: «[Dios] no dejó de manifestar su poder al enviarnos toda clase de bienes, pues del cielo nos viene la lluvia, que hace fructificar la tierra para nuestro sustento y alegría» (Hechos 14:17). En todo esto, Dios muestra «la benignidad, la tolerancia y la paciencia» inmerecidas que deberían guiar a las naciones al arrepentimiento (Romanos 2:4). Jesús nos manda a imitar a nuestro Padre en estas cosas: «Amar a sus enemigos, hacer el bien y dar prestado, sin esperar nada a cambio. Grande será entonces el galardón que recibirán, y serán hijos del Altísimo. Porque él es benigno con los ingratos y con los malvados. Por lo tanto, sean compasivos, como también su Padre es compasivo» (Lucas 6:35-36).

De hecho, mientras haya esperanza para su conversión, debemos sentirnos como el apóstol Pablo: «Lo que mi corazón anhela, y lo que pido a Dios en oración es la salvación de Israel» (Romanos 10:1). Si somos perseguidos por ser cristianos, debemos poner la otra mejilla (Mateo 5:39), bendecir a quienes nos maldicen (Lucas 6:28) y no devolver mal por mal (1 Tesalonicenses 5:15; 1 Pedro 3:9), pero, si es posible, vivir en paz con todos (Romanos 12:17-18).

## EL JUICIO FUTURO TAMBIÉN ES GRACIA VENIDERA

Vendrá un tiempo en el que la paciencia de Dios se agotará. Cuando Él haya visto a su pueblo sufrir por determinado tiempo y se complete el número de mártires (Apocalipsis 6:11), vendrá la venganza del cielo. Pablo describe esto de la siguiente manera: «Es justo también que se haga sufrir a quienes los hacen sufrir a ustedes, y al mismo tiempo darles un descanso… cuando el Señor Jesús se manifieste desde el cielo con sus poderosos ángeles, entre llamas de fuego, para darles su merecido a los que no conocieron a Dios ni obedecen al evangelio de nuestro Señor Jesucristo» (2 Tesalonicenses 1:6-8). Nótese que la venganza de Dios sobre quienes nos ofenden, la vivimos como un «descanso». En otras palabras, el juicio sobre «quienes [nos] hacen sufrir» es *gracia* para con nosotros.

Jesús enseñó una verdad similar en la parábola del juez injusto. Él contó la historia de una viuda que «acudía a ese juez y le pedía: "Hazme justicia contra mi adversario"» (Lucas 18:3). Finalmente, el juez cedió y le dio lo que necesitaba. Jesús reflexiona sobre esta historia: «¿Acaso Dios no les hará justicia a sus elegidos, que día y noche claman a él? ¿Se tardará en responderles? Yo les digo que sin tardanza les hará justicia» (Lucas 18:7-8). Nuevamente, la justicia venidera de Dios sobre los enemigos de su pueblo se muestra como un alivio, como el de una viuda angustiada. La justicia venidera sobre los enemigos de Dios se muestra de la misma forma que la *gracia venidera* sobre su pueblo.

Quizá la imagen más extraordinaria del juicio como gracia es la destrucción de Babilonia en Apocalipsis 18. En su destrucción, una gran voz clama del cielo: «¡*Alégrate de ella*, cielo! ¡Y alégrense ustedes, santos, apóstoles y profetas, porque en ella Dios les ha hecho justicia!» (Apocalipsis 18:20). Luego se oye una gran multitud diciendo: «¡*Aleluya!* La salvación, la honra, la gloria y el poder son de nuestro Dios, porque sus juicios son justos y verdaderos. Ha condenado a la gran ramera, que con su inmoralidad sexual ha corrompido a la tierra, y ha vengado la sangre de sus siervos, que fue derramada por ella» (Apocalipsis 19:1-2).

Cuando la paciencia de Dios haya llegado a su fin, esta era se termine y venga el juicio sobre los enemigos de su pueblo, los santos no rechazarán la justicia de Dios. Ellos no clamarán en contra de Él, sino que por el contrario, el apóstol Juan los llama a «alegrarse» y a gritar «¡aleluya!». Esto significa que la destrucción final de los impíos no será vista como sufrimiento para el pueblo de Dios. La reticencia de otros al arrepentimiento no mantendrá a los afectos de los santos como rehenes. El infierno no podrá chantajear al cielo para llevarlo a la miseria. El juicio de Dios se aprobará y los santos verán la reivindicación de la verdad como una gran gracia.

Hace doscientos cincuenta años, Jonathan Edwards, en su comentario sobre Apocalipsis 18:20, dijo: «De hecho, [los santos] no son llamados a alegrarse en saciar su venganza, sino en ver realizada a la justicia y en ver el amor y la ternura de Dios hacia ellos manifestada con rigor sobre sus enemigos».[1] Esto es lo que se destaca en Apocalipsis 19:2: «Sus juicios son justos y verdaderos». Por lo tanto, la respuesta de Edwards a nuestra pregunta es que el juicio final de Dios es, en efecto, una gracia venidera para su pueblo. Él dice: «Muchas veces, en las Escrituras se habla de la ira de Dios, que aumenta cuando alguien perjudica o hiere a su pueblo, como un ejemplo de su gran amor por ellos. Por eso, Cristo ha prometido… "A cualquiera que haga tropezar a alguno de estos pequeños que creen en mí, más le valdría que le colgaran al cuello una piedra de molino, y que lo hundieran en el fondo del mar"» (Mateo 18:6).[2]

## PROMESA: MÍA ES LA VENGANZA, YO PAGARÉ

Dios nos promete esta gracia venidera de su juicio como un medio para ayudarnos a vencer el espíritu de venganza y resentimiento. Por ejemplo, en Romanos 12:19-20, Pablo dice: «No busquemos vengarnos, amados míos. Mejor dejemos que actúe la ira de Dios, porque está escrito: "Mía es la venganza, yo pagaré, dice el Señor". Por lo tanto, si nuestro enemigo tiene hambre, démosle de comer; si tiene sed, démosle de beber. Si así lo hacemos, haremos que éste se avergüence de su conducta».

El argumento de Pablo es que no debemos vengarnos, porque la venganza es del Señor y, para motivarnos a aplacar nuestros deseos de venganza, nos da una promesa de gracia venidera: «Yo pagaré, dice el Señor». Para liberarnos del espíritu cruel, resentido y vengador, Dios nos promete que ajustará nuestras cuentas y lo hará de forma mucho más justa y minuciosa de lo que nosotros jamás podríamos hacerlo. Por lo tanto, podemos retroceder y dejarle a Dios el espacio para que obre.

## ¿ESTÁ MAL QUERER QUE SE HAGA JUSTICIA?

¿Por qué esta es una promesa tan importante para vencer nuestra inclinación al resentimiento y la venganza? La razón es que esta promesa responde a uno de los impulsos más poderosos del enojo (un impulso que no está del todo equivocado).

Puedo ejemplificar esto con una experiencia que tuve durante mis días en el seminario. Yo estaba en un grupo pequeño de parejas que comenzaban a relacionarse en un nivel bastante personal. Una noche, estábamos hablando acerca del perdón y la ira y una de las esposas jóvenes dijo que no podía y no quería perdonar a su madre por algo que le había hecho cuando era niña. Hablamos de algunos de los mandamientos y advertencias bíblicas relacionadas con la falta de perdón. «Sean bondadosos y misericordiosos, y perdónense unos a otros, así como también Dios los perdonó a ustedes en Cristo» (Efesios 4:32). «Si ustedes no perdonan a los otros… tampoco el Padre de ustedes les perdonará sus ofensas» (Mateo 6:15; véase también 18:34-35; Marcos 11:25; Lucas 17:4; 2 Corintios 2:7). Sin embargo, ella no cambiaba de parecer. Le advertí que su propia alma estaba en peligro si ella mantenía esa actitud de resentimiento y no perdonaba, pero insistía en que no perdonaría a su madre.

Lo que le da más fuerza al impulso de la ira en esos casos es la inmensa sensación de que el ofensor no *merece* el perdón. Es decir, el rencor es tan profundo y justificado que la arrogancia y un sentido legítimo de indignación moral fortalecen nuestra ira. Ese sentido profundo de legitimidad es lo que le da esa obsesión inflexible a nuestro resentimiento. Sentimos que cometeríamos un gran crimen si simplemente olvidáramos la terrible maldad que hemos vivido y dejáramos el pasado atrás. Estamos divididos: nuestro sentido moral nos dice que no podemos ignorar esta maldad, pero la Palabra de Dios nos dice que debemos perdonar.

## SI GUARDAMOS RENCOR, ESTAMOS DUDANDO DEL JUEZ

En su interesante libro *Christian Commitment* [Compromiso cristiano], Edward John Carnell habla de este conflicto entre indignación moral y perdón como el «dilema judicial». Dice: «No podemos ignorar los actos desconsiderados de los demás, pero tampoco podemos ejecutar la pena de la ley. No tenemos derecho a completar el ciclo moral… Aunque no tengamos ninguna inhibición espiritual para reclamar contra la injusticia, la pureza de nuestra vida moral se deteriora al momento en que intentamos impartir justicia».[3] Sin embargo, la indignación que sentimos suele ganar y aferrarse a la ofensa, porque sería moralmente repugnante restarle importancia.

Ahora podemos ver por qué la promesa bíblica del juicio de Dios es tan importante para ayudarnos a vencer la sed de venganza. Nos da una salida para el «dilema judicial». Dios interviene como el vengador para que nosotros podamos reconocer el crimen, pero también para que no tengamos que ser jueces. La venganza prometida de Dios borra la legitimidad moral de nuestra sed de venganza personal. Su promesa dice: «Sí, cometieron una crueldad contra ti. Sí, merecen recibir un castigo severo. Sí, la persona aún no ha tenido ese castigo. Pero, no, tú no eres el que debe castigar y no puedes seguir buscando la retribución personal. ¿Por qué? Porque Dios se encargará de que se haga justicia. Dios pagará. Tú no puedes mejorar su justicia. Él ve cada ángulo del mal que te han hecho y lo ve mucho mejor que tú. Su justicia será más rigurosa que cualquier otra justicia que tú puedas impartir». Si guardas rencor es porque estás dudando del Juez.

Eso es lo que dice la promesa de Romanos 12:19. Y la pregunta para la persona enojada y ofendida ahora es: ¿crees en esta promesa? En otras palabras, liberar el rencor es una cuestión de *fe* en las promesas de la gracia venidera de Dios, la gracia del juicio sobre el ofensor. Si creemos en la promesa de Dios: «Mía es la venganza. Yo pagaré», entonces no subestimaremos a Dios con nuestros esfuerzos menores por aumentar su justicia. Dejaremos a Él el asunto y viviremos en la libertad del amor hacia nuestro enemigo, sin importar si se arrepiente o no. ¿Y si no se arrepiente? ¿Qué pasa? Hace trescientos años, Thomas Watson bien dijo: «No estamos obligados a confiar en un enemigo; pero sí a perdonarlo».[4]

No tenemos la responsabilidad de que suceda una reconciliación, pero sí de intentarlo. «Si es posible, y en cuanto dependa de nosotros, vivamos en paz con todos» (Romanos 12:18).

## CÓMO RESOLVIÓ JESÚS EL «DILEMA JUDICIAL»

El apóstol Pedro mostró que el mismo Jesús tuvo que lidiar con el «dilema judicial» de esta misma manera. No se pecó tan gravemente contra nadie como lo hicieron con Jesús. Toda la hostilidad contra Él era totalmente inmerecida. No ha vivido nadie más digno de honor que Jesús; y nadie ha sido más deshonrado. Si alguien tenía el derecho de enojarse, resentirse y vengarse, era Jesús. ¿Cómo se controló cuando los sinvergüenzas, por quienes sufrió, le escupieron en la cara?

Pedro nos da la respuesta en estas palabras: «Cristo no cometió ningún pecado, ni hubo engaño en su boca. Cuando lo maldecían, no respondía con maldición; cuando sufría, no amenazaba, sino que *remitía su causa al que juzga con justicia*» (1 Pedro 2:22-23). Esto significa que Jesús tenía fe en la gracia venidera del juicio justo de Dios. Él no necesitó vengarse por todas las humillaciones que sufrió, porque remitió su causa a Dios. Él dejó la venganza en manos de su Padre y oró por el arrepentimiento de sus enemigos (Lucas 23:34).

Pedro nos da un vistazo a la fe de Jesús para que podamos aprender a vivir de esa misma manera. Él dijo: «Y ustedes fueron llamados para [soportar los maltratos con paciencia]. Porque también Cristo sufrió por nosotros, con lo que *nos dio un ejemplo para que sigamos sus pasos*» (1 Pedro 2:21). Si Cristo venció el resentimiento y la venganza por la fe en la gracia venidera, ¿cuánto más debemos hacerlo nosotros, que tenemos mucho menos derecho que Él a quejarnos por los maltratos?

## EL FUNDAMENTO DE PERDONAR A OTROS CRISTIANOS

Aquí surge otra pregunta crucial. Si la promesa del juicio de Dios es el fundamento para no guardar rencor contra los enemigos impíos, ¿cuál es el fundamento para no guardar rencor contra los hermanos y hermanas cristianos? Nuestra indignación moral contra una gran ofensa no se evapora solo porque quien nos ofendió sea cristiano. De hecho, podemos sentirnos incluso más traicionados y un simple «lo siento» podrá parecer totalmente desproporcionado con el dolor de la horrible ofensa.

Pero en este caso estamos tratando con hermanos cristianos y la promesa de la ira de Dios no se aplica a ellos, ya que «no hay ninguna condenación para los que están unidos a Cristo Jesús» (Romanos 8:1). «Dios no nos ha puesto [a los cristianos] para sufrir el castigo, sino para alcanzar la salvación por medio de nuestro Señor Jesucristo» (1 Tesalonicenses 5:9). Así que ahora, ¿a dónde iremos para escapar del «dilema judicial»? ¿A dónde iremos para estar seguros de que se hará justicia, que el cristianismo no se mofa de la gravedad del pecado?

La respuesta es que debemos ir a la cruz de Cristo. Todos los males que los *creyentes* han cometido contra nosotros fueron vengados en la muerte de Jesús. Esto está implícito en el simple pero asombroso hecho de que Jesús cargó *todos* los pecados del pueblo de Dios (Isaías 53:6; 1 Corintios 15:3; Gálatas 1:4; 1 Juan 2:2; 4:10; 1 Pedro 2:24; 3:18). El sufrimiento de Cristo fue la recompensa de Dios a cada herida que hemos recibido de un hermano cristiano (Romanos 4:25; 8:3; 2 Corintios 5:21; Gálatas 3:13). Por lo tanto, el cristianismo no pasa por alto el pecado. No añade ofensas a nuestra herida. Por el contrario, toma los pecados contra nosotros tan seriamente que, para justificarlos, Dios entregó a su propio Hijo para sufrir más de lo que nosotros podríamos hacer sufrir a alguien por lo que nos ha hecho.

Por lo tanto, cuando Dios dice: «Mía es la venganza» (Romanos 12:19), significa más de lo que hemos imaginado. Dios toma venganza contra el pecado no solo por medio del infierno, sino también por medio de la cruz. Todo el pecado será vengado, de forma severa, completa y justa, ya sea en el infierno o en la cruz. Los pecados de los impíos serán vengados en el infierno; los de los cristianos, serán vengados en la cruz.

Esto significa que no tenemos la necesidad ni el derecho de guardar rencor hacia los creyentes ni hacia los no creyentes. Se rompe el dilema judicial. Dios ha intervenido para liberarnos de la demanda moral de recompensar los males que hemos soportado. Él ha hecho esto, en gran medida, cuando prometió: «Mía es la venganza. Yo pagaré». Si le creemos, no tendremos que tomar venganza por nuestra propia mano. Más bien, glorificaremos la suficiencia de la cruz y la justicia terrible del infierno si vivimos con la seguridad de que Dios justificará todos los males, y no nosotros. Nuestro deber es amar, el de Dios es ajustar nuestras cuentas. La fe en la gracia venidera es la llave a la libertad y el perdón.

## LA GRACIA PASADA: NECESARIA, PERO NO SUFICIENTE

La cruz está en el pasado y yo ansío afirmar que mirar hacia atrás al Calvario es absolutamente crucial para mantener nuestra fe en la gracia venidera. Si mi esposa me hiere con una palabra cruel, no necesito tener la última palabra. No necesito devolvérselo, porque su pecado fue puesto sobre Jesús y Él ha sufrido horrores para llevarlo por ella, y por mí también. Jesús ha tomado esa ofensa contra Él y contra mí tan seriamente que murió para exponer su maldad y quitar la culpa de mi esposa. Si esto me libera del rencor, debo mirar hacia atrás y creer que esto es lo que sucedió en la cruz. Es fundamental mirar hacia atrás. El objetivo de este libro —vivir por fe en la gracia venidera— no le quita el peso a eso.

Sin embargo, solo mirar hacia atrás no es suficiente. Lo que Jesús logró en la cruz es algo que dura para siempre, debemos estar seguros de eso. La gracia del Calvario que consumió el pecado contra mí, también es la gracia venidera que nos mantiene a mí y a mi esposa en Cristo, para que la cruz tenga efecto en nosotros. La gracia venidera nos promete que si confesamos nuestros pecados, Dios es fiel y justo para perdonarnos (1 Juan 1:9). En otras palabras, la gracia pasada de la cruz expiatoria tendrá que ser aprobada constantemente por la futura confesión y eso solo puede asegurarse mediante la gracia venidera.

## EL PODER DEL PERDÓN DE DIOS

Por supuesto, para todo el que nos conoce a mí y a mi esposa, es más probable que yo sea el que necesite su perdón más veces del que ella necesite el mío. Yo soy el que tiene la lengua veloz e imprudente. Por esto, la Biblia no solo habla de que Dios es quien venga los pecados contra nosotros, sino que también es quien perdona los pecados que nosotros cometemos contra los demás. Esto, también, es crucial para romper la esclavitud del resentimiento y liberarnos para perdonar.

Pablo dice: «Sean bondadosos y misericordiosos, y perdónense unos a otros, así como también Dios los perdonó a ustedes en Cristo. Por tanto, imiten a Dios, como hijos amados. Vivan en amor, como también Cristo nos amó y se entregó a sí mismo por nosotros» (Efesios 4:32-5:2). Aquí, el poder del perdón fluye no por cómo Dios trata con el pecado cometido contra mí, sino por cómo trata con el pecado que yo cometo contra los demás.

La batalla contra el resentimiento no solo se pelea confiando en la promesa de Dios de vengar los males que nos hacen, sino también valorando la experiencia de recibir su perdón. ¿Cómo es que ser perdonados nos hace perdonar? Mi respuesta: por la *fe* que nos perdona, es decir, por *creer* que somos perdonados. Sin embargo, aquí hay algo desconcertante. Esa mujer que estaba en el grupo pequeño conmigo en el seminario no quería perdonar a su madre, pero creía firmemente que había sido perdonada. Ella no dejaba que el pecado de su rencor afectara su seguridad. Entonces, ¿la fe en ser perdonados nos libera realmente del rencor?

¿Qué es lo que anda mal aquí? Lo que sucede es que a ella aparentemente le faltaba la esencia de la verdadera fe salvadora, y lo digo con temor. Tener fe salvadora no es simplemente creer *que* uno es perdonado, sino disfrutar de ese perdón como parte de lo que Dios es y sentirlo como algo precioso y magnífico (¡y a Él también!). La fe salvadora mira al horror del pecado y luego a la santidad de Dios y comprende espiritualmente que su perdón es inexplicablemente glorioso. La fe en el perdón de Dios no solo es una convicción de que estamos libres de culpa, es disfrutar la verdad de que un Dios perdonador es la realidad más valiosa del universo. Por eso, utilizo la palabra *aprecio*. La fe salvadora aprecia el perdón de Dios y de allí nace el aprecio por el Dios que perdona, y todo lo que Él es por nosotros en Jesús.

Nuevamente, vemos que mirar al pasado no es suficiente. El gran acto de perdón es pasado, es la cruz de Cristo. Mirando esto, aprendemos de la gracia que nos sostendrá por siempre (Romanos 5:2). Aprendemos que somos amados y aceptados ahora y siempre. Aprendemos que el Dios viviente nos perdona, pero la gran experiencia del perdón será en el futuro, ya que la comunión con el gran Dios que perdona es futura. La libertad para perdonar que fluye de esta comunión satisfactoria con el Dios que perdona es futura.

He aprendido que es posible guardar rencor si la fe solo significa mirar a la cruz y llegar a la conclusión de que estamos libres de culpa. Me he visto obligado a indagar más profundo en lo que es la fe. Es estar satisfecho con todo lo que Dios es por nosotros en Jesús. La fe mira al pasado no solo para descubrir que está libre de culpa, sino para ver y disfrutar del Dios que nos ofrece un futuro de días infinitos de reconciliación en comunión con Él.

Puede ser que, mientras lees esto, no te vengan a la mente grandes rencores. Quizá, Dios te ha liberado de forma extraordinaria de tus antiguas heridas o decepciones y te ha dado la gracia para dejarlos ir. Sin embargo, asegúrate de evaluarte y ver si tienes algún enojo reciente. ¿Tienes frustraciones presentes que se repiten? Tal vez no tengan el carácter duradero del resentimiento, pero son como reapariciones crónicas del mismo enojo.

¿Hay características de tus hijos, tu cónyuge, tu iglesia o tu jefe que repetitivamente te hacen apretar los dientes y repasar en tu mente todas las razones por las que resultan intolerables y por las cuales no deberían repetirse? En mi experiencia, el problema con la falta de fe es mayor en estas frustraciones recurrentes pequeñas que en los resentimientos del pasado por algún gran abuso o traición. Aquí también necesitamos confiar en las promesas de Dios de una forma práctica y diaria.

El resentimiento del valle de sombras, sea algo reciente o del pasado, no puede sobrevivir los senderos elevados de la fe en la gracia venidera. Los rencores generan aires de autocompasión, miedo y vacío. Ellos no pueden sobrevivir al contentamiento, la confianza y la plenitud de gozo que viene de la satisfacción en el Dios de gracia venidera que perdona.

## NOTAS

1. Jonathan Edwards, "The End of the Wicked Contemplated by the Righteous" [El fin de los malvados contemplado por los justos], en *The Works of Jonathan Edwards* [Las obras de Jonathan Edwards], vol. 2, Edimburgo: The Banner of Truth Trust, 1974, pp. 207-208. Edwards explica un poco más «por qué los sufrimientos de los malvados no causarán dolor a los justos, sino todo lo contrario». Él dice:

   «Negativamente; esto no será debido a que los santos en el cielo son los sujetos de una mala disposición; por el contrario, su alegría será el fruto de una posición afable y excelente: será el fruto de una santidad perfecta y conforme a Cristo, el Cordero santo de Dios. El diablo se deleita en la miseria de los hombres desde la crueldad, la envida, la venganza y, para beneficio propio, desde una posición maligna.

   «Sin embargo, debido a los principios completamente distintos, y a varias otras razones, la condenación de los malvados será una ocasión de gozo para los santos en gloria. Pero no porque se deleiten en ver la consideración de la miseria de otros. El gozo de los santos no será por la venganza divina que sufren los condenados solo por la miseria ajena o porque sea placentero contemplarlo para beneficio propio... No debe entenderse como que se regocijan en saciar su sed de venganza, sino en ver actuar a la justicia de Dios y su amor por ellos al condenar a sus enemigos.

   «Positivamente; el sufrimiento de los condenados no será motivo de dolor para los habitantes del cielo, ya que no sentirán amor ni pena por ellos. No tendrán argumentos para desear un espíritu de amor hacia ellos; porque sabrán entonces que, como Dios ya no tendrá amor ni pena por los condenados, ellos tampoco deberían hacerlo».

   Edwards plantea la objeción de que, si bien es correcto que nos apenemos por la falta de fe y la perdición de los hombres aquí en esta era (Romanos 9:1-3; Lucas 19:41), sin duda será correcto sentir lo mismo en la era que viene. Él responde:

«Ahora, nuestro deber es amar a todos, aunque sean malvados; pero no será nuestro deber amar a los malvados en el más allá. Cristo nos ha enseñado, mediante muchos preceptos en su Palabra, que nuestro deber es amar a todos los hombres. Nos mandó a amar a los malvados, a nuestros enemigos y a quienes nos persiguen, pero este mandamiento no se extendió a los santos en gloria con respecto a los condenados en el infierno y tampoco hay una razón por la que debería hacerlo. Debemos amar, ahora, a todos, incluso a los malvados; porque sabemos que Dios los ama. Sin embargo, sin importar qué tan malvado sea un hombre, solo sabemos que Dios lo amó desde la eternidad; que Cristo lo amó hasta la muerte, tenía su nombre en su corazón antes de que el mundo fuera y lo estimaba mientras soportaba esas amargas agonías en la cruz. Solo sabemos que Él debe ser nuestra compañía en gloria por toda la eternidad...».

«Debemos buscar y preocuparnos por la salvación de los malvados ahora, porque es ahora cuando son capaces de obtenerla... Aún son días de gracia para ellos y tienen la oferta de la salvación. Cristo aún está buscando su salvación; Él los está llamando para invitarlos y cortejarlos; Él está a la puerta y llama. Utiliza distintos medios con ellos, los llama diciendo: Vuélvanse, vuélvanse ¿por qué quieren morir?... Pero en el otro mundo no será así. Allí, los malvados no serán sujetos de misericordia. Los santos sabrán que es la voluntad de Dios que los malvados sean miserables por toda la eternidad. Por lo tanto, su deber ya no será buscar su salvación o preocuparse por su miseria. Por el contrario, su deber será regocijarse en la voluntad y la gloria de Dios. Nuestro deber no es estar apenados porque Dios haya impartido su venganza justa con los malvados, pues ya conocemos la voluntad de Dios para su estado eterno» (208-210).

2. Edwards, «The End of the Wicked Contemplated by the Righteous» [El fin de los malvados contemplado por los justos], p. 210.

3. Edward John Carnell, *Christian Commitment* [Compromiso cristiano], Nueva York: Macmillan Company, 1957, pp. 94-95.

4. Thomas Watson, *Body of Divinity* [El cuerpo de la divinidad], Grand Rapids: Baker Book House, 1979, orig. 1692, p. 581. Watson define al perdón de una forma muy útil, tanto por lo que dice como por lo que no dice. Pregunta: «¿Cuándo debemos perdonar a otros?» Y responde: «Cuando luchamos contra los pensamientos de venganza; cuando no queremos hacerles daño a nuestros enemigos, sino que les deseamos el bien, lloramos por sus calamidades, oramos por ellos, buscamos la reconciliación y nos mostramos siempre listos para aliviarlos».

# PARTE VII

# EL PODER SANTIFICADOR DE LA FE EN LA GRACIA VENIDERA

*Porque en Cristo Jesús nada valen la circuncisión ni la incircuncisión,*
*sino la fe que obra por el amor.*

**GÁLATAS 5:6**

*La fe, que de este modo recibe a Cristo y descansa en Él*
*y en su justicia, es el único instrumento de justificación. Sin embargo,*
*la fe no está sola en la persona justificada, sino que siempre está*
*acompañada de todas las otras gracias salvadoras, y no es*
*una fe muerta, sino que obra por amor.*

**CONFESIÓN DE FE DE WESTMINSTER**

# CAPÍTULO 22

## CREAR AMOR EN UNA FÁBRICA DE DESEOS

Las veces que sentí el amor fluir en mi corazón más fuertemente fueron aquellas en que fui bendecido en medio de mi pecado. Recuerdo una mañana hace más de treinta años, cuando esta verdad se me reveló por primera vez. Mi esposa, Noël, y yo acabábamos de discutir (ni siquiera recuerdo por qué discutíamos, pero yo estaba muy enojado). Entonces tomé el bote de la basura y me fui, como una excusa para salir a tomar algo de aire. Mirando en retrospectiva, está claro que mis emociones estaban desproporcionadas con el tema en cuestión, fuera cual fuera.

Mientras bajaba desde mi casa hacia la calle donde poníamos la basura para su recogida, salió el sol entre las nubes matinales. Hasta el día de hoy, la profundidad de ese momento todavía me conmueve. Ahí estaba yo mascullando y quejándome con mis sentimientos heridos y mis deseos de justicia y enojo con mi tesoro más valioso en la tierra; y Dios, que tenía todo el derecho a fulminarme por mi pecado, abrió la ventana del cielo y me cubrió de deleite. Recuerdo que me detuve y absorbí esos rayos de sol. La brisa de la mañana era refrescante y el sol estaba cálido. Las hojas de los árboles eran casi de un verde y amarillo traslúcido. Me sentí como en el paraíso… con la basura en la mano.

El efecto que produjo sobre mí no fue que me sentí justificado sino, por el contrario, quebrantado. Pensé: *«Dios tiene mil razones más para enojarse conmigo que las que yo tengo para enojarme con mi esposa. Pero aquí estoy siendo consentido con deleites en el preciso momento de mi pecado».* Este pensamiento me hizo llorar. Pero mucho más importante que las lágrimas, fue el poder del amor, el perdón y la reconciliación que esto trajo. Así que dejé la basura —en muchos sentidos— y fui de nuevo con Noël a disculparme.

Aquí encuentro una dinámica espiritual que ahora le llamo *vivir por fe en la gracia venidera*. Dios me sonrió y abrió una mañana para mí que parecía estar llena de gozo y esperanza. De eso es lo que hablan el sol, la brisa y los árboles: este es el día que el Señor ha hecho para ti, regocíjate y alégrate. Hay esperanza. Hay bondad. Hay perdón. Y cuando la esperanza se instaló en mí, algo se quebró por dentro: tuve una nueva perspectiva de mi pecado. Se me concedió un nuevo poder para abandonar lo que yo percibía como mis «derechos», se despertó un amor renovado, y eso sucedió una y otra vez en mi vida.

## LA FE EN LA GRACIA VENIDERA LLENA LA VIDA DE AMOR

¿Por qué razón el vivir por fe en la gracia venidera siempre debe ser vivir en amor? ¿Qué hay en la fe en la gracia venidera que inevitablemente «obra por el amor»? Gálatas 5:6 dice: «Porque en Cristo Jesús nada valen la circuncisión ni la incircuncisión, sino *la fe que obra por el amor*». Textos como este han hecho que la iglesia enseñe que la fe justifica por sí sola, pero lo cierto es que la fe que justifica nunca está sola, es decir, siempre está acompañada de obras de amor.

Por ejemplo, la Confesión de Fe de Westminster de 1647 dice:

> La fe, que de este modo recibe a Cristo y descansa en Él y en su justicia, es el único instrumento de justificación. Sin embargo, la fe no está sola en la persona justificada, sino que siempre está acompañada de todas las otras gracias salvadoras, y no es una fe muerta, sino que obra por amor.[1]

Cien años antes de la *Confesión de Fe*, Juan Calvino comentaba sobre Gálatas 5:6 lo siguiente: «No es nuestra doctrina que la fe que justifica está sola. Sostenemos que siempre está unida a las buenas obras».[2] Por más de quinientos años esta ha sido la forma común de hablar entre los protestantes sobre la relación entre la fe y el amor.

## ¿POR QUÉ ESTA CONEXIÓN RARA VEZ ES PROBADA?

Es notable la poca frecuencia con que se hacen esfuerzos para profundizar en las dinámicas vivenciales de *cómo* la fe da origen al amor. Me sorprende que el comentario de Calvino sobre la frase «la fe que obra por amor» no analiza las dinámicas de *cómo* o *por qué* la fe obra por el amor. Esta negligencia parece continuar hasta nuestros días, aunque la experiencia nos enseña que *entender* nuestra salvación, en realidad, la potencia. Cuando finalmente captamos el medio de transformación bíblico y establecido por Dios, entonces nuestra mente y corazón están más comprometidos con él y pueden hacer más progresos en el camino del amor. ¿Cuál es la razón de nuestra negligencia?

¿Una razón podría ser que la llave que abre la conexión vivencial entre la fe y el amor es la naturaleza de la fe como una satisfacción orientada al futuro, en todo lo que Dios es para nosotros en Jesús? ¿Será el fracaso en tratar de manera adecuada con la verdadera naturaleza de la fe lo que obstaculiza el reconocimiento de su poder para cortar la raíz del pecado y potenciar las obras de amor? No darle la debida atención a la esencia de la fe, orientada al futuro y confiada en sus promesas, limita nuestro entendimiento de cómo esa fe santifica el corazón (Hechos 15:9) y sirve a otros con amor (Gálatas 5:6). Lo que encontré en mis lecturas es que al grado en que un escritor prueba la naturaleza del poder de la fe para *satisfacer el corazón* con todas las promesas de lo que Dios a nuestro favor, a ese grado el escritor es capaz de rendir un informe de *cómo* la «fe obra por amor»; pero en la medida en que este aspecto de la fe se omite, se trunca el rol de la fe en la santificación y, generalmente, se hace un llamado a la obra fructífera del Espíritu Santo sin la correspondiente explicación de las dinámicas vivenciales que son tan cruciales en nuestra vida.

De manera que en este capítulo quiero demostrar por qué la fe en la gracia venidera «obra por amor». La clave del poder de la fe es que ella abraza la gracia venidera prometida por Dios y está más satisfecha con esto que con los placeres prometidos por el pecado, *incluso si llega a costarnos la vida*.

## EL CORAZÓN ES UNA FÁBRICA DE DESEOS

El corazón humano produce deseos como el fuego produce calor. Tan cierto como que las chispas vuelan hacia arriba, el corazón bombea deseo tras deseo de un futuro más feliz. La condición del corazón es evaluada por la clase de deseos que pululan en él. O, dicho de otro modo, el estado del corazón queda demostrado por las cosas que satisfacen sus deseos. Si se satisface con cosas malas y miserables, es un corazón malo y miserable. Si se satisface con Dios, es un corazón piadoso. Como dijo Henry Scougal: «El valor y la excelencia de un alma se mide por el objeto de su deseo».[3]

## EL CORAZÓN DE LAS «OBRAS»

Consideremos la diferencia entre un corazón de «fe» y uno de «obras». El corazón de las obras se satisface cuando el ego logra algo mediante su propio poder (puede ser algo religioso o mundano). Lo que interesa es que el corazón siente que ha alcanzado algo de lo cual jactarse. Este corazón intentará escalar una pared de roca vertical, o asumir responsabilidades extra en el trabajo, o arriesgar la vida en una zona de combate, o agonizar en una maratón, o hacer un ayuno religioso por varias semanas; todo eso lo hará por la satisfacción de conquistar un desafío con su fuerza de voluntad y la energía de su cuerpo.

El corazón orientado hacia las obras también puede expresar su amor por la independencia, autonomía y logros personales rebelándose contra la cortesía, la decencia y la moralidad (véase Gálatas 5:19-21). Pero es la misma orientación a la autodeterminación y exaltación propia lo que también repugna con un comportamiento insolente, y pretende demostrar su superioridad a través del sacrificio, la valentía y la grandeza personal. Así concebidas, la satisfacción básica que las obras brindan es el gusto de ser una persona asertiva, independiente y, si es posible, triunfante.

## EL CORAZÓN DE FE

El corazón de fe es completamente diferente. Sus deseos no son menos intensos de cara al futuro, pero lo que desea es la plena satisfacción de experimentar todo lo que Dios es para nosotros en Jesús. Si las «obras» buscan la satisfacción de sentirse vencedor de los obstáculos, la «fe» se satisface al sentir que *Dios* venció un obstáculo. Las obras desean el gozo de ser glorificado como capaz, fuerte e inteligente. La fe anhela el gozo de ver a Dios glorificado por su capacidad, fortaleza y sabiduría. En su forma religiosa, las obras aceptan el desafío de la moralidad, conquistan sus obstáculos a través de un gran esfuerzo y le entregan la victoria a Dios como pago por su aprobación y recompensa. La fe también acepta el desafío de la moralidad, pero solo como una ocasión para convertirse en un instrumento del poder de Dios. Y cuando llega la victoria, la fe se regocija de que toda la gloria y gratitud le pertenezcan a Dios.

Por lo tanto, como la fe contempla su propio poder para obrar por amor, reconoce que solo Dios puede producirlo. Cualquier otro «amor» que podamos alcanzar sin Dios no será amor verdadero, porque uno no puede hacer un bien perdurable sin Dios. Todos los beneficios del mundo sin Dios terminarán en miseria. Más aún, los logros de la compasión sin Dios solo alimentan el ego; son anatema a la fe. La fe ama experimentar todo lo que Dios puede hacer, no lo que puede hacer el yo.

## LA FE NO DARÁ UN PASO SIN EL ESPÍRITU SANTO

Lo que esto significa es que la fe no intentará «obrar por amor» sin el Espíritu Santo. La fe sabe, por Gálatas 5:22, que «el fruto del espíritu es amor». El amor se genera en los cristianos por medio del Espíritu Santo; no es una «obra» de la carne. Cuando viene, no hay lugar para la jactancia. La fe se deleita en esto. Por esta razón la fe ama experimentar todo lo que Dios es para nosotros en Jesús, incluyendo el poder para amar.

Pero el Espíritu Santo no traerá el fruto del amor al margen de la fe. Esto queda claro en Gálatas 3:2-5. Pablo critica a algunos de los gálatas por dejar de caminar de la forma en que habían empezado, es decir, por la fe en la gracia venidera. Les señala que ellos comenzaron la vida cristiana recibiendo el Espíritu, no por obras sino por la fe: «Sólo esto quiero que me digan: ¿recibieron el Espíritu por las obras de la ley, o por el oír con fe?» (vs. 2). La respuesta es por escuchar con fe. Cuando oyeron por primera vez la Palabra de Dios con sus promesas de perdón, ayuda y vida eterna, pusieron su fe en Cristo y en su gracia venidera. Se entusiasmaron con el hecho de que la muerte y la resurrección de Cristo era suficiente para darles un futuro.

Esta era la manera en que habían comenzado la vida cristiana: percibiendo al Espíritu Santo por la fe en la gracia venidera (fundada sobre la gracia pasada). Pero luego comenzaron a apartarse y se orientaron hacia las obras. Empezaron a pensar que la vida cristiana se *iniciaba* con la fe en el poder del Espíritu Santo, pero se completaba o perfeccionaba con los esfuerzos de la «carne». «¿Tan necios son? ¿Comenzaron por el Espíritu, y ahora van a acabar por la carne?» (vs. 3). Estaban cayendo en la trampa que atrapa a muchos hoy en día: creer que la justificación es por fe pero la santificación es por las obras.

Pablo dice que esto es «necio». «Si vivimos por el Espíritu, andemos también por el Espíritu» (Gálatas 5:25 RV60). El Espíritu vino, la primera vez, por la fe en las promesas de Dios compradas con sangre, y continúa viniendo —y sigue obrando— por el mismo medio. Entonces Pablo pregunta, de manera retórica: «Aquel que les suministra el Espíritu y hace maravillas entre ustedes, ¿lo hace por las obras de la ley, o por el oír con fe?» (Gálatas 3:5). La respuesta es: «por el oír con fe». Por lo tanto, el Espíritu vino la primera vez, y sigue viniendo, a través del canal de la fe. Lo que Él hace en nosotros es por la fe.

Si tú eres como yo, de tanto en tanto debes tener fuertes deseos del obrar poderoso del Espíritu Santo en tu vida. Tal vez clamas por un derramamiento del Espíritu en tu vida, tu familia, tu iglesia o tu ciudad. Estos anhelos son rectos y buenos. Jesús dijo: «Pues si ustedes, que son malos, saben dar cosas buenas a sus hijos, ¡cuánto más el Padre celestial dará el Espíritu Santo a quienes se lo pidan!» (Lucas 11:13). Pero lo que yo he descubierto muchas veces en mi vida es mi incapacidad de abrirme por entero a la obra del Espíritu creyendo en las promesas de Dios. No me refiero solamente a la promesa de que el Espíritu vendría cuando se lo pidiéramos. Hablo de todas las otras preciosas promesas que no son directamente acerca del Espíritu sino, tal vez, sobre la provisión de Dios para mi futuro, por ejemplo: «Así que mi Dios suplirá todo lo que les falte, conforme a sus riquezas en gloria en Cristo Jesús» (Filipenses 4:19). Esto es lo que muchas veces les falta en la experiencia a tantos cristianos cuando buscan el poder del Espíritu en su vida. El Espíritu nos es dado «por oír con fe» (Gálatas 3:5), no solo fe en una o dos promesas sobre el Espíritu Santo propiamente dicho, sino sobre todo, en la presencia de Dios que satisface el alma en nuestro futuro.

## ¿POR QUÉ EL ESPÍRITU SE LIMITA A LA FE?

El fruto del amor obra a través del Espíritu al «oír con fe» y Él no llevará su fruto en nosotros si no tenemos fe. ¿Por qué? ¿Por qué el Espíritu se liga a la fe como una forma de dar lugar a las obras de amor?

La respuesta parece ser que al Espíritu Santo le encanta glorificar la dependencia de Cristo y su Palabra (Juan 16:14), que satisfacen plenamente. Si el Espíritu simplemente realizara actos de amor en el corazón humano sin ninguna conexión causal clara entre el amor, por un lado, y la fe en las promesas de Cristo, por el otro, entonces no quedaría en claro que la dependencia de Cristo es honrada mediante el amor. El Espíritu está plenamente comprometido en darle la gloria a Jesús y, por lo tanto, se mantiene quieto debajo de la superficie y propone «oír con fe» como la causa consciente del amor.

«Oír con fe» (Gálatas 3:2, 5) significa escuchar la Palabra de Dios o la palabra del evangelio de Cristo y aceptarla con profunda satisfacción. El mensaje que oímos es mayormente promesas. Gálatas 3:29 resume el evangelio de este modo: «Y si ustedes son de Cristo, ciertamente son linaje de Abrahán y, *según la promesa, herederos*». La promesa de que somos «herederos de Dios» (Romanos 8:17) acoge prácticamente a toda la gracia venidera. Romanos 4:13 dice que Abraham, juntamente con toda su descendencia, es un «heredero del *mundo*». En otras palabras, Dios nos dará *todas las cosas* con Cristo» (Romanos 8:32), sea «el mundo, la vida, la muerte, lo presente o lo por venir, todo es de ustedes, y ustedes son de Cristo, y Cristo es de Dios» (1 Corintios 3:22-23).

El Espíritu Santo se oculta y le atribuye la causa consciente del amor a la «fe que obra por amor». Lo hace así para que el foco del amor sea la dependencia de Cristo y su Palabra sobre la inagotable gracia venidera. El Espíritu ama exaltar a Cristo, y nada exalta a Cristo más que confiar y valorarlo sobre cualquier otra fortuna futura.

## CRISTO ES HONRADO POR LA CONEXIÓN ENTRE LA FE EN LA GRACIA VENIDERA Y EL AMOR

Así las cosas, nos oponemos al Espíritu Santo cuando no le prestamos mucha importancia a la capacidad de exaltar a Cristo que la fe posee para «obrar por amor». No concuerda con la voluntad del Espíritu Santo simplemente decir: «la fe justificadora siempre está acompañada del Espíritu de santidad». El Espíritu anhela destacar la dependencia de Cristo como el foco de nuestra fe, y luego mostrarnos por qué la fe obra por amor. Ten por seguro que Él siempre será quien lleve el fruto del amor. Y ten por seguro también que la fe siempre se regocijará en que fue el poder del Espíritu el que obró por detrás de ella. De todas maneras, Cristo y sus abundantes recursos de la plenamente satisfactoria gracia venidera no obtendrán la centralidad que merecen si no encontramos el origen del amor a la fe en la gracia venidera.

Lo que está en juego es la alabanza de la gloria de la gracia divina (Efesios 1:6), la mayor parte de la cual es futura, y se extiende desde ahora hasta las interminables eras de la eternidad. La gloria de esta gracia venidera se reflejará con su debida alabanza y honor solo en el espejo de la fe. Abraham «se fortaleció en la fe y dio gloria a Dios, plenamente convencido de que Dios era también poderoso para hacer todo lo que había prometido» (Romanos 4:20-21). La satisfactoria dependencia de Dios es glorificada cuando le confiamos nuestro futuro a Él. Honramos al Cristo de la gracia venidera poniendo nuestra fe en la gracia futura y viviendo en la libertad del amor que esta fe nos brinda.

La gloria de la gracia venidera de Dios es magnificada cuando definimos la fe salvadora como estar satisfechos con todo lo que Dios es para nosotros en Jesús. Hemos dedicado los capítulos 15 y 16 a desarrollar este entendimiento de la fe. Lo que precisamos hacer ahora es mostrar que esta comprensión es la respuesta a por qué la fe engendra amor inevitablemente. No es complicado: si el corazón está satisfecho con todo lo que Dios es para nosotros en Jesús, se quiebra el poder del pecado para apartarnos de la voluntad de Cristo y la belleza del camino del amor de Dios se vuelve cautivadora.

## CÓMO LA FE EXPULSA LAS FUERZAS CONTRARIAS AL AMOR

La fe en la gracia venidera expulsa del corazón todo poder pecaminoso que bloquea al amor. Por ejemplo, la culpa, el temor y la codicia se interponen en el camino del amor. Si nos sentimos *culpables*, tendemos a vagar en una depresión centrada en el yo y en la autocompasión, incapaces de ver la necesidad de otros y mucho menos de preocuparnos por ella. O nos hacemos los hipócritas para encubrir la culpa, y de ese modo destruimos todo vestigio de sinceridad en las relaciones. O hablamos sobre los errores de los demás para minimizar nuestra propia culpa. Y así, en cada uno de los casos la culpa estorba al amor.

Lo mismo sucede con el *temor*. Si estamos temerosos, tendemos a no acercarnos a un extraño en la iglesia que puede estar precisando una cálida bienvenida y algo de ánimo. O podemos rechazar las misiones foráneas porque eso suena muy peligroso. O podemos malgastar dinero en demasiados seguros, o quedar atrapados en un rango de pequeñas fobias que nos hacen vivir preocupados y ensimismados y nos ciegan a las necesidades de otros. Y por ende, el temor anula el amor.

Si somos *codiciosos*, podemos gastar dinero en lujos (dinero que podría ir a la propagación del evangelio), y no asumimos ningún riesgo, no sea que nuestras preciosas posesiones y nuestro futuro financiero sean puestos en peligro. Nos enfocamos en las cosas en vez de pensar en las personas, o vemos a la gente como recursos para nuestro crecimiento en lo material. Y por tanto, la codicia impide el amor.

La fe en la gracia venidera produce amor y expulsa la culpa, el temor y la codicia fuera del corazón. Expulsa nuestra *culpa* porque se aferra a la esperanza de que la muerte de Cristo es suficiente para nuestra absolución y justicia ahora y para siempre (Hebreos 10:14). Expulsa el *temor* dado que se asienta sobre la promesa: «No tengas miedo, que yo estoy contigo… Yo soy quien te da fuerzas, y siempre te ayudaré; siempre te sostendré con mi justiciera mano derecha» (Isaías 41:10). Y expulsa la *codicia* porque confía en que Cristo es una riqueza mayor que toda la que el mundo puede ofrecer (Mateo 13:44; Filipenses 3:8; Hebreos 11:26). En cada caso la gloria de Cristo es magnificada cuando estamos más satisfechos con la gracia venidera que con las promesas del pecado.

## CÓMO LA FE INCITA SACRIFICIOS DE AMOR

La fe en la gracia venidera produce amor no solo por lo que expulsa del corazón, sino también por los fuertes deseos que atrae a él. La fe tiene un apetito insaciable por experimentar la gracia de Dios tanto como sea posible. Por ende, la fe se abre paso hacia el río donde fluye la gracia pasada más libremente, concretamente, el río del amor. Cuando toda la culpa, el temor y la codicia han sido removidas por el poder de la fe en la gracia venidera, ¿qué fuerza nos sacará de nuestras cómodas salas de estar para echar sobre nuestras espaldas los inconvenientes y el sufrimiento que el amor requiere?

¿Qué nos impulsará a saludar a los extraños cuando sentimos vergüenza, a ir donde un enemigo y abogar por reconciliación cuando nos sentimos indignados, a diezmar cuando nunca lo hemos hecho, a hablarles a nuestros colegas de Cristo, a invitar nuevos vecinos a un estudio bíblico, a atravesar las culturas con el evangelio, a crear un nuevo ministerio para alcohólicos o a pasar una noche conduciendo una camioneta o una mañana orando por renovación? Ninguno de esos costosos actos de amor ocurre así porque sí. Son incitados por un nuevo apetito: el apetito de la fe por la completa experiencia de la gracia pasada de Dios. La fe disfruta descansar en Dios y verlo obrar milagros en nosotros, y ella nos empuja hacia la corriente donde el poder de la gracia venidera fluye con más libertad: la corriente del amor. Creo que eso es lo que Pablo quiso expresar cuando dijo que debíamos «sembrar para el Espíritu» (Gálatas 6:8). Por fe, deberíamos poner las semillas de nuestra energía en los surcos donde sabemos que el Espíritu está obrando para llevar fruto, los surcos del amor.

## UNA FE SATISFECHA EN DIOS CORTA LA RAÍZ DEL DESAMOR

En síntesis, el amor es un fruto del Espíritu Santo. Pero también es una obra de fe (véase Gálatas 5:6, 22). El Espíritu y la fe están ligados porque Dios nos da su Espíritu «por el oír con fe» (Gálatas 3:5). Pero si esto fuera todo lo que dijéramos sobre la forma en que la fe engendra amor, la gloria de la gracia venidera de Dios no sería magnificada como es debido, ya que ella se magnifica en el espejo de la fe. Con lo cual, para honrar la interminable corriente de la gracia venidera, Dios ha ordenado que la causa consciente del amor sea la experiencia de la fe en la gracia venidera. La fe magnifica la satisfactoria grandeza de todo lo que Dios es para nosotros en Jesús.

Esta fe que se satisface en Dios amputa la raíz de la culpa, el temor y la codicia, liberándonos del poder que tienen esas condiciones para destruir al amor. Esta fe, además, nos llena de una pasión por experimentar de la gracia de Dios tanto como podamos y así nos incita a ir hacia la corriente donde Dios, el Espíritu, está fluyendo en poder: el río del amor. ¡Oh, que Dios derrame su espíritu sobre nosotros sin medida! ¡Que abra nuestros ojos para ver lo irresistiblemente atractiva y abrumadoramente satisfactoria belleza de todo lo que Dios nos promete en Jesús. Y así podamos vivir por fe en la gracia venidera, y podamos amar del modo en que fuimos amados!

## NOTAS

1. Capítulo 11, párrafo 2 sobre «justificación». Citado en Schaff, *The Creeds of Christendom* [Los credos del cristianismo], vol. 3, Grand Rapids: Baker Book House, 1977, p. 626.
2. Juan Calvino, *The Epistle of Paul to the Galatians* [La epístola de Pablo a los gálatas], traducido por T. H. L. Parker, Grand Rapids: Wm. B. Eerdmans Pub. Co., 1965, p. 96.
3. Henry Scougal, *The Life of God in the Soul of Man* [La vida de Dios en el alma del hombre], Harrisonburg, VA: Sprinkle Publications, 1986, orig. 1677, p. 62.

*Pero por la gracia de Dios soy lo que soy, y su gracia para conmigo no ha sido en vano, pues he trabajado más que todos ellos, aunque no lo he hecho yo, sino la gracia de Dios que está conmigo.*

**1 CORINTIOS 15:10**

*Porque no osaría hablar sino de lo que Cristo ha hecho por medio de mí para la obediencia de los gentiles, con la palabra y con las obras.*

**ROMANOS 15:18 RV60**

CAPÍTULO 23

# AMAR EL MINISTERIO MÁS QUE LA VIDA

## EL MINISTERIO ES MÁS IMPORTANTE QUE LA VIDA

Según el Nuevo Testamento, «ministerio» es lo que todos los cristianos hacemos. Los pastores tienen el trabajo de equipar a los santos para la obra del ministerio (Efesios 4:12). Pero los cristianos comunes *hacen* el ministerio. Cómo luce el ministerio es algo tan variado como somos variados los cristianos. No es un oficio como el de anciano o diácono; es un estilo de vida consagrado a realizar a Cristo. Significa que «hagamos bien a todos, y mayormente a los de la familia de la fe» (Gálatas 6:10). Ya seamos banqueros o albañiles, significa que deseamos ayudar a crecer en otros la fe y la santidad. Cumplir el ministerio es más importante que estar vivo.

Esta convicción es lo que hace que nos atraiga tanto la vida de las personas radicalmente devotas. La mayoría de ellos hablan como Pablo hablaba del ministerio: «Pero eso a mí no me preocupa, pues no considero mi vida de mucho valor, con tal de que pueda terminar con gozo mi carrera y el ministerio que el Señor Jesús me encomendó, de hablar del evangelio y de la gracia de Dios» (Hechos 20:24). Llevar a cabo el ministerio que Dios nos da es más importante que la vida.

Puedes pensar que necesitas guardar tu vida para poder realizar el ministerio. Por el contrario, la forma en que pierdas tu vida puede ser la coronación de este. Ciertamente lo fue para Jesús apenas en sus treinta años. No debemos inquietarnos en cuanto a mantenernos vivos para finalizar nuestro ministerio, ya que solo Dios conoce el tiempo señalado de nuestro servicio. Henry Martyn estaba en lo cierto al decir: «Si [Dios] tiene una obra para que yo realice, no me puedo morir».[1] En otras palabras, soy inmortal hasta que mi obra finalice. Por eso digo que el ministerio es más importante que la vida.

## AMARON MÁS EL MINISTERIO QUE SU VIDA

¡Oh, cuántos ejemplos podría citar de la gloriosa historia de los santos fieles de Dios! William Carey navegó de Inglaterra a India en 1783. Perdió a su hijito de cinco años, su esposa enfermó de problemas mentales; trabajó siete años para conseguir su primer converso y perdió años de su precioso trabajo de traducción en un incendio. Pero aun así siguió avanzando, durante cuarenta años sin descanso, porque el ministerio es más importante que la vida. Adoniram Judson, «el primer misionero foráneo de Estados Unidos», que fue a Birmania en 1814, perdió a su bebé de seis meses, pasó un año y medio en una prisión, perdió a su esposa por las fiebres, sufrió un colapso nervioso y esperó cinco años por su primer converso. Pero siguió adelante porque el ministerio es más importante que la vida. Robert Morrison, el primer misionero protestante en ir a China (en 1807), perdió a su joven esposa y trabajó siete años para tener su primer converso. Pero siguió adelante porque el ministerio es más importante que la vida.[2]

## NO HAY UN ESPEJO EN LOS ÚLTIMOS VEINTE AÑOS

Evelyn Harris Brand, la madre de Paul Brand, el cirujano de manos y especialista en lepra renombrado mundialmente, creció en una adinerada familia inglesa. Ella había estudiado en el Conservatorio de Arte de Londres y se vestía con sedas refinadas. Pero fue con su esposo a ministrar como misioneros en la cordillera Kolli Malai en la India. Después de casi diez años, su esposo falleció a la edad de cuarenta y cuatro años y ella regresó a su casa como «una mujer quebrada, abatida por el dolor y el duelo». Pero después de un año de recuperación, y contra todos los consejos recibidos, regresó a la India. Su alma fue restaurada y derramó su vida en las personas de la montaña, «cuidando a los enfermos, enseñando agricultura, dando lecciones sobre los gusanos de Guinea, criando huérfanos, despejando caminos en la jungla, sacando dientes, estableciendo escuelas, predicando el evangelio». Vivía en una choza portátil de 0,74 metros cuadrados (ocho pies cuadrados) que armaba y desarmaba cada vez que se trasladaba.

A la edad de sesenta y siete años se cayó y se quebró una cadera. Su hijo, Paul, que acababa de llegar a la India como cirujano, la animó a retirarse. Ella ya se había quebrado un brazo, tenía varias vértebras fisuradas y malaria recurrente. Paul esgrimió todos los argumentos que se le ocurrieron para persuadirla de que sesenta y siete años habían sido una buena inversión en el ministerio, y que ya era hora de jubilarse. ¿Qué le respondió ella? «Paul, tú conoces estas montañas. Si me voy, ¿quién ayudará a esta gente?

¿Quién curará sus heridas y les sacará los dientes y les enseñará acerca de Jesús? Cuando alguien venga a tomar mi lugar, entonces —y solo entonces— me retiraré. En todo caso, no hay razón para preservar este cuerpo si no ha de ser usado donde Dios me necesite». Esa fue su respuesta final, y siguió trabajando.

A la edad de noventa y cinco años murió. Siguiendo sus instrucciones, la gente de la aldea la enterró en una simple sábana de algodón para que su cuerpo pudiera regresar al suelo y nutrir nueva vida. «Su espíritu vive en una iglesia, una clínica, varias escuelas y en los rostros de cientos de aldeanos a lo largo de las cinco cordilleras del sur de la India». Su hijo comentó que «con arrugas tan profundas y extensas como las que nunca vi en un rostro humano... ella era una mujer hermosa». Pero no era la belleza de la seda ni las reliquias de la alta sociedad londinense. Durante los últimos veinte años de su vida se negó a tener un espejo en su casa. Ella era apasionada por el ministerio, no por los espejos. Un colega una vez comentó que la «Abuela Brand» estaba más viva que cualquier otra persona que hubiera conocido. «Perdiendo su vida, ella la encontró».[3] Esto es lo que ocurre, paradójicamente, cuando el ministerio es más importante que la vida.

## HACER EL MINISTERIO Y MORIR BIEN POR FE EN LA GRACIA VENIDERA

Acentúo esta orientación radical hacia el ministerio simplemente para redoblar la importancia de la gracia venidera. Nadie cumple un ministerio espiritual sin confiar en la gracia venidera. Este es el testigo inconfundible del Nuevo Testamento, y hace que la gracia venidera sea central e indispensable a la hora de hacer el ministerio y morir bien.

En 2 Corintios 9:8 Pablo dijo: «Y Dios es poderoso como para que abunde en ustedes toda gracia, para que siempre y en toda circunstancia tengan todo lo necesario, y abunde en ustedes toda buena obra». El contexto inmediato de este texto se relaciona con la generosidad económica, pero el principio que se declara es mucho más amplio que eso. Dios es poderoso y capaz de hacer que toda gracia —la *gracia venidera* que necesita— abunde para que (literalmente) «abunde en ustedes toda buena obra». La gracia venidera es el medio por el cual Dios suple para «toda buena obra». No nos referimos a «toda buena obra» que se pueda imaginar, sino «toda buena obra» designada por Dios para su camino ministerial específico. El poder para cada una de ellas es la gracia venidera.

La iglesia de Antioquía nos da un ejemplo de la fiabilidad de esta promesa. Cuando Dios llamó a Pablo y Bernabé para ser misioneros, la iglesia lo vio como una oportunidad de fe en la gracia venidera. Oraron y luego los enviaron al primer viaje misionero con la confianza de que la gracia venidera iría delante de ellos y tendrían éxito. Lo sabemos porque, al regresar, el libro de Hechos describe su llegada en relación con esa obra de gracia: «De allí navegaron a Antioquía, desde donde *habían sido encomendados a la gracia de Dios* para la obra que habían cumplido» (Hechos 14:26).

La conexión existente entre la gracia venidera y el ministerio es clara. Literalmente dice: «Habían sido entregados a la gracia de Dios *para la obra* que habían cumplido». Así es como los cristianos de Antioquía confiaban en la promesa de 2 Corintios 9:8. La promesa decía que Dios iba a hacer «que abunde en ustedes *toda gracia*» y que «abunde en ustedes *toda buena obra*». La gracia venidera era como un guardia armado, un suministro de bienes, un equipo de médicos y una fuerza espiritual del cielo. Estaba posicionada estratégicamente en el futuro justo a la salida del puerto de Antioquía. Y por fe la iglesia encomendó los misioneros a la gran provisión llamada gracia venidera (ver Hechos 15:40).

## LA GRACIA ES LA GRAN REALIZADORA DEL MINISTERIO DE PABLO

Pablo confirmó con sus propias palabras la absoluta necesidad de la gracia venidera para el ministerio. «Pero por la gracia de Dios soy lo que soy, y su gracia para conmigo no ha sido en vano, pues he trabajado más que todos ellos, aunque no lo he hecho yo, *sino la gracia de Dios que está conmigo*» (1 Corintios 15:10). El apóstol comprendía que la primera parte de este versículo podía llegar a malinterpretarse. Alguno podía decir: «Miren, nos está diciendo que Dios le dio gracia en el pasado, y ahora Pablo simplemente está *respondiendo a esa gracia*, por gratitud, trabajando para Dios tan duro como le sea posible». Esa sería una verdad parcial y distorsionada; no es la imagen del ministerio cristiano que Pablo quiere dejar en nuestra mente. Así que continúa diciendo: «…aunque no lo he hecho yo, sino la gracia de Dios que está conmigo».

El texto no dice que Pablo está obedeciendo a Cristo por gratitud por la gracia pasada. No hay duda de que él estaba lleno de gratitud hacia Dios por haber multiplicado la gracia de antaño. Y no hay duda, como vimos en el capítulo 2, que esa gratitud nutría esta fe en la gracia venidera con recuerdos felices del pasado. Pero eso *no es* lo que el texto expresa. Dice que en todo momento la gracia venidera de Dios capacitó a Pablo para hacer la tarea. ¿Dice eso? ¿No indica simplemente que la gracia de Dios trabajó *con* Pablo? No, indica más que eso. Tenemos que asimilar las palabras «no lo he hecho yo». Pablo quiere exaltar la gracia de Dios minuto a minuto de un modo que quede en claro que él mismo no es el realizador concluyente de esta obra: «No lo he hecho yo».

Sin embargo él *sí es* un realizador de la obra: «...he trabajado más que todos ellos». Él trabajó, pero señaló: «[la gracia de Dios] está conmigo». Si dejamos que todas las partes de este versículo tomen su lugar, el resultado sería así: la gracia es la realizadora concluyente del trabajo de Pablo. Como Pablo también es un realizador de su trabajo, la forma en que la gracia se vuelve realizadora concluyente es convirtiéndose en el poder capacitador detrás de la obra de Pablo.

Entiendo que esto significa que, cuando el apóstol enfrentaba la carga cotidiana en su ministerio, inclinaba la cabeza y confesaba que a menos que la gracia venidera le fuera otorgada para el trabajo de ese día, no sería capaz de lograrlo, recordando las palabras de Jesús, «...separados de mí ustedes nada pueden hacer» (Juan 15:5). Por ende, oraba por gracia venidera para el día y confiaba en la promesa de que vendría con poder. «Así que mi Dios suplirá todo lo que les falte, conforme a sus riquezas en gloria en Cristo Jesús» (Filipenses 4:19). Luego actuaba con toda su fuerza. Y cuando llegaba al final del día, llamaba a *su* poder el poder de la *gracia* y le daba la gloria a Dios. O, con diferentes palabras: «¡todo lo puedo en Cristo que me fortalece!» (Filipenses 4:13).

## LA GRACIA DE QUERER Y HACER

Esta es la forma en la que Pablo veía todo el ministerio cristiano, no solo el suyo. Por eso les escribió a los filipenses: «...ocúpense en su salvación con temor y temblor, porque Dios es el que produce en ustedes lo mismo el querer como el hacer, por su buena voluntad» (Filipenses 2:12-13). Dios es el realizador clave aquí. Él quiere y hace su buena voluntad, pero esta creencia no convierte al cristiano en un ser pasivo sino, por el contrario, lo hace optimista, enérgico y valiente. Cada día hay una obra a realizar en nuestro ministerio especial. Pablo nos manda a trabajar y llevarla a cabo, pero nos indica cómo hacerla, en el poder de la gracia venidera: creer en la promesa de que Dios obrará en ti en este día para querer y hacer su buena voluntad.

No es la memoria de la gracia pasada la que quiere y hace la buena voluntad de Dios. Es Dios mismo, presentándose con gracia en cada momento, lo que trae el futuro al presente. No es por gratitud por la gracia pasada cuando explica que trabajaba más arduamente que los demás; es la gracia fresca para cada nueva conquista en su labor misionera. Él no afirma que la gracia para hacer el ministerio provenga del pasado, como un recuerdo, a través del canal de la gratitud; sostiene que viene del futuro, como un poder divino, a través del canal de la fe.[4]

El poder de la gracia venidera es el poder del Cristo vivo: siempre allí para actuar a nuestro favor en cada momento futuro. Así que cuando Pablo describe el efecto de la gracia de Dios que estaba con él, dice: «Porque no me atrevería a contar sino lo que, de palabra y obra, *Cristo* ha hecho por medio de mí para la obediencia de los no judíos» (Romanos 15:18). Como él no se atrevía a hablar de nada excepto de lo que Cristo hizo a través de su ministerio, y así lo hizo de hecho, habló de lo que la gracia logró hacer a través de su ministerio (1 Corintios 15:10), esto debe significar que el poder de la gracia es el poder de Cristo, lo que representa a su vez que el poder que necesitamos para el ministerio es la gracia venidera del Cristo omnipotente que siempre estará para ayudarnos (listo para querer y preparado para hacer su buena voluntad).

## LA GRACIA ABUNDANTE ESTABA SOBRE TODOS ELLOS PARA SER TESTIGOS

Si el día de mañana nuestro ministerio es testificar a Cristo en una situación de hostilidad, la clave para hacerlo no será nuestra inteligencia sino la abundante gracia venidera. De todas las personas, los apóstoles parecían ser los que menos necesitaban ayuda para dar un testimonio convincente de Cristo resucitado. Habían estado con Él tres años, lo habían visto morir, lo habían visto resucitar. En todo su arsenal como testigos tenían «muchas pruebas» (Hechos 1:3). Uno podría pensar que, de todas las personas, su ministerio de testificar en esos primeros días se sustentaría en la fuerza de las glorias pasadas que todavía estaban frescas en su memoria.

Pero eso no es lo que dice el libro de los Hechos. En cambio, dice: «Y los apóstoles daban un testimonio poderoso de la resurrección del Señor Jesús, y la *gracia de Dios sobreabundaba en todos ellos*» (Hechos 4:33). El poder para hablar con fidelidad y efectividad no provenía especialmente de las memorias de la gracia ni de la reserva del conocimiento: venía de las nuevas olas de la «gracia que sobreabundaba» en ellos. De esa manera sucedía con los apóstoles, y de esa manera tiene que ser para nosotros en nuestro ministerio.

Cualquier señal y maravilla que Dios pueda agregar para amplificar nuestro testimonio de Cristo, vendrá del mismo modo que vinieron para Esteban. «Como Esteban estaba lleno de la gracia y del poder de Dios, realizaba grandes prodigios y señales entre el pueblo» (Hechos 6:8). Hay una gracia venidera extraordinaria y un poder en el cual podemos respaldarnos en la crisis y en las necesidades especiales del ministerio. Es un acto nuevo de poder por el cual Dios «daba testimonio a la palabra de su gracia» (Hechos 14:3 RV60; ver también Hebreos 2:4). La gracia del poder lleva a los testigos a la gracia de la verdad, que no es obra de la gratitud por lo pasado sino el desempeño de la fe en lo futuro.

## DONES ESPIRITUALES, CANALES DE GRACIA VENIDERA

Cuando pensamos en el ministerio de los cristianos comunes, pensamos no solo en el servicio de testificar de Cristo, sino también en el uso de los dones espirituales para la edificación de la iglesia. Aquí el punto crucial es que nadie puede ejercer un don espiritual sin la gracia venidera. De hecho, ministrar los dones espirituales es definido por el apóstol Pedro como una gracia mediadora de Dios a otras personas. «Cada uno según el don que ha recibido, minístrelo a los otros, como *buenos administradores de la multiforme gracia de Dios*» (1 Pedro 4:10 RV60).

La gracia venidera es gracia «multiforme». Viene de muchos colores, formas y tamaños. Esta es una de las razones por las que los dones espirituales en el cuerpo son muy diversos. El prisma de tu vida refractará uno de los colores de la gracia que no saldría jamás a través de mi prisma. Hay tantas gracias venideras como hay necesidades en el cuerpo de Cristo. El propósito de los dones espirituales es recibir y dispensar la gracia venidera de Dios para esas necesidades.

Pero alguien podría preguntar: «¿Por qué tomar a Pedro como modelo para referirse a la gracia venidera? ¿Un mayordomo no maneja los recursos de una casa que tiene a mano?». La principal razón por la que elijo a Pedro para referirme a la gracia venidera es porque el siguiente versículo ilustra cómo funciona, y la referencia allí es la provisión continua de la gracia venidera. Él dice: «Si alguno ministra, ministre *conforme al poder que Dios da, para que en todo sea Dios glorificado por Jesucristo*» (1 Pedro 4:11 RV60).

Cuando uses tu don espiritual para servir a alguien mañana, estarás sirviendo según el poder que Dios suministra *mañana*. La palabra es *suministra*, no *suministró*. Dios continúa —día a día, momento a momento— dándonos el «poder» con el cual ministramos. Eso significa que los dones espirituales se ministran por el poder de la gracia venidera, no meramente por el poder que logramos reunir pensando en la gracia pasada.

Y cuando descansamos en la gracia venidera de este modo, nuestros dones se convierten en gracia para los demás (canalizamos la gracia de Dios para otros). Pablo da un hermoso ejemplo de esto en Efesios 4:29, «Ninguna palabra corrompida salga de vuestra boca, sino la que sea buena para la necesaria edificación, a fin de *dar gracia a los oyentes*» (RV60). Alguien será posicionado de modo que se beneficie de sus palabras, y ese es el ministerio al que será llamado hasta este momento: «la necesaria edificación». Si pones tu fe en la gracia venidera y sirves con el poder que Dios te da, te convertirás en un canal de esa gracia y podrás «dar gracia a los oyentes» que aún no la tienen; eso es futuro. Pero cuando venga la gracia —y lo haga *a través* de tu vida— la satisfacción será tan profunda que sabrás para qué fuiste creado y por qué fuiste llamado.

## EL TIEMPO DE LA GRACIA VENIDERA

Todo ministerio está en el futuro, a un momento de distancia, o a un mes, un año o una década. Tenemos tiempo de sobra para preocuparnos por nuestra insuficiencia. Cuando eso suceda, debemos acudir a la oración. La oración es la forma de la fe que nos conecta hoy con la gracia que nos capacitará para el ministerio de mañana. El tiempo lo es todo. ¿Qué sucedería si la gracia viniera muy temprano o muy tarde? La traducción tradicional de Hebreos 4:16 oculta una preciosa promesa al respecto. Necesitamos una traducción más literal para captarlo. La estructura original dice: «Permitámonos entonces, con confianza, acercarnos al *trono de la gracia*, para que podamos recibir misericordia y hallar gracia para *ayudar en tiempo de necesidad*». El original en griego de la frase «gracia para ayudar en tiempo de necesidad» se traduciría literalmente como «gracia para una ayuda oportuna».[5]

La enseñanza aquí es que la oración es la forma de encontrar la gracia venidera para una ayuda oportuna. Esta gracia siempre llega desde el «trono de la gracia», y llega a tiempo. La frase «trono de la gracia» significa que la gracia venidera proviene del Rey del universo, que establece los tiempos por su propia autoridad (Hechos 1:8). Su tiempo es perfecto, el nuestro casi nunca lo es: «Para ti, mil años son, en realidad, como el día de ayer, que ya pasó» (Salmos 90:4). A nivel global, Él establece el tiempo del levantamiento y la caída de las naciones (Hechos 17:26). Y a nivel personal, «en tu mano están mis tiempos; líbrame de la mano de mis enemigos y de mis perseguidores!» (Salmos 31:15 RV60). Cuando nos preguntamos por los tiempos de la gracia venidera, debemos pensar en el «*trono* de la gracia». Nada puede entorpecer el plan de Dios de enviar gracia cuando eso sea lo mejor para nosotros; la gracia futura siempre llega a tiempo.

La gracia venidera es el ruego permanente de los salmistas suplicantes. Ellos oran por gracia una y otra vez para suplir cada necesidad, y dejan un ejemplo como ministros de clara dependencia en la gracia venidera para cada urgencia. Claman por la gracia venidera cuando necesitan ayuda: «¡Escúchame, Señor, y tenme *compasión*! ¡Nunca dejes, Señor, de ayudarme!» (Salmos 30:10). Suplican por la gracia venidera cuando se sienten débiles: «¡Dígnate mirarme, y ten misericordia de mí! ¡Lléname de tu poder, pues soy tu siervo! ¡Protégeme, pues soy el hijo de tu sierva!» (Salmos 86:16). Ruegan la gracia venidera cuando necesitan sanidad: «Señor, ten *misericordia* de mí, que estoy enfermo; sáname, pues todos mis huesos se estremecen» (Salmos 6:2). Claman a la gracia venidera cuando son afligidos por sus enemigos: «Señor, ¡ten *misericordia* de mí! ¡Mira cómo me afligen esos que me odian. Imploran a la gracia venidera cuando se sienten solos: «Mírame, y ten *compasión* de mí, pues me encuentro solo y oprimido» (Salmos 25:16). Claman a la gracia venidera cuando están de luto: «Ten *misericordia* de mí, Señor, porque estoy muy angustiado. Mis ojos se consumen de tristeza» (Salmos 31:9). Suplican la gracia venidera cuando han pecado: «Yo le pido al Señor que me tenga compasión, que me sane, pues he pecado contra él» (Salmos 41:4). Ruegan por la gracia venidera cuando anhelan que el nombre de Dios sea exaltado entre las naciones: «Dios mío, ¡ten *misericordia* de nosotros, y bendícenos!… Que sea reconocido en la tierra tu camino» (Salmos 67:1-2).

Sin duda la oración es la gran conexión de fe entre el alma del santo y la promesa de la gracia venidera. Si el ministerio fue planeado por Dios para ser sustentado mediante la oración, entonces fue creado para ser sustentado por fe en la gracia venidera.

## EL MINISTERIO ES UN DON DE GRACIA, AL IGUAL QUE LA SALVACIÓN

Recuerdo haber llegado al final de mis estudios de grado en Múnich, Alemania, allá por 1974. No tenía idea de adónde ir. Estaba listo para entrar en cualquier ministerio que el Señor me confiara, entonces envié mi currículo a docenas de escuelas, misiones y agencias misioneras. Una de las cartas más alentadoras que recibí en esos días era de mi amigo y exprofesor Daniel Fuller. Él sabía que yo me estaba esforzando por confiar en Dios

para obtener un lugar donde ejercer el ministerio. Entonces citó un versículo poco conocido: 2 Corintios 4:1, «Por lo tanto, puesto que por la misericordia de Dios hemos recibido este ministerio, no nos desanimamos».
Luego me mostró la conexión que existe entre «tener un ministerio» y «recibir misericordia». Me explicó que el ministerio era entregado tan gratuita,
soberana y compasivamente como la primera experiencia de misericordia
que recibimos en la salvación. Eso era lo que necesitaba entonces, y es lo
que necesito ahora para perseverar en mi ministerio. El lugar del ministerio
y su desempeño son dones de gracia, al igual que lo fue mi conversión. Por
lo tanto, ministerio significa vivir por fe en la gracia venidera.

Una de las mayores amenazas para perseverar en el ministerio es el
efecto paralizante del desánimo. Por eso debemos buscar una manera de
triunfar sobre este sentido devastador de opresión. En el siguiente capítulo
reflexionaremos sobre cómo las preciosas promesas de Dios pueden batallar contra los efectos destructores del desánimo.

## NOTAS

1. Henry Martyn, *Journal and Letters of Henry Martyn* [Diario y cartas de Henry
   Martyn], Nueva York: Protestant Episcopal Society for the promotion of Evangelical Knowledge, 1851, p. 460

2. Tomo estas historias de Clay Sterrett, «Hanging Tough» [Mantenerse firmes], *Faith
   and Renewal*, vol. 16, nro. 4, enero/febrero 1992, p. 19.

3. Los hechos y citas de esta historia de Evelyn Brand fueron tomados de Paul Brand
   con Phillip Yancey, «And God Created Pain» [Y Dios creó el dolor], *Christianity
   Today*, 10 de enero de 1994, pp. 22-23.

4. Nuevamente quiero remarcar que la gratitud es una respuesta preciosa e indispensable hacia Dios en el corazón del creyente. Pero, contrario al pensamiento cristiano
   general, el Nuevo Testamento no describe la gratitud como motivación para el ministerio. Ver los capítulos 1 y 2.

5. «Mientras el trono de la gracia esté abierto y ustedes no sean arrollados por el peligro», Henry Alford, *The Greek New Testament* [El Antiguo Testamento griego],
   vol. 4, Chicago: Moody Press, 1958, p. 90. «Al tiempo divinamente señalado», *Theological Dictionary of the New Testament* [Diccionario teológico del Nuevo Testa-
   mento], vol. 3, ed. G. Kittel, trad. G. Bromiley, Grand Rapids: Wm. B. Eerdmans
   Pub. Co., 1965, p. 462.

*La mayor necesidad de esta hora es una iglesia avivada y gozosa...*
*Los cristianos desdichados son, por decir lo menos, una mala*
*recomendación a la fe cristiana.*

**MARTYN LLOYD-JONES**

*¿Por qué te desanimas, alma mía?*
*¿Por qué te inquietas dentro de mí?*
*Espera en Dios, porque aún debo alabarlo.*
*¡Él es mi Dios! ¡Él es mi salvador!*

**SALMOS 42:5**

*Su enojo dura sólo un momento,*
*pero su bondad dura toda la vida.*
*Tal vez lloremos durante la noche,*
*pero en la mañana saltaremos de alegría.*

**SALMOS 30:5**

CAPÍTULO 24

*Aplicando el poder purificador*

# FE EN LA GRACIA VENIDERA VS. DESÁNIMO

*Desánimo* no es una palabra muy común hoy en día, pero creo que captura el sentido de lo que quiero expresar. No es *depresión* en sí, porque la depresión connota una condición clínica en nuestro tiempo, pero desánimo es más que simplemente tener un mal día y sentirse temporalmente melancólico al atardecer. Entre esas dos hay un amplio terreno de infelicidad donde muchísimos cristianos viven gran parte de su vida. Detrás de esa experiencia encontramos incredulidad en la gracia venidera de Dios y su enorme y gloriosa fundamentación en la persona y la obra de Jesucristo. Esta es la incredulidad que me gustaría combatir en este capítulo.[1]

## UN MÉDICO DE ALMAS

En 1954 uno de mis héroes, el Dr. Martyn Lloyd-Jones, predicaba una serie de sermones en la Capilla de Westminster, los cuales más adelante fueron publicados en un libro que se llama *Depresión espiritual*. Por lo que sé, su evaluación de la iglesia de mediados del siglo XX todavía es válida. Él dice: «No tengo dudas en afirmar que una de las razones por la cual la iglesia cristiana importa tan poco en el mundo moderno es porque demasiados cristianos están en esta condición [de depresión espiritual]».[2] «La mayor necesidad de esta hora es una iglesia avivada y gozosa... Los cristianos desdichados son, por decir lo menos, una mala recomendación a la fe cristiana».[3]

Lloyd-Jones era un médico muy estimado antes de convertirse en predicador. Esto le confiere un peso especial a sus observaciones sobre las causas de los sentimientos de desánimo que asedian a tantos cristianos. Él no es ingenuo ante la complejidad que causa el desánimo. Por ejemplo, afirma: «Hay un tipo de persona particularmente más propenso a la depresión espiritual en un sentido natural que otros... Aunque somos convertidos y regenerados, nuestra personalidad fundamental no cambia. El resultado es que la persona que es más dada a la depresión que otra antes de la conversión, todavía seguirá luchando con ella luego de la conversión».[4]

## UN LINAJE DE DEPRESIÓN

Hay muchos ejemplos penosos de esto en la historia de la Iglesia. Uno de los más conmovedores es la historia de David Brainerd, el joven misionero de Nueva Inglaterra destinado a la India en el siglo XVIII. Parece que había una línea inusual de debilidad y depresión en su familia. No solo que sus padres murieron de manera prematura, sino que el hermano de David, Nehemías, falleció a los treinta y dos años; su hermano Israel falleció a los veintitrés; su hermana Jerusha a los treinta y cuatro y él a los veintinueve. En 1865 un descendiente suyo, Thomas Brainerd, dijo: «En toda la familia Brainerd por doscientos años hubo una tendencia a la depresión mórbida, semejante a la hipocondría».[5]

De modo que, además de tener un padre severo y sufrir la pérdida de ambos padres, siendo un niño sensible, probablemente heredó alguna clase de tendencia a la depresión. Cualquiera haya sido la causa, sufrió del abatimiento más oscuro por épocas a lo largo de toda su corta vida, lo que relata en el comienzo de su diario: «Desde mi niñez, creo que fui serio e inclinado más bien a la melancolía que al otro extremo».[6]

Sin embargo, afirmó que hubo una diferencia entre la depresión que sufría antes y después de su conversión. Después de la misma, parecía haber una roca de amor eterno debajo de él que lo recogería, así que en sus horas más oscuras todavía podía afirmar la verdad y la bondad de Dios, aun cuando no podía sentirlo por un tiempo».[7]

## LA CARGA DEL CUERPO

No solo está el tema del temperamento y la personalidad heredados, sino que también están la cuestión de cómo las condiciones físicas afectan los ánimos decaídos. Lloyd-Jones relata: «Hay muchas personas que vienen a hablarme sobre estos asuntos, en cuyo caso me parece muy claro que la causa del problema es principalmente física. Dentro de este grupo, hablando en general, podemos encontrar cansancio, fatiga, enfermedad, toda clase de enfermedades. No se puede separar lo espiritual de lo físico, porque somos cuerpo, alma y espíritu».[8] Cuando el salmista clamaba: «Mi carne y mi corazón desfallecen» (Salmos 73:26), estaba mostrándonos lo entretejidos que están el «corazón» y la «carne» en el desánimo que a menudo experimentaba.

Charles Haddon Spurgeon es un ejemplo excelente de un gran cristiano y magnífico predicador cuyo desánimo recurrente se debía en gran medida a su doloroso padecimiento de gota. No es sencillo imaginarnos al elocuente, brillante, lleno de energía, súper competente Spurgeon llorando como un bebé sin ninguna razón aparente que pudiera encontrar. Él dijo: «Mi espíritu estaba tan hundido que podía llorar por una hora como un bebé sin saber por qué estaba llorando».[9] A medida que los años pasaban, los tiempos de melancolía se sucedían una y otra vez. Por épocas parecía estar listo para dejarlo todo: «La depresión sin causa no se puede razonar, así como el arpa de David no puede expulsarla con su dulce discurso. Tanto pelea con la bruma como con esta desesperanza amorfa, indefinible, que todo lo nubla… El cerrojo de hierro que tan misteriosamente cierra la puerta de la esperanza y retiene los espíritus en una prisión sombría, necesita una mano celestial que lo cierre».[10]

Aun así él peleó. Vio su depresión como su «peor rasgo». «El desánimo —dijo— no es una virtud; creo más bien que es un vicio. Estoy avergonzado de mí mismo por caer en él, pero estoy seguro de que no hay otro remedio para esto como una fe santa en Dios».[11]

Antes de mirar a ese remedio más en profundidad, debemos mencionar una causa que complica las cosas. Hay toda un área aparte que es el condicionamiento familiar, por ejemplo: si los padres recompensan a un niño por hacer berrinches y ceden a la manipulación de los cambios de humor del niño, entonces crecerá sabiendo que los pucheros que hace le consiguen la lástima de los demás. Y treinta años más tarde, el manejo de sus estados de ánimo será el doble de difícil.

## LA RAÍZ DEL DESÁNIMO

¿Cuál es, entonces, la raíz del desánimo? Lloyd-Jones diría que es una simplificación extrema afirmar que la *única* raíz del desánimo es la incredulidad. Pero sería correcto afirmar, como él lo hace, que: «La causa *principal* de toda depresión espiritual es la incredulidad».[12] Por ejemplo, ¿de dónde viene la clase de paternidad que sanciona los berrinches? ¿Viene de una fuerte *creencia* en la Palabra de Dios como el mejor libro de crianza de hijos? ¿Y por qué tanta gente realiza actividades nocturnas que garantizan la fatiga, lo cual lleva al desánimo, la irritabilidad y la vulnerabilidad moral? ¿Se debe a una fuerte *creencia* en el consejo de Dios de descansar bien (Salmos 127:2) y una firme *confianza* en su poder para obrar a favor de los que en Él esperan (Isaías 64:4; Salmos 37:5)?

¿Y podría ser que la investigación sobre el cerebro esté en sus primeras etapas y que, aunque sabemos un poquito acerca de cómo las sustancias químicas pueden producir estados emocionales, no sepamos casi nada de las formas en las que los estados emocionales y espirituales pueden producir sustancias químicas sanadoras? ¿Podría alguien desmentir la posibilidad de que estar satisfechos con todo lo que Dios es para nosotros en Jesús no tenga un efecto físico en la producción de antidepresivos naturales para el cuerpo? ¿Por qué no deberíamos suponer que el poderoso afecto de la fe en la gracia venidera promueve incluso los medios físicos para la salud mental? Mi convicción es que cuando lleguemos al cielo aprenderemos algunas cosas asombrosas sobre la conexión profunda que existe entre una fe fuerte y mentes sólidas.

Podemos afirmar, por lo tanto, que las raíces del desánimo no son simples; son complejas. De manera que mi enfoque en este capítulo está limitado. Sin negar la complejidad de nuestras emociones y sus dimensiones hereditarias, físicas y familiares, lo que deseo mostrar es que la incredulidad en la gracia venidera es la raíz de *ceder* al desánimo. O dicho de otro modo, la incredulidad es la raíz de no hacerle la guerra al desánimo con las armas de Dios. La incredulidad permite que el desánimo siga su curso sin siquiera batallar espiritualmente.

Lloyd-Jones dijo que si estamos convertidos y tenemos una tendencia al desánimo, «todavía tendríamos que *luchar* después de esa conversión». Esa es la *lucha* de la que estamos hablando en este capítulo, no la embestida de la melancolía que exige la lucha. Permíteme ejemplificar esto con los salmos y luego con la clase de desánimo con el que Jesús tuvo que lidiar.

## CUANDO EL CORAZÓN DEL SALMISTA DESFALLECÍA

En Salmos 73:26 el salmista dice: «Mi carne y mi corazón desfallecen» (RV60). Literalmente el verbo es simplemente *desfallecer*: «Mi carne y mi corazón *desfallecen*». ¡Estoy desanimado! ¡Estoy desilusionado! Pero luego de inmediato lanza un exabrupto contra su desánimo: «Mas la roca de mi corazón y mi porción es Dios para siempre». El salmista no se rinde; batalla contra la incredulidad con un contraataque.

En esencia dice: «En mi carne me siento muy débil y desahuciado, incapaz de lidiar con esto. Mi cuerpo está abatido y mi corazón está casi muerto, pero cualquiera sea la razón del desánimo, no me rendiré. Confiaré en Dios y no en mí mismo: Él es mi fuerza y mi porción».

La Biblia está repleta de ejemplos de santos que luchan con un espíritu abatido. El Salmo 19:7 dice: «La ley del Señor es perfecta: *reanima* el alma». Esta es una clara confesión de que el alma de los santos a veces precisa ser reanimada (y si necesita ser reanimada, en un sentido estaba «muerta»). David dice lo mismo en Salmos 23:2-3: «Junto a aguas de reposo me pastoreará. *Confortará mi alma*». El alma del «varón conforme al corazón de Dios» (1 Samuel 13:14) necesita ser restaurada. Estaba muriendo de sed y próximo a caer rendido, pero Dios llevó su alma a las aguas y le dio vida nuevamente.

Dios ha dejado esos testimonios en la Biblia para que podamos usarlos en la lucha contra la incredulidad del desánimo. Cualquiera sea la fuente del desánimo, Satanás la pinta de mentira. Esa mentira dice: «Ya está. Nunca volverás a ser feliz; nunca volverás a ser fuerte; nunca más tendrás vigor y determinación; tu vida nunca más tendrá un propósito; no habrá una mañana después de esta larga noche; no habrá más gozo después de este lloro. Todo será acumular tristeza y más oscuridad. Esto no es un túnel, es una cueva; una cueva sin fin».

Este es el color del que Satanás pinta nuestro desánimo. Y Dios ha tejido su Palabra con hilos de verdad directamente opuesta a esa mentira. La ley de Dios *efectivamente* revive (Salmos 19:7). Dios *efectivamente* nos guía a aguas frescas (Salmos 23:3). Dios *efectivamente* nos muestra el camino a la vida (Salmos 16:11). El gozo *efectivamente* viene a la mañana (Salmos 30:5). De modo que los salmos nos ilustran la verdad de que la incredulidad es la raíz por la cual cedemos al desánimo; pero la fe en la gracia venidera toma las promesas de Dios y se las arroja en la cara al desánimo. «Dios mío, eres la roca de mi corazón, ¡eres la herencia que para siempre me ha tocado!» (Salmos 73:26).

## APRENDER A PREDICARNOS A NOSOTROS MISMOS

Tenemos que aprender a combatir el desánimo. La lucha es una lucha de fe en la gracia venidera. Se libra predicándonos a nosotros mismos la verdad acerca de Dios y su futuro prometido. Esto es lo que el salmista hace en Salmos 42. «Mis lágrimas son mi pan, de día y de noche, pues a todas horas me preguntan: "¿Dónde está tu Dios?" ¿Por qué te desanimas, alma mía? ¿Por qué te inquietas dentro de mí? Espera en Dios, porque aún debo alabarlo» (Salmos 42:3, 5). El salmista le predica a su alma atribulada. Se regaña y discute consigo mismo, y su principal argumento es la gracia venidera: «¡*Espera* en Dios! Confía en lo que Dios será para ti en el futuro.

Un día de alabanza viene. La presencia del Señor será toda la ayuda que necesites. Y Él ha prometido estar con nosotros para siempre» (véase Salmos 23:4, 6).

Lloyd-Jones sostiene que este punto de predicarnos la verdad sobre la gracia venidera de Dios es imprescindible para vencer la depresión espiritual.

> Digo que debemos hablarnos a nosotros mismos en vez de permitir que el «yo» nos hable. ¿Comprendes lo que significa? Sugiero que el principal problema en toda esta cuestión de depresión espiritual en un sentido es este, que nos permitamos hablarnos a nosotros en vez de hablarle a nuestro yo. ¿Estoy siendo deliberadamente paradójico? ¿Te has percatado de que la mayor parte de tu infelicidad en la vida se debe a que te estás escuchando en lugar de hablar contigo? Considera los pensamientos que tienes cada mañana. No los has generado intencionalmente, pero te hablan, te recuerdan los problemas de ayer, etc. Alguien te está hablando. ¿Quién te está hablando? Tu «yo» te está hablando. Ahora, la resolución del salmista fue esta: en lugar de permitir que el «yo» hablara con él, comienza a hablar consigo mismo. Se pregunta: «¿Por qué voy a inquietarme? ¿Por qué me voy a angustiar?». Su alma le provocaba depresión y angustia. Entonces él se levanta y dice: «Sí, escucha un momento, te hablaré». «¿Por qué te abates, alma mía?», se pregunta. «Qué asuntos te han inquietado?». Y luego debes proseguir, recordarte de Dios, quién es Él, lo que Dios es y ha hecho, y lo que se ha comprometido a hacer. Habiendo hecho eso, termina con esta gran nota: desafíate, desafía a los demás y desafía al diablo y al mundo entero, y di junto con este hombre: «Todavía he de alabarlo por la ayuda de su semblante».[13]

La batalla contra el desánimo es una batalla por creer las promesas de Dios. Y esa creencia en las promesas de la gracia venidera viene por oír la Palabra. Y por eso, predicarnos a nosotros mismos es el corazón de esta batalla. Pero recalco nuevamente que el tema de este capítulo no es principalmente cómo evitar el desánimo sino cómo luchar cuando venga. Si vamos a los ejemplos de Jesús, veremos que hasta el inmaculado Hijo de Dios se encontró con este enemigo y luchó con él.

## CUANDO JESÚS SE ENCONTRÓ CON EL ENEMIGO DEL DESÁNIMO

La noche en que Jesús fue traicionado libró algunas batallas profundamente espirituales. Lo que estaba sucediendo esa noche en vísperas a nuestra redención eterna era una horrible guerra espiritual: Satanás y todas sus huestes estaban reunidos para luchar contra el Hijo de Dios. Cualquiera sea el significado de lo que Pablo quiso decir en Efesios 6:16 con «las flechas incendiarias del maligno», podemos estar seguros de que volaban en ráfagas contra el corazón de Jesús en Getsemaní esa noche.

Tenemos un atisbo de la batalla en Mateo 36:36-38:

> Entonces Jesús fue con ellos a un lugar que se llama Getsemaní, y dijo a sus discípulos: «Siéntense aquí, mientras yo voy a orar en aquel lugar». Jesús llevó consigo a Pedro y a los dos hijos de Zebedeo, y comenzó a ponerse *triste y muy angustiado*. Entonces les dijo: «Quédense aquí, y velen conmigo, porque *siento en el alma una tristeza de muerte*».

¿Qué está sucediendo aquí? ¿Por qué está tan angustiado Jesús? Juan 12:27 dice: «Ahora está turbada mi alma; ¿y qué diré? ¿Padre, sálvame de esta hora? Mas para esto he llegado a esta hora» (RV60). Dicho de otro modo, la tentación de la *angustia* y la *turbación* era desanimarlo para que no llevara a cabo su misión. Los dardos de fuego que venían contra Él eran pensamientos; quizá pensamientos como «No soy digno. Esto no dará resultado». O tal vez una catarata de distracciones espantosas. Y el efecto de esos ataques sobre Jesús era un tremendo colapso emocional. Lo que Satanás quería producir en Jesús era un espíritu de desánimo que lo hundiera sin presentar batalla, en completa resignación, y lo hiciera desistir de llevar a cabo lo que el Padre le había encomendado.

Ahora piensa en esto por un minuto. Jesús no tenía pecado (Hebreos 4:15; 2 Corintios 5:21). Eso significa que la agitación emocional que estaba soportando esa noche era una respuesta coherente con la clase de prueba que estaba experimentando. El pensamiento diabólico de que el Calvario sería un hoyo negro sin sentido es tan horrendo que *tuvo* que estremecer el alma de Cristo. Esta es la primera onda expansiva de la bomba del desánimo, pero aun así no es pecado. No todavía.

Hay algo sorprendente aquí. El evangelio de Juan dice que Jesús estaba turbado (Juan 12:27; 13:21). La primera onda sísmica de desánimo sacudió la tranquilidad de su alma. Pero en este mismo evangelio Jesús también dice que los discípulos *no* deberían turbarse. En Juan 14:1 leemos: «No se *turbe* su corazón (el mismo término que utiliza en 12:27 y en 13:21). Ustedes creen en Dios; crean también en mí». Y en Juan 14:27 Jesús dice: «La paz les dejo, mi paz les doy; yo no la doy como el mundo la da. No dejen que su corazón se *turbe* y tenga miedo».

En ambos casos Jesús está lidiando con el peligro del desánimo. Los discípulos se estaban empezando a sentir desalentados y desesperanzados porque su líder y amigo estaba por irse. En los dos casos Él les dijo que no se turbaran ni se desanimaran.

Ahora bien, ¿cuál es la contradicción? Cuando Satanás pone delante de Jesús y sus discípulos el pensamiento de que su futuro es sombrío, ¿tiene sentido que Jesús se desanime pero los discípulos no?

## NO DEJEN QUE SU CORAZÓN SE TURBE

No creo que haya una contradicción. Así es como ambas cosas encajan: Jesús les estaba advirtiendo a los discípulos que no *cedieran* ante el desánimo, que no *se dieran por vencidos* sin oponer resistencia, que no permitieran que el desánimo se extendiera. Por eso les dice: «¡Contraataquen!: Ustedes creen en Dios; crean también en mí» (Juan 14:1). La primera onda sísmica del terremoto del desánimo no es pecado. El pecado no está en encender las luces de emergencia, ni tampoco en localizar los refugios antibombas, ni está en desplegar la artillería antiaérea. Si Satanás te arroja una bomba a tu paz y tú no te preparas para la guerra, la gente se va a preguntar de qué lado estás.

Lo mismo sucede con Jesús. Las primeras ondas sísmicas del desánimo que Él siente por los ataques de la tentación no son pecado. Pero nadie sabía mejor que Él lo rápido que se podían convertir en pecado si no recibían un contraataque de inmediato. No se puede leer Mateo 26:36-39 y salir diciendo: «el desánimo no es tan malo, porque Jesús lo sintió en Getsemaní y Él no pecó». En cambio, lo que captamos es la impresión de cómo luchó seriamente contra la incredulidad del desánimo. ¡Cuánto más debemos pelear nosotros!

## CÓMO PELEÓ JESÚS EN SU HORA MÁS OSCURA

Hubo varias tácticas en la batalla estratégica de Jesús contra el desánimo. Primero: *eligió a algunos amigos cercanos para que estuvieran con Él.* «Jesús llevó consigo a Pedro y a los dos hijos de Zebedeo» (Mateo 26:37). Segundo: *les abrió su alma.* Les dijo: «...siento en el alma una tristeza de muerte» (vs. 38). Tercero: *les pidió que intercedieran y lo acompañaran* en la batalla. «Quédense aquí, y velen conmigo» (vs. 38). Cuarto: *derramó su corazón al Padre en oración*. «Padre mío, si es posible, haz que pase de mí esta copa» (vs. 39). Quinto: *descansó su alma en la sabiduría soberana de Dios*. «Pero que no sea como yo lo quiero, sino como lo quieres tú» (vs. 39). Sexto: *puso su mirada en la gloriosa gracia venidera que lo esperaba del otro lado de la cruz*. «…por el gozo que le esperaba sufrió la cruz y menospreció el oprobio, y se sentó a la derecha del trono de Dios» (Hebreos 12:2).

Cuando algo irrumpa en tu vida y parezca amenazar tu futuro, recuerda esto: las primeras ondas sísmicas de la bomba no son pecado. El daño real es rendirse ante ellas, darse por vencido, no oponer resistencia. Y la raíz de esa rendición es la incredulidad, no pelear por fe en la gracia venidera, no apreciar todo lo que Dios promete para nosotros en Jesús.

Jesús nos muestra otra manera. No sin dolor, no pasiva: seguirlo; encontrar nuestros amigos espirituales confiables; abrirles nuestro corazón; pedirles que vigilen mientras oramos; derramar nuestra alma delante del Padre; descansar en la gracia soberana de Dios y fijar nuestros ojos en el gozo que se nos presenta en las preciosas y grandísimas promesas de Dios.

## NO TE DETENGAS EN LA OSCURIDAD

Predícate que incluso el gran apóstol Pablo pasó por eso: «atribulados en todo, pero no angustiados; en apuros, pero no desesperados» (2 Corintios 4:8); que David descubrió en la oscuridad que «su enojo dura sólo un momento, pero su bondad dura toda la vida. Tal vez lloremos durante la noche, pero en la mañana saltaremos de alegría» (Salmos 30:5). Predícate lo que David aprendió en su batalla contra el desánimo, incluso cuando dice desconsoladamente: «Si quisiera esconderme en las tinieblas, y que se hiciera noche la luz que me rodea», de todos modos halla una gran verdad: «¡ni las tinieblas me esconderían de ti, pues para ti la noche es como el día! ¡Para ti son lo mismo las tinieblas y la luz!» (Salmos 139:11-12).

La lección final de Getsemaní, el Calvario y el libro de los Salmos es que todas las cuevas oscuras del desánimo son en realidad túneles que conducen a campos de gozo para aquellos que no se asientan en la oscuridad y soplan la vela de la *fe en la gracia venidera*.

## NOTAS

1. Ver el desarrollo completo de la depresión en la vida cristiana en John Piper, *Cuando no deseo a Dios: la batalla por el gozo*, Grand Rapids, MI: Editorial Portavoz, 2006.

Esta sección también fue publicada de manera separada en John Piper, *Cuando no se disipan las tinieblas: hacer lo que podemos mientras esperamos por Dios,* Michigan: Editorial Portavoz, 2007.

2. Martyn Lloyd-Jones, *Depresión espiritual: sus causas y su cura,* Grand Rapids. MI: Libros Desafío, 2004, p. 37 (del original en inglés).

3. *Ibid.,* p. 6.

4. *Ibid.,* p. 109.

5. Edwards, *The Life of David Brainerd* [La vida de David Brainerd], ed. Norman Petit, en *The Works of Jonathan Edwards* [Las obras de Jonathan Edwards], vol. 7, New Haven: Yale University Press, 1985, p. 64.

6. *Ibid.,* p. 101.

7. *Ibid.,* pp. 93, 141, 165, 278.

8. *Ibid.,* pp. 18-19.

9. Darrel W. Amundsen, «The Anguish and Agonies of Charles Spurgeon» [Las angustias y agonías de Charles Spurgeon], en *Christian History,* edición 29, vol. 10, nro. 1, p. 24.

10. Charles Spurgeon, *Lectures on My Students* [Discursos a mis estudiantes], Grand Rapids: Zondervan Publishing House, 1972, p. 163.

11. Amundsen, «The Anguish and Agonies of Charles Spurgeon», p. 24.

12. Lloyd-Jones, *Depresión espiritual,* p. 20, del original en inglés (énfasis añadido).

13. *Ibid.,* pp. 20-21.

# PARTE VIII

# LA LUCHA CONTRA LA INCREDULIDAD EN LA GRACIA VENIDERA

*El tiempo de mi partida está cercano. He peleado la buena batalla, he acabado la carrera, he guardado la fe. Por lo demás, me está reservada la corona de justicia.*

**2 TIMOTEO 4:6-8**

*Estaba tan sobrecogido por el abatimiento que no sabía cómo hacer para vivir: anhelaba extremadamente la muerte. Mi alma estaba «hundida en aguas profundas» y las «corrientes» estaban a punto de «hundirme». Estaba tan oprimido que mi alma era una especie de horror.*

**DAVID BRAINERD**

*Pelea la buena batalla de la fe.*

**1 TIMOTEO 6:12 RV60**

# CAPÍTULO 25

## LA LUCHA ES TAN SIMPLE COMO DEJAR CAER UNA NUEZ

### UN ENSAYO ANUAL DE LA MUERTE

Para mí el fin de un año es como si fuera el final de mi vida. Las últimas horas de las vísperas del Año Nuevo son como si gastara los minutos finales de mi tiempo en la tierra. Los 365 días que pasaron hasta el fin de año son como una vida en miniatura, como un ensayo para la obra verdadera. Me imagino encontrándome con Cristo en la mañana del año nuevo y me pregunto: «¿Mirará el Señor el año que pasó y me dirá: "Bien hecho, buen y fiel siervo"?»

Es una gran ventaja tener una versión de prueba de mi muerte cada año. Si llegaras al final del ensayo y te dieras cuenta de que no viviste bien el año, pedirías otra ronda con un nuevo comienzo a la mañana siguiente. Lo bueno de los ensayos es que nos muestran dónde están nuestras debilidades y nos dan tiempo para mejorar antes del estreno.

Pero para juzgar el año pasado —o la vida— necesitamos una buena vara bíblica. La que yo uso, y la que este libro presenta como un paso crucial hacia adelante, es la que Pablo utilizó al final de su vida. La segunda carta de Timoteo es probablemente la última que él escribió, y por eso tiene un tono concluyente. Cerca del final le da a Timoteo una fuerte exhortación: «Soporta las aflicciones… cumple tu ministerio» (2 Timoteo 4:5). Luego, para inspirarlo, le menciona su propio sufrimiento hasta el final y cómo él medía su vida. «El tiempo de mi partida está cercano. He peleado la buena batalla, he acabado la carrera, he guardado la fe. Por lo demás, me está reservada la corona de justicia» (2 Timoteo 4:6-8).

El criterio de éxito que Pablo empleaba para medir su vida era si había «guardado la fe». Ese mismo criterio se aplica a nosotros. ¿Seremos capaces de decir al final de nuestra vida: «he guardado la fe»? No solo «me aferré firmemente a un conjunto de doctrinas». Eso no era lo que Pablo quería decir. Pero hay más: ¿habremos vivido por fe en la gracia venidera, no solo por un momento, o un año, o una década, sino toda la vida hasta el fin?

Pablo emplea otras dos frases para describir el guardar la fe. «He peleado la buena batalla» y «he acabado la carrera». Esas son imágenes que el apóstol usa para mostrar lo que incluye guardar la fe. En 1 Timoteo 6:12 afirma: «Pelea la buena batalla *de la fe*». Por lo que sabemos, él ve el «pelear la buena batalla» y «guardar la fe» como la misma cosa: es la «buena batalla de [guardar la] fe».

Esas dos imágenes —la batalla y la carrera— nos enseñan lo que comprende una vida vivida por fe en la gracia venidera. Lo primero que podemos decir es que permanecer en fe durante toda una vida debe ser difícil; debe haber alguna clase de estrés, aflicción e incomodidad. Los boxeadores reciben golpes en el rostro y los corredores tienen que empujarse hasta el límite de su resistencia. Ambos se entrenan por largas y monótonas horas, por lo cual mantener la fe debe contener alguna clase de esfuerzo extremo como este.

## TAN SIMPLE COMO DEJAR CAER UNA NUEZ

Jesús lo expresó de este modo: «Entren por la puerta estrecha, porque ancha es la puerta y espacioso el camino que lleva a la perdición, y muchos son los que entran por ella. Pero estrecha es la puerta y angosto el camino que lleva a la vida, y pocos son los que la encuentran» (Mateo 7:13-14). La puerta estrecha y el camino angosto denotan la dificultad del camino de la vida. Por eso Jesús dijo: «Esfuércense por entrar por la puerta estrecha» (Lucas 13:24 NVI). La palabra «esfuerzo» es *agōnizomai*, que significa «luchar o contender por la victoria como un atleta».

Tanto Pablo como Jesús hablan de guardar la fe como una lucha rigurosa semejante a correr una maratón o boxear. ¿Cómo cuadra esto con otras imágenes de la vida cristiana, como la siguiente en Mateo 11:28-30? Allí Jesús dice:

> Vengan a mí todos ustedes, los agotados de tanto trabajar, que yo los haré descansar. Lleven mi yugo sobre ustedes, y aprendan de mí, que soy manso y humilde de corazón, y hallarán descanso para su alma; porque mi yugo es fácil, y mi carga es liviana.

Aquí la vida de fe en la gracia venidera es retratada como una carga liviana y un yugo fácil. ¿Puede ser ambas cosas, difícil y fácil? Sí. La fe en la gracia venidera es intrínsecamente sencilla. ¿Qué puede ser más fácil que confiar en un Dios que actúa en tu favor (Isaías 64:4), que cuida de ti (1 Pedro 5:7), que te provee todo lo que necesitas (Filipenses 4:19; Hebreos 13:6), que te fortalece para cada desafío que enfrentas (Isaías 41:10)? En un sentido, la fe es lo contrario del esfuerzo. Es abandonar los esfuerzos por ganar la aprobación de Dios o demostrar su valor o dignidad, es descansar en las misericordiosas promesas de Dios que nos persiguen con bondad y misericordia todos los días. La fe es intrínsecamente sencilla.

Esta facilidad de la fe supone que nuestros corazones son lo suficientemente humildes como para renunciar a la autonomía, a la independencia y la exaltación del yo. Supone un corazón que es lo bastante espiritual como para gustar y deleitarse en la belleza y valor de Dios. Supone que el mundo y el diablo han perdido sus poderes para seducirnos y apartarnos de la satisfacción en Dios. Si esas suposiciones no son ciertas, entonces vivir por fe en la gracia venidera no será tan fácil como habremos pensado, sino que habrá toda una vida de lucha.

Es como un mono con su mano atrapada dentro del frasco. Sería fácil quitar la mano de allí si no fuera porque tiene la nuez agarrada fuertemente. Si el mono ama la nuez más que lo que ama liberar su mano del frasco, entonces quitarla será difícil, hasta imposible (como dijo Jesús en Marcos 10:27 sobre el joven que tenía su mano fuertemente aferrada a su riqueza). ¿Pero qué sería más simple que soltar una nuez? La batalla a la que Pablo y Jesús se refieren es la batalla de amar la libertad de la fe más que la nuez del pecado.

Así que lo primero que podemos decir sobre una vida de guardar la fe es que es como una carrera y una pelea. Comprende guerra y vigilancia incansable.

## LA FE EN LA GRACIA VENIDERA ACABA LA CARRERA

Lo segundo que podemos decir es que debemos soportar hasta el final en la fe. La corona de justicia se les da a los santos que han «acabado la carrera». Podemos correr cinco, diez o quince millas en una maratón, pero si no hacemos las veintiséis millas y trecientas ochenta y cinco yardas, no recibiremos la corona.

La necesidad de perseverar en la fe hasta el final se enseña en varios lugares del Nuevo Testamento. Uno de los más explícitos es Colosenses 1:22-23, «para presentárselos a sí mismo [Dios] santos, sin mancha e irreprensibles, *siempre y cuando en verdad permanezcan cimentados y firmes en la fe*, inamovibles en la esperanza del evangelio que han recibido».

Debemos pelear la batalla y «guardar la fe» hasta el final. Pablo dice que el evangelio nos salva «siempre y cuando *retengan la palabra* que les he predicado» (1 Corintios 15:2).

Jesús dijo: «Pero el que resista hasta el fin, será salvo» (Mateo 24:13). La carrera debe correrse hasta el final. Nuevamente, en Apocalipsis, Jesús le dijo a la iglesia sufriente: «*Sé fiel hasta la muerte*, y yo te daré la corona de la vida» (Apocalipsis 2:10). Hay que correr toda la carrera hasta la línea de llegada para recibir la corona.

## UN LLAMADO A PERMANECER

El escritor de Hebreos subrayó este mensaje de resistencia más que ningún otro. Él fue el que dijo: «Nosotros hemos llegado a participar de Cristo, *siempre y cuando retengamos firme hasta el fin la confianza que tuvimos al principio*» (Hebreos 3:14). Y también: «Pero deseamos que cada uno de ustedes muestre el mismo entusiasmo hasta el fin, para *la plena realización de su esperanza*» (Hebreos 6:11). «No pierdan la confianza, porque esta será grandemente recompensada. Ustedes necesitan *perseverar* para que, después de haber cumplido la voluntad de Dios, reciban lo que él ha prometido» (Hebreos 10:35-36 NVI). Guardar la fe es una batalla de por vida, que exige una incansable vigilancia. «Si *resistimos*, también reinaremos con él» (2 Timoteo 2:12 NVI).

## EL PELIGRO DE NO SABER EN QUÉ CLASE DE BATALLA ESTAMOS

A veces es difícil para nosotros aceptar que una vida de vigilar, correr y pelear es compatible con el gozo y la paz que el Nuevo Testamento asegura que podemos disfrutar aquí y ahora. Yo conocí gente que dejó el cristianismo porque sintieron que siempre estaban nadando contra la corriente; sentían que cada día era una batalla. Mi respuesta para cada uno depende de lo que veo que sucede en su interior.

Puede ser que no hayan nacido de nuevo verdaderamente y no tengan al Espíritu Santo obrando en sus vidas. Entonces, por cierto, estarán nadando con sus propias fuerzas, tratando de parecer cristianos cuando no tienen ni un nuevo corazón ni poder en su interior. En ese caso tienen que detener la pantomima y dejar que sus corazones sean quebrantados y limpiados de la confianza en el yo. Tienen que ver el rostro del Señor y mirarlo buscando la refrescante belleza y poder que Él les ofrece a los que lo valoran y confían en su gracia venidera. En síntesis: necesitan buscar en Dios el tesoro que satisfaga su alma y dejar el esfuerzo inútil de la carne insatisfecha.

Pero hay otra explicación posible de por qué las personas pueden debilitarse en la batalla y considerar dejar el cristianismo. Pueden haber recibido una enseñanza defectuosa acerca de lo que es en realidad la vida cristiana; pueden pensar que las cosas están andando mal, cuando en verdad están andando bien; pueden creer que están perdiendo cuando de hecho están ganando; pueden desconocer las categorías bíblicas para entender lo que Dios en efecto está haciendo en sus vidas.

El teólogo J. I. Packer cuenta la historia de sus primeros tiempos como cristiano, y admite que no había sido bien enseñado en un principio sobre la lucha con el pecado en la vida cristiana. Escuché que contó la historia de la crisis que le sobrevino inmediatamente después de su conversión. En sus días de estudiante, atravesaba el peligro de desanimarse por una enseñanza perfeccionista que no tomaba el pecado interior seriamente. El descubrimiento de la enseñanza bíblica equilibrada de John Owen sobre la batalla con el pecado lo trajo nuevamente a la realidad y, en un sentido estricto, le salvó la vida. «Basta decir —admitió Packer— que sin Owen me hubiera explotado la cabeza o me hubiera empantanado en el fanatismo místico».[1]

## LA LUCHA ES UNA LUCHA POR EL GOZO

Con el fin de poner la pelea y el maratón en una perspectiva correcta, tenemos que recordar varias cosas. La primera es que necesitamos tener en cuenta que esto no choca con el gozo, que esta es una batalla para mantener el gozo. Por ende, la pregunta no es si la lucha es compatible con el gozo, sino, dado que el gozo es tan precioso, ¿qué estrategias de combate lo protegerán y preservarán en medio de las adversidades de la vida?

A menudo los cristianos debemos clamar junto con David: «¡Devuélveme el gozo de tu salvación! ¡Dame un espíritu dispuesto a obedecerte!» (Salmos 51:12). Con frecuencia debemos decir con el Salmo 23:3, «Confortará mi alma» (RV60). Si no hubiera que luchar por el gozo, no habría necesidad de una restauración de nuestra alma.

Hemos visto en los capítulos 15 y 16 que en el centro de la fe salvadora está el deleite en quién es Dios y la satisfacción en todo lo que Dios es para nosotros en Jesús. Eso significa que «la buena batalla de la fe» (1 Timoteo 6:12) es, en esencia, una lucha por el deleite. Es una pelea por mantener la satisfacción en Dios contra todas las tentaciones del mundo y todos los engaños del maligno. La lucha por la fe en la gracia venidera es una lucha por el gozo. Saber esto nos ayudará a entender lo que nos sucede cuando vienen las tentaciones. Apagar el gozo es una convocatoria a la guerra.

## LOS MÁS GRANDES HAN PELEADO MÁS

Lo segundo que debemos tener en cuenta es que los cristianos más grandes han peleado esta batalla con nosotros y algunos de ellos aún se encuentran peleando por nosotros. David Brainerd, el joven misionero destinado a predicar a los indios americanos hace doscientos cincuenta años, luchó dolorosa y valientemente contra la pérdida del gozo. Su diario todavía sigue animando a las personas hoy.

> Domingo 16 de diciembre de 1744. «Estaba tan sobrecogido por el abatimiento que no sabía cómo hacer para vivir: anhelaba intensamente la muerte. Mi alma estaba "hundida en aguas profundas" y las "corrientes" estaban a punto de "hundirme". Estaba tan oprimido que mi alma era una especie de horror».[2]

Pero nunca dejó de pelear la batalla. Una y otra vez el gozo le fue devuelto en su corta vida de veintinueve años.

> 17 de abril de 1747. «¡Oh, anhelaba llenar los momentos restantes solo con Dios! Aunque mi cuerpo estaba tan débil y desgastado de predicar y de muchas conversaciones en privado, aun así deseaba incorporarme toda la noche y poder hacer algo para Dios. A Dios el dador de todos esos alivios, sea la gloria por siempre y siempre, amén.[3]

> 21 de febrero de 1746. «Mi alma fue refrescada y consolada, y no podría más que bendecir a Dios, quien me ha capacitado en buena medida para ser fiel en el pasado. ¡Oh, qué dulce es entregarse y gastarse todo para Dios!»[4]

## «COLABORAR CON USTEDES PARA SU GOZO»

El apóstol Pablo vio su ministerio entero como un llamado a ayudar a los cristianos a pelear la batalla de la fe. En Filipenses 1:25 él se pregunta si vivirá o morirá. Concluye: «Y confío en esto, y sé que me quedaré, que aún permaneceré con todos ustedes, para su provecho y gozo de la fe». Y a los corintios les escribió: «No es nuestra intención dirigir la fe de ustedes, sino *colaborar con ustedes para que tengan gozo*» (2 Corintios 1:24). Su ministerio entonces y ahora —a través de sus escritos— fue una camaradería en combate por nuestro gozo.

## LA VICTORIA ESTÁ ASEGURADA

Lo último que debemos recordar acerca de la buena batalla de la fe en la gracia venidera es que la victoria está asegurada. Nuestra certeza no se destruye con las demandas de permanencia. La clave para la certeza no es eliminar las exigencias bíblicas sobre permanecer, sino más bien magnificar la gracia como un poder futuro para creer, así como un perdón pasado por el pecado. Nuestra certeza no descansa en mirar a una decisión momentánea que tomamos por Cristo en el pasado, sino en mirar hacia adelante, mirar a la seguridad de la gracia perseverante de Dios, basada en la expiación suficiente por la muerte de su Hijo.

Jesús continúa orando por nosotros hoy (Romanos 8:34) del mismo modo en que lo hizo por Pedro en la tierra. «Simón, Simón, Satanás ha pedido sacudirlos a ustedes como si fueran trigo; pero yo *he rogado por ti, para que no te falte la fe.* Y tú, cuando hayas vuelto, deberás confirmar a tus hermanos» (Lucas 22:31-32). Aunque Pedro falló en forma miserable, la oración de Jesús lo salvó de una ruina mucho peor. Él fue llevado al lloro amargo y luego le fue restaurado el gozo y la valentía en Pentecostés. Entonces Jesús está intercediendo por nosotros hoy, para que nuestra fe en la gracia venidera no falle.

Jesús prometió que sus ovejas serían preservadas y no perecerían jamás. «Las que son mis ovejas, oyen mi voz; y yo las conozco, y ellas me siguen. Y yo les doy vida eterna; y no perecerán jamás, ni nadie las arrebatará de mi mano» (Juan 10:27-28). La razón de esto es que Dios obrará para preservar la fe de sus ovejas. «Estoy persuadido de que el que comenzó en ustedes la buena obra, la perfeccionará hasta el día de Jesucristo» (Filipenses 1:6). No fuimos dejados a la deriva para pelear la batalla de la fe. «…porque Dios es el que produce en ustedes lo mismo el querer como el hacer, por su buena voluntad» (Filipenses 2:13).

Ten la seguridad en la Palabra de Dios de que, si eres su hijo, Él capacita «para toda buena obra, para que hagan su voluntad, y se haga en nosotros lo que a él le agrada, por medio de Jesucristo» (Hebreos 13:21). Nuestra constancia en la fe y el gozo está final y decisivamente en las manos de Dios. Con todo, *tenemos* que pelear. Pero esta misma pelea es la que Dios «obra en nosotros», y ciertamente lo hará, porque a «los que justificó, también los glorificó» (Romanos 8:30). No perderá a ninguno de aquellos que trajo a la fe y justificó. «[Él] los confirmará hasta el fin, para que sean irreprensibles en el día de nuestro Señor Jesucristo. Fiel es Dios, quien los ha llamado a tener comunión con su Hijo Jesucristo» (1 Corintios 1:8-9). Nuestro futuro está tan seguro como la fidelidad de Dios. «Aquel que los llama es fiel, y cumplirá todo esto» (1 Tesalonicenses 5:24).

Con esta seguridad pasamos al siguiente capítulo, donde tendremos un enfoque más específico sobre nuestro enemigo vivo en esta pelea: el diablo. Es cierto que, como dice Martín Lutero, «su destino está asegurado» y «una pequeña palabra lo derribará», pero la batalla no es una farsa. No estamos jugando un juego. Las armas están cargadas. Hay mucho en juego, y nuestra única esperanza es vivir y pelear, no con nuestras fuerzas sino con —y por— la fe en la gracia venidera.

## NOTAS

1. J. L. Packer, *A Quest for Godliness: The Puritan Vision of the Christian Life* [La búsqueda de la santidad: la visión puritana de la vida cristiana], Wheaton: Crossway Books, 1990, p. 12. La historia se cuenta con más detalle en John Owen, *Sin and Temptation* [Pecado y tentación], compendiado y editado por James M. Houston, Portland: Multnomah Press, 1983, introducción, pp. xxv y xxix.

2. Edwards, *The Life of David Brainerd* [La vida de David Brainerd], ed. Norman Petit, en *The Works of Jonathan Edwards* [Las obras de Jonathan Edwards], vol. 7, New Haven: Yale University Press, p. 278.

3. *Ibid.*, p. 246.

4. *Ibid.*, p. 366.

*Simón, Simón, Satanás ha pedido sacudirlos a ustedes como si fueran trigo; pero yo he rogado por ti, para que no te falte la fe. Y tú, cuando hayas vuelto, deberás confirmar a tus hermanos.*

**LUCAS 22:31-32**

*Por eso, cuando ya no pude esperar más, mandé a preguntar acerca de su fe, pues el tentador podría haberlos tentado, y entonces nuestro trabajo habría sido en vano.*

**1 TESALONICENSES 3:5**

*…su enemigo el diablo ronda como león rugiente, buscando a quién devorar. Resístanlo, manteniéndose firmes en la fe.*

**1 PEDRO 5:8-9**

# CAPÍTULO 26

# EL PECADO ES PEOR
# QUE SATANÁS

## DOS GRANDES ENEMIGOS DE NUESTRA ALMA

Los dos mayores enemigos de nuestra alma son el pecado y Satanás. Y el pecado es el peor de ellos, porque es la única manera en que Satanás puede destruirnos haciéndonos pecar. Dios puede haberle dado suficiente soga como para vapulearnos, de la forma en que lo hizo con Job, o incluso para matarnos, de la forma que lo hizo con los santos de Esmirna (Apocalipsis 2:10), pero Satanás no puede condenarnos o robarnos la vida eterna.

Ese es, en realidad, su objetivo preciso. Todas sus otras jugarretas —enfermedades, visas perdidas, voces que hablan, apariciones nocturnas y varias formas de intimidación— no pueden hacernos un daño fatal a menos que nos conduzcan al pecado. Entonces la tarea principal de él es la de propugnar, promover, ayudar, incitar y confirmar nuestra tendencia a pecar. Lo vemos en Efesios 2:1-2, donde Pablo dice: «…estaban muertos en sus delitos y pecados, los cuales en otro tiempo practicaron, pues vivían *de acuerdo* a la corriente de este mundo y en conformidad con el príncipe del poder del aire». Pecar «acuerda» con los poderes de Satanás en el mundo. Cuando ocasiona suciedad moral, es mediante pecado. Cuando pecamos, nos movemos en su esfera, y nos ponemos de acuerdo con él. Cuando pecamos, le damos lugar al diablo (Efesios 4:27).

Lo único que puede condenarnos en el día del juicio es el pecado no perdonado, no la enfermedad, aflicciones, persecuciones, intimidación, apariciones o pesadillas, y Satanás lo sabe. Por lo tanto, su gran objetivo no es primordialmente cómo asustar a los cristianos con fenómenos extraños (aunque está repleto de eso), sino cómo corromperlos con modas inútiles y pensamientos nocivos.

## LO QUE SATANÁS SABE SOBRE LA FUENTE DEL PECADO

Satanás también sabe algo más, y lo sabe mucho mejor que la mayoría de los cristianos: que todo pecado procede del fracaso en vivir por fe en la gracia venidera (véase Romanos 14:23), lo que significa que el objetivo número uno del diablo es la destrucción de la fe. La fe en la gracia venidera es la fuente de la justicia radical, es la raíz del amor y de una vida que exalta a Cristo. Y su ausencia es la raíz de todo pecado. Satanás lo sabe, por lo cual, apunta todos sus esfuerzos, de una manera o de otra, a impedir o destruir la fe en la gracia venidera.

## LA ZARANDA AGUJEREADA DE SATANÁS

Puede apreciar esto en el modo en que Jesús oró por Pedro justo antes de su gran tentación. Jesús dijo: «Simón, Simón, Satanás ha pedido sacudirlos a ustedes como si fueran trigo; pero yo he rogado por ti, para que no te falte la fe. Y tú, cuando hayas vuelto, deberás confirmar a tus hermanos» (Lucas 22:31-32). La meta de Satanás era zarandear a Simón Pedro. ¿Qué significa esto? Jesús nos da una pista cuando dice: «pero yo he rogado por ti, para que *no te falte la fe*». Eso debe querer decir que lo que Satanás quería hacer era sacudir la fe de Pedro. Satanás tiene una zaranda con una malla agujereada diseñada para remover la fe de los cristianos. Ese es su principal objetivo.

Pablo da a entender lo mismo en 1 Tesalonicenses 3:5. Está preocupado por la nueva iglesia que acababa de iniciar en Tesalónica, así que envía a Timoteo para que vea cómo va todo. Timoteo regresa con un buen reporte y Pablo les escribe su carta para explicarles su mayor preocupación en realidad: «Por eso, cuando ya no pude esperar más, *mandé a preguntar acerca de su fe*, pues el tentador podría haberlos tentado, y entonces nuestro trabajo habría sido en vano». La mayor preocupación de Pablo era que Satanás hubiera atacado su fe y echado a perder la obra que él había comenzado.

De manera similar, cuando Pedro les escribe a las iglesias de Asia Menor, les advierte que Satanás está siempre rondando, buscando «a quién devorar», y luego agrega: «Resístanlo, manteniéndose firmes en la fe» (1 Pedro 5:9 NVI). Eso implica que Satanás quiere atraparnos en el momento en que nuestra fe flaquea, cuando nos sentimos más vulnerables. Tiene sentido que lo mismo que el diablo usa para destruir al mundo sea precisamente el medio que tenemos para resistir sus esfuerzos. Por esa razón Pedro dice: «Resístanlo, manteniéndose *firmes en la fe*». También Pablo enseña que el «escudo de la fe» nos ayuda «para que puedan apagar todas las flechas incendiarias del maligno» (Efesios 6:16). La forma de desbaratar los planes del enemigo es fortalecer aquello que él más intenta destruir.

## SIN LA FE EN LA GRACIA VENIDERA SOLO PECAREMOS

Toda virtud verdadera proviene de la fe en la gracia venidera; y todo pecado proviene de la falta de fe en la gracia venidera. Esta es una de las razones por las que escribí este libro. Dediqué mucho espacio hasta aquí a la afirmación de que la fe obra a través del amor, que la fe en la gracia venidera es la fuente de toda obediencia, santidad y amor verdaderos. Pero no he dicho mucho sobre la otra cara de esta verdad: que no tener fe en la gracia venidera, es decir, no ser satisfechos de todo lo que Dios es para nosotros en Jesús es la raíz de todo pecado. Satanás lo sabe y diseña toda su estrategia para atraer a la gente al pecado.

Es importante que lo veamos de manera tan clara como él, para que pueda afectar nuestra contraestrategia. Todos los estados pecaminosos de nuestro corazón se deben a la incredulidad en la superabundante gracia venidera de Dios. Todo nuestro pecado viene de no estar satisfechos con todo lo que Dios es para nosotros en Jesús. Vergüenza indebida, ansiedad, desánimo, codicia, lujuria, amargura, impaciencia, orgullo: todos estos son brotes de la raíz de incredulidad en las promesas de Dios. Permítaseme ilustrarlo a partir de un texto conocido que parece rastrear el origen del pecado hasta una fuente sorprendente: el amor al dinero.

## EL CORAZÓN QUE AMA EL DINERO

Pablo dijo en 1 Timoteo 6:10: «porque la *raíz de todos los males* es el amor al dinero». ¿A qué se refería? No puede haber querido decir que el dinero siempre está en tu mente cuando pecas, pues gran parte del pecado sucede cuando no estás pensando en dinero. Sugiero esto: Pablo quiso decir que todos los males del mundo provienen de una cierta clase de corazón, a saber, la clase de corazón que ama el dinero.

Ahora bien, ¿qué significa amar el dinero? No significa admirar el papel verdoso o las monedas de cobre o los siclos plateados. Para saber lo que significa amar al dinero, tienes que preguntar: ¿qué es el dinero? Yo te respondería algo así: el dinero es simplemente un símbolo que representa los recursos humanos. El dinero representa lo que puedes obtener del hombre en vez de Dios. Dios hace tratos con la moneda de la gracia, no con dinero: «Todos ustedes, los que tienen sed: Vengan a las aguas; y ustedes, *los que no tienen dinero*, vengan y compren, y coman» (Isaías 55:1). El dinero es simplemente un símbolo que representa los recursos *humanos*.

Entonces, el corazón que ama el dinero es un corazón que fija sus esperanzas con alfiler, persigue sus placeres y pone su confianza en lo que los recursos humanos pueden ofrecer. El amor al dinero es prácticamente lo mismo que la fe en él: la creencia (confianza, seguridad) de que el dinero suplirá tus necesidades y te hará feliz. El amor al dinero se presenta como la alternativa a la fe en la gracia venidera, es fe en los recursos humanos futuros. Por lo tanto, el amor al dinero, o la confianza en el dinero, es el lado oscuro de la incredulidad en las promesas de Dios. Jesús dijo en Mateo 6:24, «Nadie puede servir a dos amos… Ustedes no pueden servir a Dios y a las riquezas». No se puede confiar en Dios y en el dinero al mismo tiempo. Creer en uno es no creer en el otro. Un corazón que ama el dinero —que confía en él para obtener su sentido de felicidad— no está confiando en la gracia venidera de Dios para su satisfacción.

## TODO LO QUE NO PROVIENE DE FE ES PECADO

Entonces cuando Pablo dice que el amor al dinero es la raíz de todos los males, insinúa que la incredulidad en las promesas de Dios es la raíz primaria de toda actitud pecaminosa en nuestro corazón. Lo dice más abiertamente en Romanos 14:23, «todo lo que no proviene de fe, es pecado» (RV60). La ausencia de fe fomenta toda clase de motivaciones y actos pecaminosos. Esto puede sonar extremista, pero es simplemente una clara expresión de la centralidad de Dios en la fe radical de Pablo. Lo que no proviene *de la* satisfacción en Dios, y *mediante* la guía de Dios y *para* la gloria de Dios, es «sin Dios», por lo tanto es pecado. No importa lo filantrópico, refinado o costoso que pueda parecer a los hombres, es deficiente en lo principal: el amor para la gloria de Dios.

Hay numerosos indicios en la Biblia de que poner nuestra confianza en otra cosa que no sea Dios nos lleva a pecar. Por ejemplo, parece existir una conexión entre confiar en el dinero y la seducción del pecado cuando Job defiende su integridad: «Si puse *en el oro mi esperanza*, y dije al oro: *Mi confianza eres tú*… Y mi corazón se engañó en secreto, y mi boca besó mi mano; esto también sería maldad juzgada; porque habría negado al Dios soberano» (Job 31:24, 27-28 RV60). La confianza en el oro y la esperanza en el oro refinado conduce a negar a Dios y a cometer pecado. Del mismo modo, cuando el proverbio anuncia: «El que confía en sus riquezas, fracasa; los justos, en cambio, reverdecen como ramas»

(Proverbios 11:28), probablemente signifique que llegará a la ruina a través de una vida de pecado.

Isaías advierte sobre aquellos que confían en los recursos militares, que su falsa confianza los llevará a la maldad y al pecado y finalmente a la destrucción. «¡Ay de los que van a Egipto en busca de ayuda! ¡Ay de los que *ponen su esperanza en la multitud de sus caballos y carros... y no vuelven los ojos al Santo de Israel, ni buscan al Señor!»* (Isaías 31:1). Luego describe el juicio del Señor en respuesta a esta confianza en los recursos humanos y el rechazo a la gracia venidera. De manera sorprendente afirma que el juicio será sobre la maldad y la iniquidad, los resultados de la fe en la fortuna humana. «[Dios] se levantará, pues, contra la casa de los *malignos*, y contra el auxilio de *los que hacen iniquidad»* (Isaías 31:2 RV60). El punto está en que la incredulidad en la gracia venidera de Dios produce «malignos» y «hacedores de iniquidad» (véase Oseas 10:13-14).

## CONFIAR EN EL DON DE LA BONDAD Y NO EN EL DADOR

Uno de los ejemplos más tristes de la falsa esperanza ocurre cuando las personas confían en lo que Dios ha hecho en vez de confiar propiamente en Dios. Por ejemplo, el Señor dice: «Si a un hombre justo le aseguro que vivirá, y éste, *confiado en su justicia, actúa inicuamente*, de nada le valdrán todas sus buenas acciones, sino que morirá por sus acciones inicuas» (Ezequiel 33:13). Es posible confiar en la propia bondad de un modo tal que produce iniquidad. Toda confianza, excepto que esté puesta en Dios, produce pecado. «Pero *confiaste en tu hermosura*, y tu fama te llevó a prostituirte. Te entregaste a todo el que pasaba, y le brindaste tus favores» (Ezequiel 16:15). Dios hizo a Israel hermosa. Cuando ella encontró satisfacción en su propia belleza en vez de hallarla en el Embellecedor, el resultado fue la prostitución.

## EL PODER DE SATANÁS ES EL PODER DEL ENGAÑO

El punto al que quiero llegar es aquel que Satanás conoce y utiliza: allí donde la fe en Dios fracasa, lo que sigue es el pecado. Para Satanás eso significa que el enfoque de su obra es la subversión de la fe. Esto está en línea con su carácter fundamental. Jesús dijo: «Cuando habla mentira, habla de lo que le es propio; porque es mentiroso y padre de la mentira» (Juan 8:44). Este es su medio principal para sabotear la fe. La fe se levanta o se cae en la confianza de que el futuro con Dios será más satisfactorio que aquel que el pecado promete. Donde esta verdad es más aceptada y Dios es exaltado por encima de todo, el poder del pecado es derrotado. El poder del pecado es el poder del engaño, ya que obtiene poder prometiendo un falso futuro. En la tentación, el pecado viene a nosotros y nos dice: «el futuro con Dios es la senda estrecha, que es difícil y triste; pero el camino que yo prometo es placentero y satisfactorio». El poder del pecado radica en esta mentira.

La principal estrategia de Satanás es usar miles de caminos engañosos para hacer que esta mentira luzca atractiva y persuasiva. El inicio de toda nuestra miseria vino del gran primer triunfo de Satanás en la tierra. No fue mediante el miedo, la violencia o poseyendo a Adán y a Eva: fue engañándolos. Y el engaño fue simplemente este: Dios no es confiable para suplir sus necesidades y satisfacerlos a ustedes. La serpiente dijo solo dos cosas. Una es una pregunta que sugiere que Dios es mezquino: «¿Conque Dios les ha dicho a ustedes que no coman de ningún árbol del huerto?». La otra afirmación es una media verdad homicida: «¡No morirán!» (Génesis 3:1, 4).

En su profundo estudio del Pentateuco, John Sailhamer resume la escena así:

> La serpiente habla solo dos veces, pero es suficiente para romper el equilibrio de confianza y obediencia entre el hombre y la mujer y su Creador. El punto fuerte de la historia es la pregunta sobre el conocimiento de lo «bueno». Las preguntas de la serpiente dan a entender que Dios estaba reteniendo este conocimiento al hombre y a la mujer (3:5), mientras que el sentido de las narrativas en los primeros dos capítulos había sido que Dios estaba conservando este conocimiento para el hombre y la mujer (ej. 1:4, 10, 12, 18, 21, 25, 31; 2:18). En otras palabras, los dichos de la serpiente eran un desafío directo al tema central de la narrativa de los capítulos 1 y 2: Dios proveerá lo «bueno» para los seres humanos si solo confían en Él y le obedecen.[1]

Satanás comenzó poniendo en tela de juicio la bondad de Dios y esa ha sido su estrategia principal desde entonces. Su objetivo es trastocar la verdad influenciándonos a creer en la promesa de que el pecado es más satisfactorio que la promesa de Dios.

## PROMESA CONTRA PROMESA

Las únicas acciones que le preocupan a Satanás son las acciones futuras. Los pecados del pasado ya pasaron; él no puede cambiarlos. Solo puede profundizarlos, influenciando nuestras futuras respuestas a ellos, agregándoles más pecados futuros. Todos los pecados que pueden cometerse son pecados futuros. Si Satanás va a llevarnos a estados mentales pecaminosos y a acciones pecaminosas, entonces tendrá que utilizar promesas. Eso fue lo que hizo con Adán y Eva y eso es lo que hace con nosotros: nos presenta promesas alternativas a las promesas de Dios. Tergiversa la fe en la gracia venidera con promesas de un Dios que nos niega el placer.

Para lograrlo, debe cegar la mente de los no creyentes y distorsionar la percepción espiritual de los creyentes. «...el dios de este siglo les ha cegado el entendimiento para que no resplandezca en ellos la luz del evangelio de la gloria de Cristo, el cual es la imagen de Dios» (2 Corintios 4:4). La única esperanza de éxito que tiene Satanás es ocultar la verdad y la belleza de Cristo de la mente del ser humano. Es la gloria de Cristo lo que impulsa el corazón para abrazarlo en las promesas de la gracia venidera. El diablo hace cada esfuerzo posible para opacar esta gloria cautivante, de modo que *no estemos satisfechos* con todo lo que Dios es para nosotros en Jesús.

Lo que significa vivir por fe en la gracia venidera no es solo que es una batalla de por vida, sino que es específicamente una batalla *contra el pecado* (que es el único instrumento de condenación que Satanás posee) y una batalla *por la fe* (la cual Satanás anhela destruir).

En nuestro tiempo, y probablemente en cada era que está por venir, una de las tentaciones más implacables de Satanás es la lujuria. Hay una profunda interconexión de influencias entre nuestros pensamientos y deseos por un lado y la insinuación del poder de Satanás por otro (Efesios 2:2-3). En el próximo capítulo consideraremos el poder superior de la fe en la gracia venidera sobre el aparente poder arrollador de la tentación sexual.

## NOTAS

1. John Sailhamer, *The Pentateuch as Narrative* [El Pentateuco como narrativa], Grand Rapids: Zondervan, 1992, pp. 103-104.

*Él rompe el poder del pecado cancelado. Él liberta al prisionero.*

**CHARLES WESLEY**

*...pero si dan muerte a las obras de la carne por medio del Espíritu, entonces vivirán.*

**ROMANOS 8:13**

*Por medio de ellas nos ha dado preciosas y grandísimas promesas, para que por ellas ustedes lleguen a ser partícipes de la naturaleza divina, puesto que han huido de la corrupción que hay en el mundo por causa de los malos deseos.*

**2 PEDRO 1:4**

*Aplicando el poder purificador*

# FE EN LA GRACIA VENIDERA VS. LUJURIA

### ¿TE CORTARÍAS UNA PIERNA?

El 20 de julio de 1993, Donald Wyman estaba despejando el terreno cerca de Punxsutawney, Pensilvania, como parte de su trabajo en una compañía minera. Mientras hacía la labor, un tronco de árbol rodó y cayó sobre su pantorrilla, causándole una fractura severa y dejándolo atrapado contra el suelo. Gritó pidiendo ayuda durante una hora, pero nadie vino al rescate. Sacó la conclusión de que la única manera de salvar la vida sería cortarse la pierna, por lo cual se practicó un torniquete con un cordón del zapato y lo ajustó de un tirón. Luego tomó su navaja y se cortó la piel, el músculo y luego el hueso justo debajo de la rodilla, y así se liberó. Gateó y se arrastró por treinta yardas hasta una excavadora, condujo durante un cuarto de milla hasta su camión, luego maniobró la transmisión manual con su pierna sana y una mano, hasta que llegó a la casa de un granjero a una milla y media, con la pierna sangrando copiosamente. El granjero John Huber Jr. lo ayudó a llegar al hospital, donde le salvaron la vida.[1]

Jesús sabía que los seres humanos quieren vivir, de manera que apeló a esa pasión para poder demostrar la importancia de la pureza. Así como Donald Wyman se cortó la pierna para salvar su vida, Jesús nos ordenó sacarnos los ojos para escapar del efecto fatal de la lujuria. «Pero yo les digo que cualquiera que mira con deseos a una mujer, ya adulteró con ella en su corazón. Por tanto, si tu ojo derecho te hace caer en pecado, sácatelo y deshazte de él; es mejor que se pierda uno de tus miembros, y no que todo tu cuerpo sea echado al infierno» (Mateo 5:28-29). Por supuesto, si te sacas el «ojo derecho», como dice Jesús, todavía puedes mirar la revista con el ojo izquierdo. Entonces Jesús debe de haber tenido algo más radical en mente que una mutilación literal.

## MEDITA SOBRE EL PELIGRO DE LA LUJURIA

Hace unos años hablé a unos estudiantes de secundaria sobre cómo luchar contra la lujuria. Uno de los puntos se llamaba «Meditemos sobre el peligro de la lujuria». Cité las palabras de Jesús —que es mejor ir al cielo con un solo ojo que ir al infierno con dos— y les dije a los estudiantes que su destino eterno estaba en juego con lo que hacían con sus ojos y los pensamientos de su imaginación.

Traté de neutralizar la noción preponderante de que la sexualidad personal y moral, incluyendo su mente, son cosas de menor significado moral. Los estudiantes idealistas (y los adultos también) a menudo piensan que lo que ellos hacen con su cuerpo y su mente está en el plano de lo personal y no es gran cosa. De ser un pecado, sería un pecadillo. «¿No deberíamos nosotros involucrarnos en grandes temas como la paz internacional, las estrategias de cuidado del medioambiente, la reconciliación racial, la justicia social, las iniciativas de cuidado de la salud y la eliminación de la violencia? Acostarse con alguien no tendría mucha importancia si uno está peleando por la justicia; pasar las páginas de una *Playboy* sería insignificante si estás de camino a las negociaciones de paz en Ginebra.

Recalqué que Jesús ve las cosas de manera muy distinta. Esos temas globales son importantes, pero la razón por la que lo son es porque tienen todo que ver con las personas, no simplemente estadísticas sino personas individuales. Y lo más importante acerca de las personas es que, a diferencia de los animales o los árboles, viven para siempre en el cielo glorificando a Dios o en el infierno desafiando a Dios. La gente no es importante solo porque respira: es importante porque tienen la capacidad de honrar a Dios con su mente, corazón y cuerpo mucho después de dejar de respirar, en la eternidad.

Lo que Jesús está diciendo, por lo tanto, es que las consecuencias de la lujuria van a ser peores que las de la guerra o la catástrofe ambiental. El flagelo definitivo de la guerra es que puede matar el cuerpo, a lo que Jesús dijo: «Amigos míos, yo les digo a ustedes que no deben temer a los que matan el cuerpo, pero más de eso no pueden hacer después. Yo les voy a enseñar a quién deben temer: Teman a aquel que, después de quitar la vida, tiene el poder de arrojarlos en el infierno. Sí, a él ténganle miedo» (Lucas 12:4-5). En otras palabras, el juicio final de Dios es mucho más temible que la aniquilación de la tierra.

## LUJURIA Y SEGURIDAD ETERNA

Después de mi mensaje en el auditorio de la escuela secundaria, uno de los estudiantes vino y me preguntó: «¿Usted está diciendo entonces que una persona puede perder la salvación?». En otras palabras, si Jesús usaba la amenaza del infierno para advertir sobre la seriedad de la lujuria, ¿eso significa que un cristiano puede perecer?

Esa fue exactamente la misma reacción de un hombre hace algunos años cuando lo confronté porque vivía en adulterio. Traté de entender su situación, pero le rogué que volviera con su esposa. Luego le dije: «Tú sabes, Jesús dice que si no peleas contra este pecado con la misma seriedad del que está dispuesto a sacarse un ojo, irás al infierno y sufrirás para siempre». Siendo un cristiano profesante, me miró con incredulidad, como si nunca hubiera escuchado algo así en toda su vida, y respondió: «¿Quieres decir que una persona puede perder la salvación?»

De modo que aprendí una y otra vez por la experiencia personal que hay muchos cristianos profesantes cuya idea de la salvación está desconectada de la vida real y anula las amenazas de la Biblia, lo que pone al pecador que alega ser cristiano fuera del alcance de las advertencias bíblicas. Creo que esta visión de la vida cristiana está reconfortando a muchos que transitan por el camino ancho que conduce a la destrucción (Mateo 7:13). Jesús dijo que si no luchamos contra la lujuria no iremos al cielo, no que los santos siempre llegan allí. El asunto es resolvernos a luchar, no si lo logramos a la perfección.

La apuesta es mucho más elevada que si el mundo explota con miles de misiles de largo alcance o si los terroristas bombardean nuestra ciudad o si el calentamiento global derrite los polos o si el sida arrasa con todas las naciones. Todas esas calamidades pueden matar solo el cuerpo. Pero si no combatimos contra la lujuria, perderemos nuestra alma. El apóstol Pedro dijo: «...les ruego que se aparten de los deseos pecaminosos que *batallan contra el alma*» (1 Pedro 2:11). La apuesta en *esta* guerra es infinitamente superior que en cualquier amenaza de guerra o terrorismo. El apóstol Pablo enumeró «inmoralidad sexual, impureza, pasiones desordenadas, malos deseos y avaricia. Eso es idolatría. Por cosas como estas les sobreviene la ira de Dios a los desobedientes» (Colosenses 3:5-6). Y la ira de Dios es inmensurablemente más temible que la ira de todas las naciones juntas. En Gálatas 5:19, Pablo menciona la inmoralidad sexual, la impureza y la sensualidad, y agrega: «los que practican tales cosas no heredarán el reino de Dios» (Gálatas 5:21).

## LA FE JUSTIFICADORA ES UNA FE QUE LUCHA CONTRA LA LUJURIA

¿Cuál, pues, sería la respuesta a ese estudiante y a ese hombre que vivía en adulterio? La misma que dimos anteriormente en este libro: somos justificados solo por la gracia y solo por fe (Romanos 3:28; 4:5; 5:1; Efesios 2:8-9); y todos aquellos que son justificados, son glorificados (Romanos 8:30); es decir, ninguna persona justificada jamás se perderá. Sin embargo, los que se rinden a la impureza *sí* se perderán (Gálatas 5:21), y los que abandonan la lucha contra la lujuria perecerán (Mateo 5:30), y los que no buscan la santidad no verán al Señor (Hebreos 12:14), y los que rinden su vida a los malos deseos sucumbirán a la ira de Dios (Colosenses 3:6).

La razón por la que estos dos grupos de textos no son contradictorios es que la fe que justifica es una fe que también santifica. La fe justificadora abraza a Cristo como quien carga nuestros pecados y como nuestra justicia resucitada ante Dios, junto con todo lo que Dios promete para nosotros en Él. Del mismo modo, la fe continúa abrazando a Cristo de este modo y se convierte en nuestro medio de santificación así como de justificación. La prueba de si nuestra fe es la clase de fe que justifica, es si también es clase de fe que santifica. Robert L. Dabney, el teólogo presbiteriano sureño del siglo XIX, se expresó así: «¿Es por la instrumentalidad de la fe que recibimos a Cristo como nuestra justificación, sin el mérito de ninguna de nuestras obras? Bien. Pero esta misma fe es lo suficientemente crucial para abrazar a Cristo, y también lo bastante crucial como para "obrar por amor" y "purificar nuestros corazones". Esta, entonces, es la virtud del evangelio libre, como ministerio de santificación, que la misma fe que abraza el don se convierte en un principio de obediencia inevitable y divinamente poderoso».[2]

La fe libera del infierno, y la fe que libera del infierno libera también de la lujuria. Otra vez, no me refiero a que nuestra fe produce una *perfección intachable* en esta vida; más bien quiero decir que sí produce una *lucha perseverante*. La evidencia de la fe justificadora es que lucha contra la lujuria. Jesús no dijo que la lujuria se desvanecería por completo. Dijo que la evidencia de ir camino al cielo es que estamos dispuestos a sacarnos un ojo en vez de conformarnos con una pauta de lujuria.

La principal preocupación de este libro es mostrar que la batalla contra el pecado es una batalla contra la incredulidad. O que la batalla por la pureza es una batalla por la fe en la gracia venidera. El gran error que estoy tratando de extinguir es el que dice: «La fe en Dios es una cosa, y la batalla por la santidad es otra. Obtienes tu justificación por la fe y la santificación por las obras. Comienzas la vida cristiana en el poder del Espíritu Santo y avanzas por los esfuerzos de la carne. La batalla por la obediencia es opcional, porque solo la fe es necesaria para la salvación final». Solo la fe es el instrumento que nos une a Cristo, quien es nuestra justicia y la base de nuestra justificación. Pero la pureza de vida que confirma la realidad de la fe es también esencial para nuestra salvación final, no como el cimiento para estar bien delante de Dios, sino como el fruto y la evidencia de que estamos necesariamente unidos por fe a Cristo, quien solamente es la base de nuestra aceptación en Dios.

## LA FE EN LA GRACIA VENIDERA ROMPE EL PODER DEL PECADO CANCELADO

La batalla por la obediencia es absolutamente necesaria para nuestra salvación final, porque la batalla por la obediencia es la batalla de la fe. La pelea contra la lujuria es absolutamente necesaria para nuestra salvación final, porque esa pelea es contra la incredulidad. Espero que puedas ver que este es un evangelio más grande que el anterior; es el evangelio de la *victoria* de Dios sobre el pecado, no su *tolerancia* al pecado. Esta victoria sobre el pecado no es la base de nuestra aceptación eterna con Dios. Cristo lo es; Él es quien carga nuestro pecado. Este es el evangelio de Romanos 6:14, «El pecado ya no tendrá poder sobre ustedes, pues ya no están bajo la ley sino bajo la gracia». ¡Poderosa gracia! ¡Soberana gracia! La clase de gracia que es poder futuro de Dios para vencer las tentaciones de la lujuria.

Rompe el pecado y su *poder*,
Da al preso libertad;
Hasta al más vil puede limpiar
Su sangre eficaz.

El himno de Charles Wesley «O, For a Thousand Tongues to sing!» [Si tuviera lenguas mil] es correcto: la sangre de Cristo obtuvo para nosotros no solo la cancelación del pecado, sino también su conquista. Esta es la gracia bajo la cual vivimos: la gracia de Dios que conquista el pecado, que no solo lo cancela. El triunfo sobre el pecado de lujuria es pura gracia, gracia pasada, que cancela la culpa de la lujuria por medio de la cruz, y la gracia venidera, que conquista el poder de la lujuria por medio del Espíritu. Por esa razón, la única lucha que peleamos es la lucha de la fe. Batallamos para estar tan satisfechos con todo lo que Dios es para nosotros en Jesús, que la tentación a pecar pierde su poder sobre nosotros.

## ¿CÓMO MATAMOS LA LUJURIA?

Una de las formas en que Pablo habla de esta batalla es diciendo: «si dan muerte a las obras de la carne por medio del Espíritu, entonces vivirán» (Romanos 8:13). Esto se acerca a las enseñanzas de Jesús de que si estamos dispuestos a sacarnos un ojo antes que ceder a la lujuria, entraremos a la vida (Mateo 18:9). Pablo coincide en que lo que está en juego en la batalla contra el pecado es la vida eterna. «Porque si ustedes viven en conformidad con la carne, morirán; pero si dan muerte a las obras de la carne por medio del Espíritu, entonces vivirán» (Romanos 8:13). La batalla contra la lujuria es una batalla contra la muerte.

¿Cómo obedecemos entonces a Romanos 8:13, dar muerte a las obras de la carne, matando a la lujuria? Ya dimos la respuesta: «por fe en la gracia venidera». Pero en el sentido práctico, ¿qué conlleva?

Supón que yo soy tentado a pecar. Me viene a la mente alguna imagen sexual y me invita a seguirla. La forma en que esta tentación tiene poder sobre mi es persuadiéndome a creer que seré más feliz si la sigo. Nadie peca por un sentido de deber; abrazamos el pecado porque este nos promete que, al menos a corto plazo, las cosas serán más placenteras.

¿Entonces qué debo hacer? Algunos dirán: «Recuerda el mandato de Dios de ser santo» (1 Pedro 1:16) y ejercita tu voluntad para obedecerlo, porque Él es Dios». Pero algo crucial está faltando en ese consejo, por así decirlo: la fe en la gracia venidera. Un montón de gente que se esfuerza para ser más moral no puede decir «La vida que vivo, la vivo *por fe*» (Gálatas 2:20). Se esfuerzan por alcanzar la pureza del amor pero no se dan cuenta de que un amor así es el fruto de la fe en la gracia venidera: «Porque en Cristo Jesús nada valen la circuncisión ni la incircuncisión, sino *la fe que obra por el amor*» (Gálatas 5:6).

¿Cómo, pues, se batalla contra la lujuria por fe en la gracia venidera? Cuando viene la tentación, Romanos 8:13 anuncia: «...si dan muerte a las obras de la carne *por medio del Espíritu*, entonces vivirán». ¡Por medio del Espíritu! ¿Qué significa eso? Significa que, de toda la armadura que Dios nos da para pelear contra Satanás, solo una pieza se utiliza para matar: la espada. Se le llama *la espada del espíritu* (Efesios 6:17). Entonces, cuando Pablo dice: «maten al pecado por medio del espíritu», entiendo que quiere decir: «Dependan del Espíritu, especialmente de su espada».

¿Qué es concretamente la espada del Espíritu? Es la Palabra de Dios (Efesios 6:17). Aquí es donde entra la fe. «Así que la fe proviene del oír, y el oír proviene de la palabra de Dios» (Romanos 10:17). Esta palabra del evangelio acerca de Cristo y su obra salvadora asegura para nosotros las riquezas de Cristo y de sus promesas. Esta Palabra, por lo tanto, atraviesa la neblina de las mentiras del diablo y nos muestra dónde se encuentra la facilidad verdadera y perdurable. Y así la Palabra nos ayuda a dejar de confiar en el potencial del pecado para hacernos felices. En cambio, la Palabra nos incita a confiar en las promesas de Dios.

Cuando la fe tiene el control de nuestro corazón estamos satisfechos con Cristo y sus promesas. Eso es lo que quiso decir Jesús cuando expresó: «Yo soy el pan de vida. El que a mí viene, nunca tendrá hambre; y el que en mí cree, *no tendrá sed jamás*» (Juan 6:35). Cuando nuestra sed de gozo, propósito y pasión es satisfecha por la presencia y las promesas de Cristo, el poder del pecado se rompe. No nos rendimos a la oferta del sándwich de carne cuando podemos olfatear la chuleta crujiendo en la parrilla.

La batalla de la fe contra la lujuria es la lucha por estar satisfechos en Dios. «Por la fe Moisés… renunció… a disfrutar de los efímeros placeres del pecado… porque tenía la mirada puesta en la recompensa» (Hebreos 11:24-26 NVI). La fe no se contenta con renunciar a los placeres; la fe está hambrienta de gozo, y la palabra de Dios dice: «Tú me enseñas el camino de la vida; con tu presencia me llenas de alegría; ¡estando a tu lado seré siempre dichoso!» (Salmos 16:11). De manera que la fe no será atraída por el pecado. No se dará por vencida tan fácilmente en su búsqueda del máximo gozo.

El rol de la Palabra de Dios es alimentar el apetito de la fe por Dios y, al hacerlo, alimenta mi corazón y lo aparta del sabor engañoso de la lujuria. Al principio la lujuria comienza a engañarnos haciéndonos sentir que extrañaremos algunas de las mayores satisfacciones si seguimos el camino de la pureza. Pero luego tomamos la espada del Espíritu y comenzaremos a pelear. Yo leo que es mejor arrancarme un ojo que ceder a la lujuria. Leo que si pienso en las cosas puras, amables y dignas, la paz de Dios estará conmigo (Filipenses 4:8). Leo que fijar la mirada en las cosas de la carne me lleva a la muerte, pero pensar en las cosas del espíritu trae vida y paz (Romanos 8:6). Leo que la lujuria batalla contra mi alma (1 Pedro 2:11) y que los placeres de esta vida ahogan la vida del Espíritu (Lucas 8:14). Pero lo mejor de todo esto es cuando leo que Dios no le niega ninguna cosa buena a quienes caminan en rectitud (Salmos 84:11) y que los puros de corazón verán a Dios (Mateo 5:8).

Al orar para que mi fe sea satisfecha con la paz y la vida de Dios, la espada del Espíritu le quita la cubierta de azúcar al veneno del pecado y veo

lo que en realidad es. Y por la gracia de Dios, su poder engañador es quebrado. Esgrimo la espada del Espíritu contra el pecado de lujuria creyendo
en la promesa de Dios más de lo que creo en la promesa de la lujuria. Mi fe
no solo es una creencia que mira hacia atrás, a la muerte de Jesús, sino una
creencia con la vista puesta al frente, en las promesas de Jesús. No solo es
estar seguro de lo que *ya hizo*, sino estar satisfecho en lo que *Él hará*; en
efecto, es estar satisfecho con lo que hará precisamente a causa de lo que ya
hizo (Romanos 8:32).

Es esta satisfacción superior del espíritu en la gracia venidera la que
rompe el poder de la lujuria. Con toda la eternidad pendiendo en la balanza,
peleamos la batalla de la fe. Nuestro principal enemigo es la mentira que
dice que el *pecado* hará nuestro futuro más feliz; nuestra arma fundamental
es la verdad que dice que *Dios* es quien hará nuestro futuro más feliz. Y la
fe es la victoria que vence esa mentira, porque la fe está satisfecha con Dios.

## CONTRARRESTAR EL FUEGO CON MÁS FUEGO

Muchas veces les digo a los jóvenes que tienen que contrarrestar el fuego
con más fuego. El fuego de los placeres lujuriosos debe ser apagado con el
fuego de los placeres de Dios. Si intentamos apagar el fuego de la lujuria
solo con prohibiciones y amenazas —incluso las terribles advertencias de
Jesús—, seguro fracasaremos. Debemos pelear con una enorme promesa
de felicidad superior, debemos absorber las pequeñas chispas de lujuria en
el incendio de la satisfacción santa. Cuando hacemos, como hizo Job, «un
compromiso con mis ojos» (Job 31:1), nuestro objetivo no es meramente
evadir lo erótico, sino obtener algo más excelente.

Pedro describe este poderoso proceso de liberación en 2 Pedro 1:3-4.

Todas las cosas que pertenecen a la vida y a la piedad nos han sido dadas por su divino poder, mediante el conocimiento de aquel que nos
llamó por su gloria y excelencia. Por medio de ellas nos ha dado preciosas y grandísimas promesas, para que por ellas ustedes lleguen a ser
partícipes de la naturaleza divina, puesto que han huido de la corrupción que hay en el mundo por causa de los malos deseos.

¿Cómo escapamos de la corrupción que viene a causa de la lujuria? La respuesta es que Dios nos ha dado una revelación de su «gloria y excelencia»,
expresadas en sus «preciosas y grandísimas promesas». Estas nos han sido
dadas para este propósito: que «por medio de ellas» podamos ser partícipes

del carácter de Dios y ser libres de la corrupción de la lujuria. La clave es el poder de las promesas. Cuando estamos fascinados por la preciosidad y magnificencia de ellas, el efecto es la liberación de las lujurias, las cuales no son ni preciosas ni magnificentes. A estas lujurias esclavizantes Pablo las llama «deseos engañosos» (Efesios 4:22) y afirma que la «pasión de la concupiscencia» de los gentiles surge del hecho de que ellos «no conocen a Dios» (1 Tesalonicenses 4:5 RV60). Asimismo, Pedro lo llama «los malos deseos que tenían antes, cuando vivían en la ignorancia» (1 Pedro 4:14 NVI). Lo que Pablo y Pedro quieren decir es que esas lujurias obtienen su poder mintiéndonos, para poder engañarnos. Se aprovechan de nuestra ignorancia de las promesas de Dios. Dicen ofrecer preciosos placeres y experiencias grandísimas. ¿Qué podrá liberarnos de su poder? La verdad, convincente, inspiradora, fascinante. La verdad de las preciosas y grandísimas promesas de Dios que exponen la mentira de la lujuria a la luz de la eminente gloria de Dios.

## LOS PUROS VERÁN A DIOS

En el otoño de 1992, la revista *Leadership* publicó un artículo de un pastor que confesó haber vivido años atado a la pornografía de la peor calaña. Él contaba la historia de lo que finalmente lo liberó. Es una confirmación contundente de lo que estoy intentando transmitir. El autor se topó con un libro de François Mauriac, un novelista católico francés, llamado *Lo que yo creo*. En dicho libro, Mauriac admite cómo la plaga de la culpa no pudo liberarlo de la lujuria y termina diciendo que hay solamente una razón poderosa para buscar la pureza, la que Cristo dio en las Bienaventuranzas: «Bienaventurados los de limpio corazón, porque ellos verán a Dios» (Mateo 5:8). Es la «preciosa y grandísima» promesa de que los puros verán a Dios lo que le dio el poder para escapar de la lujuria. El pastor que luchaba con su atadura a la lujuria, escribió:

El pensamiento me golpeó como una campana repicando en una sala oscura y silenciosa. Hasta aquí, ninguno de los argumentos atemorizantes o negativos contra la lujuria había dado resultado para apartarme de ella... Pero hubo una descripción de aquello que estaba perdiendo si continuaba albergando la lujuria en mi interior: estaba limitando mi intimidad con Dios. El amor que Él ofrece es tan trascendente y posesivo que requiere el uso de todas nuestras facultades para ser purificado y limpiado antes de poder contenerlo. ¿Podría ese amor, de hecho, sustituir la sed y el hambre que nunca me habían llenado? ¿Podía el Agua Viva de algún modo apagar la lujuria? Esa era la apuesta de la fe.[3]

Esta no era ninguna apuesta; no puedes perder cuando te vuelves a Dios. Él lo descubrió en su propia vida y la lección que aprendió es absolutamente cierta: la forma de pelear contra la lujuria es alimentando la fe con la preciosa y grandísima promesa de que un corazón puro verá, cara a cara, la gloria de Dios.

El desafío para nosotros en nuestra lucha contra la lujuria no es meramente hacer lo que Dios dice solo por el hecho de que Él es Dios, sino para desear lo que Dios dice porque Él es glorioso. El desafío no es nada más *perseguir* la rectitud sino *preferirla*. El desafío es levantarnos en la mañana y meditar en oración en las Escrituras como el lugar principal donde ver el evangelio de la gloria de Cristo. Allí encontramos la Base, la Meta y la Fuente de todas las promesas de Dios: en Jesucristo. Él les dijo a los líderes judíos: «Ustedes escudriñan las Escrituras, porque les parece que en ellas tienen la vida eterna; ¡y son *ellas las que dan testimonio de mí*!» (Juan 5:39-40). Y Lucas nos cuenta que después de su resurrección, en el camino a Emaús, Jesús se refirió a sí mismo en *todas las Escrituras*: «Y comenzando desde Moisés, y siguiendo por todos los profetas, les declaraba en *todas las Escrituras* lo que de él decían» (Lucas 24:27 RV60). El desafío que nos toca es meditar en esos textos que revelan a Cristo hasta que experimentemos el «gozo y paz en el creer» las «preciosas y grandísimas promesas» (Romanos 15:13; 2 Pedro 1:4).

A medida que la fe en la gracia venidera nos satisface con el gozo puesto delante de nosotros, la demanda bíblica de la pureza de corazón no será pesada (1 Juan 5:3) y el poder de la lujuria será quebrado. Su engañosa compensación se verá muy escasa y vacía como para que nos resulte atractiva.

## NOTAS

1. Reportado en el *Star Tribune* de Minneapolis 22 de julio de 1993.
2. Esta cita viene del convincente ensayo de Dabney sobre la necesidad de las buenas obras (incluyendo la pureza sexual) a la luz de la libre justificación por gracia a través de la fe, Robert L. Dabney, «The Moral Effects of Free Justification» [Los efectos morales de la libre justificación], en *Discussions: Evangelical and Theological* [Discusiones: evangélicas y teológicas], Londres: The Banner of Truth Trust, 1967, orig. 1890, p. 96.
3. «The Anatomy of Lust» [La anatomía de la lujuria], *Leadership*, otoño de 1982, pp. 43-44.

# PARTE IX

# LA FINALIDAD DE LA GRACIA VENIDERA

*Porque, por causa de Cristo, a ustedes les es concedido…*
*también padecer por él.*

**FILIPENSES 1:29**

⤴

*Porque esta leve tribulación momentánea produce en nosotros un*
*cada vez más excelente y eterno peso de gloria; no mirando nosotros*
*las cosas que se ven, sino las que no se ven; pues las cosas que*
*se ven son temporales, pero las que no se ven son eternas.*

**2 CORINTIOS 4:17-18 (RV60)**

⤴

*El horror se extendió por todas partes en las congregaciones;*
*y el número de lapsi [los que renunciaban a su fe cuando eran*
*amenazados]… era enorme. No faltaron, sin embargo, los que se*
*mantuvieron firmes y prefirieron sufrir el martirio antes que sucumbir*
*a la presión; y, a medida que la persecución crecía y se hacía más*
*intensa, el entusiasmo de los cristianos y su poder de resistencia*
*se hacía más y más fuerte.*

**ALBRECHT VOGEL**

# CAPÍTULO 28

# LA GRACIA VENIDERA
# DEL SUFRIMIENTO

## VAMOS A SUFRIR

La razón por la que me centro en el sufrimiento en este capítulo no es solo por mi sensación de que los días son malos y el camino a la rectitud es costoso, sino por la promesa de *la Biblia* de que el pueblo de Dios sufrirá. Por ejemplo, Salmo 34:19 (RV60) dice, «Muchas son las aflicciones del justo, pero de todas ellas le librará Jehová». En Hechos 14:22, Pablo les dice a sus jóvenes iglesias, «Para entrar en el reino de Dios nos es necesario pasar por muchas tribulaciones». Jesús también les dijo a sus discípulos, «si a mí me han perseguido, también a ustedes los perseguirán» (Juan 15:20). Por otro lado, Pedro expresó: «Amados hermanos, no se sorprendan de la prueba de fuego a que se ven sometidos, como si les estuviera sucediendo algo extraño» (1 Pedro 4:12). Como vemos, el sufrimiento no es algo inusual, es de esperarse. «Así mismo serán perseguidos todos los que quieran llevar una vida piadosa en Cristo Jesús» (2 Timoteo 3:12 NVI). Lo más asombroso es que vemos que al sufrimiento se lo llama un regalo concedido por gracia: «Porque, por causa de Cristo, a ustedes les es concedido [*echaristhe* = dado por gracia] no solo creer en él, sino también *padecer por él*» (Filipenses 1:29).

De hecho, el estilo de vida que viene de vivir en la gracia futura por fe muy probablemente implique *más* sufrimiento, no *menos*. Cuando sabes que tu futuro está en manos de un Dios omnipotente, omnisciente y sabio que promete disponer todas las cosas para su bien, eres libre de asumir cualquier riesgo que exija el amor, sin importar el costo. Es una verdad bíblica que cuanto más fervientes nos volvemos por ser la sal de la tierra y la luz del mundo, y más devotos nos tornamos por llegar a los pueblos no alcanzados, exponer las obras de oscuridad y soltar las cadenas de pecado y Satanás, más vamos a sufrir.

Este padecimiento siempre amenaza con destruir nuestra fe en la gracia venidera. Pero si estamos bien adiestrados en la Palabra, y si la verdad de Dios ha penetrado profundamente nuestros corazones, no seremos sacudidos. Por el contrario, veremos al sufrimiento no meramente como *consecuencia* de vivir por fe en la gracia futura, sino como otro *regalo* de esta.

## LOS MÁRTIRES ESTÁN DESTINADOS A EXISTIR

Cerca del final del período del Nuevo Testamento, el apóstol Juan tuvo una visión del cielo y vio debajo del altar las almas de aquellos que habían sido martirizados. Gritaban y se preguntaban cuánto tiempo pasaría hasta que Dios se levantara triunfante y los vindicara. La respuesta de Dios en Apocalipsis 6:11 es asombrosa: «Entonces se les dieron vestiduras blancas, y se les dijo que descansaran todavía un poco más de tiempo, hasta que se completara el número de sus consiervos y hermanos, que también sufrirían la muerte como ellos». En otras palabras, hay un número de mártires designados por el Señor. Ese número debe cumplirse antes de que llegue la consumación. «Descansa», dice el Señor, «hasta que se complete el número de personas que han de morir como tú».

Durante casi trescientos años, el cristianismo creció en un suelo regado con la sangre de los mártires. Hasta el emperador Trajano (alrededor del año 98 d.C.), la persecución fue permitida pero no legal. De Trajano a Decio (alrededor del año 250 d.C.), la persecución era legal, pero principalmente local. Desde Decio, que odiaba a los cristianos y temía el impacto de ellos en sus reformas, hasta el primer edicto de tolerancia en el año 311, el hostigamiento no solo fue legal sino también extendido y generalizado. Un escritor describió la situación en este tercer período:

> El horror se extendió por todas partes en las congregaciones; y el número de *lapsi* [*los que renunciaban a su fe cuando eran amenazados*]… era enorme. No faltaron, sin embargo, los que se mantuvieron firmes y prefirieron sufrir el martirio antes que sucumbir a la presión; y, a medida que la persecución crecía y se hacía más intensa, el entusiasmo de los cristianos y su poder de resistencia se hacía más y más fuerte.[1]

Así que, por trescientos años, ser cristiano fue un acto de inmenso riesgo para la vida, las posesiones y la familia. Era una prueba de lo que más amabas. Y en la cúspide de esa prueba estaba el martirio, y por encima de ese martirio había un Dios soberano que sostenía que Él tenía un número designado. Ellos tienen un papel esencial que desempeñar en la plantación y el empoderamiento de la iglesia. Tienen un rol fundamental para cerrar la boca de Satanás, quien constantemente dice que el pueblo de Dios le sirve solo porque en la vida les va bien (Job 1:9-11).

El martirio no es algo accidental, no toma a Dios por sorpresa, no es algo inesperado. Y enfáticamente tampoco es una derrota estratégica por la causa de Cristo. Puede parecer una derrota, pero es parte de un plan en el cielo que ningún estratega humano podría diseñar o concebir. El plan será victorioso para todos aquellos que perseveren hasta el final por fe en la gracia venidera.

## CRISIS CAMBIANTES, SUFRIMIENTO CONSTANTE

Para cuando leas este libro, las crisis del mundo habrán cambiado, pero es poco probable que se hayan ido completamente. El sufrimiento puede verse como una Somalia donde decenas de miles de creyentes fueron intencionalmente aislados y condenados a morir de hambre por grupos rivales. Puede ser una Ruanda donde las iglesias se convirtieron en campos de exterminio. Puede ser una tensión explosiva entre las poblaciones musulmanas y cristianas en Nigeria. Pueden ser los millones de cristianos en China acosados y empujados a la clandestinidad. Pueden ser hostilidades en Perú o Myanmar.

En diciembre de 1994 una revista publicó este aviso:

En algunas partes del mundo, los cristianos aún siguen siendo crucificados, literalmente. Agencias de noticias informan que cinco cristianos han sido crucificados desde julio en Sudán, entre ellos un sacerdote anglicano. Un detalle suministrado es que los ejecutores usaron clavos de seis pulgadas de largo. En Wad Medani, un tribunal de la ley islámica condenó a dos personas convertidas al catolicismo a ser crucificados. El obispo anglicano Daniel Zindo informa que las viudas y los huérfanos que dejan los cristianos asesinados son vendidos como esclavos en el norte de Sudán y Libia a 15 dólares por esclavo.[2]

Otro periódico informó en febrero de 1995:

Un cristiano de 14 años y un hombre de 44 años fueron declarados culpables de blasfemia por un tribunal pakistaní y condenados a la horca. Los testigos sostuvieron que ambos escribieron eslóganes anti-islámicos con tiza en la pared de una mezquita en 1993, cargo que los acusados negaron. Un tercer acusado fue abatido a tiros frente a una corte en Lahore en abril pasado… La primera ministra Benazir Bhutto dijo a los periodistas que intentará reformar la ley.[3]

En febrero de 1995 un tercero notificó sobre la persecución de creyentes en Irán:

Tras un año desde el asesinato del superintendente de las Asambleas de Dios iraníes, Haik Hovsepian-Mehr, fuentes informan que la iglesia protestante sigue viviendo con miedo. Según cristianos que han huido recientemente del país preocupados por su seguridad, la mayoría de las congregaciones están tomando precauciones adicionales en sus cultos de adoración… Haik, un abierto defensor de los derechos humanos, desapareció el 19 de enero de 1994, días después de que el pastor de las Asambleas de Dios Mehdi Dibaj, un exmusulmán encarcelado por nueve años por cargos de apostasía, fuera liberado, en gran parte debido a la campaña internacional de Haik. La policía publicó fotografías del cadáver apuñalado de Haik 11 días después de su muerte.

En julio, Dibaj y otro líder protestante, Tateos Michaelian, desaparecieron y posteriormente fueron asesinados. Michaelian, armenio y pastor evangélico presbiteriano, se había convertido en presidente del Consejo de Ministros Protestantes en Irán después de la muerte de Haik.[4]

Las crisis cambian. El sufrimiento continúa como una constante corriente de dolor. Estos informes serán viejos para cuando leas este libro. Sin embargo, ten la seguridad de que, en algún lugar del mundo, en el mismo instante de esta lectura, hay cristianos sufriendo por su fe. Hacemos bien en estar preparados para unirnos a ellos.

## EL COSTO DEL DISCIPULADO SERÁ MAYOR
En Estados Unidos la mayor parte de la comunidad secular, especialmente muchos de la élite intelectual y de los medios de comunicación, son cada vez más hostiles hacia la iglesia evangélica. Son varios los frentes de nuestra sociedad que no admiran ni comparten nuestra visión bíblica de la fe y la justicia. La primera enmienda [a la Constitución estadounidense] ha sido tergiversada en favor de la contraparte secular al punto de convertirla en

una garantía de hostigamiento hacia los cristianos. El nombre de Jesús es abiertamente despreciado y blasfemado por artistas famosos de una manera que en décadas anteriores los habría hecho reprochables a los ojos del público, pero hoy se pasa por alto o es aceptado.

Todo esto se resume en que ser cristianos puede costarnos más en los años venideros. Para algunos de nosotros cumplir con la gran comisión posiblemente nos valga la vida, como ya lo ha hecho para otros, y como seguirá sucediendo. Hace mil ochocientos años, Tertuliano dijo: «Nosotros [los cristianos] nos multiplicamos cada vez que somos abatidos por ustedes; la sangre de los creyentes es una semilla» (*Apologeticus*, 50). Doscientos años más tarde, San Jerónimo afirmó: «La Iglesia de Cristo se fundó derramando su propia sangre, no la de otros; soportando la violencia, no infligiéndola. Las persecuciones la han hecho crecer; los martirios la han coronado» (*Carta 82*).

## ¿HAY «PAÍSES CERRADOS» O CORAZONES ATERRADOS?

Cuando hablamos de la extensión del evangelio, hoy mencionamos tanto el concepto de «países cerrados» que casi hemos perdido la noción de Dios sobre las misiones, como si alguna vez Él hubiera tenido la intención de que fuera sin riesgos. No hay tal cosa como países cerrados para quienes suponen que la persecución, el encarcelamiento y la muerte son resultados probables en la difusión del evangelio. Jesús dijo claramente que esas son posibles consecuencias. «Entonces los entregarán a ustedes para que los persigan y los maten, y los odiarán todas las naciones por causa de mi nombre» (Mateo 24:9 NVI). Hasta que recuperemos la perspectiva de Dios sobre el sufrimiento y la extensión del evangelio, no nos podremos regocijar en los triunfos de la gracia venidera que Él planea para la iglesia y el mundo.

La obediencia en las misiones y la justicia social siempre ha tenido y tendrá un precio muy alto. En el pueblo de Miango, Nigeria, hay una casa de huéspedes de la organización SIM [Sociedad Internacional Misionera] y una pequeña iglesia llamada Kirk Chapel. Detrás de la capilla hay un pequeño cementerio con cincuenta y seis tumbas. Treinta y tres de ellas contienen los cuerpos de hijos de misioneros. En algunas de las lápidas se lee: «Ethyl Armold: 1 de septiembre de 1928 — 2 de septiembre de 1928», «Barbara J. Swanson: 1946—1952», «Eileen Louise Whitmoyer: 6 de mayo de 1952 — 3 de julio de 1955». Para muchas familias, este fue el precio de llevar el evangelio a Nigeria. Charles White narró la historia de cuando visitó este pequeño cementerio y concluyó con una frase tremendamente

poderosa. Él dijo: «La única forma en que podemos concebir el cementerio de Miango es recordar que Dios también enterró a su Hijo en el campo
misionero».[5]

Y cuando Dios lo levantó de entre los muertos, llamó a la iglesia para
que lo siguiera al mismo campo peligroso llamado «todo el mundo» (Marcos 16:15). ¿Pero estamos dispuestos a seguirlo? En la ciudad de Ermelo,
Holanda, el hermano Andrés contó la historia de cuando estuvo sentado
en Budapest, Hungría, con varios pastores de la ciudad, compartiendo enseñanzas de la Biblia. Allí se les unió un viejo amigo, un pastor de Rumania
que había sido liberado recientemente de la prisión. El hermano Andrés[*]
expresó que en ese momento dejó de enseñar pues sabía que era hora de
escuchar.

Tras una larga pausa, el pastor rumano le preguntó: «Andrés, ¿hay pastores encarcelados en Holanda?» «No», respondió. «¿Por qué no?», continuó el pastor. El hermano Andrés lo pensó un momento y dijo: «Creo que
debe de ser porque no aprovechamos todas las oportunidades que Dios nos
brinda». Luego vino la pregunta más difícil. «¿Y qué hacen con respecto
a 2 Timoteo 3:12?» El hermano Andrés abrió la Biblia, miró fijamente el
texto y leyó en voz alta: «Todos los que quieren vivir piadosamente en
Cristo Jesús padecerán persecución». Cerró la Biblia lentamente y dijo:
«Hermano, por favor perdóneme, pero no hacemos nada relacionado a ese
versículo».[6]

Me temo que hemos domesticado el concepto de *devoción*, tornándolo
en una moralidad de clase media e inofensiva, a tal punto que 2 Timoteo
3:12 se ha vuelto ininteligible para nosotros. Creo que muchos de nosotros
no estamos preparados para sufrir por el evangelio. No entra en nuestra
mente la gran verdad de que Dios tiene propósitos de gracia venidera que
quiere darle a su pueblo a través del dolor. Podemos referirnos a ellos como
*propósitos* del sufrimiento, porque es claramente el designio de Dios que a
veces tengamos que sufrir por causa del evangelio y la justicia. «Así que
aquellos que sufren por cumplir la voluntad de Dios, encomienden su alma
al fiel Creador, y hagan el bien» (1 Pedro 4:19; véase también 3:17; Hebreos
12:4-11).

Si queremos vivir por fe en su gracia venidera, debemos comprender que
el sufrimiento en el pueblo de Dios es el instrumento de gracia en sus vidas.

---

\* N. de la T. Anne van der Bijl, a quien se le conoce como Hermano Andrés, mayormente en los países de habla inglesa.

## EL SUFRIMIENTO MOLDEA UNA FE INQUEBRANTABLE

Por extraño que parezca, uno de los principales objetivos de ser quebrantados por el sufrimiento es lograr que nuestra fe sea más inquebrantable. La fe en la gracia venidera es como un tejido muscular: si se estira hasta el límite se vuelve más fuerte, no más débil. Eso es lo que Santiago quiere decir cuando expresa: «Hermanos míos, considérense muy dichosos cuando tengan que enfrentarse con diversas pruebas, pues ya saben que la prueba de su fe produce constancia» (Santiago 1:2-3 NVI). Cuando su fe se ve amenazada, probada y presionada hasta el punto de quiebre, el resultado es una mayor capacidad de resistencia.

Dios ama tanto nuestra fe en la gracia venidera que la pondrá a prueba hasta el punto límite, con el fin de mantenerla pura y fuerte. Ejemplo de ello es lo que hizo con Pablo según 2 Corintios 1:8-9: «Hermanos, no queremos que ustedes ignoren nada acerca de los sufrimientos que padecimos en Asia; porque fuimos abrumados de manera extraordinaria y más allá de nuestras fuerzas, de tal modo que hasta perdimos la esperanza de seguir con vida. *Pero la sentencia de muerte que pendía sobre nosotros fue para que no confiáramos en nosotros mismos*, sino en Dios que resucita a los muertos». Las palabras *«pero eso fue para»* muestran que había un propósito detrás de este sufrimiento extremo, y era para que Pablo no confiara en sí mismo y en sus propios recursos, sino en Dios, específicamente en la gracia futura de la resurrección.

Dios valora de tal forma nuestra fe sincera en la gracia venidera que, con amor, nos quita del camino todo aquello en lo que podríamos sentir la tentación de confiar, incluso la vida misma. Su anhelo es que crezcamos más fuertes en la confianza de hallar en Él todo lo que necesitamos. Su deseo es que, al igual que el salmista, podamos exclamar: «¿A quién tengo yo en los cielos sino a ti? Y fuera de ti nada deseo en la tierra. Mi carne y mi corazón desfallecen; mas la roca de mi corazón y mi porción es Dios para siempre» (Salmo 73:25-26 RV60).

No todos responden al sufrimiento de esta manera. La fe de algunos se quiebra en lugar de edificarse. Jesús sabía esto y lo describió muy bien en Marcos 4:16-17. En la parábola del sembrador , deja en claro que algunas personas cuando escuchan la palabra la reciben al principio con alegría, pero luego con la tribulación se apartan: «Al oír la palabra, enseguida la reciben con gozo; pero, como no tienen raíz, su vida es muy corta, y al venir las aflicciones o la persecución por causa de la palabra, enseguida tropiezan». Así que, como vemos, la aflicción no siempre fortalece la fe:

a veces la aplasta. Y así es como cobran vida las paradójicas palabras de Jesús: «Al que no tiene, hasta lo poco que tiene se le arrebatará» (Marcos 4:25).

Este es un llamado a que soportemos el sufrimiento con una fe firme en la gracia futura, para que nuestra fe se fortalezca y no sea en vano (1 Corintios 15:2). «Al que tiene, se le dará más» (Marcos 4:25 NVI). Conocer el diseño de Dios detrás del sufrimiento es uno de los principales medios para crecer a través de Él. Si crees que tu tribulación no tiene sentido, o que Dios no tiene el control, o que Él es caprichoso y cruel, entonces tu sufrimiento te alejará *de* Dios, en lugar de apartarte de todo *menos de* él. Por lo tanto, es crucial que tu fe en la gracia venidera incluya la fe en la gracia del sufrimiento futuro.

La gracia del sufrimiento es evidente en Romanos 5:2-4. En este texto, el apóstol Pablo dice que los cristianos «se regocijan en la esperanza de la gloria de Dios». Es decir, nuestra fe se deleita en la gracia futura de poder ver a Dios. Pero Pablo agrega inmediatamente, (vs. 3) «Y no solo en esto, sino también en nuestros sufrimientos, porque sabemos que el sufrimiento produce perseverancia; (vs. 4) la perseverancia, entereza de carácter; la entereza de carácter, esperanza» (NVI).

## TRES EFECTOS DE LA AFLICCIÓN

Según los versículos 3 y 4 hay tres efectos específicos de la aflicción. En primer lugar, el sufrimiento produce perseverancia. Para quienes tienen el Espíritu de Cristo, que continuamente abre nuestros ojos a la gracia, el resultado del sufrimiento es la perseverancia. No experimentaremos la magnitud y la profundidad de nuestra propia fe hasta que las dificultades lleguen a nuestra vida, especialmente aquellas que son por el bien de Cristo y su justicia. Hasta que los tiempos se pongan difíciles, no sabremos si somos «cristianos» que permanecen solo en las buenas.

Eso nos lleva al segundo efecto de la aflicción. «Y [esta] perseverancia produce entereza de carácter». Literalmente, la palabra detrás de «carácter» (*dokimen*) significa «la experiencia de ser examinado y aprobado». Podríamos hablar de «aprobación» o «consentimiento». Si cuando llega el sufrimiento, resistes con fe en la gracia que vendrá, entonces saldrás de esa experiencia con una mayor sensación de que tu fe es real; habrás sido aprobado, no serás un hipócrita.

El árbol de la confianza fue doblegado y no se rompió. Tu fidelidad y lealtad fueron puestas a prueba y pasaron. Ahora tienes una garantía de «carácter». El oro de tu fe fue echado en el fuego, y salió refinado, no consumido. Como lo expresó George Keith en su himno «How Firm a Foundation» [Cuán firme cimiento]:

Cuando las pruebas ardientes en tu camino se presenten,
Mi gracia será tu provisión suficiente,
La llama no puede dañarte jamás,
si en medio del fuego te ordeno pasar.
El oro de tu alma más puro será,
pues solo la escoria se habrá de quemar.

Vemos entonces el segundo fruto del sufrimiento en Romanos 5:3-4. La constancia de fe en la gracia venidera da lugar a una aprobación asegurada. El tercer efecto viene de la mano de esta sensación de ser examinado, aprobado y refinado. El versículo 4 dice: «Y carácter aprobado produce esperanza» (RVC). Esto nos lleva de regreso a donde comenzamos en el versículo 2: «Nos regocijamos en la esperanza de la gloria de Dios» (RVC). La vida cristiana inicia con la esperanza en las promesas de Dios que están en el evangelio, y avanza penosamente a través del sufrimiento hacia más y más esperanza, es decir, mayor fe en la gracia futura.

El motivo por el cual la «aprobación» genera una mayor esperanza es porque ésta crece cuando experimentamos cuán real es nuestra propia autenticidad a través de las pruebas. A través del dolor aprendemos que Dios es fiel y que nuestra fe es real. Las personas más inquebrantables en su esperanza son aquellas que han sido probadas de las maneras más profundas. Quienes anhelan con más fervor e impaciencia la esperanza de gloria son aquellos que han sido despojados de las comodidades de esta vida al pasar por tribulaciones. Estas son las personas más libres de todas. Su amor no se intimida ante amenazas o calamidades.

## EL SUFRIMIENTO AUMENTA EL VALOR DE CRISTO

Otro de los diseños de Dios para el sufrimiento es que el sufrimiento magnifica el valor y el poder de Cristo. Esto es por pura gracia, ya que la mayor alegría de los cristianos es ver a Cristo magnificado en nuestras vidas. Cuando el Señor Jesús le dijo a Pablo que no le quitaría su «aguijón en la carne», Él estaba afirmando su fe al explicarle por qué. El Señor le dijo: «Con mi gracia tienes más que suficiente, porque mi poder se perfecciona en la debilidad» (2 Corintios 12:9). Dios le ordena Pablo menguar para que se pueda ver a Cristo fortalecido en su lugar. Si nos sentimos y vemos autosuficientes, seremos *nosotros* quienes obtengamos la gloria, no Cristo. De modo que Cristo elige a los débiles del mundo «a fin de que nadie pueda jactarse en su presencia» (1 Corintios 1:29). Incluso a veces Dios debilita a las personas aparentemente fuertes, para que su poder divino sea más evidente. Sabemos que Pablo percibió esto como gracia porque se regocijó en ella: «Por eso, *con mucho gusto* habré de jactarme en mis debilidades, para que el poder de Cristo repose en mí. Por eso, por amor a Cristo *me gozo* en las debilidades, en las afrentas, en las necesidades, en las persecuciones y en las angustias; porque mi debilidad es mi fuerza» (2 Corintios 12:9-10).

Vivir por fe en la gracia venidera implica estar satisfechos con todo lo que Dios es para nosotros en Jesús. Por lo tanto, esta fe no retrocederá ante nada que tenga el potencial de revelarnos y magnificarnos todo lo que es Dios para nosotros en su Hijo Jesús. Nuestra propia debilidad puede querer hacernos retroceder, pero «tenemos este tesoro en vasos de barro, para que se vea que la excelencia del poder es de Dios, y no de nosotros» (2 Corintios 4:7). Consecuentemente, una fe en la gracia futura se alegra, junto al apóstol Pablo, de ver «la excelencia del poder» de Dios en nuestra aflicción.

## EL SUFRIMIENTO NOS AYUDA A VER QUE DIOS ES TODO LO QUE NECESITAMOS

Además de los ya mencionados, Dios tiene otros propósitos que quiere cumplir por medio de nuestro sufrimiento.[7] Pero estos se relacionan mucho más con lo que veremos en los próximos dos capítulos, así que trataremos con ellos allí, aunque cabe mencionarlos. A través del sufrimiento, Dios está preparando para nosotros un peso de gloria eterno, más allá de la muerte, y Él está entrelazando sus propósitos infalibles con el fin de reunir a sus elegidos de las naciones del mundo y traer la consumación de su Reino. El punto crucial es este: la tribulación que a primera vista pareciera amenazar esa gracia venidera, en realidad es lo que entendemos como gracia sobre gracia.

## NOTAS

1. Albrecht Vogel, «Decius», en *Schaff-Herzog Encyclopedia* [Enciclopedia Schaff-Herzog], vol. 1, Nueva York: The Christian Literature Co. 1882, p. 620.
2. *First Things*, edición 48, diciembre de 1994, p. 82.
3. *National and International Religion Report* [Reporte nacional e internacional sobre religión], vol. 9, nro. 5, febrero de 1995.
4. *Christianity Today*, vol. 39, nro. 2, 20 de febrero de 1995, p. 58.

5. Charles White, «Small Sacrifices» [Pequeños sacrificios], *Christianity Today*, vol. 36, nro. 7, 22 de junio de 1992, p. 33.

6. Tomado del prólogo de Herbert Schlossberg, *Called to Suffer, Called to Triumph* [Llamado a sufrir, llamado a triunfar], Portland: Multnomah Press, 1990, pp. 9-10.

7. Para ver el tema de los sufrimientos en la vida cristiana más profundamente, y especialmente cómo se relacionan con el perfeccionamiento de los propósitos de Dios en la evangelización mundial, véase John Piper, *Alégrense las misiones: la supremacía de Dios en las misiones*, Viladecavalls, Barcelona: Clie, 2007, capítulo 3.

*Para mí el vivir es Cristo, y el morir es ganancia.*

**FILIPENSES 1:21**

*Estamos plenamente confiados, y preferiríamos estar fuera
de este cuerpo terrenal porque entonces estaríamos
en el hogar celestial con el Señor.*

**2 CORINTIOS 5:8 (NTV)**

*Así como los hijos eran de carne y hueso, también él era de carne
y hueso, para que por medio de la muerte destruyera al que tenía
el dominio sobre la muerte, es decir, al diablo, y de esa manera
librara a todos los que, por temor a la muerte, toda su vida habían
estado sometidos a esclavitud.*

**HEBREOS 2:14-15**

# CAPÍTULO 29

# LA GRACIA VENIDERA
# DE LA MUERTE

Si te arriesgas a creer en la evolución, tendrás la opinión de que lo que sucede cuando pierdes tu vida no es más significativo que lo que le sucede a un árbol cuando muere. Se acabó. Deja de existir. No siente nada, no sabe nada y no tiene conciencia. Entonces tu opinión sería que este libro no tiene un fundamento objetivo basado en hechos históricos, sino que representa las opiniones subjetivas de algunos cristianos. Puede tener un cierto grado de importancia la manera en que Santa Claus afecta el comportamiento de un niño, pero su importancia no se basa más que en nuestra propia imaginación, no en la realidad. No tiene nada que ver con lo que realmente sucede después de la muerte.

Si en la tabla de tu corazón encuentras escrita la verdad de que existe un Creador, y que tú has sido creado para tener una relación con Él, y que la diferencia entre las ballenas, los delfines, los chimpancés y tú no son apenas mutaciones y composiciones químicas, sino una naturaleza humana hecha a la imagen de Dios, entonces posiblemente permanezcas despierto en la noche especulando sobre la eternidad. Porque como dice Eclesiastés 3:11, «puso en el corazón de los mortales la noción de la eternidad». Y, si como muchos otros, has encontrado a Jesucristo, una persona real y una figura histórica, en las páginas de la Biblia, y has sido persuadido de que Él es digno de confianza, entonces no debes dudar sobre lo que te espera después de la muerte. Él nos ha dejado en su Palabra muchas verdades para animarnos y librarnos del vacío de las creencias evolutivas y de la esclavitud a la que nos somete el miedo a la muerte.

## LIBRES DEL TEMOR A LA MUERTE

El objetivo de este libro es liberar a las personas de los miedos y pensamientos que oprimen al alma y obstruyen una obediencia radical a Jesús. La meta es que seamos tan libres del pecado opresor que las personas puedan ver nuestras buenas obras y glorifiquen a nuestro Padre que está en los cielos (Mateo 5:16). Vivir por fe en la gracia venidera es el camino a la libertad de todo tipo de esclavitud, incluso del temor a la muerte. El motivo por la cual menciono la *esclavitud* del temor a la muerte es porque de ese modo lo vemos en Hebreos 2:14-15. «Así como los hijos eran de carne y hueso, también él [Cristo] era de carne y hueso, para que por medio de la muerte destruyera al que tenía el dominio sobre la muerte, es decir, al diablo, y de esa manera librara a todos los que, *por temor a la muerte, toda su vida habían estado sometidos a esclavitud*».

## LOS TRASTORNOS DE LA NEGACIÓN ILUSORIA

¿Alguna vez te has preguntado cuántas adicciones y trastornos de personalidad y estilos de vida desordenados pueden originarse en el miedo reprimido a la muerte? Muy pocas personas viven su día a día con un temor a la muerte consciente en su mente. Sin embargo, la Biblia sostiene que Cristo vino a morir por las personas «que, *por temor a la muerte*, toda su vida habían estado sometidos a esclavitud». Hay algo muy profundo en esto. La cuestión no es que la gente esté sujeta a un miedo constante de morir, el punto es que son esclavos de las miles de maneras que hay de evitar este temor. Son esclavos de "la negación de la muerte".[1] La frase «comamos y bebamos, que mañana moriremos» (1 Corintios 15:32) no es una celebración de la verdadera libertad sino un retrato de negación abrumadora. La muerte se vislumbra como gran enemiga. Nos convertimos en esclavos navegando ilusoriamente por la negación, hasta que nos enfrentamos con esa enemiga, y logramos triunfar por nuestra fe en la gracia venidera. De eso trata este capítulo.

¿Cómo nos libra Cristo del temor a la muerte para vivir con un tipo de renuncia devota que puede «dejar ir los bienes y los parentescos, y esta vida mortal también»? Comencemos por este mismo pasaje: Hebreos 2:14-15 y analicemos una frase a la vez.

«Así como los hijos eran de carne y hueso…»

El término «hijos» se toma del versículo anterior y se refiere a la descendencia espiritual de Cristo, el Mesías (ver Isaías 8:18; 53:10). Estos también son los «hijos de Dios». En otras palabras, al enviar a Cristo, Dios tiene en mente de forma especial la salvación de sus «hijos». Es verdad que «de tal manera amó Dios al mundo, que ha dado a su Hijo unigénito» (Juan 3:16). No obstante también es verdad que, al enviar a su Hijo, estaba *fundamentalmente* reuniendo «a los hijos de Dios que estaban dispersos» (Juan 11:52). El esquema de Dios era *ofrecer* a Jesucristo al mundo, y *consumar* la salvación de sus «hijos» (véase 1 Timoteo 4:10).

«…también él [Cristo] era de carne y hueso…»

El Hijo de Dios, quien existió antes de encarnarse como el Verbo eterno (Juan 1:1, Colosenses 2:9), asumió un cuerpo de carne y hueso y cubrió su deidad con humanidad. Se hizo plenamente hombre y perduró plenamente como Dios. En muchas maneras esto continúa siendo un gran misterio. A pesar de ello, está en el núcleo de nuestra fe en la Biblia.

«…para que por medio de la muerte…»

La razón por la cual Cristo se hizo hombre fue para morir. No podía dar su vida por los pecadores siendo un Dios no encarnado, mas siendo de carne y hueso sí podía y pudo hacerlo. Ese fue su propósito. De ahí que haya tenido que nacer humano. Él nació para morir.

«…destruyera al que tenía el dominio sobre la muerte, es decir, al diablo…»

Al elegir la muerte, Jesús desafió a Satanás. ¿De qué forma? Redimiendo todos nuestros pecados (Hebreos 10:12). Esto significa que el diablo no tiene motivos legítimos para acusarnos ante Dios. «¿Quién acusará a los escogidos de Dios? Dios es el que justifica» (Romanos 8:33). ¿Sobre qué fundamento puede justificarnos? Por medio de la sangre de Jesús (Hebreos 9:14; Romanos 5:9). Nuestro propio pecado es la máxima arma del enemigo contra nosotros. Si la muerte de Cristo borra nuestras rebeliones, el arma principal que tiene nuestro adversario se les escapa de las manos. En tal sentido, ha sido declarado sin poder alguno. No puede destruir a aquellos por quienes Cristo murió. ¡No puede presentar un caso de pena de muerte que cumpla la condena, porque el juez nos ha absuelto gracias a la muerte de su Hijo!

«…y de esa manera librara a todos los que, por temor a la muerte, toda su vida habían estado sometidos a esclavitud».

De manera que somos libres del temor a la muerte. Dios nos ha justificado. Lo único que nos espera es la gracia venidera. Satanás no puede revocar ese decreto. Y Dios quiere que esa salvación *suprema* tenga un efecto *inmediato* en nuestras vidas. Su intención es que ese futuro feliz le quite al presente el miedo y la opresión. Si ya no necesitamos temer a nuestra última y más grande antagonista, la muerte, entonces no debemos temer a nada. Podemos ser libres. Libres para tener gozo. Libres para los demás.

## ¿LIBERTAD EN CAÍDA LIBRE?

Imagina a dos paracaidistas. Ambos están en caída libre y su velocidad es la misma. Ambos parecen disfrutar su libertad. No están enredados en ninguna cuerda, ni están sujetos por ningún cable de seguridad. Son libres como las aves (o eso pareciera). Pero hay una diferencia trascendental: solo uno de ellos tiene paracaídas. ¿Cambia esto la sensación de libertad de la que disfrutan? Sí. Ambos son libres de ir cayendo por la gravedad, pero solo uno de ellos es libre de no hacerlo. Uno es esclavo de la gravedad y esta lo terminará matando cuando toque tierra. Si de alguna manera lograra negar su falta de paracaídas, podría tener una experiencia estimulante. No obstante, si toma conciencia y se da cuenta de que está acabado, pasará toda su caída libre esclavo del terror, y todo el estímulo de esa mal llamada libertad desaparecerá. Deberá negar la realidad (lo que implica estar atado a una ilusión), o sucumbir al miedo (lo que involucra ser sujeto del terror), o en última instancia ser rescatado por alguien con paracaídas. Así es también en el mundo. Separados de Dios, somos esclavos toda nuestra vida al temer a la muerte.

Es sorprendente lo desinteresadas que están las personas en la realidad del fin de la vida. Pocas cosas son tan seguras y universales. Después de morir, las opciones tanto de gozo como de padecimiento son billones de veces mayores que las que hay en los pocos años que te quedan en la tierra. Y aun así la gente emplea todas sus energías para hacer que esta vida sea más segura y que la próxima no lo sea. La Biblia compara la vida terrena con la neblina que aparece una mañana de invierno y luego se evapora (Santiago 4:14). Eso dura alrededor de dos segundos. Sin embargo, describe al tiempo tras la muerte como «siglos de los siglos» (Apocalipsis 14:11), no meramente uno o dos siglos, sino siglos de los siglos, lo que equivale a miles y miles de años. Importa infinitamente lo que le sucede después de morir.

El interrogante de qué sucede cuando morimos tiene un efecto movilizador en nuestra mente. Nos obliga a preguntarnos si nuestra fe es real, sustancial y arraigada en la Biblia. Nos fuerza a averiguar si nuestra «fe» es una realidad objetiva *ajena* a nosotros mismos, basada en Dios, o si es una mera experiencia subjetiva basada en nuestros propios sentimientos, un amortiguador emocional para suavizar los golpes de la vida y darnos una red social de contención. Enfrentarnos con la eternidad tiene un componente esclarecedor de nuestros delirios religiosos. Nos ayuda a mantener a Dios en el centro de nuestra vida al poner a prueba si estamos más enamorados del mundo que de Él. ¿Acaso la idea de morir nos lleva al dolor de perder amigos más que a la alegría de ganar a Cristo? Pensar en la muerte nos ayuda a examinar si valoramos a Dios.

## LA VALENTÍA DE VIVIR Y MORIR POR FE EN LA GRACIA VENIDERA

Cuando la gracia futura de morir en Cristo se apodera de ti, te libera del temor y te da el valor de vivir la vida de amor más sacrificada y radical. El tipo de persona que verdaderamente pueda decir, como el apóstol Pablo, «morir es ganancia» podrá afirmar, como ningún otro, «vivir es Cristo» (Filipenses 1:21). Pero si no podemos decir «morir es ganancia, morir es gracia futura», entonces probablemente terminemos diciendo, en un grado u otro, «comamos, bebamos y alegrémonos», lo que significa que seremos esclavos de nuestros lujos terrenales, y eso es todo lo que tendremos para ansiar. Así que sentiremos la necesidad de negar la realidad de la muerte y maximizar los placeres que podamos obtener. Por lo tanto, como cristianos, estar seguros de lo que sucede cuando morimos es indispensable para una vida de sacrificio gozoso impulsado por el amor, y para no desanimarse ante el dolor y la pérdida de salud que tienen lugar en esta vida.

Carl Lundquist fue el presidente de la Universidad y Seminario Bethel en St. Paul, Minnesota, durante veintiocho años. Se retiró en 1982. Trabajé bajo su dirección durante seis de esos años, y luego cerca del final de su vida servimos juntos en una comisión de oración. Fue un líder cristiano implacable y lleno de gracia. En 1988, los médicos le dijeron que tenía un tipo de cáncer poco común llamado micosis fungoide, una variante del linfoma cutáneo de linfocitos que invade la piel en todo el cuerpo. Tenía setenta y dos años y una salud que aparentaba ser formidable. Pero el 27 de febrero de 1991, murió después de un desgarrador deterioro de su piel. Carl escribió una carta final a sus amigos sobre el día en que recibió la noticia:

Ese día en la habitación del hospital, recogí mi Biblia cuando el doctor salió. Busqué los versículos del gozo en Filipenses, pensando que alguno podría destacarse. Pero lo que saltó en la página fue el testimonio de Pablo en el capítulo uno: «Mi ardiente anhelo y esperanza es que en nada seré avergonzado, sino que con toda libertad [valentía], ya sea que yo viva o muera, ahora como siempre, Cristo será exaltado en mi cuerpo. Porque para mí el vivir es Cristo y el morir es ganancia». Y descubrí que ese versículo que pude vivirlo en buena salud, también era un versículo que podía vivirlo con falta de salud. Vivir es Cristo, morir es ganancia. Ya sea que viva o que muera, cualquier resultado va a estar bien… Así que simplemente confío en que el Gran Médico hará su voluntad a su propia manera, que yo solo sé que es buena, agradable y perfecta. Sea vida o sea muerte. ¡Aleluya!

Esa confianza en la voluntad del Gran Médico es a lo que me refiero. Carl Lundquist la experimentó en sus últimos tres años de dolor, y esta lo liberó para un servirle a Dios de forma extraordinaria, mientras que su «hombre exterior se iba desgastando».

## CÓMO PABLO ENFRENTÓ EL DESGASTE DE SU CUERPO

El apóstol Pablo luchó tanto como cualquiera con la tentación de caer en desánimo debido al desgaste de su cuerpo. Fortaleció su corazón con la verdad de la gracia venidera de morir. Lo dejó escrito para que pudiéramos seguir sus pasos. En 2 Corintios 4:16-5:10, Pablo les cuenta a los corintios por qué no pierde la esperanza a pesar de todas sus aflicciones (4:8-12), aun dándose cuenta de que está muriendo. «No nos desanimamos. Y aunque por fuera nos vamos desgastando, por dentro nos vamos renovando de día en día» (4:16).

Ya no podía ver como solía hacerlo (y en esa época no había anteojos). No podía escuchar como antes (y no había audífonos). Ya no se recuperaba tan rápido de los golpes como solía hacerlo (y no existían los antibióticos). Al caminar de pueblo en pueblo, sus fuerzas ya no resistían como antes. Podía observar las arrugas en su cara y cuello. Su memoria comenzaba a fallar. Sus articulaciones se endurecían cuando permanecía quieto. Como todo el mundo, él sabía muy bien que estaba muriendo. Admitió que esto amenazaba su gozo, su valentía y su fe.

No obstante no se desanimó. ¿Por qué?

La primera parte de la respuesta se halla en el versículo 16: «Por lo tanto, no nos desanimamos. Y aunque por fuera nos vamos desgastando, *por dentro nos vamos renovando de día en día».* El apóstol no pierde el ánimo porque su hombre interior se está renovando. ¿Cómo? La renovación de su espíritu proviene de algo muy extraño: de fijar su mirada en las cosas invisibles. Versículo 18: *«No nos fijamos en las cosas que se ven, sino en las que no se ven;* porque las cosas que se ven son temporales, pero las que no se ven son eternas». Esa es la manera que tiene Pablo para no caer en la desesperación: fijándose en lo que no puede ver. ¿Y qué veía?

Más adelante, en 2 Corintios 5:7 (RV60), Pablo sostiene: «por fe andamos, no por vista». Esto no quiere decir que se dirija a la oscuridad sin constatar lo que hay allí, sino que por el momento, la realidad más apreciable e importante está más allá de nuestros sentidos. Nos «fijamos» en estas cosas invisibles a través del evangelio. Por gracia de Dios, podemos ver lo que Pablo llamó «la luz del evangelio de la gloria de Cristo, el cual es la imagen de Dios» (2 Corintios 4:4). Fortalecemos nuestro espíritu, renovamos nuestro valor, al poner nuestro enfoque en esa verdad imparcial e invisible, reflejada en el testimonio de aquellos que vieron a Cristo cara a cara.

## UN ETERNO PESO DE GLORIA

Ahora bien, ¿qué realidad invisible es la que Pablo puede ver para sustentar su fe en la gracia venidera? Una declaración que resume bien esta realidad es la que encontramos en 2 Corintios 4:17 (RV60). Allí dice que a pesar de su condición deteriorada, es sostenido por esta verdad: «Porque esta leve tribulación momentánea produce en nosotros un cada vez más excelente y eterno peso de gloria». Esto nos dice que la decadencia de su cuerpo no fue sin propósito. El dolor, la aflicción, el apremio y la frustración no fueron en vano. No acabaron en un agujero negro de sufrimiento inútil. En su lugar, este padecimiento estaba produciendo en él «un cada vez más excelente y eterno peso de gloria».

La imagen invisible que Pablo pudo observar y que renovó a su hombre interior fue el inmenso peso de gloria que estaba siendo preparado para él, no simplemente *después*, sino *mientras* su cuerpo se deterioraba. Hay una conexión entre el desgaste presente del cuerpo de Pablo y la visión futura de la gloria que tendrá ese cuerpo. Mientras su organismo adolece, fija sus ojos no en el peso de su dolor, sino en el peso de gloria que tendrá a causa de ese dolor. En otro contexto, afirmó: «Pues no tengo dudas de que las aflicciones del tiempo presente en nada se comparan con la gloria venidera que habrá de revelarse en nosotros» (Romanos 8:18).

Pero ¿qué es lo que ve al contemplar esta gloria aún no revelada? La respuesta está en los primeros versículos de 2 Corintios 5. Citaré los versículos 1 al 5 con mis aclaraciones entre corchetes.

Bien sabemos que si se deshace nuestra casa terrenal, es decir, esta tienda que es nuestro cuerpo [*que se deteriora*], en los cielos tenemos de Dios un edificio [*un edificio, en lugar de una tienda, es decir, algo más duradero, en otras palabras, un cuerpo de resurrección*] una casa eterna, la cual no fue hecha por manos humanas. Y por esto también suspiramos y anhelamos [*en el presente cuerpo*] ser revestidos de nuestra casa celestial [*es decir, tener nuestro cuerpo resucitado: aquí intercambia metáforas, pasando de tener un revestimiento a tener una casa*]; ya que así se nos encontrará vestidos y no desnudos [*en otras palabras, prefiere no quitarse su nuevo cuerpo como una prenda y ser sólo un alma incorpórea, a eso se refiere con desnudez*]. Los que estamos en esta tienda, que es nuestro cuerpo, gemimos con angustia; porque no quisiéramos ser desvestidos [*no queremos ser meras almas intangibles, contrario a la filosofía griega dominante de la época que buscaba este estado*], sino revestidos [*aquí expresa su deseo de que la segunda venida de Cristo tenga lugar antes de que él muera, para que su físico presente sea absorbido por el glorioso nuevo cuerpo de resurrección, y de esta manera no tenga que permanecer sin cuerpo por un tiempo*] para que lo mortal sea absorbido por la vida. Pero Dios es quien nos hizo para este fin, y quien nos dio su Espíritu en garantía de lo que habremos de recibir.

Hablaremos en mayor profundidad sobre el cuerpo de resurrección en el capítulo siguiente. Aquí la cuestión crucial es esta: si Pablo pudiera elegir, preferiría experimentar la segunda venida de Cristo antes que morir. Su motivo es que la sensación de «desnudez», es decir, ser despojado de su cuerpo por la muerte, no es algo tan maravilloso como ver que lo mortal es absorbido por la vida en un abrir y cerrar de ojos al sonar la trompeta (1 Corintios 15:52).

Esto implica que nuestra última y gran esperanza como cristianos no es morir y ser libres de nuestra condición humana, sino resucitar con nuevos cuerpos gloriosos, como el que tuvo Jesús cuando resucitó (Filipenses 3:21); o mejor aún, permanecer vivos hasta que Cristo regrese por su iglesia para que no estemos «desnudos» de forma temporal esperando la resurrección.

## ¿Y QUÉ HAY DEL INSTANTE DESPUÉS DE LA MUERTE?

¿Qué papel juega esto en la esperanza que tenemos para los momentos inmediatamente posteriores a la muerte? ¿Está el apóstol dejando esto de lado? No. Se encarga de poner las cosas nuevamente en perspectiva en 2 Corintios 5:6-8 (NTV).

> Así que siempre vivimos en plena confianza, aunque sabemos que mientras vivamos en este cuerpo no estamos en el hogar celestial con el Señor. Pues vivimos por lo que creemos y no por lo que vemos. Sí, estamos plenamente confiados, y *preferiríamos estar fuera de este cuerpo terrenal porque entonces estaríamos en el hogar celestial con el Señor.*

Recordemos que en el versículo 4, Pablo expresó que no quería «ser desvestido». No es de su preferencia «estar lejos del cuerpo». Al decir esto compara a la muerte con la segunda venida de Cristo y no con su vida terrenal. Su primera elección sería ser revestido inmediatamente cuando llegue ese momento, sin que intervenga la muerte de por medio. Pero si eso no era posible, si tuviera que deliberar entre mayor vida en la tierra, por un lado, o perderla, por el otro, elegiría ser llevado por Dios, aunque eso represente la desnudez, es decir, *incluso si* eso implica que deba ser despojado de su carne. «Preferiríamos estar fuera de este cuerpo terrenal porque entonces estaríamos en el hogar celestial con el Señor» (vs. 8).

La razón detrás de esta disposición a abandonar su cuerpo no es porque este sea malo *per se* —oh, cuánto desea experimentar la transformación gloriosa del cuerpo resucitado—, sino porque «estar en el hogar celestial con el Señor» es irresistible para el apóstol (vs. 8).

De manera que Pablo renueva su hombre interior fijándose en las cosas que no se ven. Tiene a la vista tres opciones y las prefiere en el siguiente orden: en primer lugar, opta por que Cristo vuelva y lo revista de un cuerpo inmortal, y así evitar morir y ser un alma incompleta e incorpórea. Si esa no es la voluntad de Dios, prefiere estar lejos del cuerpo antes que vivir en la tierra, porque desea estar con Jesús más que cualquier cosa, y estar fuera de la carne implicaría estar en su hogar celestial con el Señor. La muerte dará lugar a una intimidad más profunda y a una cercanía mayor con Él, en un nivel que jamás alcanzaríamos a conocer acá en la tierra. Por último, si el deseo de Dios no es volver por su iglesia todavía, ni poner fin a la vida del apóstol aún, entonces Pablo seguirá caminando por fe y no por vista, en la gracia venidera.

Por medio de la fe tendrá valentía y, aunque su exterior se desgaste, su interior se renueva día a día por medio de esa fe puesta en una gracia futura invisible llamada «eterno peso de gloria» (2 Corintios 4:17). Aquí es donde debemos examinarnos. ¿Compartimos las prioridades del apóstol Pablo? ¿Anhelamos primeramente la segunda venida de Cristo y que lo mortal sea absorbido por la vida uniéndonos a Él? ¿Añoramos estar en casa con Él aun si eso nos cuesta la entrega de nuestros cuerpos? O, en última instancia, ¿estamos comprometidos a vivir por fe en la gracia venidera hasta que Él venga y nos llame?

## ¿ES EL JUICIO FINAL UN ACTO DE GRACIA VENIDERA?

Debemos abordar una cosa más en este capítulo. Alguien puede decir: «Mi fe en la gracia venidera se fortalece cuando escucho estas cosas acerca de la muerte; pero me entra temor cuando pienso en el juicio que vendrá tras ella, porque eso es lo que también aparece en ese pasaje de las Escrituras». Así que reflexionemos por un instante sobre el juicio que los creyentes enfrentarán luego de morir. ¿Es esto también «gracia venidera»?

La frase clave viene dos versículos más adelante. «Pues todos tendremos que estar delante de Cristo para ser juzgados. Cada uno de nosotros recibirá lo que merezca por lo bueno o lo malo que haya hecho mientras estaba en este cuerpo terrenal» (2 Corintios 5:10 NTV). Consideremos cuatro observaciones simples y evidentes acerca de este juicio, antes de que respondamos a la pregunta de por qué los cristianos deben ser juzgados, si Cristo ya absorbió la sentencia por nosotros (Romanos 5:8-9) y si, según su Palabra, «no hay ninguna condenación para los que están unidos a Cristo Jesús» (Romanos 8:1).

En primer lugar, todos los creyentes nos presentaremos ante el trono de justicia. «Porque es necesario que todos nosotros comparezcamos ante el tribunal de Cristo» (2 Corintios 5:10 RVC). No solo los no creyentes, sino *nosotros*. Y no solo algunos de nosotros, sino *todos nosotros*.

En segunda instancia, nuestro Juez será Cristo, aunque también es un veredicto de *Dios*. (Romanos 14:10-12), «es necesario que todos nosotros comparezcamos ante el tribunal de Cristo», pero Dios «le dio autoridad de hacer juicio, por cuanto es el Hijo del Hombre» (Juan 5:27). Así que Dios Padre y Dios Hijo son uno en su trono de justicia, pero es el Hijo quien se presenta como el Juez.

En tercer lugar, nuestro juicio será *después* de que partamos de esta vida. Eso está implícito en el pasaje que leímos, pero Hebreos 9:27 lo hace explícito: «Está establecido que los hombres mueran una sola vez, y después venga el juicio». No hay necesidad de ser más específicos que eso, ya que eso es lo que se afirma en las confesiones históricas de la iglesia.[2] Solo queda decir que, previo a alcanzar nuestro cuerpo glorioso resucitado, estaremos delante de Cristo para ser examinados.

Por último, cuando nos paremos frente al Hijo, seremos juzgados de acuerdo con las obras de esta vida. «Pues todos tendremos que estar delante de Cristo para ser juzgados. Cada uno de nosotros recibirá *lo que merezca por lo bueno o lo malo que haya hecho mientras estaba en este cuerpo terrenal*» (2 Corintios 5:10). Esta no es una enseñanza aislada en el Nuevo Testamento. Jesús dijo en Mateo 16:27: «Porque el Hijo del Hombre vendrá en la gloria de su Padre con sus ángeles, y entonces pagará a cada uno conforme a sus obras». Aún más, en el último capítulo de la Biblia, Él dice: «¡Miren! ¡Ya pronto vengo! Y traigo mi recompensa, para retribuir a cada uno conforme a sus acciones» (Apocalipsis 22:12).

Ahora veamos los interrogantes más difíciles: ¿por qué es importante este juicio? ¿Por qué las obras «hechas mientras se estaba en el cuerpo terrenal» son las evidencias concretas en este tribunal divino? ¿Acaso el objetivo de esta sentencia es emitir quién se salva y quién se pierde, según las acciones terrenales? ¿O es, por otro lado, declarar el tamaño de nuestra recompensa en la era venidera, de acuerdo con esas obras?

Si lo interpretas de forma cuidadosa, las respuestas del Nuevo Testamento son ambas. Nuestras obras revelarán quién entrará al Reino venidero, pero también la medida de nuestro galardón en ese nuevo tiempo. A continuación, intentaré demostrar por qué considero que es así, pero antes déjame mencionar el problema más grande que tienen los cristianos con esto. A muchos les suena como una contradicción de la salvación por gracia a través de la fe. Efesios 2:8-9 (RV60) dice: «Porque por gracia sois salvos por medio de la fe; y esto no de vosotros, pues es don de Dios; no por obras, para que nadie se gloríe». La salvación no es por obras, estas no son un medio de redención. No ponen a Dios en una posición de deudor que deba saldar esa deuda con nosotros. Eso refutaría lo que es la gracia. «Porque *la paga del pecado es muerte*, pero la *dádiva de Dios* es vida eterna en Cristo Jesús, nuestro Señor» (Romanos 6:23). Su gracia nos otorga la salvación como regalo gratuito que debe ser recibido por fe, y no ganado por obras.

¿Cómo puedo entonces afirmar que el juicio de los creyentes no será solo un dictamen público de las diversas recompensas que obtendremos en su Reino basadas en nuestras acciones, sino que también será un veredicto de nuestra salvación —nuestra entrada en el Reino—, de acuerdo con nuestras obras?

La respuesta es que nuestras obras serán la evidencia traída a la luz en el tribunal para demostrar *que nuestra fe es verdadera*. Serán ellas las que también demuestren *las múltiples medidas de nuestra obediencia de fe*. Resumiendo, la salvación es por gracia por medio de la fe, y las recompensas también, pero en la corte divina, la prueba de una fe invisible será una vida transformada. Nuestro comportamiento terrenal no es el fundamento para ser salvos, es la evidencia de que lo somos. Nuestras obras no están para ganarse nada, están para ser exhibidas. Nuestra salvación completa es una dádiva de gracia por medio de la fe, y se demuestra en lo que en este libro denominamos «*vivir* por fe en la gracia venidera».

Ahora permítaseme mostrar en las Escrituras por qué pienso de esta forma.

Tanto Pablo como Jesús enseñan que los creyentes recibirán diferentes tipos de recompensas conforme al grado de su fe que se expresa en sus actos de justicia, amor y servicio. Por ejemplo, en 1 Corintios 3:8 Pablo dice: «Y tanto el que siembra como el que riega son iguales, aunque cada uno recibirá su recompensa conforme a su labor». Además, en Efesios 6:8 (RV60) dice: «sabiendo que el bien que cada uno hiciere, ése recibirá del Señor». Estas obras no son «obras de la ley» en el mal sentido del término, haciendo referencia a aquellos actos que se hacían para merecer el favor de Dios. Simplemente son, como este libro se ha encargado de argumentar, «obras de fe» (1 Tesalonicenses 1:3; 2 Tesalonicenses 1:11). Se hacen por fe en la gracia venidera. Por ende, el galardón redunda en la gracia de Dios activa en la vida en el creyente, y no en la iniciativa humana.

La parábola de los talentos (o de las diez minas[3]), en Lucas 19:12-27, enseña lo mismo. Jesús, refiriéndose a su ascensión al cielo y su regreso, lo compara a un hombre de la nobleza que se fue de viaje y entregó a diez de sus siervos una mina a cada uno, con la orden de que hicieran negocio con ella para que su hacienda prosperara en su ausencia. Cuando el noble regresa, uno de sus sirvientes demuestra que hizo negocios con su mina hasta producir diez. El propietario le dice que su recompensa será tener autoridad sobre diez ciudades. Otro siervo multiplicó su mina cinco veces y a él le respondió que gobernaría cinco ciudades. Por último, otro trabajador simplemente había guardado su mina y no hizo ningún negocio con ella. A este el hombre noble le dijo: «Por tus propias palabras voy a juzgarte». Y le quitó su única mina.

Esta parábola ilustra lo mismo que el mensaje de Pablo, a saber, que hay distintos niveles de recompensa por la fidelidad que hayamos tenido en nuestra vida. Pero también va más allá y revela que puede haber una pérdida, no solo de la recompensa, sino del cielo, para aquellos que pretenden haber sido fieles, pero nada hicieron para demostrar que amaban a Dios y valoraban los dones recibidos por Él. Eso vemos en el tercer siervo que no hizo nada con lo que había recibido. No solo perdió su recompensa: perdió su vida. Jesús dice en Mateo 25:30: «En cuanto al siervo inútil, ¡échenlo en las tinieblas de afuera! Allí habrá llanto y rechinar de dientes».

Eso nos lleva al segundo objetivo del juicio. El primero era que se pudieran demostrar las diferentes jerarquías de recompensa que los creyentes reciben por vivir con fe en la gracia venidera. El segundo, es que testifique abiertamente sobre la autenticidad de fe del pueblo de Dios, recurriendo a la *evidencia de sus obras*. La salvación se tiene por fe, pero se demuestra en obras. Así que, cuando Pablo dice (en 2 Corintios 5:10) que «cada uno de nosotros recibirá lo que merezca por lo bueno o lo malo que haya hecho», no solo implica que nuestro *premio* será acorde a nuestro obrar, sino que también nuestra *salvación* será acorde a ello.

¿Por qué creo esto?

Hay varios pasajes que apuntan en esa dirección. Por ejemplo, Pablo hace alusión a que Dios «*revelará su justo juicio*», y luego añade, «[Dios] pagará a cada uno conforme a sus obras: Él dará *vida eterna* a los que, perseverando en las buenas obras, buscan gloria, honor e inmortalidad. Pero los que… rechazan la verdad… recibirán el gran *castigo* [otra versión, «la ira»] de Dios». En otras palabras, el juicio será de acuerdo con lo que la persona haya hecho, y queda explícito que la consecuencia es «vida eterna» o «castigo» (Romanos 2:5-8 NVI).

Varias veces Pablo enumera ciertos tipos de conductas y sostiene que «los que practican tales cosas no heredarán el reino de Dios» (Gálatas 5:21; 1 Corintios 6:9-10). En otras palabras, cuando en el tribunal se expongan estos comportamientos como un estilo de vida elegido, serán ellos la prueba de que la fe es muerta y que no hay salvación. Como dijo Santiago: «la fe está muerta si no tiene obras» (Santiago 2:26). Eso es lo que veremos, como en una pantalla, en el día del juicio.

Jesús lo dio a entender de esta forma, usando exactamente las mismas palabras que en 2 Corintios 5:10 para buenas obras y malas obras: «Vendrá el tiempo cuando todos los que están en los sepulcros oirán su voz; y los que *hicieron lo bueno*, saldrán a resurrección de vida; pero los que *hicieron lo malo*, a resurrección de condenación». Es decir, la forma en que hemos vivido dictaminará si pasamos del juicio a la vida o a la condena.

Jesús declara esto, a pesar de que tan solo cinco versículos antes, en Juan 5:24, había dicho: «De cierto, de cierto les digo: El que oye mi palabra, y cree al que me envió, tiene vida eterna». Oír y *creer* es tener vida eterna, ya que es por gracia a través de la fe. No obstante, cuando la fe es verdadera, y no está muerta, esa vida cambia (eso es lo que este libro busca dejar en claro y promover), de manera que Cristo puede asegurar, sin contradicciones, que los hechos de esta vida son el criterio público del juicio en la resurrección. Nuestras obras son evidencia de la realidad de nuestra fe, y la fe en Cristo es la que nos salva.

Tal vez haya otra forma de ilustrar cómo las obras influyen en el juicio final. Recordemos la historia de las dos prostitutas que trajeron un bebé al rey Salomón, ambas afirmando que el niño era suyo (1 Reyes 3:16-27). Le pidieron a Salomón que actuara como juez entre ellas. En su sabiduría extraordinaria, Salomón pidió que se le trajera una espada para dividir al bebé, dándole la mitad a una mujer y la mitad a la otra. La verdadera madre exclamó: «¡Ay, su majestad! ¡No lo maten! ¡Que se quede esta mujer con el niño vivo!» Salomón dijo: «Entreguen el niño vivo a esta mujer, que es la verdadera madre».

¿Qué estaba buscando Salomón? *No* buscaba en ellas una obra que las hiciera merecedoras del bebé o que *creara* un vínculo de parentesco. Buscaba ver en la conducta de estas mujeres algo que *demostrara* lo que verdaderamente era real, a saber, que una de ellas era su verdadera madre. Así es como Dios concebirá nuestra forma de actuar en esta tierra en el día del juicio. Dios no busca actos que compren el perdón, sino actos que evidencien que pudimos disfrutar de su perdón, pruebas tangibles de que hayamos vivido por fe en la gracia futura. El precio de nuestra salvación fue la sangre de Jesús, suficiente para pagar por nuestros pecados una vez y para siempre. No podemos añadir ningún valor a la justificación que Él nos otorgó. No obstante, el medio por el cual recibimos este don de Dios es la fe. Nos satisface todo lo que Dios hizo por nosotros por medio de su Hijo. Ese tipo de fe actúa en amor y nos libra del temor a la muerte, del que fuimos esclavos toda la vida.

Concluyo, por lo tanto, que la muerte de los creyentes, con todo el dolor que ella implica, puede ser un anticipo de la gracia venidera. No estaremos meramente «en nuestro hogar celestial con el Señor», que es mejor que cualquier otra cosa en la tierra, sino que incluso en el día señalado del juicio, nos llenará de asombro, gozo y gratitud. *La Confesión Belga* de 1561 lo dice con estas palabras:

Por tanto, con buena razón, el solo pensar en este juicio es algo horrible y amenazante a los impíos y malvados. Pero es placentero y de gran consuelo para los justos y elegidos, puesto que su redención total será entonces cumplida. Entonces recibirán los frutos de su labor y de los problemas que sufrieron; su inocencia será reconocida abiertamente por todos... Los fieles y elegidos serán coronados con gloria y honor. El Hijo de Dios profesará sus nombres delante de Dios su Padre y de los santos ángeles elegidos; se enjugarán todas las lágrimas de sus ojos; y su causa... será reconocida como la causa del Hijo de Dios. Y como una recompensa de gracia el Señor los hará poseedores de una gloria que el corazón humano jamás podría haber imaginado.

De modo que, miramos con anticipación aquel gran día con ansias, a fin de gozar plenamente las promesas de Dios en Cristo Jesús, nuestro Señor.[4]

## NOTAS

1. Véase Ernest Becker, *The Denial of Death* [La negación de la muerte], Nueva York: Free Press, 1973.
2. Por ejemplo, *El Credo Niceno*; *La Confesión de Fe de Westminster*, capítulo xxxiii, «Del juicio final»; *La Confesión Belga*, artículo xxxvii, «Sobre el juicio final»; y *La Segunda Confesión de Fe Bautista de Londres*, capítulo xxxii, «Sobre el juicio final».
3. Una mina era una unidad monetaria equivalente a 60 siclos (N. del E.)
4. Citado de Philip Schaff, *The Creeds of Christendom* [Los credos del cristianismo], vol. 3, Grand Rapids: Baker Book House, 1977, orig. 1877, pp. 435-436.

*Él transformará el cuerpo de nuestra humillación, para que sea*
*semejante al cuerpo de su gloria, por el poder con el que*
*puede también sujetar a sí mismo todas las cosas.*

**FILIPENSES 3:21**

*Vi entonces un cielo nuevo y una tierra nueva, porque el primer cielo*
*y la primera tierra habían dejado de existir… Entonces oí que desde*
*el trono salía una potente voz, la cual decía: «Aquí está el tabernáculo*
*de Dios con los hombres. Él vivirá con ellos, y ellos serán su pueblo,*
*y Dios mismo estará con ellos y será su Dios. Dios enjugará las*
*lágrimas de los ojos de ellos, y ya no habrá muerte, ni más llanto, ni*
*lamento ni dolor; porque las primeras cosas habrán dejado de existir.*

**APOCALIPSIS 21:1-4**

*El lobo convivirá con el cordero; el leopardo se acostará junto al*
*cabrito; el becerro, el león y el animal engordado andarán juntos, y*
*un chiquillo los pastoreará. La vaca y la osa pacerán, sus crías se*
*echarán juntas; y el león comerá paja como buey. El niño de pecho*
*jugará sobre la cueva del áspid, y el recién destetado extenderá su*
*mano sobre la cueva de la víbora. Nadie hará mal ni daño alguno en*
*ninguna parte de mi santo monte, porque la tierra estará saturada del*
*conocimiento del Señor, así como las aguas cubren el mar.*

**ISAÍAS 11:6-9**

# CAPÍTULO 30

# EL RENACIMIENTO
# DE LA CREACIÓN

## POR QUÉ PIENSO EN LA VIDA DESPUÉS DE LA MUERTE

Una fe que crece enraizada en las promesas de Dios se vacía del temor, y en su lugar se llena de esperanza y confianza. Cuando el miedo se va y la esperanza en Dios se derrama, vivimos de otra manera. Nuestras vidas reflejan que nuestro tesoro está en Él y no en las atracciones efímeras del pecado. Cuando nuestra confianza está puesta en Aquel que resucita de los muertos (2 Corintios 1:9), y nos deleitamos en la esperanza de su gloria (Romanos 5:2), no nos entregamos a los placeres momentáneos del pecado. No nos dejamos confundir por la publicidad que afirma que el que tiene más artefactos es quien gana. No invertimos nuestra mejor energía en acumular tesoros en la tierra. Tampoco soñamos ansiosamente con obtener logros o relaciones perecederas, ni nos inquietamos por aquellas cosas que la vida aún no nos ha facilitado (matrimonio, riqueza, salud, fama).

En cambio, nos complace que el Dueño y Soberano del universo nos ame y nos haya destinado a disfrutar de su gloria, obrando infaliblemente para acercarnos a su Reino eterno. De manera que vivimos para suplir las necesidades de otros, porque Dios ya está supliendo las nuestras (Isaías 64:4; 41:10; 2 Crónicas 16:9; Salmos 23:6). Amamos a nuestros enemigos y les hacemos el bien, bendecimos a aquellos que nos maldicen y oramos por quienes nos desprecian, porque no somos esclavos del trivial y efímero placer que viene al devolver maldad con maldad, y porque sabemos que nuestra recompensa es grande en los cielos (Lucas 6:35; Mateo 5:45; 1 Pedro 3:9).

Todo esto nace de una esperanza continua en la gracia venidera. Cuando conoces la verdad sobre lo que ocurrirá después de morir, crees en ella y te complaces con quien Dios es y será en los siglos que vendrán, y esa verdad te hace verdaderamente libre. Libre de los placeres transitorios, superficiales y suicidas del pecado, y libre para ser un sacrificio vivo en su misión y ministerio, y así lograr que las personas glorifiquen al Padre que está en los cielos. Son esa libertad, esa gloria y ese amor, el propósito de este libro.

Por tal motivo, echaremos un vistazo más (aunque de manera imperfecta, como en un espejo) a lo que Dios ha preparado para aquellos que lo aman: «Cosas que ojo no vio, ni oído oyó, ni han subido en corazón de hombre», pero que ahora nos han sido reveladas, en parte, por medio del Espíritu, en lo escrito por los apóstoles (1 Corintios 2:9-13). Primero hablaremos sobre la resurrección de nuestros cuerpos y luego pondremos nuestro enfoque en la nueva tierra en la que viviremos con Cristo por la eternidad.

## UN MOMENTO DE ILUMINACIÓN EN MÚNICH

Es extraña y hermosa la forma en que Dios, de vez en cuando, hace que una verdad bíblica penetre en nuestro corazón con poder. Recuerdo un momento en especial hace cuarenta años, cuando era un estudiante de posgrado en Múnich, Alemania. Me había puesto a leer la biografía del especialista en Nuevo Testamento Julius Schniewind para tomarme un descanso espiritual de mis estudios. El libro se llamaba [Carisma de la teología] del autor Hans-Joachim Kraus. En la página 35, Kraus narra sobre las últimas semanas de vida de Schniewind cuando una depresión por su enfermedad renal lo afectó. Schniewind acababa de terminar de dirigir un estudio bíblico y, mientras se ponía el abrigo para irse a casa, gimió en voz alta con la frase griega: «*soma tapeinõseõs, soma tapeinõseõs*».

Ese fue para mí uno de esos singulares momentos de iluminación espiritual. Sabía de dónde provenía esa frase. Venía de Filipenses 3:21, donde Pablo dice que esperamos ansiosamente al Salvador en los cielos quien «transformará el *cuerpo de nuestra humillación (soma tapeinõseõs)*, para que sea semejante al cuerpo de su gloria, por el poder con el que puede también sujetar a sí mismo todas las cosas». El hecho de que Julius Schniewind haya vivido de forma tan íntima y consciente esta verdad esperanzadora, a tal punto de que en sus últimos dolores corporales se haya quejado con las mismas palabras del Nuevo Testamento griego, despertó en mí, como nunca antes, la belleza y el poder de esta increíble promesa de gracia futura. Vi cómo el sufrimiento del cuerpo moribundo de Schniewind fue descrito en palabras triunfantes al hacer alusión a una promesa de gracia venidera. Y esa victoria ahora, como nunca antes, se me hacía muy real.

Nuestros cuerpos en esta tierra son «cuerpos de humillación». Son frágiles, propensos a enfermedades, se desgastan y son mortales. ¡Pero cuánto los amamos! Como Pablo dijo una vez: «Nadie ha odiado jamás a su propio cuerpo, sino que lo sustenta y lo cuida, como lo hace Cristo con la iglesia» (Efesios 5:29). Y efectivamente son valiosos. Son el mismísimo templo del «Espíritu Santo» (1 Corintios 6:19), la creación de Dios para su gloria (1 Corintios 6:20), sacrificios vivos, santos y agradables a Dios, que presentamos en adoración (Romanos 12:1). Nuestros cuerpos son parte de quienes somos, parte de nuestra identidad. Es por todo esto que la promesa de que serán resucitados de la muerte es una promesa valiosa. Y el hecho de que Cristo se involucre en este poderoso acto de gracia venidera, con toda su omnipotencia que le permite sujetar a sí mismo todas las cosas, me absorbió por completo esa tarde en Múnich, como nunca me había pasado.

## SI DIOS ES TU DIOS, RESUCITARÁS

Jesús dijo: «Pero en cuanto a la resurrección de los muertos, ¿acaso no han leído ustedes lo que Dios les dijo? Porque él dijo: "Yo soy el Dios de Abrahán, el Dios de Isaac y el Dios de Jacob". Así que Dios no es un Dios de muertos, sino de los que viven» (Mateo 22:31-33). El punto clave aquí es que si Dios es tu Dios, deberías *resucitar*. ¡Dios no es un dios de los muertos! Cuando afirma: «Yo soy tu Dios», está diciendo: «Siempre seré tu Dios y tu vida conmigo no será algo menguante. Eso no es posible. ¡Yo soy tu Dios! Tu vida será una experiencia próspera y de crecimiento. Porque yo soy Dios, no hago menoscabar lo que es mío. Lo hago mejor para siempre».

## ¿HEREDEROS DEL REINO EN «CARNE Y SANGRE»?

¿A qué se refiere el apóstol Pablo en 1 Corintios 15:50 cuando dice: «ni la carne ni la sangre pueden heredar el reino de Dios»? ¿Acaso esta afirmación contradice la resurrección del cuerpo? No. «Carne y sangre» simplemente hacen alusión a la «naturaleza humana tal como la conocemos», es decir, mortal, perecedera, propensa a la corrupción, manchada por el pecado. Algo tan frágil y temporal, como el cuerpo que ahora poseemos, no puede entrar en el inquebrantable, indestructible, duradero y eterno Reino de Dios. Sin embargo, eso no quiere decir que no habrá cuerpos.

Lo que significa es que nuestros cuerpos serán mejores. Serán *nuestros*, pero serán diferentes y más maravillosos. Más adelante Pablo sostiene: «...todos seremos transformados en un instante, en un abrir y cerrar de ojos, cuando suene la trompeta final. Pues la trompeta sonará, y los muertos serán resucitados incorruptibles, y nosotros seremos transformados» (1 Corintios 15:51-52). Cuando dice «los muertos serán resucitados», quiere decir que los muertos serán resucitados. Si Dios hubiera querido arrancar todo de nuevo sin continuidad alguna entre el cuerpo presente y el que tendremos en el futuro, ¿por qué diría entonces el apóstol: «los muertos resucitarán»? ¿Por qué no diría: «los muertos no resucitarán (ya que están descompuestos y sus moléculas esparcidas entre plantas y animales a miles de kilómetros), así que Dios comenzará su creación desde cero»? Si no lo dijo es porque no es así.

Son dos las cosas que deja en claro: por un lado, los muertos *resucitarán* (lo que denota una secuencia); por otro, serán *transformados* (serán incorruptibles e inmortales). El viejo cuerpo se convertirá en uno nuevo, pero aun así será un cuerpo suyo. Será una prolongación. Dios puede hacer cosas inimaginables. La resurrección no debe ser entendida en términos de una creación completamente nueva, sino una transformación de la vieja. «Seremos transformados en un instante, en un abrir y cerrar de ojos».

Pablo compara la resurrección con una semilla que cae al suelo. «Lo que siembras no es lo que luego saldrá, sino el grano desnudo, ya sea de trigo o de algún otro grano; pero Dios le da el cuerpo que quiso darle, y a cada semilla le da su propio cuerpo» (1 Corintios 15:37-38). Demuestra que hay una conexión y continuidad entre la simple semilla y la planta ya crecida. Si siembras una semilla de trigo no obtienes un tallo de cebada. Pero, por otro lado, sí hay una diferencia. Una planta es más bella que una semilla.

Luego, Pablo aplica su analogía al cuerpo resucitado: «Así será también en la resurrección de los muertos: Lo que se siembra en corrupción, resucitará en incorrupción; lo que se siembra en deshonra, resucitará en gloria; lo que se siembra en debilidad, resucitará en poder. Se siembra un cuerpo animal (natural) y resucitará un cuerpo espiritual. Porque así como hay un cuerpo animal, hay también un cuerpo espiritual» (1 Corintios 15:42-44). Puedo casi escucharte preguntar: «¿Por qué molestarse? Dejémoslo ir. ¿Quién necesita todo esto? Lo único que importa es la realidad espiritual del cielo, el amor, la verdad, la paz, el gozo y la justicia. ¿Por qué tanto alboroto por brazos y piernas, manos y pies, cabello, ojos y orejas? Parece tan terrenal».

## DIOS NO CREÓ LA MATERIA PARA ARROJARLA A LA BASURA

En última instancia, la respuesta del apóstol nos lleva a la existencia de la nueva tierra y el plan de Dios de llenar el universo con una manifestación material de su gloria. Dios no creó el universo físico y material porque sí. Él tuvo un propósito, a saber, añadir otra forma en la cual manifestar y exteriorizar su gloria. «Los cielos proclaman la gloria de Dios; el firmamento revela la obra de sus manos» (Salmos 19:1). Nuestros cuerpos entran en esa misma categoría de unidades físicas que Dios creó para esto. Él no va a retroceder en su plan de glorificarse a través de los seres humanos y sus cuerpos. En 1 Corintios 6:19-20, Pablo afirma: «¿Acaso ignoran que el *cuerpo* de ustedes es templo del Espíritu Santo, que está en ustedes, y que recibieron de parte de Dios, y que ustedes no son dueños de sí mismos? Porque ustedes han sido comprados; el precio de ustedes ya ha sido pagado. Por lo tanto, *den gloria a Dios en su cuerpo*».

¿Por qué Dios se toma la molestia de ensuciarse las manos, por así decirlo, con nuestra carne decadente y manchada por el pecado, para restablecerla como cuerpo resucitado y revestirla de inmortalidad? La respuesta es esta: porque su Hijo pagó el precio de la muerte para que los propósitos del Padre respecto del universo material pudieran cumplirse, esto es, que Él fuera glorificado en todo lo que existiese, incluyendo nuestros cuerpos, por la eternidad. Eso es lo que dice el texto: «Ustedes han sido comprados; el precio de ustedes ya ha sido pagado [la muerte del Hijo]. Por lo tanto, den gloria a Dios en su cuerpo». Dios no va a menospreciar o deshonrar la obra de su hijo. Él la honrará al resucitarnos de la muerte y usar nuestros cuerpos para llevarle gloria a él por siempre y para siempre. Ese es el motivo por el cual tú tienes un cuerpo ahora, y por el cual serás resucitado al igual que el cuerpo glorioso de Cristo.

## PALABRAS DE MI PASTOR FAVORITO

Jonathan Edwards, el gran pastor y teólogo de hace doscientos cincuenta años, escribió un extenso ensayo sobre «El fin para el cual Dios creó al mundo». Pocas obras han tenido una influencia más profunda en mi forma de pensar. Su hipótesis al interrogante de por qué Dios creó al mundo era «para que pueda haber una emanación gloriosa y abundante de su infinita plenitud, sin él; fue su disposición a darse a conocer, a difundir esa plenitud, lo que lo llevó a crear al mundo… La iniciativa difusiva que emocionaba a Dios era dar existencia su creación… y que su divinidad fluyera y se difundiera entre su creación»[1]. En efecto, esto es lo que Dios dice en Isaías 43:7 cuando menciona: «a todos los que llevan mi nombre. Yo los he creado. Yo los formé y los hice para gloria mía». Dios creó el universo y todo lo que en él habita como una emanación o manifestación de la plenitud de su gloria.

No tenemos motivo para pensar que Dios haya cambiado de parecer en este asunto. No hay razón para creer que Él preferiría que no hubiera un universo creado. El cristianismo no es una religión platónica que considere al mundo material una mera sombra de la realidad, la cual será desprendida de un momento a otro. La esperanza de la fe cristiana es la resurrección del cuerpo y la renovación de toda la creación, y no una simple inmortalidad del alma.[2] Así como nuestra carne cobrará nueva vida de forma incorruptible para la gloria de Dios, así también la tierra será regenerada y apta para que la habiten personas resucitadas y glorificadas.

## ¿DEJARÁN DE EXISTIR EL PRIMER CIELO Y LA PRIMERA TIERRA?

Una de las visiones más fascinantes de la gracia venidera se encuentra en Apocalipsis 21:1-4. Allí Juan cuenta que habrá una nueva tierra y que el cielo descenderá sobre ella, de tal forma que Dios tendrá su morada eterna entre los hombres.

> Vi entonces un cielo nuevo y una tierra nueva, porque el primer cielo y la primera tierra habían dejado de existir, y el mar tampoco existía ya. Vi también que la ciudad santa, la nueva Jerusalén, descendía del cielo, de Dios, ataviada como una novia que se adorna para su esposo. Entonces oí que desde el trono salía una potente voz, la cual decía: «Aquí está el tabernáculo de Dios con los hombres. Él vivirá con ellos, y ellos serán su pueblo, y Dios mismo estará con ellos y será su Dios. Dios enjugará las lágrimas de los ojos de ellos, y ya no habrá muerte, ni más llanto, ni lamento ni dolor; porque las primeras cosas habrán dejado de existir».

Esta es una imagen hermosa de lo que viene: una nueva tierra, el pueblo de Dios viviendo allí sin dolor, lágrimas o muerte. Lo mejor de todo es que Dios no estará lejos, pondrá las estacas de su tabernáculo, por así decirlo, en medio nuestro y morará entre nosotros para siempre.

Sin embargo, nos surge un interrogante trascendental: cuando Juan dice en el versículo 1: «el primer cielo y la primera tierra habían dejado de existir», ¿implica que el planeta en el que vivimos y el cielo sobre nuestras cabezas desaparecerán completamente, y que Dios reiniciará todo desde cero? La pregunta, al igual que la anterior, compete a la resurrección. ¿Dios nos levantará de entre los muertos o emprenderá una creación totalmente nueva con una estructura física distinta? He intentado demostrar que habrá una continuidad entre nuestros presentes cuerpos y los que tendremos en la resurrección. Ahora hay que evidenciar lo mismo sobre la nueva tierra.

## QUEMADA PERO NO ANIQUILADA

Entonces, ¿qué da a entender Juan cuando dice: «el primer cielo y la primera tierra habían dejado de existir»? Pedro, en su segunda carta, sostiene algo similar, pero de una forma mucho más gráfica. Describe cómo los cielos y la tierra presentes "dejarán de existir".

> Pero el día del Señor llegará como un ladrón en la noche. Ese día los cielos desaparecerán en medio de un gran estruendo, y los elementos arderán y serán reducidos a cenizas, y la tierra y todo lo que en ella se ha hecho será quemado. Puesto que todo será deshecho, ustedes deben vivir una vida santa y dedicada a Dios, y esperar con ansias la venida del día de Dios. Ese día los cielos serán deshechos por el fuego, y los elementos se fundirán por el calor de las llamas. Pero, según sus promesas, nosotros esperamos un cielo nuevo y una tierra nueva, donde reinará la justicia (2 Pedro 3:10-13).

La visión esperanzadora de Pedro que tenemos para la eternidad es «un cielo nuevo y una tierra nueva, donde reinará la justicia», la misma que la de Juan en Apocalipsis 21. Al igual que este último, Pedro también habla de los cielos que desaparecerán (vs. 10). Incluso va más allá y anuncia tres veces que habrá una destrucción del mundo presente. Versículo 10: «los elementos arderán». Versículo 11: «todo será deshecho». Versículo 12: «los cielos serán deshechos por el fuego, y los elementos se fundirán por el calor de las llamas». La pregunta entonces es esta: ¿significa esto que la tierra en la que habitamos y los cielos bajo los cuales estamos parados serán completamente borrados? ¿Arrancará Dios desde el principio con una nueva creación?

En primer lugar, diría que Apocalipsis 2:1 y 2 Pedro 3:10 concuerdan en que los cielos y la tierra actuales «habrán dejado de existir». Esto no significa que serán borrados completamente de la existencia, sino que habrá tal transformación en ellos que su condición vigente desaparece. Podríamos decir que la oruga deja de existir, y que emerge la mariposa. Vemos en tal ejemplo que hay una desaparición pero a la vez hay una continuidad, una conexión real.

Además, cuando Pedro sostiene que los cielos y la tierra serán «deshechos» [destruidos], tampoco hace referencia a una desaparición absoluta.

Podríamos poner el ejemplo de un aluvión que destruyó muchas granjas. No fueron borradas por completo. El 18 de mayo de 1980, los alrededores del monte St. Helens en Washington fueron destruidos por una explosión quinientas veces más potente que la bomba atómica de Hiroshima. Sin embargo, cualquiera que pase por allí hoy en día y vea cómo ha crecido la zona, comprenderá que «destruir» no quiere decir «borrar de la existencia».

En este sentido, lo que Pedro nos está diciendo es que, al final de esta era, habrá cataclismos que pondrán un fin a este mundo tal *como lo conocemos*, no borrándolo de la existencia, sino quitando lo que está lleno de maldad y purificándolo con el fuego, dejándolo apto para una edad gloriosa de paz y justicia, que jamás acabará.

Quizá eso sea lo que Pedro y Juan nos querían decir. ¿O no?

## LA ESPERANZA DE PABLO PARA EL MUNDO MATERIAL Y NOSOTROS

El apóstol Pablo da una confirmación sólida de nuestra interpretación, en Romanos 8:18-25. Allí encontramos cuatro motivos para pensar que la creación que conocemos y la tierra en la que vivimos, no serán aniquiladas, sino restauradas como nuestra morada perpetua.

En primera instancia, en Romanos 8:19-20 (RV60) observamos lo siguiente: «Porque el anhelo ardiente de la creación es el aguardar la manifestación de los hijos de Dios. Porque la creación fue sujetada a vanidad, no por su propia voluntad, sino por causa del que la sujetó en esperanza». Pablo imagina a la creación —los cielos y la tierra— teniendo anhelos y esperando ansiosamente algo. Algo está llegando que la hace esperar, por así decirlo, parada de puntillas. Sostiene que la causa de este ardiente anhelo es la mismísima «vanidad» en la que se halla: decadencia, desastre, enfermedad, dolor. ¿Por qué produce esto esperanza y expectativa en la creación?

Porque esa futilidad a la que está sujeta es una maldición temporaria que Dios mismo estableció con la visión de removerla algún día. Eso es lo que el apóstol está dejando en claro cuando dice que la creación fue sujetada a vanidad «en esperanza». No lo hizo Satanás. Él no hace nada por la esperanza de la redención del mundo. Dios lo hizo. La maldición sobre la creación en Génesis 3 no es su última palabra. Hay esperanza. Por lo tanto, lo creado no está designado a ser aniquilado, sino restaurado. Él lo sujetó en esperanza.

La segunda explicación que el apóstol da de por qué no debemos esperar ese exterminio del mundo, se encuentra en el versículo 21 (RV60) (la razón de ser de esa esperanza): «porque también la creación misma será libertada de la esclavitud de corrupción, a la libertad gloriosa de los hijos de Dios». La creación no está destinada a la aniquilación, sino a la liberación. Será liberada «de la esclavitud de corrupción», esa vanidad a la que Dios sujetó *en esperanza*. Esta es la afirmación más clara que hay de que los cielos y la tierra no saldrán de la existencia o serán disueltos en la nada misma. Pablo dice lisa y llanamente que *serán libertados de la esclavitud de corrupción*. La vanidad será destruida. Esa esclavitud de corrupción será consumida por el fuego purificador del juicio de Dios. Sin embargo, el mundo permanecerá, y ya no habrá más corrupción, más futilidad. No más dolor, lágrimas o muerte.

El tercer argumento que Pablo ofrece en contra de la aniquilación de la presente creación se halla en Romanos 8:22: «Porque sabemos que toda la creación hasta ahora gime a una, y sufre como si tuviera dolores de parto». En otras palabras, compara el trastorno de la creación con dolores de parto durante la última etapa de un embarazo. Algo está a punto de salir a la luz *de* la tierra, no en *lugar* de ella. Lo creado no será exterminado y re-creado sin continuidad alguna. La creación dará a luz, como una madre en trabajo de parto (con sus contracciones de incendios, terremotos, volcanes, pestilencias y hambruna), una nueva tierra.

Jesús usó la misma imagen de dolores de parto cuando dijo: «Porque se levantará nación contra nación, y reino contra reino, y habrá *hambre* y *terremotos* en distintos lugares. Todo esto será solo el comienzo de los *dolores (dolores de parto*, en versión del inglés)». La tierra es como una madre a punto de parir una nueva heredad, donde habite la justicia y donde Dios reine en medio de su pueblo.

Finalmente, Pablo da un último argumento en contra de esta presunción de aniquilamiento del planeta: «Y no solo ella, sino también nosotros, que tenemos las primicias del Espíritu, gemimos dentro de nosotros mismos mientras esperamos la adopción, la redención de nuestro cuerpo» (Romanos 8:23). La razón por la cual esto es tan importante, es porque conecta la redención de nuestros cuerpos, es decir, la resurrección y restauración de ellos tras una vida de gemidos, con la renovación de la creación. Nuestros cuerpos son parte del presente creado. Lo que les suceda a ellos y lo que le suceda a la creación, van de la mano. Y lo que acontecerá es que no habrá aniquilación, sino redención. «Esperamos la adopción, la redención de nuestro cuerpo». Será entonces redimido, restaurado, hecho nuevo, no tirado a la basura. Así también pasa con los cielos y la tierra.

## EL RENACIMIENTO DE LA CREACIÓN

Jesús denomina a esta obra de renovación universal, «*la regeneración*, cuando el Hijo del Hombre se siente en el trono de su gloria» (Mateo 19:28 RV60). La creación será «regenerada» o «nacida de nuevo». En Hechos 3:21, Pedro lo llama «el momento en que todas las cosas sean restauradas, lo cual Dios ya ha anunciado desde los tiempos antiguos por medio de sus santos profetas».

## DIOS SERÁ TODO EN TODO

¿Y qué dijeron los profetas sobre la nueva tierra? Isaías 11:6-9 nos da un ejemplo:

> El lobo convivirá con el cordero; el leopardo se acostará junto al cabrito; el becerro, el león y el animal engordado andarán juntos, y un chiquillo los pastoreará. La vaca y la osa pacerán, sus crías se echarán juntas; y el león comerá paja como buey. El niño de pecho jugará sobre la cueva del áspid, y el recién destetado extenderá su mano sobre la cueva de la víbora. Nadie hará mal ni daño alguno en ninguna parte de mi santo monte, porque la tierra estará saturada del conocimiento del Señor, así como las aguas cubren el mar. (Véase también Números 14:21; Isaías 65:25; Miqueas 4:3; Habacuc 2:14).

Así que la historia tal como la conocemos vendrá a un final, con Dios en el centro de todo. Su gloria será tan deslumbrante que hará una luna del sol (Apocalipsis 21:23). Además, habrá un gran mar de conocimiento que refleje la gloria del Señor. Y así como el rechazo de ese conocimiento trajo una maldición en la creación, así también la restauración de tal conocimiento traerá bendición, y los animales mismos serán libres de esa condenación, y expresarán la belleza del Señor.

De esta forma, el propósito de Dios para su creación será cumplido: la exhibición de su gloria para el goce de su pueblo en un incremento infinito e interminable de su gracia venidera. Jonathan Edwards se elevó en admiración mientras pensaba en ello:

> La gloria de Dios se exhibe y se refleja en el conocimiento, el gozo, la alabanza y el amor por Dios que tengan sus criaturas; su plenitud es absorbida y vuelve hacia Él. Aquí hay tanto *emanación* como *re-emanación*. La refulgencia de su gloria brilla sobre y dentro de su creación,

y refleja en ellos devolviéndole luz al creador. Los rayos de gloria provienen de Dios y vuelven hacia él. De modo que todo es de Dios, y en Dios, y para Dios. Él es el principio, el intermedio y el fin del asunto.[3]

Algunas visiones de la gracia venidera imploran más que una prosa. Hace varios años, la visión de la resurrección en una nueva tierra gloriosa con Cristo me sacó este poema. Por ahora, no puedo hacer más que finalizar con él:

**Justificados para más**
Hasta donde alcanzaba la vista
No había verdor, pero cada árbol
Era ceniza negra, y todo el suelo
Estaba gris por el polvo. El único sonido
Era del viento árido, como espectros de un espíritu,
Jadeando por anfitriones vivos
En los cuales habitar, como en los días
De los hombres malvados, antes de la gran llamarada
De fuego inimaginable,
Él hizo de la tierra una pira ardiente
Para exponer su ira, santa y omnipotente

El día terrible de Dios había llegado
La luna se había convertido en sangre. El sol ya no brillaba
Pero ardía en las alturas con deseo
Había desembocado en un lago de fuego.
Los mares y océanos ya no existían,
Y en su lugar un terreno desierto yacía
Cayó profundamente a encontrarse con cielos descarados,
Y el silencio conquistó a los llantos distanciados.

El Señor permaneció en quietud sobre el aire.
Sus brazos poderosos estaban húmedos y al descubierto.
Y colgaban cansados a su lado.
La sangre terminó de secarse
En la espada que sostenía en su mano derecha.
Miró a través de la tierra ennegrecida
Que él había creado y donde también murió.

Sus labios apretados, y en el fondo,
Continuó el misterio de su voluntad soberana
Hasta que se despidió y comenzó una vez más a derramarse
En lágrimas que caían sobre su espada sangrienta
Por una última vez.


Y luego el Señor enjugó cada lágrima
Y se volvió para ver a su novia.
El corazón de ella había anhelado por cuatro mil años esto: su rostro
Brillaba como el sol, y cada rastro de ira se había ido.
En su dicha escuchó al Maestro decir: «Observa esto:
Salgan a la luz toda bondad del polvo,
Salgan y dejen que la tierra rebose con alegría».


Y mientras él hablaba, el trono de Dios
Descendió a la tierra y resplandeció
Como cristal dorado lleno de luz,
Y desterró, de una vez y por todas, a la noche.
Y desde el trono desbordó una corriente
Que fluía y reía mientras seguía su curso
Formó un río y un lago,
Y donde fluía, una estela de hierba
Se rompía entre la turba y se esparcía
Como la resurrección de los muertos.


Y en un abrir y cerrar de ojos
Los santos descendieron del cielo.


Y mientras me arrodillaba al pie del arroyo
Para beber de la vida eterna, eché un vistazo
A la hierba dorada,
Y vi a mi perra, la vieja Blackie, venir tan rápido
Como podía. Saltó por encima de la corriente,
O casi, ¡y qué mirada tan alegre
Había en sus ojos! Me arrodillé a beber,
Y sabía que estaba al borde
De un gozo que no terminaría. Y en todas partes
Me volvía y veía alguna maravilla.

Un hombre grande corriendo en el césped:
Ese es el viejo John Younge con ambas piernas.
Los ciegos pueden ver las alas de los pájaros
Los mudos pueden alzar sus voces y cantar.
Los diabéticos comen con ganas
Los de frágil corazón corren cuesta arriba.
Los cojos pueden caminar, los sordos pueden oír,
Los huesos plagados de cáncer están como nuevos.
Las articulaciones artríticas son ágiles y libres,
Y cada dolor ha dejado de existir.
Y cada angustia que yacía en la profundidad
Y cada rastro de nuestra pecaminosidad
Se ha marchado, y lo que queda es felicidad,
Tiempo infinito para poner en uso
Nuestra mente y corazón y así comprender
Y amar al Señor soberano que designó
Que llevaría una eternidad prodigar su gracia entre él y yo.

Oh Dios de maravillas, Dios de poder,
Concédenos de forma elevada ver,
Días infinitos y en el postrer
El gozo de lo que aún habrá de ser.
Y que tu futuro nos traiga libertad,
Y nos guarde con la esperanza de que hay más,
Porque por medio de la gracia en la tierra que restauras,
Viviremos justificados por la eternidad.

## NOTAS

1. Jonathan Edwards, *A Dissertation Concerning the End for Which God Created the World* [Una disertación sobre el fin para el que Dios creó el mundo], en *The Works of Jonathan Edwards* [Las obras de Jonathan Edwards], vol. 1, Edimburgo: The Banner of Truth Trust, 1976, p. 100.

2. Véase Oscar Cullman, «The Immortality of the Soul or Resurrection of the Body», [La inmortalidad del alma o la resurrección del cuerpo] en *Immortality and Resurrection: Death in the Western World - Two Conflicting Currents of Thought* [Inmortalidad y Resurrección: la muerte en el mundo occidental - Dos corrientes de pensamiento en conflicto], ed. Krister Stendahl, Nueva York: The Macmillan Co., 1965, pp. 9-53.

3. Edwards, *End for Which God Created the World* [El fin con el que Dios creó el mundo], p. 120.

# PARTE X

# EL ANHELO POR DIOS
# Y LA VIDA POR FE

*Dios es más glorificado en nosotros
cuanto más satisfechos estamos en Él.*

❧

*Dios es glorificado no solo porque se vea su gloria sino también
porque nos gozamos en ella. Cuando aquellos que la ven se
deleitan en Él, Dios es más glorificado que si solo lo vieran.
Su gloria es entonces recibida por el alma entera, tanto por el
entendimiento como por el corazón. Dios hizo al mundo como para
poder comunicar, y las criaturas recibir, su gloria; y que ella pueda
[ser] recibida con la mente y el corazón. El que da testimonio de
su idea de la gloria de Dios [no] glorifica a Dios tanto como
el que testifica también de su aprobación y su deleite.*

**JONATHAN EDWARDS**

❧

*Valorar es mejor que adorar.*

CAPÍTULO 31

❧

# MI DEUDA CON
# JONATHAN EDWARDS

## DIOS ES MÁS GLORIFICADO EN NOSOTROS CUANTO MÁS SATISFECHOS ESTAMOS EN ÉL

Mediante este libro, he tenido la responsabilidad de promover la vida por fe en la gracia venidera para la gloria de Dios. Argumenté que la fe que justifica también santifica, porque la naturaleza[1] de la fe es estar *satisfechos con todo lo que Dios es para nosotros en Jesús*.[2] Espero poder mostrar que provengo de la misma tradición que Jonathan Edwards, quien escribió: «La suma de esa vida eterna que Cristo compró es la santidad; una santa felicidad. Y hay en la fe *un gusto por la felicidad que Cristo ha procurado y ofrece*».[3] Este «gusto por la felicidad que Cristo... ofrece» es a lo que yo llamo «estar satisfechos con todo lo que Dios es para nosotros en Jesús». Resalté la orientación futura de la fe, porque el futuro es donde Dios promete satisfacer los corazones de los que esperan en Él. La gracia pasada es de infinito valor, especialmente la muerte y resurrección de Jesús; pero solo por lo que aseguró para el futuro: una comunión con Dios que nos satisface y lo glorifica a Él para siempre. No tener fe en la gracia venidera, que fue asegurada por la gracia pasada, es quitarle a la cruz de Cristo todo efecto.[4]

Por lo tanto, vivir por fe en la gracia venidera glorifica a Dios por toda su gracia, tanto pasada como futura. Honra a la gracia pasada confiando sin temor en el futuro que el pasado adquirió. Y honra la gracia venidera quebrando el poder del pecado mediante la felicidad superior[5] de estar satisfechos con todo lo que Dios promete para nosotros desde ahora y hasta la eternidad. Hay una honda convicción detrás de este argumento, y es esta: que *Dios es más glorificado en nosotros cuanto más satisfechos estamos en Él.*

## YO LO LLAMÉ HEDONISMO CRISTIANO

Esta convicción es la que mejor resume toda mi teología. En otros sitios la llamé hedonismo cristiano.[6] Aquí, llegando al final reflexiono sobre si el mensaje de este libro está a tono con esa visión anterior de Dios y de la vida, y considero algunas consecuencias de lo dicho. Si la naturaleza de la fe es *estar satisfechos con lo que Dios es para nosotros en Jesús,* entonces el mandato bíblico universal de creer es un llamado radical y convincente para perseguir nuestra felicidad en Dios. Decir que uno es indiferente a su propia felicidad equivaldría a admitir que uno es indiferente a la naturaleza de la fe, y eso sería pecado. El llamado de este libro es a dejar de pecar de ese modo, y a buscar, con toda nuestra fuerza, la mayor satisfacción posible en Dios. Por lo tanto, vivir por fe en la gracia venidera es el hedonismo cristiano —el mandato de perseguir la felicidad en todo lo que Dios es para nosotros en Jesús— incluso si eso nos cuesta la vida. Porque la misericordia del Señor es mejor que la vida (Salmos 63:3).

Además argumenté que la clave para luchar contra el pecado es batallar contra la incredulidad y mantener siempre ardiendo el fuego de la fe en las promesas de Dios.[7] El poder del pecado reside en la promesa *falsa* de que nos traerá más felicidad que la que la santidad. Nadie peca por deber. Con lo cual, lo que rompe el poder del pecado es la fe en la verdadera promesa de que los placeres de este son pasajeros y venenosos, mientras que a la diestra de Dios hay delicias para siempre (Salmos 16:11). Esta manera de combatir contra el pecado con la esperanza de una satisfacción superior recibe el título de vivir «por fe» en Hebreos 11:24-26: «Por fe… Moisés… prefirió ser maltratado junto con el pueblo de Dios, antes que gozar de los deleites temporales del pecado… su mirada estaba fija en la recompensa». Por tanto el clamor de este libro, de pelear contra el pecado, consiste en perseguir un gozo superior a todo lo que el pecado puede llegar a ofrecer. Ese es el clamor del hedonismo cristiano.

Lo más importante de todo es que este libro está basado en la convicción de que vivir por fe en la gracia venidera mostrará más de la gloria de Dios que ninguna otra forma de vida. En el corazón de este libro está la creencia de que la obediencia radical y libre a Jesús viene solo por el canal de la fe en la gracia venidera. Y ese canal es abrazar, atesorar, confiar y disfrutar de todo lo que Dios promete para nosotros en Jesús. Alguien bien podría preguntar si un libro que defiende la búsqueda de la felicidad humana con tanto vigor —incluso si es una felicidad en Dios— puede realmente ser un libro dedicado a la *gloria de Dios.* ¿Acaso vivir por fe en la gracia venidera, alias hedonismo cristiano, no podría hacer del placer un dios? Mi respuesta es que no; hacemos un dios de aquello en lo que nos deleitamos más. Mi objetivo, en toda mi vida y mis escritos, es hacer que Dios sea Dios. La verdad bíblica que me esfuerzo en transmitir esto es que *Dios es más glorificado en nosotros cuanto más satisfechos estamos en Él*. La amplitud y la profundidad de nuestra búsqueda de gozo en Dios es la medida de su valor en nuestras vidas.

## MI DEUDA CON JONATHAN EDWARDS

El buen juicio me dice que alerte al lector que lo que viene a continuación puede ser complicado de leer. No estamos acostumbrados a leer material de hace doscientos años, de un ámbito de pensamiento que nos es ajeno en la actualidad. Sin embargo, como dije antes, pasar el rastrillo es fácil, pero solo obtienes hojas; cavar es difícil, pero puedes encontrar diamantes. Eso fue lo que encontré en este gran pastor y teólogo del siglo XVIII.

No es un secreto, por todo lo que he venido escribiendo, que tengo una deuda con Jonathan Edwards en cuanto al desarrollo de mi pensamiento acerca de Dios y la vida. Tanto que J. I. Packer dijo de mi libro *Sed de Dios: Meditaciones de un cristiano hedonista*: «Jonathan Edwards, cuyo espíritu deambula por la mayor parte de las páginas de Piper, se deleitaría con su discípulo». Ese es un tributo muy generoso y espero que sea cierto respecto de este libro también. Escribo con la mirada de Edwards por encima de mi hombro.

Así que, en este último capítulo, me gustaría mostrar que vivir por fe en la gracia venidera y el hedonismo cristiano logran una fiel continuidad con el pensamiento de Jonathan Edwards. No aseguro que Edwards hubiera elegido mi manera de presentar la verdad bíblica para que la cargue la iglesia moderna, ni asumo que es la única y mucho menos la mejor manera. Pero sí quiero asegurar que es bíblica y que está presente en la tradición reformada de Jonathan Edwards, y eso, bien entendido y aplicado, nos lleva a una vida de gozo y amor sacrificial centrada en Dios.

Hay, al menos, dos características del pensamiento de Edwards que, a simple vista, no concuerdan con el hedonismo cristiano. Uno es el enfoque del «amor propio». Él muestra que sus ramas no llegan tan alto y sus raíces no profundizan demasiado. ¿Cómo encaja esta crítica al amor propio en nuestro énfasis en la fe que *está satisfecha con todo lo que Dios es para nosotros en Jesús*? El hedonismo cristiano suena como amor propio, ¿no es así? El otro rasgo es su uso del término «desinteresado». El amor genuino a Dios debe ser desinteresado —diría él—, lo cual por supuesto no suena para nada parecido al lenguaje del hedonismo. ¿Es cierto?

## EL LUGAR DEL AMOR PROPIO EN EL PENSAMIENTO DE EDWARDS

El «amor propio» era un tema candente en los días de Edwards. Él tenía una relación de amor-odio con ese término, porque carga con mucha verdad potencial y también mucho error potencial. Una vez escribió: «¡Oh, cómo se ha oscurecido el mundo, se ha nublado, distraído y roto en mil pedazos por aquellas temibles enemigas de la humanidad llamadas palabras!»[8]

## SU USO PEYORATIVO DEL AMOR PROPIO

Edwards sabía que algunos moralistas de su época usaban el término *amor propio* para referirse simplemente el amor del hombre por su propia felicidad, lo cual no era un uso peyorativo.[9]

Pero prefería utilizar el término en su sentido más limitado y negativo. Afirma en *The Nature of True Virtue* [La naturaleza de la verdadera virtud]: «Amor propio, tal como es usado en el lenguaje coloquial, significa por lo general el aprecio de un hombre a su privacidad más limitada, o amarse a sí mismo con respecto a sus intereses privados».[10] En otras palabras, el amor propio era comúnmente usado con la connotación negativa de limitación, lo cual era prácticamente un sinónimo de egoísmo. Lo que hace feliz a una persona egoísta no es cuando los otros se benefician, sino cuando su felicidad privada aumenta sin pensar en los demás. Ese es el significado usual de amor propio como Edwards lo trata.

En 1738 predicó una serie de exposiciones sobre 1 Corintios 13, más tarde publicados bajo el título *Charity and its Fruits* [La caridad y sus frutos]. Uno de sus sermones estuvo basado en la frase del versículo 5: «la caridad… ni busca lo suyo propio» (RVA). El título de este sermón es «El espíritu de la caridad, lo contrario a un espíritu egoísta». Describe así la caída del hombre en el pecado:

> La ruina que la caída trajo sobre el alma humana consiste en gran medida en la pérdida de los principios más nobles y benevolentes de su naturaleza, y habiendo caído por completo bajo el poder y el dominio del amor propio… El pecado, cual poderoso astringente, contrajo su alma a las más pequeñas dimensiones del egoísmo; y Dios quedó abandonado, y las otras criaturas abandonadas también, y el hombre se retiró a sus adentros y se volvió completamente gobernado por principios y

sentimientos más limitados y egoístas. El amor propio se convirtió en el amo absoluto de su alma, y los principios más nobles y espirituales de su ser cobraron alas y volaron.[11]

El amor propio en este sentido es lo mismo que el vicio del egoísmo. Las personas gobernadas por el amor propio «colocan [su] felicidad en las cosas buenas que están confinadas o limitadas a ellos mismos, a exclusión de otros. Y eso es egoísmo. Esto es lo que el amor propio, que las Escrituras condenan, intenta de manera más clara y directa».[12] De modo que el amor propio es una característica que el hombre obtuvo luego de la caída, y su maldad, como veremos, no consiste en el deseo de felicidad en sí, sino en encontrar esa felicidad en los intereses limitados y meramente privados.

Edwards sabía muy bien que incluso la benevolencia hacia otros podía tener raíz en un amor propio confinado y limitado. Gran parte de la benevolencia surge de grupos de afinidad natural que nos unen con los demás, como la familia, la comunidad y la nacionalidad. Edwards llamaba a esta benevolencia sobre la base del amor propio «amor propio compuesto» y no la reconocía como una virtud verdadera.

Pero él hizo la pregunta: «¿Cuándo puede la amplitud de los efectos benevolentes del amor propio ser lo suficientemente amplia para poder ser llamada virtud verdadera?». En 1755, diecisiete años después de predicar los sermones sobre 1 Corintios 13, Edwards finalmente dio una respuesta extremadamente radical: solo cuando abrace el bien de los seres de todo el universo. O más simplemente, solo cuando abrace a Dios. Porque hasta entonces, el amor propio solo abraza una «parte infinitamente pequeña de la existencia universal» dado que no abraza a Dios.

> Si hubiera una causa [como el amor propio] que determinara a una persona a la benevolencia hacia todo el mundo de la humanidad, o incluso todos los seres creados sensibles del universo, exclusiva de la unión del corazón con la existencia general y el amor a Dios —no derivado de ese estado de ánimo que predispone a un aprecio supremo a él, ni subordinado a tal amor divino— no puede ser de la naturaleza de la virtud verdadera.[13]

Norman Fiering dijo acerca de esta frase: «Podemos admirar la audacia de esta declaración… pero también está abierta a la crítica obvia».[14] Luego procede a criticar a Edwards de un modo que parece ignorar el objeto y el éxito del predicador en *La naturaleza de la virtud verdadera*. A lo que Edwards apunta es a mostrar que Dios es central e indispensable en la definición de virtud verdadera; apunta, pues, a mantener a Dios en el centro de toda consideración moral para detener el avance de las fuerzas secularistas del pensamiento ético de su tiempo. Edwards no podía concebir como verdaderamente virtuoso ningún acto que no tuviera en suprema estima a Dios. Por esa razón Edwards me parece tan relevante en nuestros días, y es esta la razón por la cual él es un modelo del pensamiento centrado en Dios.

De modo que lo que Edwards trataba de hacer al enfocarse en el sentido negativo, estrecho y limitado del amor propio, era mostrar que al final *todo* el amor es una clase de amor meramente natural y limitado, a no ser que tenga en consideración suprema a Dios. La insuficiencia del amor propio radica en que sus ramas no alcanzan a Dios. Puede abrazar grandes causas y hacer grandes sacrificios, pero el amor que no abraza a Dios es absolutamente restringido. En otras palabras, el enfoque de Edwards del amor propio, como todo lo demás que escribió, estaba apuntado a defender el carácter central e indispensable de Dios. Y ese es precisamente el objetivo de «vivir por fe en la gracia venidera» que he desarrollado a lo largo de este libro. Es el objetivo del hedonismo cristiano, tal como lo he expuesto en *Sed de Dios* y en *Los deleites de Dios*.

## EL ENFOQUE POSITIVO DE EDWARDS SOBRE EL AMOR PROPIO

Pero aún no hemos demostrado que la visión de Edwards sobre el amor propio puede abarcar el mandato del hedonismo cristiano de perseguir el gozo en Dios como un elemento esencial de toda virtud verdadera y la satisfacción en Dios como un elemento esencial de toda fe verdadera. Así que vayamos ahora a otro enfoque que Edwards asume sobre el amor propio, uno que al principio es notablemente positivo, pero luego muestra su ineficacia porque sus raíces no llegan lo suficiente profundo. Mi opinión es que Edwards arranca del hedonismo todo lo que oscurece su centralidad divina radical. Lo que queda es lo que yo (no Edwards) llamo hedonismo cristiano.

En *Caridad y sus frutos* Edwards afirma

> No es contrario al cristianismo que un hombre se ame a sí mismo, o, lo que es igual, que ame su propia felicidad. Si el cristianismo de hecho tendiera a destruir el amor de un hombre hacia sí mismo, y a su felicidad, tendería por tanto a destruir el propio espíritu de la humanidad… Que un hombre ame su felicidad es tan necesario a su naturaleza como

lo es la facultad de la voluntad, y es imposible que tal amor sea destruido de alguna otra forma que destruyendo su mismo ser.[15]

Edwards dio por sentado todo esto de la forma en que también dio por sentada la misma existencia de la voluntad humana. Pero mi experiencia es que alcanza a las personas hoy como si fuera una nueva religión, la cual yo creo que pone de manifiesto lo lejos que hemos llegado (o caído) de la visión bíblica de Jonathan Edwards.

Supongo que debe ser una leve exageración decir que Edwards dio todo esto por sentado, porque lo argumenta de algún modo. Por ejemplo, dice:

> Amarnos a nosotros mismos no es ilegal, es evidente también por el hecho de que la ley de Dios hace del amor propio una regla y una medida por la cual nuestro amor hacia los demás puede ser regulado. Por tanto Cristo ordena (Mateo 19:19): «Amarás a tu prójimo como a ti mismo», lo cual ciertamente supone que podemos, y debemos, amarnos a nosotros mismos… Y lo mismo se desprende del hecho de que las Escrituras, de principio a fin, están llenas de objetivos establecidos para el mismo fin de obrar bajo el principio del amor propio. Tales son todas las promesas y las amenazas de la Palabra de Dios, sus llamados e invitaciones, sus consejos de buscar nuestro bien personal y sus advertencias de cuidarnos de la miseria.[16]

Pero ¿cómo se relaciona todo esto con nuestra consideración suprema por Dios, la cual Edwards defiende como indispensable para la virtud verdadera? Para muchos cristianos analíticos la búsqueda de la felicidad les parece centrada en el yo, no en Dios. Pero, en efecto, Edwards puede ayudarnos a ver que el intento por abandonar esa búsqueda produce un egocentrismo peor. Él despeja la niebla cuando hace esta pregunta: «¿Un hombre debe o no amar a Dios más que a sí mismo?». Y la responde de este modo:

> El amor propio, tomado en su sentido más amplio, y el amor a Dios no son cosas propiamente capaces de ser comparadas entre sí; porque no son opuestos o enteramente distintos, sino que uno entra en la naturaleza del otro… El amor propio es solamente una capacidad de disfrutar o deleitarse en algo. Ahora ciertamente es incorrecto decir que nuestro amor por Dios es superior a nuestra capacidad general de deleitarnos en algo.[17]

No podemos contraponer el amor propio al amor de Dios si lo consideramos como nuestro amor por la felicidad. En cambio, amar a Dios es la forma que el amor propio asume cuando Dios es nuestra fuente de gozo y la satisfacción completa. Norman Fiering capta perfectamente ese sentido cuando resume de este modo la posición de Edwards: «El amor desinteresado a Dios es imposible, porque el deseo de felicidad es intrínseco a todo deseo o amor cualquiera sea este, y Dios es el fin necesario de la búsqueda de felicidad. Lógicamente uno no puede ser desinteresado acerca de la fuente o la base de todo interés».[18]

## ¿«DESINTERESADO» SIGNIFICA VERDADERAMENTE DESINTERESADO?

Esto es muy importante porque, de hecho, Edwards usa la palabra «desinteresado» cuando habla sobre el amor hacia Dios.[19] Y ese es uno de los rasgos de su pensamiento al que me referí anteriormente, el de parecer contrario al hedonismo cristiano, pero no es así. En cambio, se presenta la misma ambigüedad en el término «desinteresado» que en «amor propio». Cuando Edwards habla de un amor *desinteresado* hacia Dios, se refiere a un amor que se basa, no en un deseo por los regalos de Dios, sino por Dios mismo. Esto es absolutamente crucial para comprender la relación de Edwards con el hedonismo cristiano y la vida por fe en la gracia venidera.

«Desinterés» *no es* una palabra antihedonista tal como Edwards la utiliza. Simplemente es su modo (muy propio del siglo XVIII) de subrayar que debemos buscar nuestro gozo en Dios mismo y no en la salud, la riqueza y la prosperidad que Él pueda proporcionarnos. Es una palabra diseñada para salvaguardar la centralidad de Dios en el gozo, no para oponerse a su búsqueda.

¡Sabemos de inmediato que estamos en la esfera del hedonismo cristiano cuando leemos a Edwards describiendo la aparentemente paradójica frase *deleite desinteresado*! Esto muestra lo cuidadosos que debemos ser para no llegar a conclusiones precipitadas cuando vemos términos aparentemente no hedonistas en Edwards (y otros escritores antiguos). Las siguientes apreciaciones cruciales vienen de su obra madura en *Afectos religiosos*:

> Al igual que con el amor de los santos, lo mismo sucede con el gozo y con *el deleite espiritual y el placer*: la primera base de esto no es alguna consideración o concepción de su interés [entiéndase beneficio material de] por las cosas divinas; sino principalmente consiste en el *dulce*

*divertimento* de sus mentes en la vista o contemplación de la belleza divina y santa de esas cosas, como lo son en sí mismas. Y esa es de hecho la principal diferencia entre el gozo del hipócrita y el gozo del verdadero santo. El primero se regocija en sí mismo, el yo es el primer fundamento de su gozo, y el segundo *se regocija en Dios*... Los verdaderos santos, en primer lugar, indescriptiblemente se *complacen y deleitan* con la dulce idea de la gloriosa y amigable naturaleza de las cosas de Dios. Y esta es la fuente de todos sus deleites y *la crema de todos sus placeres*... Pero la dependencia de los afectos de los hipócritas está en un orden contrario: primero se regocijan... de que reciben tanto de parte de Dios; y luego sobre esa base, Él les parece agradable.[20]

Un párrafo como este le pone fin, de una vez por todas, al pensamiento de que el término «desinteresado» en Edwards significa que no debemos buscar nuestros más profundos y elevados placeres en Dios. ¡Todo lo contrario! Él es la «crema de todos [nuestros] placeres» y contemplarlo es un «dulce *divertimento*». Deberíamos ser atraídos a anhelar la satisfacción únicamente en Dios y nunca contentarnos con los meros regalos de Dios, los cuales no son otra cosa que arroyos que corren desde la Fuente misma. Es un párrafo radicalmente hedonista y un profundo llamado a vivir por fe en la gracia venidera.

## ¿DEBERÍAMOS ESTAR DISPUESTOS A SER CONDENADOS PARA LA GLORIA DE DIOS?

Quizá la mayor prueba de que el amor supremo por Dios nunca puede compararse con la búsqueda de satisfacción en Dios, es la respuesta de Edwards a la pregunta de si deberíamos estar dispuestos a ser condenados para la gloria de Dios.

Es imposible para cualquier persona estar dispuesta a ser perfecta y completamente miserable por causa de Dios, porque esto supone que amar a Dios es superior al amor propio en el sentido más general y amplio de amor propio, el cual entra en la naturaleza de amar a Dios... Si un hombre está dispuesto a ser perfectamente miserable por causa de Dios... entonces debe estar dispuesto a ser privado de lo que es indirectamente suyo [y no solo de sus beneficios naturales], concretamente, el bien de Dios, cuya suposición es incongruente consigo; estar dispuesto a ser privado de esta última clase de bien es opuesto al principio de amar a Dios mismo, de donde esa disposición se supone que proviene. El amor a Dios, de ser superior a cualquier otro principio, hará al hombre por siempre reticente, finalmente, a ser privado de esa parte de su felicidad la cual tiene en el hecho de que Dios sea bendecido y glorificado, y cuanto más lo ama a Dios, más reticente estará. De modo que esta suposición de que un hombre puede estar dispuesto a ser perfecta y totalmente miserable por amor a Dios, es incongruente en sí misma… Cuanto más el hombre ame a Dios, más reacio estará a ser privado de su felicidad [*en la gloria de Dios*].[21]

Algunas frases como «felicidad… en que Dios sea… glorificado» son complejas. Por otra parte, habla de que Dios es bendecido por ser glorificado. Nuestro deseo casi puede llegar a sonar altruista hacia Dios: Él es bendecido por lo que nos sucede a nosotros. Pero por otro lado, la frase habla de nuestra «*felicidad en* que Dios sea glorificado». Por lo cual se vuelve obvio que nosotros somos los beneficiarios aquí. De hecho, he llegado a ver y a decir que Dios es más glorificado en nosotros cuanto más satisfechos estamos en Él. Esos dos grandes objetivos no son opuestos: mi gozo y la gloria de Dios. Cuando más me deleito en el hecho de que Dios sea glorificado, más valiosa esa gloria me parece.[22] Tratar de abandonar la búsqueda de uno anulará el otro.

De manera que no hay tal cosa en el pensamiento de Edwards como el abandono final de la búsqueda de la felicidad. El *desinterés* se afirma solo al preservar la centralidad de Dios mismo como objeto de nuestra satisfacción. Y el amor propio es rechazado solamente cuando se concibe como un amor estrecho por la felicidad que no tiene en Dios su foco supremo. En palabras de Norman Fiering: «La clase de amor propio que es superado al encontrar la unión con Dios es específicamente el egoísmo, no el amor propio que busca la consumación de la felicidad».[23]

## PERO INCLUSO EL BUEN AMOR PROPIO ES MERAMENTE NATURAL

Profundicemos un poco más en Edwards. ¿Hay alguna razón para hablar de la ineficacia del amor propio cuando se usa en el sentido amplio de nuestro amor por la felicidad que hace todo para abrazar a Dios? Sí, la hay. Y aparece cuando preguntamos: «¿Por qué algunas personas ponen a Dios por su felicidad y otras no? La respuesta de Edwards era el milagro de la regeneración. Y la razón por la que daba esta respuesta es la misma razón por la que hizo todo lo que hizo: no solo poner a Dios en alto sino también en la base de toda virtud verdadera y toda fe verdadera, para hacer de Él tanto el cimiento como la meta.

Edwards luchaba contra las tendencias secularizantes que veía en las teorías éticas de su tiempo, teorías que reducían toda virtud a los poderes que el hombre posee por naturaleza. Consideraba esto una estimación ingenua de la corrupción del hombre y un ataque a la centralidad de Dios en la vida moral del alma. ¿Cómo entonces la gente llega a hacer de Dios su verdadera felicidad?, que es lo mismo que preguntar: ¿cómo se hace un cristiano hedonista?, o bien, ¿cómo se llega a vivir por fe en la gracia venidera? Edwards observó que un amor a Dios que nace solamente del amor propio «no puede ser un amor verdaderamente misericordioso y espiritual... porque el amor propio es un principio enteramente natural, y existe en el corazón de los demonios al igual que en el de los ángeles; así que, seguramente nada que sea el mero resultado de ello puede ser sobrenatural o divino».[24]

Entonces continúa insistiendo en que aquellos que dicen que todo amor hacia Dios nace solamente del amor propio:

> ...debe[n] considerar un poco más allá e inquirir cómo el hombre llegó a poner su felicidad en que Dios sea glorificado y en contemplar y disfrutar las perfecciones de Dios... ¿Cómo llegaron esas cosas a ser tan agradables para él que estima como su mayor felicidad glorificar a Dios?... Si... un hombre ama a Dios y su corazón está tan unido con Él como para considerarlo su bien mayor... incluso el amor propio, o amar su propia felicidad, avivará en él el deseo de glorificar y disfrutar a Dios; por consiguiente, no se puede deducir que este ejercicio de amor propio fue anterior a su amor por Dios y que su amor por Dios ha sido consecuencia y fruto de ello. Algo más, algo distinto completamente del amor propio, debe ser la causa de ello, a saber: un cambio en su manera de pensar y en el gozo de su corazón por el que comprende la belleza, gloria y suprema bondad, tanto de la naturaleza de Dios como de sí mismo. [25]

Entonces Edwards afirma que el amor propio por sí solo no puede dar cuenta de la existencia del amor espiritual a Dios porque, antes que el alma pueda buscar su felicidad en Dios, tiene que percibir su excelencia y obtener su disfrute en ella. Eso es lo que sucede en la regeneración.

> Amor Divino... por lo tanto debe ser descrito. Es el deleite del alma en la excelencia suprema de la naturaleza divina, inclinando el corazón hacia

Dios como el bien supremo. Lo primero en el amor Divino, y aquello desde lo cual todo lo que tiene relación con él surge, es un deleite en la excelencia de la naturaleza divina, de la cual el alma del hombre por naturaleza no tiene nada… Una vez que el alma es atraída al gusto por la excelencia de la naturaleza Divina, entonces naturalmente, y por supuesto, se inclinará a Dios de cada manera posible. Se inclinará para estar con Él y disfrutar de Él. Tendrá benevolencia para con Dios. Se alegrará de que Él esté feliz. Se inclinará para que Él sea glorificado y para que su voluntad sea hecha en todas las cosas. Entonces el primer efecto del poder de Dios sobre el corazón en la REGENERACIÓN es darle al corazón un sabor o sentido Divino, hacer que aprecie el encanto y la dulzura de la excelencia suprema de la naturaleza Divina; y por cierto este es el efecto inmediato del poder Divino que existe; esto es todo lo que el Espíritu de Dios necesita hacer, a fin de producir buenos efectos en el alma.[26]

Simplemente lo que está diciendo es esto: una capacidad de saborear una cosa debe preceder al deseo por su dulzura. Es decir, la regeneración debe preceder a la búsqueda del amor de la felicidad en Dios. De manera que Edwards habla del poder natural del amor propio «regulado» por ese gusto sobrenatural por Dios:

El cambio que tiene lugar en un hombre cuando se convierte y se santifica no es que su amor por la felicidad disminuya, sino solo que está regulado con respecto a su ejercicio e influencia, y los cursos y objetos a los que lleva… Cuando Dios saca un alma de un estado y condición miserable y lo lleva a un estado de felicidad, por la conversión, le brinda la felicidad que nunca antes había tenido [en Dios], pero al mismo tiempo, no le quita su amor por la felicidad.[27]

Entonces el problema con nuestro amor por la felicidad nunca es que su intensidad es demasiado grande. El problema principal es que fluye a través de los canales equivocados y hacia los objetos equivocados,[28] porque nuestra naturaleza es corrupta y está en desesperada necesidad de renovación por parte del Espíritu Santo.[29] Y a menos que creamos que, hablando de amor a Dios, nos hemos apartado de nuestra preocupación de vivir por *fe* en la gracia venidera, retomamos la discusión anterior[30] de que, para Edwards, «el amor es el elemento principal en la fe salvadora, la vida y el poder de ella, a través del cual produce grandes resultados».[31]

## ¿CÓMO, PUES, VIVIREMOS?

Eso nos lleva finalmente a los deberes que surgen de las enseñanzas de Edwards y su relación con la vida por fe en la gracia venidera y el hedonismo cristiano. Una vez que ocurre la renovación de nuestro corazón a través de la obra sobrenatural de regeneración, la búsqueda del disfrute de la gloria de Dios se vuelve cada vez más claramente en el deber y la satisfacción del cristiano. Consecuentemente, la indiferencia hacia esta búsqueda, como si fuera algo malo, aparece como un mal cada vez mayor.

El corazón está cada vez más sobrecogido por la verdad de que Dios creó el mundo para su propia gloria y que esa gloria reverbera más claramente en el disfrute de los santos. Escuchemos cómo Edwards despliega para nosotros las profundas raíces del hedonismo cristiano en la propia naturaleza de la Deidad. Y observemos cómo la pasión de Dios por ser glorificado y nuestra pasión por ser satisfechos se unen en una experiencia única.

> Dios se glorifica en sí mismo de estas dos maneras: 1. Apareciéndose… ante sí mismo en Su propia idea perfecta [de Sí mismo], o en Su Hijo, quien es el resplandor de Su gloria. 2. Al disfrutar y deleitarse en Sí mismo, al fluir con infinito amor y deleite hacia Sí mismo, o en su Espíritu Santo… Dios también se glorifica a sí mismo ante sus criaturas de dos maneras: 1. Al mostrarse según la… comprensión de ellos. 2. Al comunicarse a sí mismo en sus corazones, y en su gozo, deleite y disfrute de las manifestaciones que Él mismo ofrece… *Dios es glorificado no solo porque se vea su gloria, sino también porque nos gozamos de ella.* Cuando aquellos que lo ven se deleitan en Él, Dios es más glorificado que si solamente lo vieran… Entonces, su gloria es recibida por toda el alma, tanto el entendimiento como el corazón. El que da testimonio de su idea de la gloria de Dios [no] glorifica a Dios tanto como el que testifica también de su aprobación y deleite en ella.[32]

En otras palabras, el fin principal del hombre es glorificar a Dios disfrutándolo eternamente, lo cual es la esencia del hedonismo cristiano y la esencia de vivir por fe en la gracia venidera. No hay conflicto final entre la pasión de Dios de ser glorificado y la pasión del hombre de ser satisfecho. Dios es más glorificado en nosotros cuanto más satisfechos con Él estamos.

Como expresa Edwards:

Puesto que [Dios] valora infinitamente su propia gloria, que consiste en el conocimiento de Él, el amor a Él, la complacencia y el gozo en Él; por tanto valora la imagen, la comunicación o la participación de estos, en la persona. Y es debido a que se valora a sí mismo, que se deleita en el conocimiento, el amor y el gozo de sus criaturas; al ser Él mismo el objeto de este conocimiento, amor y complacencia… [Así] el respeto de Dios por el bien de las criaturas y su respeto por sí mismo, no es un respeto dividido; sino que ambos están unidos en uno, así como la felicidad que la criatura intenta conseguir es la felicidad en unión consigo mismo.[33]

## MAXIMIZAR LA SATISFACCIÓN ESPIRITUAL, MANIFESTAR EL ESPLENDOR DE DIOS

De todo esto se desprende que es imposible que alguien pueda buscar la felicidad con demasiada pasión, celo e intensidad.[34] Esta búsqueda no es pecado. El pecado sería perseguir la felicidad en donde no pueda ser hallada (Jeremías 2:12-13), o buscarla en la dirección correcta, pero con afectos tibios y pusilánimes (Apocalipsis 3:16). La virtud, por otro lado, es hacer lo que hacemos con toda nuestra fuerza[35] en la búsqueda del disfrute de todo lo que Dios es para nosotros en Jesús. Por eso, cultivar el apetito espiritual es un gran deber para todos los santos. «El hombre debe dejarse envolver por esos apetitos. Para obtener todo lo posible de esas satisfacciones espirituales que yacen en su poder».[36]

La meta de este libro ha sido afianzar más profundamente en la Escritura la visión de Dios y de la vida llamada «vivir por fe en la gracia venidera». Tengo el placer secundario de arraigarlo al pensamiento de uno de los mayores teólogos de la historia de la Iglesia. No me importa demasiado si alguien llama a esta visión de Dios y de la vida «hedonismo cristiano»; ese es un término que se esfumará como el vapor. Pero ruego porque la verdad contenida aquí corra y triunfe. Otro pastor lo dirá de manera distinta a mí, y probablemente mejor, para otra generación. Yo soy llamado a servir a la mía. Mi pasión es afirmar la supremacía de Dios en cada área de la vida. Mi descubrimiento es que Dios es supremo no donde es simplemente servido con deber sino donde es saboreado con deleite. «Deléitate en el Señor» (Salmos 37:4 NVI) no es una sugerencia secundaria. Es un llamado radical a procurar tu mayor satisfacción en todo lo que Dios promete ser para ti en Jesús. Es un llamado a vivir en la más gozosa libertad y amor sacrificial que viene de la fe en la gracia venidera. Entonces se cumplirá el propósito de Dios, que nos eligió en Cristo para vivir para «alabanza de su gloria».

# NOTAS

1. Lo resalto por última vez: esto no es toda la fe sino el corazón de ella. La fe es más que eso. Véase, por ejemplo, el ensayo general de B. B. Warfield, «Faith» [Fe], en *Biblical and Thelogical Studies* [Estudios bíblicos y teológicos], Filadelfia: The Presbyterian and Reformed Publishing Co., 1952, pp. 404-445; y la meditación extendida de Jonathan Edwards, «Concerning Faith» [Concerniente a la fe], en *The Works of Jonathan Edwards* [Las obras de Jonathan Edwards], vol. 2, Edimburgo: The Banner of Truth Trust, 1976, pp. 578-596.

2. Véase especialmente los capítulos 15 y 16.

3. Jonathan Edwards, «Concerning Faith», pp. 583 (énfasis añadido).

4. Sobre la conexión entre la gracia pasada y la gracia venidera, véase los capítulos 7-9.

5. Para una dinámica espiritual similar, ver el gran sermón de Thomas Chalmers (1780-1847), «The Expulsive Power of a New Affection» [El poder expulsivo de un nuevo afecto], en *The Protestant Pulpit* [El púlpito protestante], ed. Andrew Watterson Blackwood, Grand Rapids: Baker Book House, 1977, pp. 50-62.

6. Véase Piper, *Sed de Dios*; Piper, *Los deleites de Dios*.

7. Véase los capítulos de aplicación 3, 6, 10, 13, 17, 21, 24, 27.

8. «Miscellanies» [Misceláneas], nro. 4, en *The Philosophy of Jonathan Edwards from his Private Notebooks* [La filosofía de Jonathan Edwards de sus notas privadas], Harvey G. Townsend, ed., Westport, CY: Greenwood Press, 1972, orig. 1955, p. 209. Véase además pp. 139, 244 para otras quejas sobre la deficiencia del lenguaje.

9. «[el amor propio] puede atribuirse a… [una persona] que ama cualquier cosa que le agrada. Lo cual llega a este punto, que el amor propio es el deseo de un hombre, que se acomoda y disfruta de lo que le agrada; o, es un hombre amando lo que ama. Porque cualquier cosa que el hombre ama, eso le está complaciendo. Y si eso fuera todo lo que ellos quieren decir con amor propio, no es de extrañar que ellos supongan que todo amor debe resumirse a amor propio». *The Nature of True Virtue* [La naturaleza de la virtud verdadera], Ann Arbor: The University of Michigan Press, 1960, pp.42-43. Véase además «The Mind» [La mente] en *Scientific and Philosophical Writings* [Escritos filosóficos y científicos], Wallace E. Anderson, ed., *The Works of Jonathan Edwards* [Las obras de Jonathan Edwards], vol. 6, New Haven: Yale University Press, 1980, p. 337; *Charity and Its Fruits* [La caridad y sus frutos], Londres: The Banner of Truth Trust Press, 1969, pp. 159-160.

10. Edwards, *True Virtue*, p. 45

11. Edwards, *Charity and its Fruits*, pp. 157-158

12. *Ibid.*, p. 164

13. Edwards, *True Virtue*, p. 77.

14. Norman Fiering, *Jonathan Edward's Moral Thought and its British Context* [El pensamiento moral de Jonathan Edwards y su contexto británico], Chapel Hill: University of North Carolina, 1981, p. 196.

15. Edwards, *Charity and its Fruits*, p. 159.

16. *Ibid.*, p. 160

17. «Miscellanies», nro. 530, p. 202

18. Fiering, *Jonathan Edwards's Moral Thought*, p. 161.

19. Clyde A. Holbrook, ed., *Original Sin: The Works of Jonathan Edwards* [Pecado original: las obras de Jonathan Edwards], vol. 3, New Haven: Yale University Press, 1970, p. 144; *Charity and its Fruits*, p. 174

20. Jonathan Edwards, Nicholas R. Needham, *Los afectos religiosos*, Graham, NC: Faro de Gracia, 2000.

21. «Miscellanies», nro. 530, pp. 204-205. Véase también Fiering, *Jonathan Edwards's Moral Thought*, p. 160.

22. Véase Jonathan Edwards, *Treatise on Grace* [Tratado sobre la gracia], Paul Helm, ed., Cambridge: James Clarke and Co., 1971, pp. 49-50.

23. Fiering, *Jonathan Edwards's Moral Thought*, p. 162.

24. *Los afectos religiosos*, p. 242 del original en inglés.

25. *Ibid.*, p. 241 (énfasis añadido). Véase también Edwards, *The Nature of True Virtue*, p. 44.

26. Edwards, *Treatise on Grace*, pp. 48-49.

27. Edwards, *Charity and its Fruits*, pp. 161-162.

28. *Ibid.*, p. 164.

29. «Miscellanies», nro. 397, p. 249.

30. Véase capítulo 12 sobre la conexión entre el amor a Dios y la fe en Dios como motivaciones para la obediencia.

31. Jonathan Edwards, «Concerning Faith», p. 586.

32. «Miscellanies», nro. 448, p. 133; véanse también nro. 87, p. 128, y nro. 332, pp. 130, 679, 138.

33. Edwards, *End for Which God Created the World* [El fin con el que Dios creó el mundo], en *The Works of Jonathan Edwards* [Las obras de Jonathan Edwards], vol. 1, Edimburgo: The Banner of Truth Trust, 1974, p. 120.

34. Edwards, *Charity and its Fruits*, p. 161.

35. Resolución de Edwards, nro. 6, en *The Works of Jonathan Edwards* [Las obras de Jonathan Edwards], vol. 1, Edimburgo: The Banner of Truth Trust, 1974, p. xx. «Resuelvo vivir con toda mi fuerza mientras viva».

36. Le debo esta cita a Don Westblade, que transcribió el sermón inédito de Edwards (del Proyecto Jonathan Edwards de la Universidad Yale) en Cantares 5:1, con la doctrina que declara: «Que las personas no necesitan ni deben poner ningún límite a sus apetitos espirituales y graciosos».

# Desiring God
## Una nota sobre los recursos[*]

Si deseas explorar más la visión de Dios y la vida que ha sido presentada en este libro, el equipo del ministerio Desiring God (Sed de Dios) está ansioso por servirte. Tenemos cientos de recursos para ayudarte a crecer en tu pasión por Jesucristo y ayudarte a compartir esa pasión con otros. En nuestro sitio web DesiringGod.org encontrarás casi todo lo que John Piper escribió o predicó, incluyendo más de cuarenta libros. Pusimos a disposición los sermones de más de treinta años, gratis y en línea, para que leas, escuches, descargues y, en algunos casos, visualices. Además, puedes tener acceso a cientos de artículos y enterarte de sus conferencias. John Piper no recibe ni regalías por sus libros ni compensaciones por el ministerio Desiring God. Los fondos se reinvierten en nuestros esfuerzos de extender la predicación del evangelio. Desiring God también posee una política de «da lo que puedas», creada para personas que tienen escasos recursos. Si deseas más información sobre esta política, por favor contáctanos en las direcciones o números telefónicos que están debajo. Nosotros existimos para ayudarte a amar a Jesucristo y su evangelio por sobre todas las cosas, porque Él es más glorificado en ti cuando estás más satisfecho en Él. Indícanos en qué podemos servirte.

Desiring God
Casilla Postal de Correo 2901, Minneapolis, Minnesota, 55402
888.346.4700
mail@desiringGod.org

---

[*] Desiring God es el nombre de la organización presidida por John Piper y también de uno de sus libros, cuyo título se tradujo al español como *Sed de Dios*. El nombre de la organización no se ha traducido. (N. del E.)

# ÍNDICE DE PERSONAS Y TEMAS

[11 de septiembre, 16]

**A**

Admiración a Dios, 116, 118, 400, 435, 437

Advertencias de Dios, 26, 61, 217, 246, 268,286, 353, 358, 413, 435

Afectos, 31, 218, 227, 285, 414, 415, 420, 422, 435

Aflicción, 32, 82, 90-93, 153, 192, 225, 270, 334,369, 370, 372, 381, 425, 432, 435, 440

Alabanza, 38, 57-60, 112, 147, 173, 174, 205, 206, 213, 233, 303, 326, 400, 420, 435, 440

Alford, Henry 214, 318

«Amazing Grace» (Sublime gracia), 20, 435

Ambición, modestia de la, 110, 248, 435, 440

Ambrosio, 42, 435

Amén, su significado, 122, 127-130

Amenazas de Dios, 26, 224, 435

Amor, 10, 28,30-32, 36, 37, 38, 40, 42-46, 55, 56, 65, 82, 87, 92-94, 98, 100, 102, 106, 110, 126, 127, 133, 134, 136, 139, 140, 142, 148, 153, 155, 160, 169, 173,179-189, 196, 201, 207, 214, 226, 229, 230, 233-235, 241, 242, 244-247, 254, 257, 258, 260, 262-264, 266, 269-271, 275-281, 285, 288, 290, 292, 296-299, 300-306, 322, 323, 344-346, 354, 356, 359, 363, 369, 371, 372, 379, 386, 388, 392, 394, 400, 408-422, 435-440, 442

Ansiedad, 9, 34, 70, 73-79, 81-83, 109, 115-118, 142, 270, 345, 435, 440, 441

Antiguo pacto, 179, 180, 261, 263, 435

Armold, Ethyl, 367

Ateísmo, la mayor soberbia, 113, 435

Autocompasión, 116, 282, 292, 304, 435, 440

**B**

Barrett, C.K., 232,237, 435

Batalla de la fe, 37, 76, 83, 125, 179, 201, 244, 248, 249, 332, 334, 337-339, 355, 357, 358, 435

Becker, Ernest, 389, 435

«Be Ye Glad», 71, 435

Bhutto, Benazir, 366, 435

Bizer, Ernst, 215, 435

Blanchard, Michael Kelly, 71, 435

Bloom, John, 21, 435

Boardman, Henry, 219, 435

Bradshaw, John, 160, 435

Brainerd, David, 222, 223, 228, 322, 330, 338, 340, 435

Brainerd, Jerusha, 322, 436

Brainerd, Nehemiah, 322, 436

Brainerd, Thomas, 322, 436
Brand, Evelyn Harris, 310, 436
Brand, Paul, 310, 318, 436
Buchanan, James, 44, 48, 214, 280, 436
Bullinger, Heinrich 42, 436


C

Caída, gracia antes de la, 97, 98, 428, 436
Calvino, Juan, 47, 49, 101, 105, 298, 306, 436
Calvinismo, 219, 436
Cáncer, luchar por fe en la gracia venidera, 76, 77, 436
Carey, William, 310, 436
Carnell, Edward John, 282, 287, 293, 436
Chalmers, Thomas, 31, 38, 421, 436
Carlos V, 41, 436
Charnock, Stephen, 108, 119, 436
Chesterton, G.K., 110, 119, 436
Cielo nuevo y tierra nueva, 390, 396, 397, 426, 436
Ciudades gemelas, 21, 436
Codicia, 10, 34, 75, 109, 164, 224, 237, 241, 243-249, 304, 305, 345, 435-437, 439
«Come Thou Font» (Ven a la fuente), 66, 435
Condenados para la gloria de Dios, 415, 435, 438
Confesión de Augsburgo, 41,42, 436
Confesión belga, 389, 436
Confesión de Fe de Westminster, 44, 298, 389, 436
Confesión Helvética, 42, 43, 47, 436
Confiar en Dios, véase Fe en la gracia venidera, 61, 108, 171, 172, 189, 212-214, 268, 273, 274, 317, 346, 436
Confesiones Reformadas, 44, 436
Conocimiento que envanece, 110, 436
Contentamiento, 240, 243-249, 282, 292, 436, 437
Contrarrestar la lujuria con fuego, 358, 359, 436

Conversión, por libre gracia, 102, 103, 436, 439
Counted Righteous in Christ (Justificados en Cristo), 13, 15, 176, 436
Creación, no será aniquilada, 398-400, 436
Cristo, 13, 15-18, 28-31, 33, 35, 36, 39, 40, 42-49, 55, 62, 69, 71, 81, 82, 88-91, 94, 102, 104, 110, 122, 124-130, 133, 137, 138, 144, 151, 153, 155, 158, 160, 163-166, 168-170, 174, 176, 179-183, 185-189, 196, 200, 205, 207, 208, 211-215, 219-226, 228, 229, 231, 233-236, 240-242, 244-246, 254, 255, 262, 273, 276, 277, 279, 284-286, 288-293, 296, 298, 301-305, 308, 309, 312-315, 321, 327, 333, 336, 339, 344, 349, 354-357, 359, 360, 362, 363, 365, 367, 368, 370-372, 374, 376, 377, 379-385, 388, 389, 392, 393, 395, 401, 407, 413, 420, 436-440, 442
Cultura filipina, 63, 64, 436
Cowper, William, 190, 198, 436
Cullman, Oscar, 232, 403, 436
Culpa, 54, 99, 135, 151, 152, 156, 157, 159, 160, 164, 175, 193, 215, 277, 290, 291, 297, 304, 305, 355, 359, 365, 425, 426, 427, 432


D

Dabney, Robert L., 40, 48, 354, 360, 436
Dagg, J.L., 105, 436
Decius, 364, 372, 436
Deleite en Dios, véase Los que se deleitan en Dios, condición de la gracia venidera, 37, 118, 280, 436
Depresión, 223, 304, 321-323, 326, 329, 330, 392, 436
Desiring God (ministerio), 6, 11, 21, 423, 436
Desánimo, 10, 34, 109, 138, 318, 321-329, 345, 380, 436
Devoción, 55, 269, 368, 436

Dibaj, Mehdi, 366, 436

Dilema judicial, 287-289, 436

Dios, *véase* Alabar a Dios, Valorar a Dios, Temor de Dios, 6, 9-11, 13, 15-19, 21, 22, 24-32, 35-38, 41-45-49, 52-62, 64-70, 73-83, 86-94, 96-119, 122-130, 133-149, 152-160, 162-176, 178-189, 191-202, 204-219, 221-228, 230-238, 240-249, 252-280, 282-293, 297-306, 308-318, 320-330, 335-340, 343, 345-349, 352-360, 363-373, 375, 377-403, 405-423, 435-442

*Dios es el evangelio*, 16, 437

Dinero, 53, 63, 93, 112, 114, 169, 194, 211, 215, 240, 244, 246, 247, 249, 282, 304, 345, 346, 436

Dios celoso, 262, 437

Dones espirituales, canales de gracia, 314, 437, 438

Durant, Mari 191, 192, 437


E

Edwards, Jonathan, 11, 38, 47, 49, 183, 189, 218, 222, 223, 227-229, 257, 285, 292, 293, 330, 340, 395, 400, 403, 407, 409-422, 435, 437

Elección, 103, 140, 148, 254-256, 279, 383, 437, 439

Espada del Espíritu, 201, 249, 356-358, 437

Esperar en Dios, una condición de la gracia venidera, 61, 189, 273, 274, 437

Esperanza en Dios, condición de la gracia venidera, 176, 267, 437, 438

Espíritu arrogante, *véase* Orgullo, 108, 437

Espíritu Santo, 42, 48, 78, 82, 83, 90, 91, 124, 166, 168, 176, 178, 180, 187, 193, 200, 216, 220-222, 225, 227, 235, 249, 299, 301-303, 305, 336, 354, 393, 395, 418, 419, 437

Espiritualidad, crisis en la, 25, 437

Ética, 9, 53-55, 58-61, 63, 64, 66, 68-70, 105, 437, 439

Evangelio, 16, 18, 32, 35, 36, 40, 45, 47, 78, 90, 130, 145, 153, 154, 158, 181, 187, 212, 214, 221, 224, 227, 228, 231-235, 237, 254, 256, 284, 302, 304, 305, 309, 310, 327, 335, 336, 349, 354, 355, 357, 360, 367, 368, 371, 381, 423, 437

Expiación, 47, 134, 160, 164, 339, 437


F

Fe en la gracia venidera, 9-11, 16-19, 21, 25, 27, 28, 30, 34-38, 45, 48, 51, 56-61, 64-66, 68-70, 73, 75-78, 83, 89, 91, 93, 94, 98, 104, 107-109, 111, 113, 115, 117, 118, 123-125, 127, 128, 130, 139, 140, 148, 151, 157-159, 166, 169, 170-173, 175, 176, 178, 181, 182, 184-189, 191-201, 203, 208-211, 217, 219, 231, 237, 241, 242, 244, 246, 249, 252, 258, 259, 261, 266, 278, 282, 283, 288-292, 295, 298, 299, 301, 303-306, 311, 312, 316-318, 321, 324, 325, 329, 334, 335, 337, 339, 340, 344-346, 349, 351, 353-356, 360, 364, 365, 369-372, 376, 379, 381, 384, 386, 387, 407-409, 412, 414, 415, 417-420, 435-437, 439, 440, 442

Fe en la justicia venidera, 283, 438

Fiering, Norman, 411, 414, 416, 421, 438

Flavel, John, 139, 218, 438

*Finally Alive* [Al fin vivos], 15, 438

Fuller, Andrew, 46, 49, 438

Fuller, Daniel, 21, 83, 226, 229, 317, 438

*Future of Justification* [El futuro de la justificación], 15, 438


G

Georgy, Ralph, 15, 119, 438

Glorificación, 144, 146-148, 255, 256, 438

Gloria de Dios, *véase* Dios, 10, 16, 17, 25, 37, 68, 77, 101, 118, 122, 127-129, 139,

187, 205, 221, 222, 226, 234, 242, 254, 279, 280, 293, 346, 359, 360, 370, 371, 395, 396, 400, 406-408, 415, 416, 419, 435, 438, 441

«God Moves in a Mysterious Way», 198, 435

Gordon, Ernest, 277, 438

Gozo en Dios, 16, 38, 130, 138,144, 146, 292, 329, 409, 412, 414, 420, 435, 438

Gracia de Dios, *véase* Gracia incondicional, Gracia condicional, 15, 25, 28, 43, 54, 60, 69, 73, 74, 77, 88, 89, 93, 99-104, 113, 125, 148, 169, 171, 197, 200, 205-209, 211, 213, 215, 223, 258, 269, 305, 306, 308, 309, 312-316, 355, 358, 381, 386, 436, 438, 439

Gracia venidera, *véase* Gracia de Dios, 9-11, 13, 15-19, 21, 22, 25, 27, 28, 30, 33, 34, 35-38, 45, 47, 48, 51, 56-62, 64-70, 73-78, 81, 83, 86-94, 97, 98, 102, 104, 107-109, 111, 113-115, 117, 118, 122-130, 133-143, 147, 148, 151, 157-159, 166-173, 175, 176, 178, 181, 182, 184-189, 191-201, 203, 205-211, 213, 217, 219, 231, 237, 241, 242, 244, 246, 248, 249, 251, 252, 253, 256-259, 261-269, 272-281-292, 295, 298, 200, 301-306, 311-318, 321, 324-326, 328, 329, 331, 334-337, 339, 340, 344-347, 349, 351, 354-356, 358, 360, 361, 363-365, 367-372, 374, 375, 376, 379-381, 383, 384, 386-388, 391-393, 396, 400, 401, 407-409, 412, 414, 415, 417-421, 435-442

Gratitud, 9, 27, 34, 35, 52-66, 68-70

Grynaesus, Simon, 42, 439

Gumbel, Nicky, 280, 439

**H**

Hedonismo cristiano, 118, 119, 408, 409, 412, 414, 419, 420, 439

Halliday, Steve, 22, 202, 439

Havergal, Frances, 55, 439

Hermano Andrés H, 368, 439

Heppe, Heinrich, 215, 439

Hinton, Linnet, 212, 439

Hodge, A.A., 215, 271, 439

Hodge, Charles, 219, 227, 439

Hovsepian-Mehr, Haik, 366, 439

«How Firm a Foundation» [Cuán firme cimiento], 371, 435

Huber, John, 351, 439

Hugonotes, 191, 439

Humildad, 27, 70, 106-110, 263, 264, 439

**I**

Iglesia, alimentación de, 34, 439

Iglesia Bautista Belén, 21, 439

Iglesia evangélica, 25, 366, 439

Idolatría de la codicia, 248, 439

Impaciencia, 10, 34, 109, 189, 191-194, 197-201, 267, 345, 371, 439

Incredulidad, varias clases, 11, 37, 76, 78, 81, 83, 108, 109, 126, 130, 139, 157, 158, 170, 187, 191, 200, 201, 204, 208, 209, 236, 243, 246, 249, 268, 280, 283, 321, 323-325, 328, 329, 331, 345-347, 353-355, 408, 439, 440

Islam, 16, 365, 439

Infierno, no una causa de tristeza para los redimidos, 26, 30, 135, 223, 248, 285, 289, 293, 351-354, 439, 442

**J**

Jactancia, 114-116, 206, 212 213, 301, 439, 440

Jesús, *véase* Cristo, 10, 17, 20, 25, 26, 28, 29, 31, 32, 35-38, 44, 47, 48, 61, 65, 67, 69, 70, 75, 76, 78, 80, 81, 89, 91, 92, 100, 102, 104, 108, 110, 114-116, 118, 123-128, 130, 133, 134, 136, 137, 144, 146, 153-155, 157-160, 165, 166, 168, 175, 179-189, 200, 207, 208, 210, 211, 214, 216-219, 221, 222, 225, 226, 228, 230-238, 241, 244-247, 255, 257, 259,

262, 274-280, 284, 285, 288-291, 296,
298-303, 305, 306, 309, 311, 313, 314,
324, 326-329, 334-337, 339, 344-347,
349, 351-358, 360, 363, 367-372, 376,
377, 382-389, 393, 399, 400, 407-409,
420, 421, 436, 438-442

Juicio final, 48, 285, 352, 384, 388, 389, 439

Judson, Adoniram, 310, 439

Justicia, 13, 15, 37, 41, 44-46, 48, 64, 67,
80, 99, 106, 112, 118, 135, 140, 148,
153, 156, 163, 165, 166, 169, 170, 173,
174, 175, 185, 188, 194, 200, 210, 214,
25, 218, 224, 228, 241, 244, 255, 262,
266, 271, 282-289, 292, 296-298, 304,
332, 333, 335, 344, 347, 352, 354, 355,
366-368, 370, 384, 386, 394, 397, 398,
399, 436, 438, 439

Justificación, 15, 28, 36, 37, 40-44, 46-48,
105, 140, 144-148, 164-166, 169, 170,
174, 176, 204, 206, 212-215, 226, 242,
255, 256, 259, 280, 296, 298, 301, 306,
354, 355, 360, 388, 437-440, 442


**K**

Keith, George, 371

Kilby, Clyde, 119

Kinkead, Annie Pierce, 195

Kraus, Hans-Joachim, 392


**L**

Lenguaje, 55, 113, 153, 232, 410, 421

Lewis, C.S., 33, 115, 119

Ley de Cristo, 181, 188

Ley de Dios, 10, 36, 163, 169, 172, 173,
181, 283, 325, 413

Libertad, analogía de dos paracaidistas,
378

Llamado de Dios, 145-147, 252, 254, 258

Lloyd-Jones, Martyn, 321-324, 326, 330

*Los deleites de Dios*, 22, 38, 148-149, 215,
228, 259, 412, 421

Los que se refugian en Dios, 266

Lujuria, 34, 88, 109, 256, 345, 349, 351,
352-360

Lundquist, Carl, 379-380

Lutero, Martín, 41, 242, 249, 340


**M**

MacArthur, John, 228

Mandamientos (de Dios), 26, 28, 36, 57,
61, 124, 163-164, 166-170, 173-175,
178-184, 187-189, 230, 243, 275, 286

Mártires, 192, 284, 364

Martyn, Henry, 309, 318

Mathis, Davis, 21

Mauriac, François, 359

McGrath, Alister, 25, 38

Melanchthon, Philipp, 41

Miango, Nigeria, 367-368

Michaelian, Tateos, 366

Ministerio, 10, 19, 21-22, 26, 31, 37, 40,
81, 123, 127, 133, 138, 163, 189, 205,
207

Miranda-Feliciano, Evelyn, 63, 70

Misericordia (de Dios, del Señor), 32,
43, 97-103, 105, 113-114, 118, 132,
139, 158, 164, 167, 190, 199-200, 213,
221, 244, 248, 260, 262-270, 293, 305,
309-318, 333, 335, 338, 354, 392, 408,
423

Monte St. Helens, 398

Morris, Leon, 233, 237

Morrison, Robert, 310

Moule, H.C.G., 202

Muerte, 11, 16-17, 29, 32, 34-36, 38, 47,
49, 69, 82, 92, 97-98, 102-103, 118,
125-126, 133-134, 136-138, 144, 156,
160, 163-164, 166, 168, 189, 196,
202, 208, 211, 219, 226, 231, 242,
247-248, 254, 258, 275, 279, 289,
293, 301, 303-304, 327-328, 332-333,
336, 338-339, 350, 356, 357-358, 364,
366-367, 369, 372, 374-380, 382-385,
388-391, 393, 395-396, 399, 403, 407

Murray, Andrew, 33, 39, 69, 71, 440

Murray, John, 214
Myconius, Oswald, 42


**N**

Nabucodonosor, 112
Nicole, Roger, 202
No desperdicies tu vida, 16, 18
Noll, Mark, 219, 227
Nuevo nacimiento, *véase* Regeneración


**O**

Obediencia, 15, 20, 27, 31, 35-36, 40-41,
    43-44, 49, 55-57, 62, 64-70, 98, 138, 164,
    166-167, 169-176, 179, 181, 186-188,
    191, 195, 199-201, 205-206, 212, 214,
    219, 231, 235, 259, 308, 314, 345, 348,
    354-355, 367, 376, 386, 408, 422
«O For a Thousand Tongues» [Si tuviera
    mil lenguas], 355
Olsson, Karl, 191-192, 202
Oración, 26, 31, 38, 48, 55, 58-59, 67, 74,
    81-82, 88, 91, 93, 97, 101-103, 117-118,
    122, 128-130, 139, 169, 175, 189, 211,
    227, 248-249, 261, 271, 284, 316-317,
    329, 339, 360, 379
Orgullo, 112, 115, 234, 345
Overseas Missionary Fellowship [OMF],
    211
Owen, John, 33-34, 39, 337, 340


**P**

Paciencia, 10, 176, 189-201, 244, 284-285,
    288
Packer, J.I., 337, 340, 409
Pacto, nuevo, 66, 168, 176, 178-181, 189,
    257-258, 261, 269
Palabra de Dios, 26, 32, 47-48, 123, 170,
    187, 199, 215, 236, 246-247, 249, 287,
    301-302, 323, 339, 356-357, 413
Países cerrados, 367
Pánico escénico, 508

Pecado, 11, 13, 15, 25-26, 28-32, 34, 36,
    38, 41, 43-44, 56, 58, 67, 70, 75-76,
    78, 83, 97-100, 102, 105, 135, 147,
    155-158, 160, 163-167, 171, 173,
    175, 189, 214-215, 218, 223-224, 226,
    233, 235-237, 241-243, 247, 254, 262,
    269-271, 273-274, 280, 283, 288-291,
    297-299, 303-304, 317, 327-329, 335,
    337, 339-340, 343-358, 363, 376-377,
    385, 388, 391-393, 395, 407-408, 410,
    420, 422
Pensamiento, 26-28, 34, 38, 45-46, 60,
    104, 514, 130, 157, 179, 183, 196, 201,
    218, 232, 293, 297, 318, 326-328, 343,
    349, 352, 359, 376, 403, 409-410, 412,
    414-416, 420, 421
Perfección, 912, 164-165, 173, 224, 269,
    353-354
Permanecer, 69, 192, 214, 271, 334, 336,
    339, 382
Piedra angular de la gloria de Dios, 17
Predestinación, 140, 146-148
Presciencia de Dios, 147
Predicarnos a nosotros mismos, 325-326
Primera Confesión Helvética, 42, 47
Perdón, 17, 36, 41, 45-46, 48, 69, 100, 105,
    157-158, 160, 164, 166, 174, 226, 264,
    269, 275, 286-293, 297-298, 301, 339,
    388
Persecución, 137, 189, 196, 208, 283, 362,
    364, 366-369
Perseverancia, 47, 49, 241, 255, 370
Piper, John, 18, 48, 105, 119, 148, 176,
    228, 329, 330, 373, 423
Pluralismo religioso, 16
Powlinson, David, 26
Promesas de Dios, 32, 37, 47, 61, 77-78, 83,
    122, 126-130, 141-142, 157, 159, 165,
    171, 173, 176, 217-218, 222, 226-227,
    237, 261, 279-280, 292, 301-302, 318,
    325-326, 329, 335, 345-346, 349, 357,
    359-360, 371, 389, 391, 408
Puritanos, 218, 222, 278

**R**

Recompensa, 30, 32, 172, 185, 193, 289, 300, 357, 385-387, 389, 391, 408

Regeneración, 36, 45-48, 215, 254-255, 280 281, 400, 416-419

Reisinger, Ernest, 49, 189, 228

Resurrección, 17, 35-36, 47, 49, 124, 126, 155, 166, 186, 210-211, 226, 231, 275, 278, 301, 314, 360, 369, 382, 387-388, 392-394, 396-397, 399, 401-403

Riissenius, Leonardus, 215

Robinson, Robert, 66-67

Ryle, J.C., 32, 38

**S**

Sacrificio, 55, 59-60, 134, 162, 164, 166, 172, 269, 300, 305, 373, 379, 392-393, 412

Sailhamer, John, 98, 105, 348-349

Salvación, 16, 28-29, 36, 43, 48, 59-60, 66, 102-104, 113, 125, 144, 147, 154, 158-159, 163-164, 169, 171, 200, 206, 211, 214-215, 223, 228-229, 244, 255, 258, 265-267, 270, 284-285, 289, 293, 298, 313, 317-318, 337, 353, 355, 377-378, 385-388

San Agustín, 101, 256, 271

San Jerónimo, 367

Santidad, 27, 31, 38, 49, 127, 130, 138, 164, 166, 173, 200, 223-224, 241-242, 264-265, 271, 274-275, 291-292, 303, 309, 340, 345, 354, 407-408

Santificación, 15, 32, 37, 40-42, 46-48, 204, 206, 212-213, 215, 255-256, 273, 275, 299, 301, 354

Santos del Antiguo Testamento, 64, 125, 166-169, 172-174, 186

Satanás, 11, 17, 36-37, 208, 325, 327-328, 339, 342-345, 347-349, 356, 363, 365, 377-378, 398

Satisfacción en Dios, 108, 185, 335, 337, 346, 412, 415

Schaff, Philip, 48, 306, 372, 389

Schniewind, Julius, 392

Schreiner, Thomas, 22, 176, 189

Scougal, Henry, 299, 306

Sed de Dios (libro), 22, 38, 119, 228, 409, 412, 421, 423

Segunda venida de Cristo, 382-384

Seguridad de salvación, 16-46, 59-66, 102-113, 144-155, 171, 200, 205-228, 244-318, 337, 353-355, 377-388

Seguridad eterna, 26, 353

Simeon, Charles, 200-202

Soberanía de Dios, 114

Sólida lógica del cielo, 9, 133, 139

Spurgeon, Charles, 24, 187, 189, 213, 215, 323, 330

Stendahl, Krister, 403

Sterrett, Clay, 318

Stoddard, Solomon, 218

Sufrimiento, 11, 15, 26, 38, 90-92, 100, 116, 142, 154, 157, 190, 199, 208 278, 285, 289, 292, 305, 333, 363-372, 381, 392

Swanson, J. Barbara, 367

**T**

Taylor, Hudson, 211

Taylor, James H., 211, 215

Temor (a Dios, de Dios, del Señor), 56-57, 61, 65, 82, 173, 224, 264-265, 291, 313

Tenney, Merrill, 237

Tertuliano, 367

Trajano, 364

Trapo lleno de inmundicia, 173-175

Treinta y nueve Artículos de Religión de la Iglesia de Inglaterra, 43

**U**
*Utang na loob*, 63-64


**V**
Van Dyke, Timothy, 184
Venganza, 109, 280, 282-289, 292-293
Verdad, 15, 21, 29, 34, 61, 75-76, 78, 101, 108, 110, 123, 125-126, 134, 137-138, 148, 166-167, 181, 183, 185, 187, 197, 199, 201, 212-213, 216-217, 220-222, 225, 228, 234, 236, 241, 243-244, 248, 252, 256, 258, 269-270, 280, 284-285, 291, 297, 312,315, 322, 325-326, 329, 335, 337, 345, 347-349, 358-359, 363-364, 368, 375, 377, 380-381, 387, 391-392, 394, 409-410, 419-420
Vergüenza, 10, 34, 74, 109, 148, 151-160, 305, 345,
Vogel, Albretch, 362, 372
Votos a Dios, 58-60, 196

**W**
Warfield, Benjamin, 195-196, 202, 421
Watson, Thomas, 288, 293
Welch, Evan, 58, 74
Welsh, Steve, 184
Wesley, Charles, 350, 355
Westblade, Donald, 422
White, Charles, 367, 373
White, John, 227
Whitmoyer, Eileen Louise, 367
World Trade Center, 16
Wurmbrand, Richard, 194, 202
Wyman, Donald, 351


**Y**
Yancey, Phillip, 318


**Z**
Zindo, Daniel, 365